統計と
社会経済分析
Ⅲ

日本経済の分析と統計

近　昭夫・藤江昌嗣［編著］

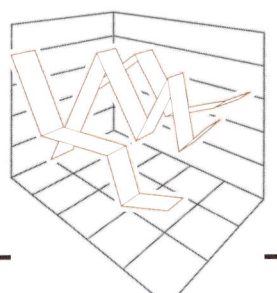

北海道大学図書刊行会

序　文

　本書は現在の日本の経済・社会が抱えているいくつかの基本的な問題について，主として統計学，経済統計学を研究している者の観点から，統計を用いて具体的に把握し，分析することを試みたものである。
　統計学の研究というと，一般には数理統計学の理論的な研究や，その諸手法を用いた統計の分析のことを連想することが多いようである。これに対し，経済統計や社会統計について研究してきた者の多くは，統計について何らかの数理的方法で計算するに先立って，統計そのものの検討が重要であり，それを抜きにした統計的計算には意味がないことを主張してきた。現実の経済や社会を具体的に分析し研究するためには，経済や社会の諸側面に関する統計の利用が不可欠であるが，その際には個々の統計の真実性を検討する必要がある。何よりもまず，統計が経済や社会の現実を正しく，客観的に反映し，捉えているかどうかを検討することが重要である。
　われわれが利用する統計の多くは政府諸省庁や地方自治体の統計機関によって作成されているが，それらはさまざまな過程を経て作成されている。国勢調査や労働力調査等のように統計調査を経て作成される統計，財政統計や貿易統計等のように統計調査を経ず日常の行政的文書・記録等に基づいて作成される統計（業務統計），国民経済をマクロ的に捉える国民経済計算統計（国民所得，GDP，国際収支等の統計）等，統計にもさまざまな種類があり，それぞれに特性がある。したがって，統計の利用に際してはそれらの特性に留意する必要がある。また，今日の統計は国民経済計算統計が国連の標準方式(SNA: Standard of National Accounts)に従っており，労働統計がILOの協議に基づいて作成されているように，諸統計は統計をめぐる国際的な動向からも大きな影響を受けているため，それらの影響も考慮する必要がある。経済・社会がグローバル化している今日では国際比較がますます重要になってきているが，各国の統計や国

連，国連諸機関，OECD，EUの統計局等の国際統計機関の統計により比較をする際には，各国の統計制度や諸国際統計機関にまで遡って，統計の作成の過程について理解を深めておく必要がある。

　このような観点から経済統計・社会統計の研究者により，これまで統計の特性や問題点について研究が積み重ねられてきている。これらの研究をさらに進展させるためには，現在の日本の経済・社会が抱えている重要な問題を具体的に分析し考察することを通じて，これまでの研究の成果をさらに展開することが必要である，というのが本書を企画したときの執筆者たちの考えであった。企画以来，数度の研究会をもち意見を交換してきた。統計研究のあり方について執筆者たちの理解は必ずしも同じではなく，取り上げたテーマは系統的とはいえない。しかし，諸統計の特性，限界，問題点等を考慮しながらも経済・社会の現実的問題を具体的に把握し，分析することを試みていることでは，一定の成果をあげることができたのではないかと考えている。

　各章では，以下の問題を取り上げた。

　まず，第1章と第2章では，日本の対外関係において重要な位置を占めている対外直接投資と，増大するアメリカへの証券投資と円高との関わりを取り上げた。近年，アジアでの製造業への投資が増え，日本国内の製造業の拠点がアジアへ大きく移転し，その結果国内の製造業の投資，雇用にも影響を与えていることを見た。日本の対外投資のなかではアメリカへの証券投資が非常に大きなウエイトをもっているが，しかし，ドル体制の下で円高が進むなかで，日本の在米資産が目減りしている現実を明らかにした。

　続いて第3章と第4章では，現代日本における金融資産の増大とバブル崩壊以降，依然として続いている金融危機，不良債権処理の遅滞に関する問題を取り上げた。第3章では，現在の日本における金融資産増大のプロセスを追い，その現状と一般的特徴，問題点を明らかにした。それを基礎として第4章ではバブル崩壊以降の不良資産の実態を具体的に示し，問題点を分析した。不良資産の問題を理解するには技術的な知識が必要なので，問題を分かりやすく説明するように努めた。

　第5章では，日本の財政危機を取り上げた。国と地方自治体の膨大な累積赤字の構造と実態を明らかにし，財政危機を招来した理由と問題点について具体

的に分析した。

　第6章では，日本経済のサービス化の実態を分析し，それが社会的分業の進展によるところが大きいことを示した。

　第7章では，日本農業における後継者問題を取り上げた。日本の農業は海外からの食料輸入の増大等により，危機的状況にある。農業従事者の高齢化と後継者不足が続くなかで，米作を中心とした委託耕作の進展により，農業の担い手の構造が大きく変わってきていることを明らかにした。

　第8章では，三菱系企業を取り上げ，役員層・支配層がその内部で再生産されていることを示した。親の世代から子の世代にかけての社会階層の移動動向は，興味深い社会分析のテーマである。この章では，日本におけるそのような階層研究の一例として，三菱系企業の役員の再生産構造を分析した。

　最後の第9章では，世界の貧困についての世界銀行と国連開発計画(UNDP: United Nations Development Programme)の貧困に関する統計指標について論じた。開発途上国を中心とする貧困は，現在世界的に問題とされているが，その動きのなかで注目されているのが世界銀行とUNDPの統計指標である。ここでは，それをめぐる世界的な研究の状況と問題点について検討した。

　本書は当初，労働と生活の問題も含む広範な日本の経済・社会の分析を含むものとして企画されたが，大部なものになるため労働と生活の問題は別に扱うことにし，それ以外の問題を取り上げることになった。労働と生活の問題については，既に岩井浩・福島利夫・藤岡光夫編著『現代の労働・生活と統計』として刊行されているので，併せて参照していただければ幸いである。

　本書は，故内海庫一郎先生(1912-94年，元北海道大学教授，武蔵大学名誉教授)から研究室であるいは学会，研究会において教えを受けた者により企画された全4巻からなる「統計と社会経済分析」シリーズの第Ⅲ巻である。大学をめぐる社会状況が大きく揺れ動いているなかで，諸般の事情によりこの巻の刊行は予定より大きく遅れてしまったが，ようやく4巻揃うことになった。全巻を揃えて先生に報告し，長い間熱情的に続けていただいたご指導に，改めてお礼を申し上げたい。4巻を通じて，これまでの研究を受け継ぎ，少しでも発展させることができているならば，きっと先生にも喜んでいただけるものと思う。本シリーズでの議論，またそのなかの試論的な部分も同学者と広い範囲の

読者の関心を呼び，より一層の議論や研究が展開されていくことを心から願っている。

　出版事情が厳しいなかで本書を含む4巻の出版を引き受けていただいた北海道大学図書刊行会に，お礼を申し上げる。とりわけ，シリーズの企画から本書の出版に至るまで，懇切に相談にのっていただき，丁寧な編集作業に当たられた前田次郎さんには執筆者一同，心よりお礼を申し上げたい。

　2001年4月

編　著　者

目　次

　　序　　文

第1章　対外直接投資の増大と国内経済 …………………………………… 1
　　　　はじめに　1
　1　日本の対外経済関係と対外直接投資 ……………………………………… 4
　　　1.1　対外直接投資の動向　4
　　　1.2　対外経済関係における対外直接投資のウエイト　6
　2　対外直接投資による経済活動の拡大と地域的特徴 ……………………… 9
　　　2.1　対外直接投資の地域的分布　9
　　　2.2　対外直接投資の産業分布　14
　　　2.3　調達先別仕入高　16
　　　2.4　販売先別売上高　18
　　　2.5　海外での雇用　24
　3　対外直接投資の増大と国内経済 …………………………………………… 26
　　　3.1　国内設備投資への影響　26
　　　3.2　海外生産比率と逆輸入比率の上昇　30
　　　3.3　製造業就業者数の減少　34
　　　　おわりに　40

第2章　ドル体制と日本 ……………………………………………………… 47
　　　　はじめに　47
　1　日米間の不等労働量交換 …………………………………………………… 47
　2　ドル建て対外債権の減価 …………………………………………………… 50
　　　2.1　長期的円高ドル安傾向による為替差損の発生　50
　　　2.2　貿易におけるドル建て取引　56

  3 低金利政策 …………………………………………………… 59
   3.1 バブルの形成とその崩壊 59
   3.2 ゼロ金利による所得移転 65
  4 ドルの特権による「横領」システム ………………………… 66

第3章 日本経済の「成熟」と金融資産の累積 ……………… 71

  1 金融資産の累積をめぐって …………………………………… 71
  2 金融資産の累積と現代資本主義——概括的な整理—— ……… 72
   2.1 金融資産累積の要因 72
   2.2 金融資産累積の影響，問題点 74
  3 日本経済における金融資産の累積 …………………………… 75
   3.1 日本経済における金融資産累積の把握 76
   3.2 第一期：高度経済成長期の現実的蓄積の拡大と対応する金融資産の増大 76
   3.3 第二期：1970年代後半以降期における，現実的蓄積の停滞と
      金融資産の累積 79
  4 1970年代後半以降，とくに80年代における金融資産の
   累積をもたらしたもの ………………………………………… 81
   4.1 1975年以降80年代の資金循環構造の変化 82
   4.2 企業金融・財務行動・資金調達と資金運用 84
   4.3 国債の大量発行 89
   4.4 規制緩和と金融自由化の進展 92
  5 金融資産の累積と日本経済 …………………………………… 94

第4章 銀行の不良債権とその処理 ……………………………… 101

    はじめに 101
  1 銀行財務諸表のしくみ ………………………………………… 102
   1.1 貸借対照表（バランスシート） 102
   1.2 損益計算書 106
   1.3 自己資本比率 109
   1.4 経理基準の変更 110
  2 不良債権とその処理 …………………………………………… 113
   2.1 不良債権の開示 113
   2.2 不良債権処理のしくみ 120
   2.3 不良債権処理額の推移 123

3 不良債権処理問題への対応 ……………………………… 126
3.1 政府の対応　126
3.2 銀行の対応　133
4 不良債権問題下の資金循環 ……………………………… 138
おわりに　141

第5章　財政危機の構造 ……………………………………… 145
はじめに　145
1 財政のしくみ ……………………………………………… 147
1.1 財政の見取図　147
1.2 国・地方・財政投融資等の相互依存関係　148
2 国の「財政危機」……………………………………………… 150
2.1 一般会計における「財政赤字」(フロー面)　150
2.2 一般会計における「財政赤字」(ストック面)　155
2.3 財政投融資の現状と問題点　163
3 地方財政危機 ……………………………………………… 171
3.1 戦後の地方財政危機　171
3.2 地方財政の財源不足の状況——運命的に赤字なのか？　172
4 財政危機の構造 …………………………………………… 174
4.1 「社会全体の危機」と「財政危機」　174
4.2 国の「財政再建」路線　175
4.3 財政危機の構造　179
4.4 地方財政危機の構造　182
4.5 財政赤字の「波及効果」　185
おわりに　187

第6章　日本経済のサービス化とその実態 ……………… 189
はじめに　189
1 第3次産業，サービス業の拡大 ………………………… 190
2 社会的分業の深化と対事業所サービス産業の発展 …… 193
2.1 間接部門の拡大・分業化　193
2.2 業務の外部委託・外注の増加　198
2.3 情報サービス業，広告業の拡張　204
2.4 専門サービス業の拡張　207

2.5　リース，レンタル産業の発達　210
　3　対個人サービス業，社会的サービス業の拡張 ……………………216
　4　サービス業従業者数増加の実態 …………………………………222
　　おわりに　230

第7章　わが国農業における担い手構造の現状と動向 ……………235
　　はじめに　235
　1　経営耕地規模別にみたわが国農業の担い手構造 …………………237
　　1.1　経営耕地規模別農業経営数と耕地面積の推移　237
　　1.2　農地流動化の動向と経営耕地規模別にみた担い手構造の展望　241
　2　作目部門別にみたわが国農業の担い手構造 ………………………244
　　2.1　農産物販売金額規模別にみた担い手構造　244
　　2.2　農業所得の側面からみた担い手構造　246
　　2.3　以外事業体の規模と生産シェア　248
　3　稲作農業部門の担い手構造と農作業受委託 ………………………249
　　3.1　稲作農業部門の基礎構造と農業経営による農作業の委託　249
　　3.2　農作業を受託する経済主体の存在状況と農作業受委託の全体像　255
　　3.3　農作業受委託の経済効果　257
　4　わが国農業における担い手構造の展望 ……………………………261
　　おわりに　264

第8章　日本支配階層の再生産構造 …………………………………271
　　――三菱系企業役員子弟の学歴・就職・婚姻――
　　はじめに　271
　1　なぜ三菱なのか？ …………………………………………………271
　2　先行の研究について …………………………………………………272
　　2.1　階層再生産の視点からみた教育の役割　273
　　2.2　学歴階層の再生産状況調査　273
　3　子どもの学歴 …………………………………………………………273
　　3.1　一部大学への集中　274
　　3.2　学歴と就職先の相関関係　275
　　3.3　制　度　化　279
　4　子どもの就職 …………………………………………………………281

4.1　子どももサラリーマン　281
　　4.2　子弟入社・系列入社　282
　　4.3　業　界　入　社　284
　　4.4　子どもの就職・昇進への影響　287
5　子どもの結婚 ··288
　　5.1　全体的な特徴　289
　　5.2　1934 年の特徴　290
　　5.3　1954 年の特徴　294
　　5.4　制　度　化　295
　　お　わ　り　に　295

第 9 章　世界の貧困に関する統計・統計指標 ················299
　　　　　　──世界銀行と国連開発計画(UNDP)の統計を中心に──

　　は　じ　め　に　299
1　貧困概念とその測定についての予備的整理 ·······················301
　　1.1　貧困把握をめぐる経過　301
　　1.2　貧困をめぐる論点と概念　302
2　世界の貧困に関する統計書とウエッブサイト ·················308
　　2.1　世界銀行グループ・IMF『世界貧困報告書(*Global Poverty Report*)』　309
　　2.2　IMF・OECD・国連・世界銀行グループ『すべての人により良い世界を，2000 年──世界開発目標に向けての前進(*A Better World for All 2000 — Progress towards the International Development Goals*)』　309
　　2.3　世界銀行『世界開発指標(*World Development Indicators*)』(邦訳『世界経済・社会統計』)　310
　　2.4　世界銀行『開発の社会指標(*Social Indicators of Development*)』　311
　　2.5　世界銀行『世界開発報告書(*World Development Report*)』　311
　　2.6　貧困ネット(PovertyNet)　312
　　2.7　国連開発計画(UNDP)『人間開発報告書(*Human Development Report*)』　313
　　2.8　国連持続的開発委員会(Commission on Sustainable Development)『持続的開発指標(ISD: *Indicators of Sustainable Development*)』　313
　　2.9　経済協力開発機構・開発支援委員会(OECD-DAC)『開発指標(*Development Indicators*)』　313
3　世界銀行の所得貧困統計 ··314
　　3.1　所得貧困の実情と見込み　314
　　3.2　世界銀行の所得貧困統計の問題点　321
4　UNDP 人間貧困指数 ··326

  4.1　『人間開発報告書』と諸指標　326
  4.2　人間貧困指数　327
  4.3　HPI の問題点　332
 5　より多面的な貧困統計指標へ——OECD 等の貧困撲滅目標に寄せて——………336
  5.1　貧困統計整備・充実の方向　336
  5.2　分野別の状況と目標の対比　339

補論　UNDP の HDI およびジェンダー関連指標の問題点 …………………346
 1　人間開発指数　346
 2　ジェンダー開発指数(GDI: Gender Development Index)とジェンダー・
  エンパワーメント尺度(GEM: Gender Empowerment Measure)　349

事項索引　353

第1章　対外直接投資の増大と国内経済

はじめに

　1980年代以降，日本の対外直接投資は急激に増加した。それは主として，「集中豪雨的」といわれた日本の輸出の急増によって世界の各地で生じた貿易摩擦，経済摩擦の激化を避けるため，さらに1985年のプラザ合意以降には急激な円高の進行に対抗して現地生産と販売を増やすため，あるいは生産コストの低減を図るために，多くの企業が海外に進出したことによるものであった。とくに近年は，コスト節減のためアジア諸国を中心に産業内・企業内の国際分業が発達し，日本企業の海外進出がさらに積極的になっている。日本の対外直接投資の増大は，海外からの原材料の輸入と国内での加工・輸出に基礎を置いていた日本経済が，世界的な経営戦略の観点から経済活動が再編成される経済のグローバル化の急速な進展に，対外進出と対外生産の増大によって対抗せざるをえなくなったことを背景とするものであった。

　直接投資の増大は，輸出入の増大や国際的な金融・証券取引の増大に加えて，日本経済の対外的関係のより一層の拡張をもたらしたが，他方で，それは国内経済の空洞化や逆輸入の増加等によって国内経済の再編を迫っている。とりわけ，近年，日本のアジア諸国への直接投資の急増はその多くが製造業への投資であり，それが一方では日本からの中間生産財輸出の増加と生産物の日本への輸入の増加とに結びついているので，国内経済の再編と大きく関わっている。

　この章では，このような観点から近年における直接投資の増大が国内経済と

関わる3つの側面，すなわち，①日本の対外経済関係における直接投資のウエイトの増大，②直接投資による経済活動の拡大とその地域的特性，および③直接投資増大の国内経済への影響，に焦点を絞って統計を整理し，諸統計と統計指標が示していることについて考えたい。

対外直接投資に関する統計についての説明

　日本の対外直接投資に関する問題について考えるのに先だって，それに関する統計についてみておく必要がある。日本の対外直接投資に関して利用できる各種の統計について，それぞれが問題をもっていることについてはすでに詳細に検討されてきている[1]。基本的な統計と，それらがもっている主な問題点をみておこう。
　ⅰ）対外直接投資額について
　海外における永続的な企業経営や経営参加を目的に行われる投資が，直接投資である。それは利子や配当金，あるいはキャピタルゲイン等の獲得を目的に行われる証券投資と対比される。現在では，出資や株式取得等により現地企業・法人に10％以上の資本参加をすれば経営権をコントロールできるものとみなされ，直接投資であるとされている。日本の対外直接投資額は，大蔵省「対外直接投資届出実績」（『財政金融統計月報（対内外民間投資特集）』，『国際金融局年報』に収録）として，また日本銀行「国際収支統計」の資本収支（資産）の一項目（『国際収支統計月報』，『財政金融統計月報（国際収支特集）』に収録）として公表されている。しかし，これら2つの統計の間には大きな違いがある。対外直接投資届出実績は，基本的には投資を行う際に大蔵省に提出された届出・報告（外為法の改正により，1998年4月からそれまでの事前届出制から原則事後報告制に変更）の集計に基づく統計である。それには届出・報告後に未実行や中止になったもの，投資後に撤退したものも含まれている。その一方で投資収益の再投資は含まれていない。したがって，実際に投資された投資額を表していない。これに対し，国際収支統計上の対外直接投資は撤退（回収），貸付金の返済，債券の償還等を控除し，再投資収益を加えた，投資額の受け払い等を集計したネットの統計である。この他にも2つの統計には，計上される1件当たりの取引金額，支店等への送金の処理等に関しても違いがある。そのため，対外直接投資届出実績額と国際収支統計の対外直接投資額は大きく食い違っている[2]。
　届出実績統計には地域別，国別，業種別の直接投資額，投資件数等のデータが示

されている.『国際収支統計月報』の各年4月号にも1996年から地域別,主要国別への対外直接投資額(資産)が日本国内への対内直接投資(負債)と対照されて掲載されるようになった.しかし,この統計には業種別の投資額の表示はない.この面では届出実績統計の方が,はるかに詳細である.これに対し,投資残高では国際収支統計の方が詳細である.届出実績統計では1951年(昭和26年)以来の投資額の累計が示されているだけであるが,国際収支統計では,国内の居住者から決算期ごとに提出される直接投資残高に関する報告書等に基づき,各年末の直接投資(資産)残高が地域別,主要国別にその内訳である子会社に対する債権(株式資本,再投資収益,その他の資本)と債務とともに表示されている.

しかし,これら2つの統計には上でみたような基本的な相違があるので,2つの統計を相互に補完的に利用して対外直接投資の実像を統一的に把握するということはできない.2つの統計を別なものと考えて,それぞれから読みとれる事柄を確認していくほかはない.

ⅱ)海外での事業活動について

海外への投資による企業の経済活動の状況については,通産省の毎年の調査(海外事業活動動向調査)および3年ごとのより詳細な調査(海外事業活動基本調査)による『我が国企業の海外事業活動』,『海外投資統計総覧』(第26回調査からは,この名前は使われていない)が公表されている.これらは,金融・保険業,不動産業を除く日本側出資比率が10%以上の外国法人および日本側出資比率50%以上の海外子会社を対象として行われるアンケート調査に基づく統計である.これらの統計には,現地法人の売上高,現地調達,設備投資,収益,従業員,等の多くの事項に関する集計結果が示されている.

しかし,これらは強制力のない調査であって回収率が低く,またその回収率も年によって大きく変動するという問題をもっている.1990年代になって以前より回収率は上がっているが,47.2%(1992年度)から70.1%(1994年度)へと変動が大きい.1998年度の第28回の調査では,調査票発送企業数3,862のうち回収されたものは63.4%であった.したがって,これらの統計を時系列的にみるときには,このような調査の実際に留意する必要がある.

日本貿易振興会(JETRO: Japan External Trade Organization)の『進出企業実態調査(日系製造業の活動状況)』(1999年には米国編,アジア編,欧州・トルコ編が出版されている)は製造業に限った調査報告であるが,現地企業の経済活動について重要な情報を提供している.この調査報告書はJETROの現地センターを通じて実施

した調査によっている。しかし，この調査の回収率も高くはない。1999年版の各編によると，1998年の調査の回答率は在欧州・トルコ企業で51.1%，在米企業で66.6%，そして在アジア企業では33.3%であった。

東洋経済新報社『海外進出企業総覧』(国別編，会社別編)は，民間の代表的調査報告である。この報告でも，日本企業の出資比率が10%以上(現地法人を通じた間接出資も含む)の現地法人が調査対象であり，アンケートによる調査結果をプレスリリース，有価証券報告書，電話取材，新聞報道等によって補充して公表している。1999年版(調査は1998年10月実施)では，上場・未上場会社5,762社(現地法人のない1,618社を含む)が調査対象であり，回答率は約60%であった。海外に進出した個別企業については詳細なデータを提供しているが，個々の企業については未回答の調査項目が目立つ。

これらの統計はそれぞれに独自な仕方の調査に基づいており，調査結果を直接対比することはできない。それぞれの統計の特性に留意しながら，利用していく必要がある。

1　日本の対外経済関係と対外直接投資

はじめに，日本の対外直接投資の規模が非常に大きくなっており，国際的にも大きなウエイトをもっていること，また日本の対外経済関係においても大きなウエイトをもつに至っていることをみておこう。

1.1　対外直接投資の動向

1965年度以来の日本の対外直接投資の動向をグラフに示すと，図1-1のようになる。届出実績統計と国際収支統計とでは大きく食い違っているが，ともに同様の傾向を示している。日本の対外直接投資は，貿易摩擦・経済摩擦が国際的に大きな問題となりだした1970年代末から増加しはじめ，プラザ合意以降の円高が進んだ1980代半ばから急激に増大した。大蔵省への届出実績でみると，1984年度に101億ドルに達した投資額は，5年後の1989年度には675億ドルと6倍以上に増加した。国際収支統計においても，この間の急激な増加

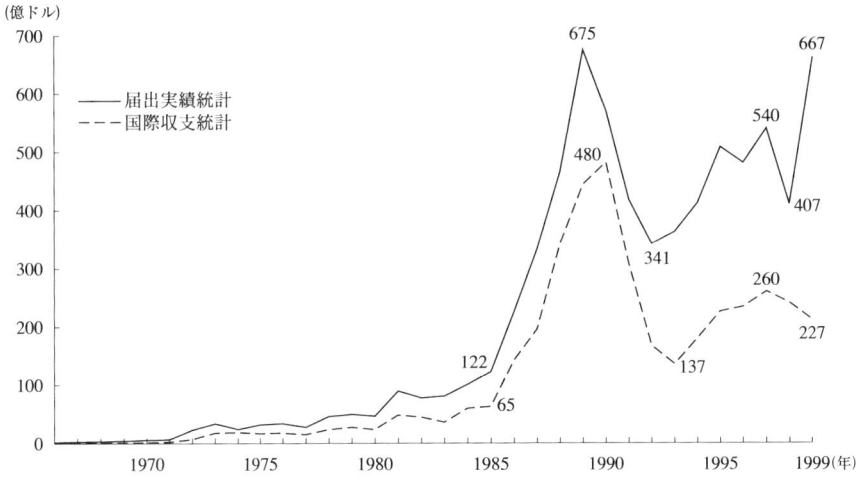

図 1-1　日本の対外直接投資

注) 1. 届出実績統計は年度、国際収支統計は暦年の数字である。
　　2. 1980年までは、不動産投資が含まれている。
　　3. 届出実績は、1979年度までは「海外投資許可実績」。
出所) 大蔵省『財政金融統計月報(対内外民間投資特集)』、日本銀行『経済統計年報』、『国際収支統計月報』、日本貿易振興会『ジェトロ白書 投資編』、『ジェトロ投資白書』より作成。

が同様に捉えられている。1990年代に入ってバブルの崩壊後には急減したが、再び漸増している。しかし、1998年度には届出投資額は前年に生じたアジア経済危機の影響等により急落した。

　このような日本の対外直接投資は、国際的にも大きなウエイトを占めている。1980年代後半から90年代にかけての日本の対外直接投資の急増は、世界的にも注目された。OECD(Organization for Economic Co-operation and Development、経済協力開発機構)の対外直接投資の統計によると[3]、1985年にはOECD諸国の直接投資(フロー)総計の10.8％であった日本の直接投資のウエイトは、1990年には21.2％へと5年間に倍増した。その後はウエイトを下げ、1990年代後半にはアメリカ、イギリス、フランス、ドイツに次いで7〜8％の水準で推移している。各国の年々の投資額は変動しているので、1991〜97年の直接投資の累積(ストック)額を比較すると、アメリカの累積額は5,392億ドルで圧倒的に大きく、大きく間を空けてイギリスが2,444億ドルでそれに次いでいる。日本の

表 1-1　国際収支統計(総括表)

年　度	経常収支	貿易・サービス収支	貿易収支	輸出	輸入	サービス収支	所得収支	経常移転収支
1985(昭和60)	12,573	11,254	13,447	40,074	26,628	△ 2,192	1,628	△ 309
1986(　61)	14,897	13,537	15,808	33,922	18,115	△ 2,271	1,663	△ 303
1987(　62)	11,325	9,201	12,333	32,385	20,052	△ 3,133	2,572	△ 448
1988(　63)	10,028	7,824	12,006	34,443	22,437	△ 4,182	2,666	△ 462
1989(平成元)	8,839	5,442	10,795	38,523	27,728	△ 5,353	3,833	△ 437
1990(　2)	5,578	4,259	10,284	41,053	30,769	△ 6,025	3,113	△ 1,794
1991(　3)	11,300	8,272	14,123	41,729	27,607	△ 5,851	3,484	△ 456
1992(　4)	15,033	10,689	16,031	41,986	25,955	△ 5,341	4,871	527
1993(　5)	14,222	10,565	15,269	38,561	23,292	△ 4,704	4,257	△ 600
1994(　6)	12,428	9,059	14,103	39,482	25,380	△ 5,043	4,010	641
1995(　7)	9,482	5,877	11,524	40,944	29,420	△ 5,647	4,449	△ 844
1996(　8)	7,172	1,921	8,783	44,834	36,051	△ 6,862	6,305	△ 1,055
1997(　9)	12,949	7,277	13,634	49,889	36,255	△ 6,357	6,707	△ 1,034
1998(　10)	15,170	9,563	15,982	47,644	31,662	△ 6,419	7,066	△ 1,459
1999(　11)	12,643	7,849	13,769	46,716	32,948	△ 5,919	5,876	△ 1,084

注)　1．億円で四捨五入した。負(△)は資本の流出と資産の増加および負債の減少を示す。
　　2．直接投資等は、次のようにして集計されている。
　　　　直接投資：直接投資家(親会社)が直接投資企業(子会社など)の経営に対する長期的な権益を有することを目的とし株式取得、資金貸借などの企業間取引を計上。株式資本、再投資収益、その他資本の合計。
　　　　証券投資：「持分権証券」(株式)と「負債性証券」(債券)を計上。
　　　　その他投資：直接投資、証券投資、外貨準備資産に該当しないすべての資本取引(貸付、貿易信用、現預金、雑投資)を計上。

累積額は2,038億ドルに達し、フランス2,176億ドル、ドイツ2,011億ドルと並んでいる。

1.2　対外経済関係における対外直接投資のウエイト

対外直接投資が増大するにつれて、日本の対外経済関係におけるそのウエイトも高まっている。表1-1は、1985年度以降の日本の国際収支の動向を示している(国際収支統計が1995年からそれまでのドル表示から円表示に変わったので、以下では大蔵省、日本銀行発表の投資額は円で表示することにする。なお、総括表では円表示額が1985年まで遡って示されている)。所得収支(雇用者報酬、投資収益)の黒字とサービス収支(輸送、旅行等)の赤字は拮抗してい

第1章　対外直接投資の増大と国内経済　7

(単位：10億円)

年　度	資本収支	投資収支	直接投資	証券投資	その他投資	その他資本収支	外貨準備増減	誤差脱漏
1985(昭和60)	△13,338	△13,243	△1,507	△11,660	△76	△96	△127	892
1986(　61)	△11,115	△11,021	△2,400	△11,862	10,241	△94	△4,683	901
1987(　62)	△7,448	△7,325	△3,327	△12,406	8,407	△122	△3,578	△300
1988(　63)	△7,966	△7,811	△4,775	△7,176	4,140	△155	△1,944	△118
1989(平成元)	△8,361	△8,182	△7,380	△3,647	2,846	△179	3,826	△4,304
1990(　2)	△3,701	△3,558	△6,530	3,092	△119	△144	509	△2,386
1991(　3)	△11,628	△11,469	△3,012	4,957	△13,414	△159	280	49
1992(　4)	△13,098	△12,930	△1,787	△5,203	△5,940	△168	△200	1,735
1993(　5)	△10,982	△10,789	△1,712	△1,462	△7,615	△193	3,436	197
1994(　6)	△7,760	△7,571	1745	△6,745	920	△190	3,484	△1,184
1995(　7)	△2,497	△2,216	△2,184	△6,129	6,097	△280	6,262	△723
1996(　8)	△7,994	△7,579	△2,486	△6,586	1,494	△415	2,076	2,898
1997(　9)	△15,336	△14,423	△3,073	4,112	△15,463	△912	762	3,148
1998(　10)	△16,829	△14,720	△2,332	△4,143	△8,245	△2,109	361	1,298
1999(　11)	△4,384	△2,817	△546	2,051	△4,322	△1,567	△9,791	1,532

その他資本収支：対価の受領を伴わない固定資産の所有権の移転，債権者による債務免除，固定資産の取得・処分に付随する資金の移動が計上される「資本移転」(無償資金協力，債務免除，等)と非生産非金融資産(具体的には，財貨・サービスの生産に用いられる無形非生産物資産(〈著作権，商標権，販売権等〉の取得・処分，および大使館あるいは国際機関による土地の取得・処分)を計上。

出所）日本銀行『経済統計年報』1996年，『国際収支統計月報』No. 405(2000年4月)，No. 411(2000年10月)。

るので，主として貿易収支の黒字により経常収支の黒字が増加し，それに対応して資本収支の赤字，すなわち日本からの資本の流出が増大してきている。そしてその大部分が対外投資(直接投資，証券投資，その他の投資)である。年度によって変動はあるが，貿易収支の黒字の増大にほぼ対応して海外への投資が増大してきた。

しかし，この表の投資収支は日本からの対外投資から日本への対内投資を引いたネットの額である。投資収支のうち対外投資を示している資産の表だけをみると，表1-2のようになる(1990年以前の株式，債券への円表示の投資額は国際収支統計に掲載されていない)[4]。図1-1でみた国際収支統計の対外直接投資は，この表の(a)欄の数字をドル表示したものである。日本の対外直接投

表 1-2 投資収支・資産

(単位：10億円, %)

年	直接投資 (a)	証券投資 (b)	株式	債券	その他投資	合計 (a+b)
1987（昭和62）	△2,907	△14,029				△16,936
1988（ 63）	△4,541	△12,612				△17,153
1989（平成元）	△6,381	△15,957				△22,338
1990（ 2）	△7,352	△ 5,449				△12,801
1991（ 3）	△4,262	△10,991	△ 494	△10,498	3,729	△15,253
1992（ 4）	△2,192	△ 4,339	392	△ 4,730	6,077	△ 6,531
1993（ 5）	△1,547	△ 6,955	△1,642	△ 5,313	1,834	△ 8,502
1994（ 6）	△1,852	△ 9,204	△1,415	△ 7,789	△3,620	△11,056
1995（ 7）	△2,129	△ 8,004	7	△ 8,010	△9,789	△10,133
1996（ 8）	△2,549	△125,23	△ 905	△11,618	466	△15,072
1997（ 9）	△3,145	△ 8,403	△1,645	△ 6,759	△23,639	△11,548
1998（ 10）	△3,162	△15,155	△1,851	△13,304	5,765	△18,317
1999（ 11）	△2,591	△18,970	△3,644	△15,325	31,907	△21,561
1987（昭和62）	17.2	82.8				100.0
1988（ 63）	26.5	73.5				100.0
1989（平成元）	28.6	71.4				100.0
1990（ 2）	57.4	42.6				100.0
1991（ 3）	27.9	72.1	3.2	68.8		100.0
1992（ 4）	33.6	66.4	-6.0	72.4		100.0
1993（ 5）	18.2	81.8	19.3	62.5		100.0
1994（ 6）	16.8	83.2	12.8	70.5		100.0
1995（ 7）	21.0	79.0	-0.1	79.0		100.0
1996（ 8）	16.9	83.1	6.0	77.1		100.0
1997（ 9）	27.2	72.8	14.2	58.5		100.0
1998（ 10）	17.3	82.7	10.1	72.6		100.0
1999（ 11）	12.0	88.0	16.9	70.2		100.0

注）億円で四捨五入。
出所）表1-1に同じ。

資が1980年代末から急増し，バブル崩壊時に急減し，その後漸増してきていることがより明確に示されている。1999年には，アジア通貨危機，国内の長びく不況の影響で大きく減少した。この投資額は1989，90年には輸出額のそれぞれ16.6％，17.9％，貿易収支の黒字額の59.1％と71.5％に対応していた。この値はその後減少し，1990年代後半にはそれぞれ，6～7％，20％前後の水準で対応している。すなわち，国際収支統計によると，1990年代以降もわが国の対外投資の圧倒的部分は証券投資ではあるが，直接投資も増加し，現在では輸出額の6～7％，貿易収支黒字額の約20％に相応する額の資金が海外への

直接投資として毎年国外に流出している。

2　対外直接投資による経済活動の拡大と地域的特徴

　日本の対外直接投資は，北米，ヨーロッパおよび東南アジアに集中している。しかし，それぞれの地域への投資の対象は一様ではない。北米およびヨーロッパへの直接投資では製造業への投資より金融・保険業，商業等を含む非製造業への投資の方が多い。これに対し東南アジア諸国への直接投資では製造業への投資の方がはるかに多い。近年投資が著しく増加した中国への投資は，7割以上が製造業への投資である。製造業のなかでは電気機械[5]，輸送機械，精密機械等への投資が多い。他方で生産物の販売先では，北米，ヨーロッパでは現地販売が大部分であるが，アジアの製造業の売上高においては現地販売のほかに日本向け輸出の割合，いわゆる逆輸入が増加している。以下，これらの点について詳細にみていこう。

2.1　対外直接投資の地域的分布

　まず，日本の対外直接投資がどの地域あるいは国に投資されてきたかを確認しておこう。

　表1-3は，届出実績統計により1987年度以降の各地域，国への直接投資額を示している。日本の対外直接投資が急増しはじめた1980年代後半から1990年代にかけては，北米が最も多く，全投資額の半ば近くを占めた。そして，その大部分は電気機器，自動車等の企業を中心とするアメリカへの投資であった。次いでイギリスを中心にヨーロッパ諸国への投資が増加し，1990年度には全投資額の25％に達した。イギリスへの投資額は大陸諸国や東欧諸国の市場も視野に入れて，1987年から11年間に3.4倍に増加した。1990年代に入り円高の影響がより厳しくなった時期にはASEAN諸国を中心にアジア諸国への投資が急増し，1995年度にはヨーロッパ諸国への投資を上まわるに至った[6]。この間，年度によって変動しているが，中国への投資が大きく増加した。しかし，1998年度には国内の長びく不況，アジア通貨危機等の影響によりアジアへの

表1-3 対外直接投資の動向(届出実績)

(単位:10億円、%)

年度 地域、国	対外直接投資額						構成比				
	1987 (昭和62)	1990 (平成2)	1995 (平成7)	1997 (平成9)	1998 (平成10)	1951～1998累計	1987 (昭和62)	1990 (平成2)	1995 (平成7)	1997 (平成9)	1998 (平成10)	1951～1998累計
総計	5,047	8,353	4,957	6,623	5,217	94,861	100.0	100.0	100.0	100.0	100.0	100.0
北米	2,318	3,996	2,239	2,625	1,401	39,446	45.9	47.8	45.2	39.6	26.9	41.6
アメリカ	2,221	3,840	2,185	2,549	1,321	37,785	44.0	46.0	44.1	38.5	25.3	39.8
カナダ	97	156	55	76	80	1,661	1.9	1.9	1.1	1.1	1.5	1.8
欧州	995	2,098	828	1,375	1,794	18,384	19.7	25.1	16.7	20.8	34.4	19.4
イギリス	367	996	333	505	1,252	7,536	7.3	11.9	6.7	7.6	24.0	7.9
フランス	49	184	156	213	67	1,451	1.0	2.2	3.1	3.2	1.3	1.5
ドイツ	60	181	53	90	71	1,503	1.2	2.2	1.1	1.4	1.4	1.6
オランダ	128	406	144	404	271	3,761	2.5	4.9	2.9	6.1	5.2	4.0
スペイン	43	47	5	29	16	544	0.9	0.6	0.1	0.4	0.3	0.6
小計	648	1,815	691	1,241	1,676	14,796	12.8	21.7	13.9	18.7	32.1	15.6
アジア	738	1,034	1,192	1,495	836	17,276	14.6	12.4	24.0	22.6	16.0	18.2
韓国	99	42	43	54	39	1,132	2.0	0.5	0.9	0.8	0.7	1.2
中国	185	51	432	244	136	2,223	3.7	0.6	8.7	3.7	2.6	2.3
香港	162	261	111	85	77	2,631	3.2	3.1	2.2	1.3	1.5	2.8
台湾	55	65	44	55	29	833	1.2	0.8	0.9	0.8	0.6	0.9
シンガポール	75	123	114	224	82	2,062	1.5	1.5	2.3	3.4	1.6	2.2
タイ	37	170	120	229	176	1,736	0.7	2.0	2.4	3.5	3.4	1.8
マレーシア	25	107	56	97	66	1,255	0.5	1.3	1.1	1.5	1.3	1.3
インドネシア	84	162	155	309	138	4,148	1.7	1.9	3.1	4.7	2.6	4.4
フィリピン	11	38	69	64	48	722	0.2	0.5	1.4	1.0	0.9	0.8
小計	737	1,019	1,142	1,118	790	16,742	10.9	11.6	14.3	16.9	12.5	15.3
大洋州	213	612	272	253	283	5,108	4.2	7.3	5.5	3.8	5.4	5.4
オーストラリア	185	539	256	205	178	4,386	3.7	6.5	5.2	3.1	3.4	4.6
ニュージーランド	18	34	9	15	100	354	0.4	0.4	0.2	0.2	1.9	0.4
小計	203	573	265	220	278	4,740	4.0	6.9	5.4	3.3	5.3	5.0
中南米	732	529	374	778	827	11,865	14.5	6.3	7.5	11.7	15.9	12.5
パナマ	113	18	13	16	—	628	0.7	1.1	0.6	2.2	1.1	2.2
ブラジル	35	89	29	145	60	2,118	6.9	2.3	3.3	2.1	2.6	4.5
バハマ	350	196	161	187	133	4,249	3.6	1.0	1.3	4.7	11.0	2.5
ケイマン	181	85	64	312	576	2,368	11.2	4.4	5.1	9.0	14.7	9.2
小計	1,411	917	641	1,438	1,596	21,228	0.2	0.0	0.3	0.9	0.4	1.7
中近東	10	4	15	58	19	1,166	0.8	1.1	0.7	0.6	1.1	1.2
アフリカ	41	89	37	41	57	1,617	0.8	0.9	0.6	0.3	0.9	1.3
リベリア	40	77	30	20	49	1,275	0.8	0.9	0.6	0.3	0.9	1.3

注: 1. 投資額は億円で四捨五入した。
2. 表記の国以外は省略。

出所) 大蔵省「財政金融統計月報(対内外民間投資特集)」No. 548、560、572。

第1章　対外直接投資の増大と国内経済

表1-4　地域・主要国別直接投資（資産）の動向（国際収支統計）

(単位：10億円、%)

年 国・地域	直接投資額					構成比				
	1995(平成7)	1996(平成8)	1997(平成9)	1998(平成10)	1999(平成11)	1995(平成7)	1996(平成8)	1997(平成9)	1998(平成10)	1999(平成11)
合計	△2,129	△2,549	△3,145	△3,162	△2,591	100.0	100.0	100.0	100.0	100.0
アジア	△800	△1,060	△1,587	△1,029	△223	37.6	41.6	50.5	32.5	8.6
中国	△302	△253	△225	△171	△41	14.2	9.9	7.2	5.4	1.6
台湾	△39	△44	△90	△43	1	1.8	1.7	2.9	0.0	—
韓国	△32	△44	△21	△56	△42	1.5	1.7	0.7	1.8	1.6
香港	△31	△120	△213	△104	18	1.5	4.7	6.8	1.9	−0.7
シンガポール	△63	△123	△310	△100	△76	3.0	4.8	9.9	3.2	2.9
タイ	△88	△146	△247	△221	△14	4.1	5.7	7.8	7.0	−0.5
インドネシア	△90	△163	△190	△121	△23	4.2	6.4	6.0	3.8	0.9
マレイシア	△35	△56	△121	△59	38	1.7	2.2	3.8	1.9	−1.5
フィリピン	△101	△52	△42	△68	△68	4.8	2.0	1.3	2.1	2.6
インド	—	△29	△59	△59	△30	—	1.1	1.9	1.9	1.2
北米	△873	△1,248	△936	△820	△747	41.0	49.0	29.8	25.9	28.8
アメリカ	△836	△1,206	△894	△744	△808	39.3	47.3	28.4	23.5	31.2
カナダ	△37	△41	△41	△76	△61	1.7	1.6	1.3	2.4	2.4
中南米	—	△154	△284	△739	△628	—	−6.0	9.0	23.4	24.2
メキシコ	△12	△7	△16	△20	△130	0.6	−0.3	0.5	0.6	5.0
ブラジル	△24	△69	△112	△73	△76	1.1	2.7	3.6	2.3	2.9
大洋州	—	△75	△35	△187	△6	—	3.0	1.1	5.9	0.2
オーストラリア	△38	△77	△44	△158	45	1.8	3.0	1.4	5.0	−1.7
西欧	△316	△309	△302	△291	△936	14.8	12.1	9.6	9.2	36.1
ドイツ	△42	△26	△33	△55	△25	1.9	1.0	1.0	1.8	1.0
イギリス	△127	△157	△195	△78	△187	5.9	6.2	6.2	2.5	7.2
フランス	△46	△81	△4	△66	△70	2.2	3.2	−0.1	−2.1	2.7
オランダ	△82	△78	△157	△223	△754	3.8	3.1	5.0	7.1	29.1
東欧・ロシア等	—	△11	△13	△24	△16	—	0.4	0.4	0.8	0.6
ロシア	△2	△2	△3	△2	△2	0.1	0.1	0.1	0.1	0.1
中東	—	△27	△24	△15	△12	—	1.1	0.8	0.5	0.5
サウディ・アラビア	△7	△17	△25	△21	△16	0.3	0.7	0.8	0.7	0.6
アフリカ	—	△13	△16	△44	△24	—	−0.5	0.5	1.4	0.9
南アフリカ共和国	△5	△3	△29	△20	△8	0.2	0.1	0.9	0.6	0.3

注：1. 投資額は億円で四捨五入した。
　　2. 構成比の小さい国、国際機関、非分類は省略。
出所：日本銀行「国際収支統計月報」No. 369, 393, 405 (1997, 1999, 2000年の4月号)。

投資は減少し，そのウエイトも減少した。

　国際収支統計によって近年の対外直接投資額(投資収支における資産のうち直接投資)を示すと，表1-4のようになる(円表示の各国への投資額は，1995年以降しか公表されていないので，それ以降の暦年の投資額を掲げた)。この統計の直接投資額は届出実績の投資額とは異なっている。ここでは，ヨーロッパのウエイトが相対的に小さく示されており，これに対してアジアのウエイトが非常に大きく示されている。アジアへの直接投資は1995年にすでにヨーロッパへの直接投資の2.5倍になっており，1997年にはアジアの割合が50％を超えている。1998，99年にはアジアのウエイトが低下したのに対し，中南米の割合が1997年の9.0％から1999年の24.2％へと大きく増加しているのが特徴的である。

　届出実績統計と国際収支統計とでは投資額が非常に大きく食い違っているので，これらの統計から日本の対外直接投資額の実際は把握しがたい。しかし，1990年代後半以降の動きをこれらの統計によってみると，各地域・国への投資の基本的な動向と，そのなかで日本の対外直接投資が長期的にはアジアに重点を移してきていることが確認できよう。

　直接投資の残高は表1-3にも示されているが，それは1951年以来の投資額を単純に合計したものであって，物価の変動や撤退等を考慮していないので投資の累積の実態を反映しているとはいえない。国際収支統計には「本邦居住者から決算期毎に提出される直接投資残高に係わる報告書」を主たる資料として直接投資の各年末の投資残高が推計，公表されている。この統計の方が，より実際に近いものと考えられる。表1-5は，この国際収支統計により1996年末，98年末および99年末の直接投資残高の地域別および主な投資先国別の分布状況を示している。この表によると，日本の対外直接投資残高が最も多いのは北米であり，1998年末には13.2兆円，投資残高総額の42.5％に達し，アジアがそれに次いでいた。しかし，アジアへの直接投資は1997年の金融危機以降に減少したことを反映して，直接投資残高も3年間に4.5兆円減少し，ウエイトも30.6％から18.1％へ減少した。アジア諸国での投資残高は1998年末にはヨーロッパ諸国よりも投資残高で2兆円以上，構成比で7％多かったが，1999年末にはヨーロッパ諸国での残高，比率の方が多くなった。国別ではアメリカ

第1章　対外直接投資の増大と国内経済　13

表1-5　直接投資(資産)残高地域別国別統計

(単位：10億円、%)

国・地域	直接投資(資産)残高 1996(平成8)年末	直接投資(資産)残高 1998(平成10)年末	直接投資(資産)残高 1999(平成11)年末	構成比 1996(平成8)年末	構成比 1998(平成10)年末	構成比 1999(平成11)年末
合計	30,000	31,216	25,425	100.0	100.0	100.0
アジア	9,180	8,186	4,607	30.6	26.2	18.1
中国	939	2,064	749	3.1	6.6	2.9
台湾	470	491	401	1.6	1.6	1.6
韓国	402	475	300	1.3	1.5	1.2
香港	1,091	1,061	634	3.6	3.4	2.5
シンガポール	1,323	1,094	855	4.4	3.5	3.4
タイ	1,827	659	471	6.1	2.1	1.9
インドネシア	1,994	1,330	452	6.6	4.3	1.8
マレイシア	667	511	369	2.2	1.6	1.5
フィリピン	332	277	200	1.1	0.9	0.8
インド	91	114	93	0.3	0.4	0.4
北米	11,352	13,256	12,419	37.8	42.5	48.8
アメリカ	10,941	12,800	12,090	36.5	41.0	47.6
カナダ	411	457	329	1.4	1.5	1.3
中南米	1,390	2,008	1,829	4.6	6.4	7.2
メキシコ	60	121	220	0.2	0.4	0.9
ブラジル	436	610	479	1.5	2.0	1.9
大洋州	1,218	1,230	1,174	4.1	3.9	4.6
オーストラリア	1,068	975	872	3.6	3.1	3.4
ニュー・ジーランド	80	67	134	0.3	0.2	0.5
西欧	5,512	5,979	5,070	18.4	19.2	19.9
ドイツ	489	543	350	1.6	1.7	1.4
イギリス	2,357	2,857	1,837	7.9	9.2	7.2
フランス	176	353	308	0.6	1.1	1.2
オランダ	979	1,069	1,785	3.3	3.4	7.0
イタリア	55	82	71	0.2	0.3	0.3
ベルギー・ルクセンブルク	700	489	348	2.3	1.6	1.4
スイス	344	254	113	1.1	0.8	0.4
スウェーデン	14	15	6	0.0	0.0	0.0
スペイン	112	112	95	0.4	0.4	0.4
東欧・ロシア等	23	117	44	0.1	0.4	0.2
ロシア	6	84	2	0.0	0.3	0.0
中東	112	143	82	0.4	0.5	0.3
サウディ・アラビア	56	83	75	0.2	0.3	0.3
アラブ首長連邦	36	32	1	0.1	0.1	0.0
アフリカ	51	104	91	0.2	0.3	0.4
南アフリカ共和国	6	60	43	0.0	0.2	0.2

注）投資額は億円で四捨五入した。
出所）表1-4に同じ。

が最も大きく,1999年末には47.6%を占めている。次いでイギリスが多く,7.2%である。アジアでは中国が最も多く,1998年末の残高は2兆円を超え,6.6%となった。それに香港を加えると10.0%となり,この年のイギリスより多かった。しかし,1999年末には大きくウエイトを落としている。

2.2 対外直接投資の産業分布

届出実績統計によって,1993〜98年について対外直接投資を産業別・地域別に集計・整理すると表1-6のようになる。世界全体では製造業より非製造業への投資が多い。しかし北米,欧州とアジアとでははっきりした違いがみられる。北米,欧州では製造業への投資よりも非製造業への投資の方が多い。製造業と非製造業との比率は北米では34.2%対65.5%であり,欧州では25.3%対73.7%である。非製造業のうち商業,金融・保険業,サービス業を合計すると,北米では44.5%,欧州では62.9%になる。それはこれらの地域への製造業企業の進出増加に伴って,資金の融資や取引業務で関連のある金融・保険業企業の進出も増加したことや,従来から日本の工業製品を販売する商業が大きなウエイトをもっていたことによるものである。

これに対し,アジアでは製造業への投資の方がはるかに多く,58.4%が製造業への投資であり,非製造業への投資は38.1%である。地域別構成をみると,アジアへの直接投資は全直接投資の26.0%であるが,アジアの製造業への投資は全体の35.8%である。とくに,繊維,鉄・非鉄産業への投資では北米を超えている。その他の製造業産業への投資でも,北米への投資よりは少ないが,欧州への投資を大きく上まわっている。このような製造業への投資割合の増大は急激な円高に対処するために,多くの製造業企業が賃金が低く生産コストの低廉な地域を求めて,東南アジアの国々に進出を続けてきたことによる[7]。

アジアへの直接投資が製造業を中心に行われていることは,日系企業の現地法人数の地域別・業種別分布にも表れている。法人数は必ずしも投資額に対応はしないが,経済活動が活発に行われていることの一つの指標とみることができよう。通産省『我が国企業の海外事業活動』によると,製造業の日系企業現地法人数の割合は,北米では1997年には44.4%であり,ヨーロッパの38.9%よりも大きいが,アジアではその割合が北米よりもさらに大きく60%を超え

第1章 対外直接投資の増大と国内経済 15

表1-6 1993～98年の日本の対外直接投資の動向

(単位：億円、%)

年度 業種	1993～1998年（平成5～10年）度計				産業別構成比				地域別構成比			
	世界計	北米	欧州	アジア	世界計	北米	欧州	アジア	世界計	北米	欧州	アジア
製造業	107,661	42,622	16,191	38,563	35.1	34.2	25.3	58.4	100.0	39.6	15.0	35.8
食 料	6,265	1,734	548	1,374	2.0	1.4	0.9	2.1	100.0	27.7	8.7	21.9
繊 維	4,551	889	670	2,800	1.5	0.7	1.0	4.2	100.0	19.5	14.7	61.5
木材・パルプ	2,898	1,507	137	851	0.9	1.2	0.2	1.3	100.0	52.0	4.7	29.4
化 学	15,728	5,858	4,158	5,421	5.1	4.7	6.5	8.2	100.0	45.6	32.4	42.2
鉄・非鉄	9,508	2,247	421	4,556	3.1	1.8	0.7	6.9	100.0	28.3	5.3	57.4
機 械	9,080	3,410	2,017	3,315	3.0	2.7	3.2	5.0	100.0	37.6	22.2	36.5
電 機	30,975	15,546	4,638	9,063	10.1	12.5	7.2	13.7	100.0	50.2	15.0	29.3
輸送機	15,159	5,620	2,565	4,505	4.9	4.5	4.0	6.8	100.0	37.1	16.9	29.7
その他	13,477	5,788	1,015	5,738	4.4	4.6	1.6	8.7	100.0	42.9	7.5	42.6
非製造業	194,763	81,685	47,176	25,196	63.6	65.5	73.7	38.1	100.0	41.9	24.2	12.9
農・林業	640	178	66	105	0.2	0.1	0.1	0.2	100.0	27.8	10.3	16.4
漁・水産業	600	576	8	434	0.2	0.5	0.0	0.7	100.0	96.0	1.3	72.3
鉱 業	8,801	913	1,179	2,916	2.9	0.7	1.8	4.4	100.0	10.4	13.4	33.1
建設業	2,361	1,137	36	993	0.8	0.9	0.1	1.5	100.0	48.2	1.5	42.1
商業	31,251	12,510	9,678	5,541	10.2	10.0	15.1	8.4	100.0	40.0	31.0	17.7
金融・保険業	63,816	16,751	26,303	4,889	20.8	13.4	41.1	7.4	100.0	26.2	41.2	7.7
サービス業	36,773	26,262	4,259	4,323	12.0	21.1	6.7	6.5	100.0	71.4	11.6	11.8
運輸業	14,770	1,319	611	2,034	4.8	1.1	1.0	3.1	100.0	8.9	4.1	13.8
不動産業	35,639	22,566	5,013	3,863	11.6	18.1	7.8	5.8	100.0	63.3	14.1	10.8
その他	84	9	2	72	0.0	0.0	0.0	0.1	100.0	10.7	2.4	85.7
支 店	3,947	387	626	2,299	1.3	0.3	1.0	3.5	100.0	9.8	15.9	58.2
合 計	306,378	124,698	63,996	66,063	100.0	100.0	100.0	100.0	100.0	49.1	25.2	26.0

注：1．各年度の億円未満を切り捨て集計。
2．北米、欧州、アジア以外の地域は省略した。
3．不動産は省略した。

出所：大蔵省「財政金融統計月報（対内外民間投資特集）」No. 560, 572より算出。

ている。とくに中国では，ASEAN(Association of South-East Asian Nations，東南アジア諸国連合)やアジアNIEs(Newly Industrializing Economies，新興工業経済地域)の国々よりも製造業のウエイトが大きく，近年では約8割が製造業の法人である。アジア諸国の現地法人において製造業の割合が非常に大きいことは，東洋経済新報社『海外進出企業総覧』のデータにも示されている。このデータは『我が国企業の海外事業活動』とは規定が異なっており，相互に直接比較することはできないが，ここでも同様の傾向が確認される。これによると，近年，製造業現地法人の割合はタイ，マレーシアでは60%前後であり，中国，韓国，台湾では70%を超えている。

2.3 調達先別仕入高

これらの製造業現地法人での原材料，部品等の調達・仕入れでは現地調達が増えてきているが，日本からの輸入が比較的大きな割合を占めている。『我が国企業の海外事業活動』によって1997年度の統計を整理すると，表1-7に示されているように，製造業の合計でみると仕入高における日本からの輸入の割合はアジアで38.8%，北米37.0%，ヨーロッパ34.2%である。食料品，木材・パルプ，繊維等の現地の資源を利用する産業では現地調達の割合が大きいが，仕入高は大きくない。これに対し，各地域の仕入高で60%以上を占めている機械産業では，各地域でローカルコンテンツの規制強化等もあって現地調達の割合が大きくなってきているにもかかわらず，日本からの輸入の割合が大きい。北米においても，輸送機械では現地調達が63.5%で日本からの輸入が28.7%であるが，一般機械，電気機械，精密機械においては現地調達より日本からの輸入の方が多い。ヨーロッパにおいては，輸送機械においても日本からの輸入が現地調達とほぼ同じ割合になっている。アジアでは，電気機械で日本からの輸入が多い。

アジアについて国・地域別にみると，日本からの輸入割合がさらに高い業種がある。中国の繊維工業では仕入額の63.4%，鉄鋼では75.1%，非鉄金属では76.6%が，ASEAN4では鉄鋼で75.1%，一般機械で48.4%，電気機械で36.6%，輸送機械で53.5%，NIEs4では繊維で52.8%，電気機械で45.2%が日本からの輸入である。

第1章　対外直接投資の増大と国内経済　17

表1-7　現地製造業法人調達先別仕入高内訳(1997年度)　(単位：億円，%)

	総　計 (A+B+C)		総計を100とする比率						
			現地調達 (A)	日本から輸入 (B)	第三国から輸入 (C)				
						北米 から	アジア から	ヨーロッ パから	他地域 から
アジア									
製造業	129,094	(100.0)	40.9	38.8	20.3	1.8	16.2	0.9	1.4
食料品	4,231	(3.3)	82.3	5.9	11.8	0.3	0.3	5.6	5.5
繊　維	6,966	(5.4)	27.2	43.7	29.1	6.8	12.7	1.8	7.8
木材・パルプ	546	(0.4)	61.0	24.1	14.9	－	14.8	－	－
化　学	9,216	(7.1)	50.9	22.8	26.3	7.7	11.2	3.0	4.4
鉄　鋼	4,113	(3.2)	16.5	65.7	17.8	0.0	14.8	1.0	1.9
非鉄金属	2,398	(1.9)	42.7	23.6	33.7	0.7	19.9	6.8	6.2
一般機械	6,959	(5.4)	46.7	37.1	16.2	0.7	13.9	0.9	0.8
電気機械	57,803	(44.8)	33.9	40.2	26.0	0.3	25.1	0.1	0.4
輸送機械	27,441	(21.3)	49.5	46.5	4.0	2.2	1.5	0.1	0.2
精密機械	3,147	(0.5)	37.4	32.2	30.3	0.2	30.0	－	0.1
石油石炭	676	(0.5)	10.3	22.0	67.7	6.1	43.2	0.0	18.2
その他	5,592	(4.3)	55.2	26.9	17.8	3.9	12.3	1.7	0.0
北　米									
製造業	141,871	(100.0)	55.2	37.0	7.7	4.0	3.1	0.4	0.1
食料品	2,529	(1.8)	88.3	4.0	7.8	2.1	5.7	－	0.0
繊　維	703	(0.5)	93.3	3.7	3.0	2.4	0.1	0.1	－
木材・パルプ	1,986	(1.4)	99.5	0.5	－	－	－	－	－
化　学	8,170	(5.8)	71.1	22.8	6.1	0.4	4.0	1.7	0.0
鉄　鋼	3,661	(2.6)	93.7	6.1	0.2	－	－	－	0.2
非鉄金属	3,515	(2.5)	94.9	1.7	3.3	－	－	－	3.3
一般機械	10,507	(7.4)	42.2	48.8	8.9	5.3	1.5	－	0.4
電気機械	40,086	(28.3)	32.1	58.8	9.1	1.8	6.8	0.4	0.0
輸送機械	58,943	(41.6)	63.5	28.7	7.7	7.3	0.4	0.1	0.0
精密機械	1,564	(1.1)	34.1	62.1	3.8	0.0	3.7	0.0	0.0
石油石炭	238	(0.2)	85.5	2.7	11.8	0.7	6.3	4.9	－
その他	9,965	(7.0)	53.9	36.9	9.2	0.6	8.2	0.5	0.0
ヨーロッパ									
製造業	66,931	(100.0)	40.8	34.2	25.0	1.8	6.0	17.0	0.1
食料品	1,149	(1.6)	80.7	11.9	7.4	－	－	7.3	－
繊　維	573	(0.8)	42.0	26.1	31.9	3.2	5.6	22.4	0.7
木材・パルプ	X	(X)	X	X	X	－	－	－	－
化　学	4,294	(6.1)	45.5	37.2	17.3	3.7	0.3	13.3	0.0
鉄　鋼	182	(0.3)	28.2	56.7	15.1	－	－	15.1	－
非鉄金属	200	(0.3)	81.4	12.4	6.2	－	6.2	－	－
一般機械	7,371	(10.5)	28.0	43.5	28.5	2.3	5.6	20.6	0.0
電気機械	25,246	(36.1)	46.0	34.2	19.7	1.2	11.1	7.3	0.2
輸送機械	21,104	(30.2)	36.2	35.6	28.2	2.6	0.2	25.5	－
精密機械	1,150	(1.7)	35.7	57.6	6.8	0.8	5.2	0.4	0.5
石油石炭	X	(X)	X	X	X	－	－	－	－
その他	4,180	(6.0)	46.7	15.5	37.7	0.5	8.9	28.3	0.0

注)　表中のX, －は次のことを意味している。
　　X：企業数が1または2のため秘匿したことを示す。なお，この秘匿によってもXが算出されるおそれのあるものについては，企業数が3以上でも秘匿した箇所がある。
　　－：該当数字なし。
出所)　通産省『第28回 我が国企業の海外事業活動』2000年3月。

特徴的なのは，北米では輸送機械，一般機械で現地調達率がやや大きいほかは他の北米からの輸入はあまり大きなウエイトをもっていないが，アジアでは他のアジアの国からの輸入，ヨーロッパでは他のヨーロッパの国からの輸入が比較的大きなウエイトをもっていることである。これは次にみる製品の販路の地域的割合で，アジア，ヨーロッパに進出した企業の他のアジア諸国，他のヨーロッパ諸国への輸出割合が大きいこととも関連するが，アジア，ヨーロッパに進出した産業，企業間で製造業の国際分業が進展し，中間生産財・部品供給のネットワークができあがっていることと関わっている[8]。

2.4　販売先別売上高

　直接投資の増加，現地法人数の増加は，現地法人の経済活動を拡大し売上高を増加させたが，ここにも地域によって特徴がある。表1-8に示されているように，売上高合計でみると，1997年度には北米では現地販売は80％以上であり，ヨーロッパでも企業進出地での現地販売に他のヨーロッパ諸国への販売を加えると約80％になる。これに対して，アジアでは現地販売が49.1％であり，他のアジア諸国向けを加えても約70％にとどまっており，日本向けの輸出，他のアジア諸国への輸出が大きなウエイトを占めている。

　各地域において，近年の食料輸入，木材輸入等の増加を反映して農林漁業での日本向け輸出の割合が大きい。しかし，表1-8に示されているように，1997年度にはそれらの売上高はいずれも各地域の売上高合計の1％にも満たなかった。日本への輸入を仲介する商業では，当然であるが日本向け輸出の割合が大きい。現地法人製造業の売上高の売上高合計に占める割合は北米で42.2％，ヨーロッパで30.0％であるが，そこでの日本への輸出の割合は，北米で3.1％，ヨーロッパで3.8％にすぎない。これに対し，アジアでは製造業売上高の売上高合計に対する割合は52.3％であって，そのうちの日本への輸出割合は25.3％である。

　現地製造業法人の売上高の販路についてさらに詳細にみると，機械産業を中心にアジアからの日本向け輸出の割合が非常に大きい。表1-9によると，北米においても，食料品，木材・紙パルプにおいて日本向け輸出の割合が大きいが，しかし，それらの産業の売上高は小さい。売上高合計の大半を占めているのは

表1-8 現地法人の販売先売上高内訳(1997年度)

(単位：億円，%)

	総計 (A+B+C)		総計を100とする比率						
			現地販売 (A)	日本向け輸出 (B)	第三国向け輸出 (C)	北米 向け	アジア 向け	ヨーロッ パ向け	他地域 向け
アジア	343,691	(100.0)	49.1	21.9	29.0	3.8	20.8	2.4	2.1
農林漁業	436	(0.1)	23.2	40.1	36.7	8.7	21.3	6.2	0.2
鉱業	551	(0.2)	32.5	67.5	—	—	—	—	—
建設業	4,518	(1.3)	99.4	0.4	0.1	—	0.1	—	—
製造業	179,877	(52.3)	51.4	25.3	23.3	4.5	15.2	2.5	1.1
商業	140,583	(40.9)	45.4	17.5	37.2	3.1	27.8	2.5	3.7
サービス業	13,107	(3.8)	30.6	30.5	38.9	2.5	35.1	1.2	0.0
その他	4,617	(1.3)	77.2	16.6	6.2	0.6	4.4	0.1	1.1
北米	499,668	(100.0)	81.9	7.8	10.3	3.8	3.2	1.4	1.8
農林漁業	1,516	(0.3)	53.6	42.7	3.7	1.3	2.3	—	0.0
鉱業	492	(0.1)	93.3	6.7	—	—	—	—	—
建設業	3,405	(0.7)	98.6	0.1	1.3	0.4	0.6	0.2	0.1
製造業	210,861	(42.2)	86.6	3.1	10.3	5.9	1.3	2.0	1.1
商業	253,664	(50.8)	78.6	10.6	10.8	2.1	5.2	1.0	2.5
サービス業	15,954	(3.2)	61.1	25.4	13.4	8.5	0.1	2.9	2.0
その他	13,773	(2.8)	95.2	3.8	1.0	0.1	0.0	0.0	0.8
ヨーロッパ	319,503	(100.0)	56.5	8.6	34.9	6.9	2.4	20.5	5.1
農林漁業	183	(0.1)	32.3	47.4	20.3	0.5	0.5	18.6	—
鉱業	101	(0.0)	72.6	—	27.4	—	27.4	—	—
建設業	891	(0.3)	98.5	1.1	0.5	—	—	0.5	—
製造業	95,483	(30.0)	63.8	3.8	32.4	1.7	1.4	28.1	1.2
商業	162,439	(50.8)	49.1	10.0	40.9	12.3	2.5	16.7	9.4
サービス業	23,551	(7.4)	39.4	7.5	53.2	2.1	2.9	48.1	0.0
その他	36,852	(11.5)	80.0	15.7	4.3	—	4.1	0.2	0.0

出所）表1-7に同じ。

各種の機械産業の売上高である。そのうち各機械産業の日本向け輸出の割合は，北米，ヨーロッパの現地法人では，北米の精密機械の7%を除いて4%以下にすぎない。これに対し，アジアでは輸送機械を除く機械産業で日本向け輸出の割合が非常に大きい。製造業売上高合計の43.4%を占める電気産業で33.8%，売上高の5.2%を占める一般機械で41.6%，売上高の2.3%を占める精密機械で59.0%である。すなわち，売上高の約50%を占める諸機械産業の売上高の30%以上が日本へ輸出されているのである。

アジアの国・地域についてみると，日本への輸出割合がさらに高い産業があ

表 1-9 現地製造業法人の販売先売上高内訳(1997年度) (単位:億円, %)

	総計 (A+B+C)		総計を100とする比率						
			現地販売 (A)	日本向け輸出 (B)	第三国向け輸出 (C)				
						北米 向け	アジア 向け	ヨーロッ パ向け	他地域 向け
アジア									
製造業	179,877	(100.0)	51.4	25.3	23.3	4.5	15.2	2.5	1.1
食料品	5,291	(2.9)	65.0	19.3	15.7	1.9	5.9	1.9	6.0
繊　維	10,563	(5.9)	42.7	41.6	15.7	2.7	9.8	2.3	0.8
木材・パルプ	716	(0.4)	38.7	35.9	25.4	－	25.4	－	－
化　学	14,064	(7.8)	63.6	7.8	28.6	1.3	22.1	2.2	3.0
鉄　鋼	4,751	(2.6)	87.6	3.0	9.4	1.5	7.8	0.0	0.0
非鉄金属	3,609	(2.0)	55.7	16.8	27.5	0.8	23.7	2.9	0.1
一般機械	9,356	(5.2)	33.9	41.6	24.5	2.8	12.5	6.6	2.6
電気機械	78,109	(43.4)	32.8	33.8	33.3	6.8	23.1	2.8	0.6
輸送機械	38,255	(21.3)	85.6	6.9	7.6	3.9	2.0	1.2	0.5
精密機械	4,205	(2.3)	21.4	59.0	19.5	4.6	8.1	4.9	1.8
石油石炭	720	(0.0)	14.3	69.7	16.0	0.0	9.9	5.1	0.0
その他	10,233	(5.7)	64.2	19.5	16.4	2.4	10.7	2.3	0.9
北米									
製造業	210,861	(100.0)	86.6	3.1	10.3	5.9	1.3	2.0	1.1
食料品	4,554	(2.2)	74.6	21.2	4.2	0.6	1.5	2.0	0.1
繊　維	1,427	(0.7)	97.1	2.7	0.2	0.1	－	0.0	－
木材・パルプ	3,389	(1.6)	21.8	35.9	42.3	28.1	7.6	4.4	2.0
化　学	18,541	(8.8)	86.4	3.3	10.2	1.0	3.7	4.5	1.1
鉄　鋼	11,717	(5.6)	98.5	0.1	1.4	1.4	－	0.0	0.0
非鉄金属	4,244	(2.0)	92.2	4.4	3.4	2.3	0.8	0.1	0.0
一般機械	14,220	(6.7)	88.5	0.9	10.6	7.3	0.2	1.7	1.4
電気機械	57,844	(27.4)	84.7	2.8	12.8	4.4	2.3	3.6	2.1
輸送機械	74,257	(35.2)	88.2	1.3	10.4	9.3	0.2	0.6	0.4
精密機械	2,572	(1.2)	85.1	7.0	7.9	2.2	2.4	2.7	0.5
石油石炭	265	(0.1)	92.4	2.3	5.3	1.1	3.0	0.0	0.8
その他	17,826	(8.5)	90.6	2.7	6.7	2.4	0.9	1.4	1.9
ヨーロッパ									
製造業	95,483	(100.0)	63.8	3.8	32.4	1.7	1.4	28.1	1.2
食料品	1,473	(1.5)	84.8	7.9	7.2	0.1	0.0	7.0	0.0
繊　維	1,391	(1.5)	77.3	3.4	19.3	0.3	0.3	18.6	0.0
木材・パルプ	X	(X)	X	X	X	－	－	－	－
化　学	9,300	(9.7)	64.5	4.8	30.8	3.2	0.4	24.9	2.3
鉄　鋼	214	(0.2)	47.3	0.1	52.5	－	－	52.3	－
非鉄金属	308	(0.3)	47.2	23.9	28.9	－	－	－	28.9
一般機械	10,862	(11.4)	47.6	1.2	51.2	5.9	6.7	36.3	2.3
電気機械	33,118	(34.7)	63.4	3.9	32.7	0.8	1.4	30.0	0.6
輸送機械	27,013	(28.3)	70.5	1.0	28.5	0.5	0.0	27.3	0.6
精密機械	1,874	(2.0)	76.2	3.0	20.8	2.7	0.6	16.8	0.6
石油石炭	X	(X)	X	X	X	－	－	－	－
その他	8,293	(8.7)	66.4	1.5	32.1	3.0	1.3	26.8	1.1

注), 出所) 表1-7に同じ。

る。1997年度に，中国で現地製造業法人売上高の9.0%を占める繊維工業では販売額の78.9%，ASEAN4で43.1%を占める電気機械で47.6%，NIEs4で6.6%を占める一般機械で51.2%，3.0%を占める精密機械で67.0%が日本への輸出である。

アジアでのもう一つの特徴は，上でみた中間生産物・部品の調達におけるアジアの他の国からの輸入割合が大きいことと対応して，アジア向けの輸出の割合が大きいことである。日本向け輸出と他のアジアの国向け輸出とを合計すると，製造業全体で40%以上，一般機械，電気機械，精密機械，木材・パルプでは50%以上になる。

製造業現地法人の原材料・部品の調達・仕入れと生産物・製品の販路においては，地域による差異がはっきりしている。北米，ヨーロッパの現地法人では一定割合の部品等を日本から調達するが，生産された製品はほとんどが進出先の国あるいは同地域内で販売されている。これに対しアジアの現地法人では，各種の機械産業を中心に，多くの中間生産物・部品等を日本から調達し，生産物・製品の一定部分も日本に向けて販売している。北米，ヨーロッパの現地法人の生産活動は主として現地販売のための生産であるのに対し，アジアのそれは日本国内の製造業の〝生産現場〟・生産拠点の国外への移転という側面を強くもっている[9]。

『第28回 我が国企業の海外事業活動』によると，日本国内の本社企業の売上高に占める輸出高の割合は各種の機械産業で大きく，1997年度には一般機械で21.7%，電気機械で32.2%，輸送機械で33.1%，精密機械で37.7%である。輸出高のうち現地法人へ輸出される割合(現地法人向け輸出比率)はそれぞれ49.9%，63.6%，72.5%，60.5%であった。また，本社企業の仕入高における輸入額の割合は一般機械で9.8%，電気機械で15.8%，輸送機械で3.8%，精密機械で18.5%であるが，そのうち現地法人から輸入される割合はそれぞれ56.9%，53.5%，46.6%，82.6%であった。

これらの比率は，年々比率が高くなる傾向にある。多くの製造業において本社企業と現地法人(子会社)との輸出入の割合がこのように大きいことは，日本の対外直接投資の増大が産業内，企業内国際分業の進展と密接に結びついていることを示すものであるが，このうち製造業現地法人からの輸入の多くは，

表1-10　業種別・地域別従業者数(1997年度)

	全地域	北米	ヨーロッパ	アジア			
					中国	ASEAN4	NIEs4
農林漁業	22,618	1,114	1,294	9,038	5,330	2,737	x
鉱業	15,809	579	30	3,805	1,202	2,599	x
建設業	24,583	2,620	1,500	19,575	292	11,989	5,39
製造業	2,315,749	471,072	234,890	1,432,238	368,246	739,524	251,00
食料品	71,167	17,988	3,090	40,376	11,846	18,238	9,53
繊維	188,442	7,786	7,708	159,391	77,331	59,415	19,48
木材・紙パ	27,579	8,180	X	13,206	4,004	8,814	32
化学	135,150	37,608	22,500	69,576	15,358	32,692	16,05
鉄鋼	59,143	18,081	1,536	25,905	5,692	17,373	2,07
非鉄金属	67,629	30,720	766	30,809	4,272	21,628	4,79
一般機械	126,707	30,762	26,989	62,203	16,291	21,942	22,18
電気機械	793,632	107,396	69,890	578,373	131,805	332,363	106,82
輸送機械	515,218	127,034	56,941	260,429	54,899	129,088	32,90
精密機械	58,431	5,591	4,965	46,493	14,319	15,761	16,17
石油・石炭	1,015	249	X	678	161	457	6
その他	271,636	79,677	39,170	144,799	32,268	81,753	20,58
商業	326,247	140,448	73,621	88,242	14,480	29,001	42,66
サービス業	78,342	33,097	8,927	32,623	7,929	9,945	13,58
その他	51,562	13,608	3,501	27,769	4,800	15,464	5,89
合計	2,834,910	662,538	323,763	1,613,290	402,279	811,259	318,66
農林漁業	0.8	0.2	0.4	0.6	1.3	0.3	–
鉱業	0.6	0.1	0.0	0.2	0.3	0.3	–
建設業	0.9	0.4	0.5	1.2	0.1	1.5	1.
製造業	81.7	71.1	72.5	88.8	91.5	91.2	78.
食料品	2.5	2.7	1.0	2.5	2.9	2.2	3.
繊維	6.6	1.2	2.4	9.9	19.2	7.3	6.
木材・紙パ	1.0	1.2	–	0.8	1.0	1.1	0.
化学	4.8	5.7	6.9	4.3	3.8	4.0	5.
鉄鋼	2.1	2.7	0.5	1.6	1.4	2.1	0.
非鉄金属	2.4	4.6	0.2	1.9	1.1	2.7	1.
一般機械	4.5	4.6	8.3	3.9	4.0	2.7	7.
電気機械	28.0	16.2	21.6	35.9	32.8	41.0	33.
輸送機械	18.2	19.2	17.6	16.1	13.6	15.9	10.
精密機械	2.1	0.8	1.5	2.9	3.6	1.9	5.
石油・石炭	0.0	0.0	–	0.0	0.0	0.1	0.
その他	9.6	12.0	12.1	9.0	8.0	10.1	6.
商業	11.5	21.2	22.7	5.5	3.6	3.6	13.
サービス業	2.8	4.8	2.8	2.0	2.0	1.2	4.
その他	1.8	2.1	1.1	1.7	1.2	1.9	1.
合計	100.0	100.0	100.0	100.0	100.0	100.0	100.

(単位:人,%)

	全地域を100とする比率				
北 米	ヨーロッパ	アジア			
			中 国	ASEAN4	NIEs4
4.9	5.7	40.0	23.6	12.1	—
3.7	0.2	24.1	7.6	16.4	—
10.7	6.1	79.6	1.2	48.8	22.0
20.3	10.1	61.8	15.9	31.9	10.8
25.3	4.3	56.7	16.6	25.6	13.4
4.1	4.1	84.6	41.0	31.5	10.3
29.7	—	47.9	14.5	32.0	1.2
27.8	16.6	51.5	11.4	24.2	11.9
30.6	2.6	43.8	9.6	29.4	3.5
45.4	1.1	45.6	6.3	32.0	7.1
24.3	21.3	49.1	12.9	17.3	17.5
13.5	8.8	72.9	16.6	41.9	13.5
22.7	11.1	50.5	10.7	25.1	6.4
9.6	8.5	79.6	24.5	27.0	27.7
24.5	—	66.8	15.9	45.0	5.9
29.3	14.4	53.3	11.9	30.1	7.6
43.0	22.6	27.0	4.4	8.9	13.1
42.2	11.4	41.6	10.1	12.7	17.3
26.4	6.8	53.9	9.3	30.0	11.4
23.4	11.4	56.9	14.2	28.6	11.2

注) 1. 北米,ヨーロッパ,アジア以外は省略。
2. 「常時従業者」の数字。「常時従業者」とは有給役員,常時雇用者(正社員,準社員,アルバイト等の呼称にかかわらず,1カ月を超える雇用契約者と平成9年度末または最寄りの時点の前2カ月において,それぞれ18日以上雇用したもの)の合計。

出所)表1-7に同じ。

——すでにみたように北米，ヨーロッパの製造業現地法人からの日本への輸出は少ないので——アジアの現地法人からの輸入であると考えてよいであろう。

2.5 海外での雇用

同じく『我が国企業の海外事業活動』によると，現地法人の従業者(「常時従者」)は1997年度末には世界全体で283万人であった。表1-10に示されているように，このうち北米で66.2万人，ヨーロッパで32.3万人，そしてアジアで最も多く161.3万人であった。アジアは世界全体での従業者の56.9%を占めているが，そのうち28.6%をASEAN4が，14.2%を中国が占めている。

現地法人従業者総数は1992年度末には140万人，1995年度末には233万人であったので，5年間に2倍，1995～97年の2年間だけで50万人増加したことになる。なかでも，ASEAN4と中国での増加が著しい。1995年度末には，ASEAN4での従業者が68.5万人，中国では23.1万人であったので，その後の2年間にそれぞれ12.6万人，17.1万人増加した。2年間に増加した50万人の従業者のうち約6割は，ASEAN4と中国での増加によるものであった。現在では，ASEAN4での従業者数は北米でのそれよりも，また中国での従業者数はヨーロッパでのそれよりも多くなった。

現地法人従業者の約8割は製造業の従業者であるが，ここでもアジアにおいて，製造業従業者の割合が大きい。その割合は北米，ヨーロッパでは約7割であるが，アジアでは約9割である。中国，ASEAN4では91%を超えている。製造業のなかでも，電気機械，輸送機械に集中している。その割合もアジアで高く，この2つの産業の従業者だけで50%を超えている。地域的分布をみても，これらの産業の従業者数はアジア諸国で圧倒的に多い。繊維，精密機械では80%，電気機械で70%，輸送機械でも50%がアジアでの従業者である。これらのことは，近年，電気機械，輸送機械，繊維産業を中心とする製造業の日系現地法人が賃金の安いアジア地域への進出をさらに強め，生産活動をさらに拡張してきていることを雇用増加の側面から反映している。

製造業の現地法人を中心に雇用が増加していることは，東洋経済新報社『海外進出企業総覧』のデータから作成した表1-11にも示されている。この統計では，現地法人の従業者総数は308万人で，『我が国企業の海外事業活動』の

第1章 対外直接投資の増大と国内経済 25

表 1-11 業種別・地域別従業員(1998年)

(単位:人)

	全世界		北　米		ヨーロッパ		アジア	
	従業員数	派遣者数	従業員数	派遣者数	従業員数	派遣者数	従業員数	派遣者数
農林漁業	15,249	127	954	13	1,186	5	8,478	55
鉱　業	18,125	191	3,529	36	23	10	5,482	37
建設業	39,122	1,675	3,425	220	3,386	140	28,725	1,233
製造業	2,434,456	26,088	461,618	6,722	194,605	2,031	1,606,350	16,256
食料品	87,810	856	17,307	289	933	24	57,064	491
繊　維	198,654	1,427	6,813	106	3,506	55	174,327	1,168
木材・紙パ	36,140	373	7,765	99	1,559	23	21,243	172
化　学	116,057	1,943	22,086	519	10,449	190	75,628	1,189
鉄　鋼	54,794	563	21,361	180	2,703	11	22,289	356
非鉄金属	95,379	717	32,773	193	1,724	38	50,258	462
一般機械	136,738	2,275	36,944	800	14,819	233	78,596	1,175
電気機械	750,615	7,634	70,107	1,410	47,075	558	606,561	5,478
輸送機械	506,640	5,277	125,921	2,130	59,445	473	254,904	2,333
精密機械	77,009	1,028	6,343	170	4,864	83	63,900	743
石油・石炭	53,102	978	8,534	204	3,614	80	39,918	651
その他	321,518	3,017	105,664	622	43,914	263	161,662	2,038
商　業	308,517	16,053	108,690	5,388	70,145	3,832	103,993	5,774
サービス業	116,458	2,928	31,296	1,432	6,787	412	65,853	796
その他	148,193	7,261	51,955	2,728	17,973	1,579	61,611	2,497
合　計	3,080,120	54,323	661,467	16,539	294,105	8,009	1,880,492	26,648
農林漁業	0.5	0.2	0.1	0.1	0.4	0.1	0.5	0.2
鉱　業	0.6	0.4	0.5	0.2	0.0	0.1	0.3	0.1
建設業	1.3	3.1	0.5	1.3	1.2	1.7	1.5	4.6
製造業	79.0	48.0	69.8	40.6	66.2	25.4	85.4	61.0
食料品	2.9	1.6	2.6	1.7	0.3	0.3	3.0	1.8
繊　維	6.4	2.6	1.0	0.6	1.2	0.7	9.3	4.4
木材・紙パ	1.2	0.7	1.2	0.6	0.5	0.3	1.1	0.6
化　学	3.8	3.6	3.3	3.1	3.6	2.4	4.0	4.5
鉄　鋼	1.8	1.0	3.2	1.1	0.9	0.1	1.2	1.3
非鉄金属	3.1	1.3	5.0	1.2	0.6	0.5	2.7	1.7
一般機械	4.4	4.2	5.6	4.8	5.0	2.9	4.2	4.4
電気機械	24.4	14.1	10.6	8.5	16.0	7.0	32.3	20.6
輸送機械	16.4	9.7	19.0	12.9	20.2	5.9	13.6	8.8
精密機械	2.5	1.9	1.0	1.0	1.7	1.0	3.4	2.8
石油・石炭	1.7	1.8	1.3	1.2	1.2	1.0	2.1	2.4
その他	10.4	5.8	16.0	3.8	14.9	3.3	8.6	7.6
商　業	10.0	29.6	16.4	32.6	23.9	47.8	5.5	21.7
サービス業	3.8	5.4	4.7	8.7	2.3	5.1	3.5	3.0
その他	4.8	13.4	7.9	16.5	6.1	19.7	3.3	9.4
合　計	100.0	100.0	100.0	100.0	100.0	100.0	100.0	100.0

注) 1. 原則として1998年10月現在の数字。
　　2. 従業者数には本社からの派遣者も含まれている。
　　3. 産業分類は『我が国企業の海外事業活動』における分類に対応するよう組みかえた。
出所) 東洋経済新報社『海外進出企業総覧』1999年。

人数よりも25万人ほど多い。アジアでの従業者数も27万人ほど多く188万人となっている。製造業のウエイトもやや小さくなっているが、各地域において製造業従業者のウエイトが大きいこと、そのなかでも電気機械、輸送機械が中心的位置を占めていること等では、ほぼ同様のことが示されているとみてよいであろう。

3 対外直接投資の増大と国内経済

　対外直接投資の増大は、国内では製造業をはじめとする産業の衰退を招き、雇用を減退させ、産業の"空洞化"を推し進めるものとして多くの人に注目され、問題にされてきた。ここでは、直接投資の増大によって国内経済で生じている諸変化のうち、製造業の動向と関連の深い設備投資、逆輸入および雇用に着目し、具体的にみることにする。

3.1 国内設備投資への影響

　日本国内の設備投資はバブル期の過剰投資が未だに整理されず、低迷を続けている。海外現地法人の設備投資も国内の景気動向に影響されて変動しているが、海外現地法人の設備投資額の国内設備投資額に対する比率は年々増大してきている。『我が国企業の海外事業活動』のデータによって、その動向を製造業現地法人についてみると、図1-2のようになる[10]。1980年代後半から90年代にかけては国内、国外ともに設備投資が増加したが、バブルの崩壊によってともに減少した。1994年度から国内外で回復に向かったが、1996年度までの3年間は海外の現地法人の投資増加のテンポの方が大きかった。

　図1-2では目盛りが大きくて投資額の増減のようすをはっきりと読みとれないので、国内の設備投資と現地法人の設備投資額の対前年増減率を求めて図示すると、図1-3のようになる。現地法人の設備投資は、1992年度には国内設備投資よりも急激に減少し対前年比で－22.0％となったが、1994年度以降は国内設備投資よりも急速に増大し、1996年度には国内での対前年増加率が3.6％であったのに対し、海外でのそれは47.5％となった。その結果、現地法

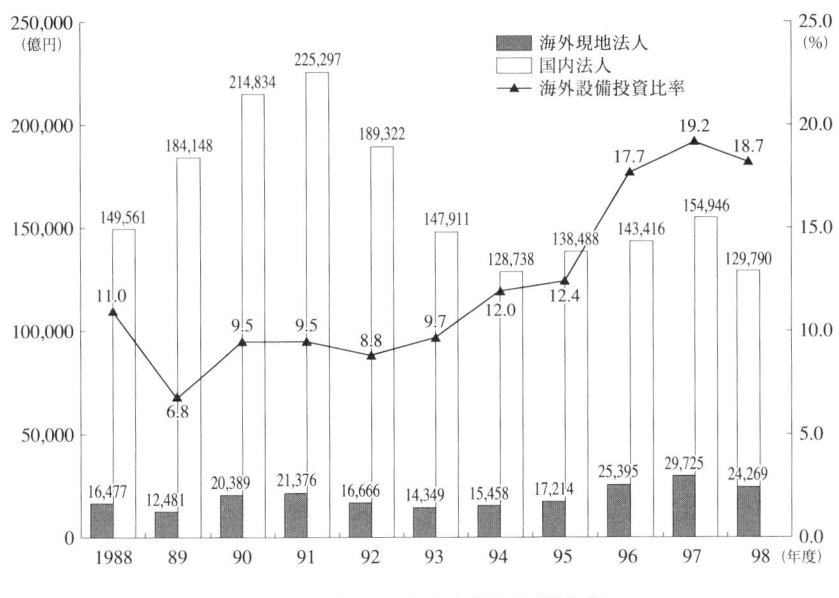

図 1-2　現地法人設備投資額推移（製造業）

注）海外設備投資比率＝現地法人設備投資額／国内設備投資額×100
出所）表 1-7 に同じ。ただし，1998 年度は経済産業省『第 29 回 我が国企業の海外事業活動』（2001 年 3 月）による。

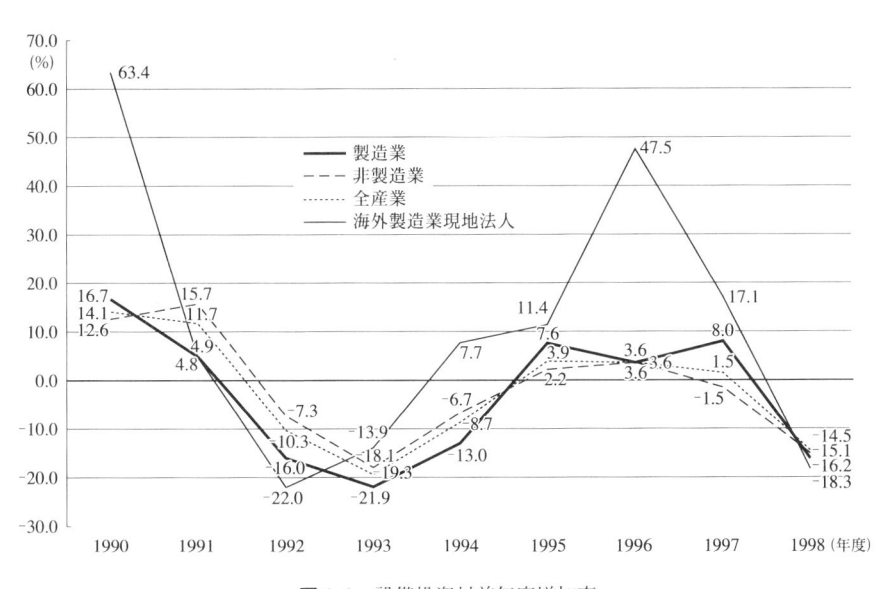

図 1-3　設備投資対前年度増加率

出所）通産省『我が国企業の海外事業活動』第 26 回，27 回，28 回より作成。

表 1-12　1997年度海外現地法人設備投資比率

(単位：%)

	北米	アジア	中国	ASEAN	NIEs	ヨーロッパ	オセアニア	全地域
製造業	7.8	8.1	1.7	4.5	1.5	2.3	0.3	19.2
食料品	1.2	1.3	0.6	0.5	0.2	0.1	0.1	2.7
化 学	5.2	8.3	0.8	4.7	2.5	2.6	0.0	16.4
鉄 鋼	4.4	16.1	0.4	15.4	0.2	0.0	0.0	27.8
非鉄金属								24.0
一般機械	3.3	4.9	1.6	1.3	1.7	2.3	0.0	11.1
電気機械	7.8	10.1	2.2	4.7	3.1	1.3	0.0	19.5
輸送機械	26.4	12.7	1.8	7.7	1.6	8.5	0.9	44.7

注) 1．表記の地域以外は省略。
　　2．全地域は『第28回 我が国企業の海外事業活動』による。各地域の比率は国内製造業設備投資額(法人企業統計)と製造業現地法人設備投資額(『我が国企業の海外事業活動』)から算出。非鉄金属については、現地法人の設備投資額が不明なので計算していない。
　　3．全地域・輸送機械では船舶製造・修理業は除外されていると考えられるが、各地域の比率はそれを含めて計算してある。
出所) 通産省『第28回 我が国企業の海外事業活動』、大蔵省『財政金融統計月報(法人企業統計年報特集)』No. 568(1999年8月)。

人設備投資額の国内設備投資額に対する比率(海外設備投資比率)は1993年度以降年々増加している。この比率は、図1-2に示されているように1992年度には8.8%であったが1997年度には19.2%となった。すなわち、1997年度には国内製造業設備投資額の約2割に相当する製造業設備投資が海外で行われているのである。

　産業ごとにみると、いくつかの産業ではこの比率はさらに大きくなる。1997年には、輸送機械で44.7%、繊維で31.6%、鉄鋼で27.8%、非鉄金属で24.0%であった。輸送機械では、すでに1994年に30.4%となり、1996年には40.4%に上昇していた。非鉄金属では、1995年7.1%、1996年21.1%であり、繊維では1995年19.5%、1996年35.3%であった。電気機械では1995年には16.6%であったが、1996年には22.4%に上昇していた。

　この海外設備投資比率を1997年度について地域ごとに計算すると、表1-12のようになる。表中の数字は、全地域についての海外設備投資比率のうちの各地域の比率を示している。輸送機械では北米が大きく、日本国内の約4分の1の設備投資が北米で行われている。その他の産業ではアジアの比率が他の地域の比率より大きく、設備投資額においてもアジアのウエイトが大きくなってい

表 1-13　業種別海外生産比率

(単位：％)

年度	1989 (平成元)	1990 (平成2)	1991 (平成3)	1992 (平成4)	1993 (平成5)	1994 (平成6)	1995 (平成7)	1996 (平成8)	1997 (平成9)	1998 (平成10)	1999 (平成11)
製造業	5.7	6.4	6.0	6.2	7.4	8.6	9.0	11.6	12.4	13.1	14.1
食料品	1.3	1.2	1.2	1.3	2.4	3.2	2.6	4.0	2.8	2.8	3.0
繊維	1.3	3.1	2.6	2.3	3.2	4.0	3.5	7.6	8.0	8.9	9.1
木紙パ	1.9	2.1	1.6	1.4	1.9	2.1	2.2	2.9	3.8	3.6	3.9
化学	3.8	5.1	5.5	4.8	7.0	8.1	8.3	10.0	12.4	11.9	13.3
鉄鋼	5.3	5.6	4.9	5.0	6.3	5.4	9.2	12.1	13.1	10.9	13.1
非鉄金属	6.4	5.2	5.2	7.8	6.5	8.8	6.7	11.1	10.9	9.3	9.3
一般機械	3.8	10.6	7.6	4.1	5.8	8.1	8.1	11.7	11.5	14.3	14.4
電気機械	11.0	11.4	11.0	10.8	12.6	15.0	16.8	19.7	21.6	20.8	22.7
輸送機械	14.3	12.6	13.7	17.5	17.3	20.3	20.6	24.9	28.2	30.8	33.2
精密機械	5.4	4.7	4.4	3.6	5.6	6.0	6.6	8.6	9.1	10.3	10.7
石油石炭	0.1	0.2	1.2	5.2	7.1	5.6	3.7	2.8	1.7	2.3	1.5
その他	3.1	3.1	2.6	2.3	2.8	3.0	3.0	4.3	4.1	4.6	4.9

注）　1．海外生産比率＝現地法人売上高／国内法人売上高×100
　　　2．1999年度は見通し。
　　　3．業種分類は日本標準産業分類に準拠。各産業は以下の製造業産業を含む。
　　　　　食料品　　　　　：食料品，飲料・たばこ・飼料
　　　　　繊　維　　　　　：繊維，衣服・その他の繊維製品，化学繊維
　　　　　木材，紙・パルプ：木材・木製品，パルプ・紙・紙加工品
　　　　　化　学　　　　　：化学（化学繊維を除く），化学肥料，無機化学基礎製品，石油化学
　　　　　　　　　　　　　　基礎製品，合成樹脂，医薬品，農薬等
　　　　　鉄　鋼　　　　　：鉄鋼（銑鉄，フェロアロイ，鉄くず，熱間圧延鋼材，鋼管等）
　　　　　非鉄金属　　　　：非鉄金属（非鉄金属錬・精製，電線・ケーブル，伸銅品，アルミ圧
　　　　　　　　　　　　　　延製品等）
　　　　　一般機械　　　　：一般機械器具（原動機，ボイラー・タービン，ポンプ・ミシン・冷
　　　　　　　　　　　　　　凍機等，鉱山・土木建設機械，化学機械，産業用ロボット，農業
　　　　　　　　　　　　　　機械等）
　　　　　電気機械　　　　：電気機械器具（電気音響機器，ラジオ・テレビ受信機，ビデオ機器，
　　　　　　　　　　　　　　電子レンジ・冷蔵庫・洗濯機等，電気テープ・フレキシブルディ
　　　　　　　　　　　　　　スク，電子計算機本体，電子計算機付属装置・電気計測器，集積
　　　　　　　　　　　　　　回路，発電機器，電動機等
　　　　　輸送機械　　　　：輸送用機械器具（乗用自動車，トラック・バス・その他の自動車，
　　　　　　　　　　　　　　二輪自動車，自動車車体，自動車部品，船舶等）
　　　　　精密機械　　　　：精密機械器具（光学機械，時計，医療用機械・理化学機械器具等）
　　　　　石油石炭　　　　：石油製品・石炭製品
　　　　　その他の製造業　：窯業・土石製品，金属製品，家具・装備品，出版・印刷・同関連
　　　　　　　　　　　　　　産業，プラスチック製品，ゴム製品，なめし革・同製品・毛皮，
　　　　　　　　　　　　　　その他の製造業（玩具・運動用品・楽器文具等）
出所）　表1-7に同じ。ただし，1998，1999年度は経済産業省『第29回 我が国企業の海外事業活動』(2001年3月)による。

表 1-14 製造業海外生産比率の推移

年度	北米			アジア			中国		ASEAN		ASEAN
	1991(平成3)	1994(平成6)	1997(平成9)	1991	1994	1997	1994	1997	1991	1994	1997
製造業	2.6	3.4	5.0	1.9	3.0	4.3	0.1	0.4	0.7	1.3	1.8
食料品	0.6	1.6	1.0	0.4	1.1	1.2	0.3	0.1	0.1	0.3	0.5
繊維	0.1	0.3	0.8	2.2	3.1	5.9	2.6	0.9	0.8	1.0	1.7
木材・紙パ	1.3	1.5	2.3	0.1	0.2	0.5	0.0	0.1	0.0	0.1	0.3
化学	2.4	3.2	5.2	1.8	2.4	4.0	0.1	0.3	0.6	1.1	1.5
鉄鋼	2.5	1.7	7.5	1.3	1.6	3.1	0.8	0.3	0.7	1.2	1.9
非鉄金属	1.1	2.1	4.4	3.6	5.7	3.8	0.1	0.2	1.3	2.5	2.1
一般機械	3.6	4.0	4.6	0.8	1.7	3.0	0.1	0.5	0.2	0.4	0.8
電気機械	4.0	4.3	7.1	4.1	6.8	9.6	0.2	0.9	1.5	2.6	4.1
輸送機械	6.0	9.9	13.6	3.2	5.2	7.0	0.2	0.6	1.7	3.1	3.6
精密機械	0.8	1.4	2.7	3.1	3.4	4.3	0.2	1.0	0.5	0.7	0.9
石油石炭	0.5	0.8	0.2	0.4	2.2	0.5	0.0	0.0	0.0	0.0	0.0
その他	1.5	1.5	2.0	0.6	0.9	1.1	0.0	0.1	1.4	0.4	0.5

注) 1. 表記以外の地域は省略。
  2. 海外生産比率＝現地法人売上高/国内法人売上高×100
  3. ASEAN4：マレーシア，タイ，インドネシア，フィリピン。

る。

　このところの国内における製造業設備投資の低迷は，バブル期の過剰投資の影響やバブル崩壊以降の不況によるところが大きいが，海外でのこのような設備投資の増大もその大きな要因であると考えられる。

3.2　海外生産比率と逆輸入比率の上昇

　海外における設備投資の増大は，日本の生産拠点を外延的に拡張したが，他方では国内生産のウエイトを低下させている。現地法人売上高と国内法人売上高との比率(海外生産比率)を計算すると，その比率は大きく上昇してきている。

　表 1-13 は，法人企業統計による国内製造業法人の売上高と海外事業活動動向調査によって得られた製造業現地法人の売上高との比率を示している。その比率は製造業全体でみると，1989年度の 5.7% から 1998年度の 13.1% へ，この 10年間に倍増した。すなわち，現在では国内製造業売上高の 10% 以上に相当するものが海外で生産され，販売されているのである。とくに，輸送機械で

(単位：%)

			ヨーロッパ			全地域		
NIEs		NIEs4						
1991	1994	1997	1991	1994	1991	1991	1994	1997
1.1	1.5	1.9	1.1	1.7	2.3	6.0	8.6	12.4
0.2	0.5	0.6	0.0	0.2	0.3	1.2	3.2	2.8
1.3	1.9	3.3	0.2	0.3	0.8	2.6	4.0	8.0
0.0	0.1	0.0	0.0	0.1	0.3	1.6	2.1	3.8
1.2	1.2	2.1	0.8	2.0	2.6	5.5	8.1	12.4
0.5	2.9	0.8	0.2	1.3	0.1	4.9	5.4	13.1
2.3	3.1	1.5	0.1	0.5	0.3	5.2	8.8	10.9
0.6	1.1	1.7	2.9	2.2	3.5	7.6	8.1	11.5
2.5	4.0	4.6	2.5	3.4	4.1	11.0	15.0	21.6
1.2	1.5	1.8	1.5	3.4	5.0	12.1	20.3	28.2
2.6	2.4	2.4	0.4	1.0	1.9	4.4	6.0	9.1
0.4	2.1	0.5	0.1	2.2	0.9	1.2	5.5	1.7
0.3	0.5	0.5	0.1	0.0	0.9	2.8	3.0	4.1

4．NIEs4：シンガポール，香港，台湾，韓国。
出所）大蔵省『財政金融統計月報（法人企業統計年報特集）』No. 485，520，556，通産省『我が国企業の海外事業活動』第22，25，28回より作成。

はその比率がすでに1994年度には20%を超え，1998年度には30%を超えた。電気機械でも，1997年度には20%を超えた。

　この比率を同じデータを用いて1991，1994および1997年度について地域別に計算してみると，表1-14のようになる。1997年度には製造業全体の海外生産比率は12.4%であったが，そのうち5.0%は北米で，4.3%はアジアで，そして2.3%はヨーロッパで生産・販売されたものであった。輸送機械では，国内売上高の28.2%相当のものが海外で販売されたが，そのうち北米で13.6%，アジアで7.0%，ヨーロッパで5.0%が販売された。輸送機械では，1991年度以降の7年間にアジアが，なかでもASEAN4が急速にそのウエイトを増加させている。電気機械では21.6%のうちアジアが最も大きい9.6%を占めており，北米は7.1%，ヨーロッパは4.1%である。ここでもASEAN4とNIEs4がウエイトを高めてきた。

　これらの販売額のうち，日本へ向けて販売されるものが逆輸入である。現地法人売上高とそのうちの日本向け輸出額との比率(売上高のうち日本へ輸出さ

表 1-15　逆輸入比率の推移

	北米			アジア			中国		ASEAN		ASEAN
年度	1991 (平成3)	1994 (平成6)	1997 (平成9)	1991	1994	1997	1994	1997	1991	1994	1997
製造業	1.7	2.5	3.1	8.8	9.9	25.3	20.4	24.4	10.5	8.7	29.4
食料品	8.2	7.1	21.2	16.4	7.2	19.3	3.8	27.1	29.3	12.3	25.7
繊維	6.0	2.6	2.7	6.4	17.0	41.6	7.0	78.9	8.4	15.4	24.9
木材・紙パ	16.7	32.2	35.9	19.7	2.0	35.9	—	4.8	20.9	2.4	48.6
化学	0.6	3.1	3.3	2.1	2.1	7.8	25.6	19.1	1.5	1.2	6.6
鉄鋼	0.0	0.3	0.1	3.8	2.1	3.0	0.5	10.8	5.4	1.2	1.6
非鉄金属	5.1	7.3	4.4	1.3	6.3	16.8	12.6	40.6	1.1	13.3	19.7
一般機械	0.9	0.5	0.9	7.2	19.5	41.6	16.9	19.4	0.6	17.5	37.7
電気機械	2.0	1.8	2.8	16.3	14.5	33.8	29.9	19.4	22.3	13.9	47.6
輸送機械	0.5	1.4	1.3	1.6	1.0	6.9	1.1	8.4	1.8	1.0	10.3
精密機械	6.7	4.8	7.0	9.3	25.5	59.0	7.3	43.8	17.7	37.2	48.7
石油石炭	0.0	3.4	2.3	0.0	9.2	69.7	32.5	36.6	0.0	—	—
その他	1.3	1.6	2.7	8.5	9.8	19.5	11.4	23.5	6.8	14.0	23.5

注）逆輸入比率＝日本向け輸出額／現地法人売上高×100
出所）表 1-7 に同じ。

表 1-16　産業別就業者数の動向（国勢調査）

	就業者数				構成比			
	1980年 (昭和55)	1985年 (昭和60)	1990年 (平成2)	1995年 (平成7)	1980年	1985年	1990年	1995年
総数	55,811	58,357	61,682	64,142	100.0	100.0	100.0	100.0
農林漁業	6,101	5,412	4,392	3,820	10.9	9.3	7.1	6.0
鉱業	108	95	63	61	0.2	0.2	0.1	0.1
建設業	5,383	5,266	5,842	6,631	9.6	9.0	9.5	10.2
製造業	13,246	13,973	14,643	13,556	23.7	23.9	23.7	21.1
電気・ガス・熱供給業・水道業	349	337	334	364	0.6	0.6	0.5	0.6
運輸・通信業	3,504	3,510	3,676	3,890	6.3	6.0	6.0	6.1
卸売・小売業,飲食店	12,731	13,382	13,802	14,618	22.8	22.9	22.4	22.8
金融・保険業	1,577	1,729	1,969	1,975	2.8	3.0	3.2	3.1
不動産業	427	480	692	707	0.8	0.8	1.1	1.1
サービス業	10,298	11,949	13,887	15,932	18.4	20.5	22.5	24.8
公務（他に分類されないもの）	2,026	2,056	2,063	2,155	3.6	3.5	3.3	3.4

注）総数には「分類不能の産業」が含まれている。
出所）総務庁『平成7年国勢調査最終報告書　日本の人口（解説編）』2000年4月。

第1章　対外直接投資の増大と国内経済　33

(単位：%)

			ヨーロッパ			全地域		
NIEs		NIEs4						
991	1994	1997	1991	1994	1997	1991	1994	1997
8.0	10.3	23.1	0.8	4.1	3.8	3.9	5.6	11.2
4.7	6.0	13.2	9.7	36.3	7.9	11.2	10.6	20.0
4.2	10.4	25.9	2.2	2.8	3.4	5.8	14.0	31.7
17.5	1.0	5.4	0.0	—	—	20.7	28.1	39.2
2.4	1.8	7.7	1.3	0.5	4.8	2.0	2.9	5.3
2.5	0.5	2.9	0.0	1.5	0.1	1.0	1.1	1.3
1.3	0.5	8.5	4.0	2.2	23.9	2.1	6.6	14.5
8.7	21.1	51.2	0.0	1.0	1.2	1.2	4.6	11.7
13.4	14.0	26.8	0.9	1.2	3.9	7.0	7.4	16.8
1.8	1.3	1.6	0.3	0.7	1.0	1.0	1.2	2.6
7.6	23.6	67.0	5.3	3.5	3.0	8.3	16.1	31.1
0.0	9.2	79.3	0.0	67.8	—	0.0	30.8	64.1
9.6	5.9	13.7	1.8	1.4	1.5	2.9	4.4	7.3

(単位：千人, %)

	就業者数増減			増減率		
985年 －1980年	1990年 －1985年	1995年 －1990年	1980年 〜1985年	1985年 〜1990年	1990年 〜1995年
2,546	3,325	2,460	4.6	5.7	4.0
−689	−1,020	−572	−11.3	−18.8	−13.0
−13	−32	−2	−12.0	−33.7	−3.2
−117	576	788	−2.2	10.9	13.5
727	670	−1,087	5.5	4.8	−7.4
−12	−3	30	−3.4	−0.9	9.0
6	166	214	0.2	4.7	5.8
651	420	816	5.1	3.1	5.9
152	240	6	9.6	13.9	0.3
53	212	15	12.4	44.2	2.2
1,651	1,938	2,045	16.0	16.2	14.7
30	7	92	1.5	0.3	4.5

れる割合)は逆輸入比率と呼ばれているが，この比率を『我が国企業の海外事業活動』のデータによって計算すると表1-15のようになる[11]。逆輸入比率は製造業全体では1991年度の3.9％から1997年度の11.2％へ大きく増加した。とくに大きく増加したのは，アジアの現地法人からの逆輸入である。

アジアの製造業現地法人の売上高において日本向け輸出の割合が非常に大きいことはすでにみたが，そのことを反映してアジアの現地法人からの逆輸入比率も非常に高くなっている。1997年度の製造業全体の逆輸入比率は，北米3.1％，ヨーロッパ3.8％に対し，アジアは25.3％である。そのうちASEAN4が最も高く29.4％である。すなわち，1997年度にはアジアの製造業現地法人生産物の3分の1近くのものが日本へ輸出されたのであった。この比率は産業別にみると，さらに高くなる。一般機械では41.6％，電気機械では33.8％，精密機械では59.0％であった。これらの産業では，この6年間に逆輸入比率が急速に高くなった。この比率がさらに高い国・地域がある。1997年度に，中国の繊維では78.9％，NIEs4の精密機械では67.0％，一般機械の51.2％，ASEAN4の電気機械では47.6％であった。

一方では原材料・部品の日本からの輸入が多く，他方で逆輸入比率がこのように高いことは，これらの国・地域における諸産業が日本国内の産業・企業の国際的な分業体制のなかに位置づけられ，生産過程あるいは工程の一部を担っていることを如実に物語っている。日本国内の視点からみれば，これはこれらの産業の生産拠点が国内から移動したことにほかならない。

3.3 製造業就業者数の減少

海外の日系製造業企業では雇用が増加しているが，国内の製造業では雇用が減少している。国勢調査によると，1990年調査までは製造業就業者数は〝経済のサービス化〟の進行が指摘されてきたにもかかわらず増加し続け，就業者総数における製造業就業者の割合も1980年以降はほとんど変化していなかった。ところが，1995年調査では急激な減少に転じた。

過去4回の国勢調査によって，就業者数の増減の状況を整理すると表1-16のようになる[12]。全産業での就業者総数は，1980～90年には587万人増加し，1990～95年にも246万人増加した。製造業でも，1980～90年には139万人増

加したが,1990〜95年には一転して108万人の減少となった。1980年代後半には農林漁業を合わせて就業者数が102万人減少し多くの人の注目を集めたが,1990年から5年間の製造業就業者数の減少はそれ以上の規模の社会的変化であった。増加率でみると,この間に就業者総数では4.0%,サービス業では14.7%増加したが,製造業では逆に7.4%減少した。

1990〜95年には,製造業では輸送機械器具製造業等いくつかの産業で就業者数が増加したほかは,ほとんどの産業で就業者数が減少した。輸送機械器具製造業でも,増加はしたが増加の割合は非常に小さくなった。表1-17は同じく国勢調査(抽出集計)によって,製造業を中分類について整理し,就業者数変化の状況をみたものである(この統計の数字は,抽出集計結果によっているので,表1-16の数字とは少し異なっている)。大きく減少した産業については,小分類についても示した。輸送用機械器具では,1985〜90年には10.6万人増であったものが,1990〜95年には5,000人増にまで増加数は減っている。就業者数がとくに激しく減少したのは繊維工業と電気機械器具製造業である。繊維工業は1990年にすでに前回の調査に比べ14万人減少していたが,1995年には32万人の減少となった。5年間の増減率は−45.1%であった。電気機械器具では,1985〜90年には16万人増加していたが,1990〜95年には28万人減少した。5年間に11.9%の減少である。この他,金属製品では就業者11万人減,増減率−8.4%,精密機械器具では5万人減,増減率−13.7%であった。

従業者数の減少が激しい産業について,『工業統計表』によって確認すると表1-18のようになる。この表は,『工業統計表』の4人以上事業所に関する統計を1990〜97年について整理したものである。『工業統計表』での従業者の規定と調査の仕方は国勢調査の就業者の規定とは異なり[13],調査対象も4人以上の事業所であり,期間もやや長いので数字は異なっている(また,この間に産業分類も若干変更されている。ニット生地製造業については,1990年と1997年とが対応するように分類を調整した)。国際的な影響をみるという観点からは,従業者が4人以上の事業所の集計の方がより適切であろう。ここでは7年間の製造業全体の従業者の減少は123万人であり,電気機械器具を除く産業においても国勢調査より減少率がより大きく捉えられている。

この統計でも,繊維工業と電気機械器具で従業者数が大きく減少している。

表 1-17 製造業の就業者数の動向（国勢調査）

(単位：千人、%)

	就業者数			就業者数増減			増減率	
	1985年(昭和60)	1990年(平成2)	1995年(平成7)	1990年−1985年	1995年−1990年		1985年〜1990年	1990年〜1995年
就業者総数	58,336	61,679	63,904	3,343	2,225		5.7	3.6
製造業	13,837	14,502	13,376	665	−1,126		4.8	−7.8
食料品	1,114	1,230	1,284	116	54		10.4	4.4
飲料・飼料・たばこ	147	150	154	3	4		2.0	2.7
繊維工業(衣服、その他の繊維製品を除く)	853	710	390	−143	−320		−16.8	−45.1
製糸業	8	6	3	−2	−3		−25.0	−50.0
紡績業・ねん糸製造	139	115	73	−24	−42		−17.3	−36.5
織物業	225	164	112	−61	−52		−27.1	−31.7
染色整理業	137	120	98	−17	−22		−12.4	−18.3
その他の繊維工業	109	101	81	−8	−28		−7.3	−25.7
衣服・その他の繊維製品	918	978	924	60	−54		6.5	−5.5
木材・木製品(家具を除く)	330	320	263	−10	−57		−3.0	−17.8
家具・装備品	326	323	292	−3	−31		−0.9	−9.6
パルプ・紙・紙加工品	335	351	331	16	−20		4.8	−5.7
出版・印刷・同関連	758	834	830	76	−4		10.0	−0.5
化学	538	617	587	79	−30		14.7	−4.9
石油製品・石炭製品	49	46	45	−3	−1		−6.1	−2.2
プラスチック製品	444	468	486	24	18		5.4	3.8
ゴム製品	210	205	181	−5	−24		−2.4	−11.7
なめし革・同製品・毛皮	139	143	112	4	−31		2.9	−21.7
窯業・土石製品	572	584	542	12	−42		2.1	−7.2
鉄鋼	426	380	336	−46	−44		−10.8	−11.6
非鉄金属	200	201	207	1	6		0.5	3.0
金属製品	1,255	1,377	1,261	122	−116		9.7	−8.4
一般機械器具	1,193	1,233	1,168	40	−65		3.4	−5.3
ボイラ・原動機	43	38	36	−5	−2		−11.6	−5.3
農業・建設・鉱山機械	129	116	114	−13	−2		−10.1	−1.7
金属加工機械	174	176	160	2	−16		1.1	−9.1
産業用機械器具(他に分類されないもの)	396	388	416	−8	28		−2.0	7.2

第1章　対外直接投資の増大と国内経済

発電用・送電用・配電用産業用電気機械器具	433	499	399	66	-100	15.2	-20.0
民生用電気機械器具	132	171	161	39	-10	29.5	-5.8
通信・電子機器・デバイス	1,499	1,527	1,350	28	-177	1.9	-11.6
電気計測器	45	50	40	5	-10	11.1	-20.0
その他の電気機械器具	114	138	150	24	12	21.1	8.7
輸送用機械器具	1,004	1,110	1,115	106	5	10.6	0.5
自動車・同附属品	758	898	910	140	12	18.5	1.3
鉄道車両・同附属品	22	24	24	2	0	9.1	0.0
自転車・同部品	20	19	14	-1	-5	-5.0	-26.3
船舶製造・修理、船舶用機関	164	115	116	-49	1	-29.9	0.9
航空機・同附属品	26	34	31	8	-3	30.8	-8.8
その他の輸送用機械器具	12	17	16	5	-1	41.7	-5.9
精密機械器具	357	365	315	8	-50	2.2	-13.7
光学器械機械器具・レンズ	125	116	98	-9	-18	-7.2	-15.5
時計・同部分品	71	56	41	-15	-15	-21.1	-26.8
その他の精密機械器具	159	192	175	33	-17	20.8	-8.9
その他の製造業	434	478	440	44	-38	10.1	-7.9
武器	—	—	1	—	—	—	—
楽器	38	35	23	-3	-12	-7.9	-34.3
がん具・運動用具	98	87	77	-11	-10	-11.2	-11.5
他に分類されない製造業	297	355	338	58	-17	19.5	-5.0

注) 小分類により分類の内容の異なるものは省いた。
出所) 総務庁『国勢調査』より作成(1985年,1990年は第5巻『抽出詳細集計結果(20%抽出集計結果)』その1 全国編;1995年は『抽出速報集計結果(1%抽出集計結果)』による)。

表 1-18 主要産業における従業者数の動向(工業統計表)　(単位:千人,%)

	従業者数		増減数	増減率
	1990年	1997年	1997年－1990年	1990年～1997年
製造業総計	11,172	9,937	-1,235	-11.1
繊維工業	530	236	-294	-55.5
紡績業	56	22	-34	-60.7
織物業	95	54	-41	-43.2
ニット生地	174	124	-50	-28.7
染色整理業	95	74	-21	-22.1
衣服・その他の繊維製品	577	518	-59	-10.2
鉄鋼業	337	280	57	-16.9
金属製品	846	775	-71	-8.4
建設用・建設用金属製品	344	329	-15	-4.4
金属素形材製品	94	96	2	2.1
金属被膜・彫刻,熱処理	144	118	-26	-18.1
一般機械	1,192	1,058	-134	-11.2
金属加工機械	208	160	-48	-23.1
特殊産業用機械	128	128	0	0.0
一般産業用機械	245	226	-19	-7.8
事務用・サービス用・民生用機械器具	174	126	-48	-27.6
電気機械器具	1,939	1,722	-217	-11.2
発電用・送電用・配電用・産業用機械器具	435	379	-56	-12.9
民生用電気機械器具	130	117	-13	-10.0
通信機械器具・同関連機械器具	276	192	-84	-30.4
電子計算機・同附属装置	166	164	-2	-1.2
電子応用装置	175	78	-97	-55.4
電子部品・デバイス	572	630	58	10.1
輸送用機械器具	942	915	-27	-2.9
自動車・同附属品	788	799	11	1.4
船舶製造・修理,船舶機関製造	75	54	-21	-28.0
精密機械器具	250	178	-72	-28.8
計量器・測定器・分析器・試験機器	68	56	-12	-17.6
光学器械器具・レンズ	70	45	-25	-35.7
時計・同部分品	46	21	-25	-54.3

注) 1. 各産業の主要な業種だけをあげた。
　　2. 従業者4人以上の事業所の集計。
　　3. 1997年のニット生地は，145ニット生地製造業に152ニット製外衣・シャツ製造業，156その他の衣服，繊維製身の回り品製造業(靴下製造業，手袋製造業)を加えた。
出所) 通産省『工業統計表』(産業編)平成2年，(企業統計編)平成9年。

表 1-19 海外生産活動と日本国内生産活動の関連

(単位:%, 社)

	現地生産体制は現地需要対応のため国内生産活動に変化なし	国内生産は高付加価値のため、国内生産体制に変化なし	国内生産は減少するが、人員削減なし	国内生産は削減し人員削減を行う	工場を一部閉鎖	合計(回答社数)
製造業	69.0	17.3	4.2	6.9	2.6	100.0(3,982)
北　米	83.9	8.2	2.8	4.1	1.1	100.0(757)
アジア	61.4	22.0	4.9	8.3	3.4	100.0(2,563)
ヨーロッパ	80.2	11.2	4.2	4.0	0.5	100.0(429)
繊　維	52.5	20.3	5.6	11.5	10.2	100.0(305)
北　米	85.7	14.3	─	─	─	100.0(14)
アジア	42.0	23.8	7.4	14.3	12.6	100.0(231)
ヨーロッパ	80.0	16.7	─	─	3.3	100.0(30)
電気機械	55.8	25.9	6.0	8.6	3.6	100.0(926)
北　米	75.6	11.5	4.6	6.1	2.3	100.0(131)
アジア	48.8	32.0	6.4	8.9	4.0	100.0(654)
ヨーロッパ	71.3	11.7	6.4	9.6	1.1	100.0(94)
輸送機械	76.7	12.5	3.3	7.1	0.4	100.0(720)
北　米	80.9	8.2	2.6	8.2	─	100.0(194)
アジア	71.0	15.7	4.5	8.1	0.8	100.0(396)
ヨーロッパ	88.4	8.7	1.4	1.4	─	100.0(69)
精密機械	53.6	24.5	7.3	11.8	2.7	100.0(110)
北　米	93.8	─	─	6.3	─	100.0(16)
アジア	39.1	39.1	8.7	8.7	4.3	100.0(69)
ヨーロッパ	70.0	─	5.0	25.0	─	100.0(20)

出所) 表 1-7 に同じ。

　繊維工業では紡績業で,電気機械器具では通信機械器具・同関連機械器具(ファクシミリ,テレビ受信機,カーステレオ等),電子応用装置(VTR, EVR,ビデオ機器部品・附属品,取付具等)で減少率が大きい。輸送用機械器具でも,自動車・同附属品はプラスであるが,全体としてはマイナスとなっている。

　これらの従業者数が激減している産業は,先にみた対外直接投資額が大きく,逆輸入額・率の多い産業に対応している。1998年度海外事業活動調査では,海外生産活動と国内生産活動との関連についてアンケートしているが,主な産業について回答の比率をまとめると表1-19のようになる。製造業全体では,海外生産活動の拡大によって「工場を一部閉鎖」と「国内生産は削減し人員削減を行う」と答えた企業の割合は,合わせて9.5%になる。アジアに進出して

いる企業では，その割合が11.7%である。そのうち繊維工業においては，回答社数は少ないが，21.7%になる。とくに，アジア進出企業でその割合が26.9%になる。以下，電気機械では12.2%，輸送機械では7.5%，精密機械では14.5%であった。企業数と削減される雇用者数とは直接的には関連しないが，このような雇用削減と回答した企業の割合が大きい産業は，上でみた雇用が減少している産業とまさしく対応している。

　これらの産業における従業者数の減少は，確かに海外進出の影響とのみはいえないであろう。不断の技術革新による生産性の向上によって労働力が排除され雇用が縮小していること，激しい企業間・国際間の競争のなかでコストを削減するために雇用の削減・"省力化"，リストラが強化されていること，バブル崩壊から続いている国内の景気の低迷・需要の縮小のため雇用が削減されていること等が製造業における雇用の減少に大きな影響を与えていることは確かである。また，製造業におけるソフト化，サービス化が進み，それらと関連する業務を扱う部門が専門的な企業として独立すると，従来と同じ仕事を継続していても産業分類的にはサービス業に分類され，統計的にはその分だけ製造業の従業者が減るという問題もある[14]。しかし，海外への直接投資の増大の反面で生じている国内設備投資の抑制とそれによる雇用機会の縮小，国内生産拠点の海外移転による雇用の削減，現地法人における生産の増大と国内への逆輸入の増大が，製造業各産業での雇用の減少に最も大きな影響を与えていることは明らかである[15]。

お わ り に

　1980年代後半から急増した北米，ヨーロッパへの直接投資は，主として経済摩擦を回避するために，現地で生産して現地で販売することを目的としていた。この点は，現在でも基本的には変わっていない。これに対し，1990年代以降の製造業を中心とするアジア諸国への直接投資の急増は，低廉な労賃の利用，生産コストの引き下げ等を目的とした日本からの生産拠点・工場の移転という側面を強くもっている。原材料・部品の多くが日本から運ばれ，生産物の多くも日本に逆輸入されている。それゆえ，国内産業の空洞化と直接に結びつ

いている。

　企業の経営環境が厳しくなり，企業間の国際的競争が激しくなるにつれて，日本の対外直接投資はアジア諸国への製造業への投資を中心に，今後も増大していくであろう。対外直接投資の増大による海外での生産活動の拡大により，国内の生産部門での投資が抑制され，雇用が縮小し，国内経済における製造業のウエイトが低下していくことになろう。直接投資の増大は，生産物の種類による国内生産と海外生産との分業，企業内分業・工程間国際分業の深化，親会社と子会社(現地法人)との総括的な経営管理，企業全体としての研究開発の体制，技術移転等の問題とも密接に関連している。これらの国内経済に与える影響の分析も含めて，対外直接投資増大の全体像を明かしていく必要があるが，それに応えるためには統計による分析に加えて個々の産業，企業の経営の実態に関する調査，分析等も併せて進めていく必要がある。それは今後の課題である。

　日本の対外直接投資の増大とともに，アジア諸国を中心に日系企業のプレゼンスが大きくなってきている。例えば製造業現地法人の雇用者数が現地の製造業雇用者数に占める割合は，1998年にはシンガポールで13.5％，香港で11.7％，マレーシアで8.8％，タイで5.3％であった。また，現地製造業法人の輸出額が現地の輸出に占める割合はフィリピンで18.1％，マレーシアで17.7％，タイで17.3％，シンガポールで10.3％に達している[16]。このような状況においては，企業の経済活動は進出国の経済に与える影響が大きいので，現在の国際関係においては，企業の経営上の一方的な論理・都合だけで行動するということは許されなくなるであろう。進出先の国との友好的な経済協力，経済関係のあり方を考えることが，ますます重要となっている。

注

1）稲葉和夫「日本企業の海外直接投資とその利用をめぐる問題点」『統計学』第57号，1994年，森博美「対外直接投資統計に関する一考察」『経済志林』第58巻第3・4号，1991年，土居英二「直接投資と海外進出日系企業に関する統計データ」近昭夫編『統計・企業情報データベースと経済分析』青木書店，1996年，第1章，稲葉和夫『海外直接投資の経済学』創文館，1999年，第1章，等を参照。

2）これら2つの統計の違いについては，公的に次のように説明されている。「外為法上の対外直接投資とは，居住者が海外における外国法人の事業活動に参加するなど，当該法人との間に永続的な経済関係を結ぶために外国法人の発行する株式等を取得すること，外国法人に金銭を貸し付けること又は外国に支店や工場を設置することにより行われるものであり，単なる資産運用を目的とするポートフォリオ・インベストメント等とは区別されている」。しかし，日本の対外直接投資に関する2つの統計には，「対外直接投資〔届出〕実績は，投資を行う際に提出される届出等を基にグロス・ベースで集計した統計であるが，国際収支統計は，実際に行われた直接投資に係る居住者・非居住者間の受払等をネット・ベースで集計した統計である」という基本的な相違のほかにも，次のような違いがあるとしている。

① 対外直接投資実績においては原則として，1億円相当額以下の取引は計上されないのに対し，国際収支統計では原則として1件当たり5,000万円相当額以下の取引は計上されない。

② 支店等に送金するときに，対外直接投資実績では設置，拡張の場合のみ計上されるが，国際収支統計ではその他に創業資金，追加運転資金，閉鎖または業務縮小に伴う清算代金等の支払いに至るまで計上される。

③ 再投資収益は，対外直接投資実績では計上されないが，国際収支統計では計上される。

④ 不動産の取得は，対外直接投資実績では1980年12月以降計上されていないが，国際収支統計では計上されている。

(大蔵省『財政金融統計月報』第572号，1999年12月，1頁)

なお，対外直接投資統計の詳細については，土居，前掲論文，現在のIMFマニュアル第5版に基づく国際収支統計の詳細については，内村広志・田中和子・岡本敏男『国際収支の読み方・考え方』中央経済社，1998年を参照。

3）OECD, *International Direct Investment Statistics Yearbook*. この統計はOECDがEurostat(ヨーロッパ連合統計局)と協力して調整した標準的様式に従って各国政府から収集したデータに基づいている。日本のデータは大蔵省によるとされているが，国際収支統計の数字が使われている。この報告書にも明記されているように調整の努力にもかかわらず各国における直接投資の規定が統一されていないので，この統計により各国の直接投資額を直接に比較することは困難であるが，各国の直接投資額のおおよその動向とOECD諸国間の割合を示しているものと考えられる。各国の統計における直接投資の規定については，Part III Technical Notesを参照。なおJETROのIMF，UNCTAD (United Nations Conference on Trade and Development，国連貿易開発会議)のデータを用いた各国の直接投資額の比較においては，世界の対外直接投資(国際収支ベース)における日本の割合は1994～96年には6%を超えていたが，1997年には5.5%となり，1998年には3.8%となった(日本貿易振興会編『ジェトロ投資白書(2000年版)』を参照)。

4）日本銀行『経済統計年報』1996年には，円表示による投資収支が過去に遡って暦年と年度について推計されているが，暦年についての方が4年多く推計されているので，

ここでは暦年の数値をとっている。
5) 周牧は、アジアにおいて電子産業が集中的に発達した理由を、電子産業は労働集約的部門と資本集約的部門とを抱えているが、その生産過程は地理的分離が可能であり、豊富で安価な労働力を求めて常に立地を移していく傾向があること、さらに設備投資が素材産業に比べてはるかに小規模であり、一度選択した立地に拘束されることがないことにある、と主張している(周牧『メカトロニクス革命と新国際分業』ミネルヴァ書房、1997年)。
6) 1998年にイギリスへの投資が急増したが、それについては次のように説明されている。「英国向けは件数でも97年度の84件から176件と急増した。英国向け投資の85.0％は金融・保険向けで、同業種向け件数も前年度の20件から136件に急増した。この理由として日本の金融企業の二極化が考えられる。日本が金融改革を進めるなか、地銀等多くの金融機関が国内業務へ経営資源を集中させるため、支店および駐在員事務所を相次いで閉鎖・撤退する一方、大手都市銀行などは英国を欧州全体の金融拠点として位置づけ、業務を集中させている」(『ジェトロ投資白書(2000年版)』51頁)。
7) 『平成8年 通商白書』(310頁)では、ILO(International Labor Organization、国際労働機関)、IMFのデータに依拠して、日本と東アジア諸国の名目賃金が比較されている。それによると、アメリカの名目賃金を100とすると1985年には日本75、韓国18、シンガポール26、タイ6、フィリピン6、マレーシア15、1993年には日本158、韓国52、シンガポール58、タイ8、フィリピン9、マレーシア15であった。JETRO「アジア主要都市・地域で投資関連コスト比較」(1999年6月調査)から、アジアの主要都市における「ワーカー(一般工場)」の賃金を示すと次の通りである(米ドル)。横浜2,917、ソウル548〜1,127、北京120、上海214〜282、深圳66〜111、大連63〜155、シンガポール388〜523、バンコク183、クアラルンプール301、ジャカルタ40〜74、マニラ171〜334、ハノイ79〜109、等(日本貿易振興会『ジェトロセンサー』1999年10月)。
8) 中村雅秀は、日系企業のアジアへの進出＝多国籍企業化による「国際的水平分業」として企業内の「垂直的工程間分業」が進展し、「工程間国際分業」が進み、企業内貿易が進んでいることを強調している(中村雅秀『アジアの新工業化と日本』青木書店、1997年、第3章日本企業の海外進出とアジアの工業化、を参照)。電気機械産業等では他のアジア諸国への輸出の割合が大きいが、それにはそれらの国に立地している日系企業への輸出・部品等の供給・販売が含まれていることが推察される。なお、アジアに進出した日系企業のBBCスキーム(Brand to Brand Complementation Scheme、ブランド別自動車部品相互補完流通計画)、AICOスキーム(ASEAN Industrial Co-operation Scheme、産業協力計画)等によるアジアの域内経済協力の展開については、清水一史『ASEAN域内経済協力の政治経済学』ミネルヴァ書房、1998年を参照。

　海外に進出した日系企業の原材料・部品の調達において日本からの輸入割合が大きいことは、JETROの調査によっても明らかにされている。これによると、アジアでは有効回答1,768社のうち「日本からの調達」が51％以上(金額ベース)と答えた企業の割合は37.3％であった(鉄鋼では53.5％、輸送用機械48.9％、医療品48.3％、電気・電子部品46.4％、衣服・繊維製品45.3％)。アメリカでは830工場の回答(複数回答)が得ら

れたが，そのうち765工場(92.2%)が日本から輸入調達しており，輸入調達する原材料・部品の5割以上を日本から調達している工場は81.1%(673工場)であった。欧州・トルコでは，日本から調達している企業は82.0%(有効回答400社中328社)で，50%以上を日本から調達している企業の割合は43.8%であった。また，進出国の日系企業から50%以上を調達している企業の割合は13.1%であった(日本貿易振興会『進出企業実態調査――日系製造業の活動状況――』アジア編，米国編，欧州・トルコ編，1999年版を参照)。

9) 『ジェトロ投資白書(2000年版)』では，最近の東アジアの日系企業の特徴として，①生産を一拠点へ集中する，②日本国内の生産ラインを閉めてアジアへ移管する，③輸出拠点化するなどをあげ，世界的規模での競争激化を背景に，日本での生産を取り止めて移管するケースが目立つとし，日本ビクター，三菱電機，ソニー等の例をあげて具体的に説明している(58頁)。

10) 国内の製造業設備投資額は，法人企業統計調査によっている。この調査は，金融・保険業を除く営利法人(本邦に本店を有する合名会社，合資会社，株式会社および有限会社)を調査対象とし，資本金によって9階層に分け，各階層ごとに抽出数を決めて行う標本調査である。この統計では，設備投資＝調査対象年度中の有形固定資産(土地を除く)＋減価償却費とされている(大蔵省『財政金融統計月報(法人企業統計年報特集)』を参照)。現地法人の設備投資には日本からの直接投資額のうちから設備投資されるもののほか，現地における借入や内部留保も含む再投資が含まれている。「再投資とは，設備投資額から日本側出資者引受額を控除したもので，現地超達分も含まれる。再投資額＝設備投資額×(1－日本側資金引受額/設備投資額)」(『第28回 我が国企業の海外事業活動』2000年，61頁)。

　近年，製造業現地法人の直接投資の増加とともに再投資額も増加しており，地域によっては直接投資額より多くなっている。製造業再投資額は1993年度に11,888億円であったが1997年度には23,903億円となり，この年の日本からの直接投資額23,731億円より多くなった。1997年度に，北米では直接投資額10,104億円に対し再投資額は9,944億円，アジアでは8,978億円に対し9,418億円，ヨーロッパでは3,003億円に対し3,418億円であった。現地法人の設備投資には直接投資からだけでなく，この再投資額から設備投資されたものも含まれている。

11) 『第28回 我が国企業の海外事業活動』77頁の表の逆輸入比率は，石油石炭，木材紙パ，食料品を除いて計算しているので，表1-15の製造業計の比率とは数値が異なっている。

12) 国勢調査では，15歳以上の者で調査期間(1995年調査では9月24日～30日の1週間)に「賃金，給料，諸手当，営業収益，手数料，内職収入(現物収入を含む)になる仕事を少しでもした人」が，就業者であるとされている。したがって，非常勤や臨時の職員，パートタイマー，アルバイター等も就業者に含まれている(「用語の解説」総務庁『平成7年国勢調査 抽出速報集計結果』を参照)。

13) 工業統計表における従業者は，調査期日(1997年調査では12月31日)現在の「常用労働者数と個人事業主及び無給家族従業者との合計」である。常用労働者とは，①期間

を決めず，または1カ月を超える期間を決めて雇われている者，②日々または1カ月以内の期間を限って雇われていた者のうち，その月とその前月にそれぞれ18日以上雇われた者，③人材派遣会社からの派遣従業者，親企業からの出向従業者，④重役，理事などの役員のうち，常時勤務して毎月給与の支払いを受けている者，⑤事業主の家族で，その事業所に働いている者のうち，常時勤務して毎月給与の支払いを受けている者，のいずれかのものをいう。また，「個人事業主及び無給家族従業者」とは，業務に従事している個人事業主とその家族で無報酬で常時就業しているものをいう(「利用上の注意」通産省『工業統計表(企業統計編)』平成9年を参照)。二瓶敏は工業統計により，1970〜96年の製造業従業者数の減少を詳細に分析している(「ポスト冷戦期の日本資本主義」大西勝昭・二瓶敏編『日本の産業構造』青木書店，1999年，第I章を参照)。

14) この点については，本書第6章「日本経済のサービス化とその実態」を参照。
15) 日系企業の海外事業活動は，一般に日本の経済に次のような影響を与える(『第27回我が国企業の海外事業活動』1999年，89頁以下を参照)。

輸出代替効果：現地法人の製造品が，日本の完成品輸出を代替　　→日本の輸出減少
輸出誘発効果：イ) 現地工場設備等の資本財供給　　→日本の輸出増加
　　　　　　　ロ) 部品等の中間財供給　　→日本の輸出増加
逆輸入効果：現地法人により生産された製品が日本に輸出される　→日本の輸出減少
輸入転換効果：海外生産シフトにより国内生産で利用する原材料等の増減の効果

『我が国企業の海外事業活動』では，製造業現地法人の事業活動のこれらの効果の計算に基づいて国内生産と雇用に対する影響が試算されている。それによると，1995年度には1.4兆円の生産減少効果が生じ，4万人の雇用減少効果が生じた。また，1996年度には国内生産に約6.3兆円のマイナス効果が生じ，22.5万人の雇用減少効果が生じた。これらの推計は示唆するところが大きいが，一定の条件(日本からの輸出をめぐる状況が従来通りであり，日本の輸出の世界におけるシェアが変化せず，国内産業の生産関連が一定である等)の下での推計であることに留意する必要がある。これらの経済効果に関する諸研究については，稲葉和夫『海外直接投資の経済学』総分社，1999年，篠崎彰彦・乾友彦『日本経済のグローバル化』東洋経済新報社，1998年を参照。
16) 『第28回 我が国企業の海外事業活動』92頁以下を参照。

第 2 章　ドル体制と日本

　　　　　　　　は　じ　め　に

　内橋克人は日本を覆う徒労感について次のように述べている。「日本経済の現実について思いをめぐらせる時，よく一葉の絵柄が浮かんできます。果樹園で汗水垂らして蜜柑を育てあげ，やっと，収穫の季節がやってきた。それで一番うまそうなのを手にとって，さて，味わってみようとすると，せっかくの果実に早くも三本の頑丈なストローが外から付き刺さっていて，誰が吸い上げているのかは定かでないけれども，中身のジュースが，それらストローによって吸い上げられている。／三本のストローは透明で，収穫するまではよく分からなかったけれども，確かに中身のジュースが吸い取られている。いったい，このストローはどこから入ってきたものか，と」[1]。

　内橋克人は，以下この3本の透明なストローについて議論を展開していく。筆者はこの内橋の比喩を借りて，本章では，現代のドル体制の下において，アメリカから日本に突き刺さった透明なストローの機構，およびどれだけ中身のジュースが吸い取られているのかを考察したい。

1　日米間の不等労働量交換

　日本とアメリカについて，国民所得統計と労働統計を利用して，製造業にお

表 2-1　日本とアメリカの国民的労働の交換比率

年	1960	1965	1969	1970	1975	1980	1988	1990
アメリカ	1	1	1	1	1	1	1	1
日　本	7.6	5.6	3.6	2.93	1.79	1.66	1.57	1.39

出所）山田喜志夫『現代貨幣論』青木書店，1999年，221頁。

ける純付加価値および年間総労働時間(就業労働者総数と月あるいは週労働時間の統計資料から)を算定できる。したがって，これらの資料から製造業において1時間当たり生産される価値額(円およびドル表示)が算定可能である。1時間当たりの新価値あるいは付加価値である。この値が算定されると，逆に1ドルや1円で表される時間が算定可能である。次に，各年次の平均為替相場(ただし1973年以前は固定為替相場)の資料に基づいて，アメリカの何時間と日本の何時間が交換されるかが算定でき，したがって，アメリカの1時間労働と日本の何時間労働とが交換されているか算定できる(表2-1参照)。各国通貨の交換比率である為替相場の背後には，各国の労働量の交換比率が横たわっている。製造業についてのみの資料であるから，この数字をどのように解するかは，国際価値論的にも種々問題のあるところではある。しかし，表2-1は国民的労働の交換比率の一種の近似値を示していると解することができよう。とすれば，表2-1が物語るのは，1990年までに関してではあるが，日米間の不等労働量交換である。1960年にはアメリカの1時間労働と日本の7.6時間労働との交換という大幅の格差であった。その後，次第にこの日米間の格差は縮小し，1990年にはアメリカの1時間労働と日本の1.39時間労働との交換ということになる。このようなアメリカへの日本の追い上げは，日本の国民的労働の生産性の上昇率がアメリカのそれを上まわっていたことを意味する。しかしながら，少なくとも1990年まで日本はアメリカとの交易関係で不等労働量交換を強いられていたのである。

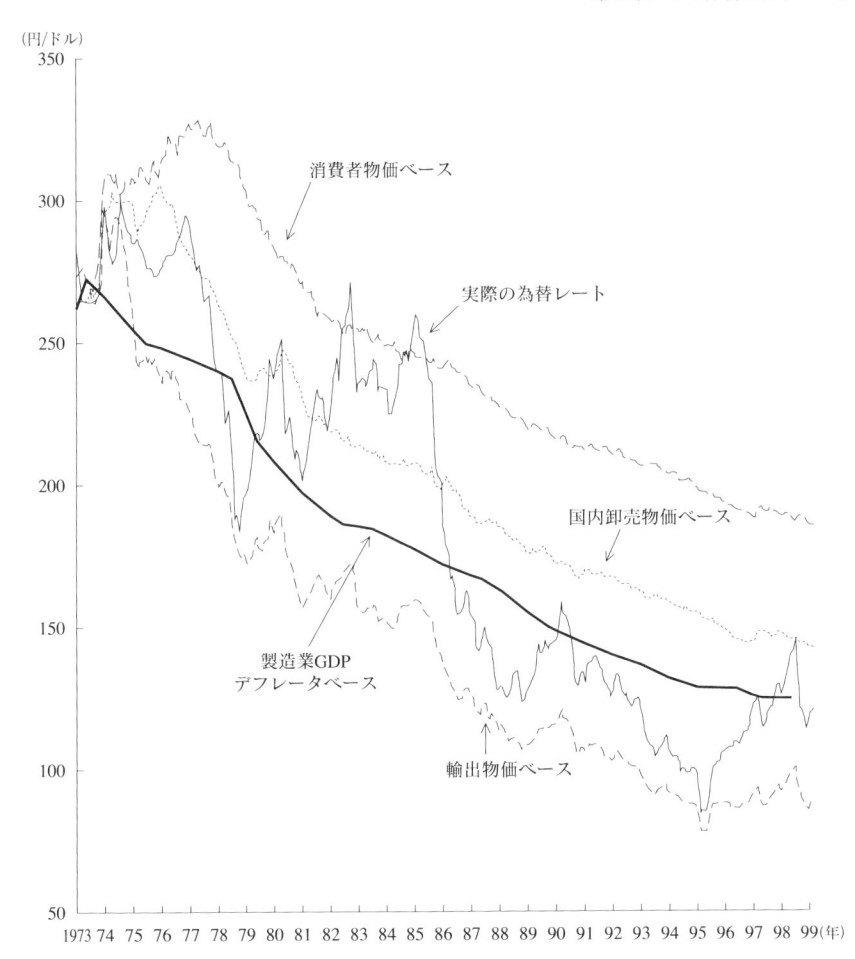

図 2-1 購買力平価を反映する為替レート

注) 1. 経済企画庁「国民経済計算」,日本銀行『物価統計月報』,アメリカ商務省「Survey of Current Business」等により作成。
2. 実際の為替レートは,インターバンク直物中心相場の月中平均。
3. 購買力平価は,1973年の実際の為替レートを基準に以下のデータを用いて算出した。
　①製造業GDPデフレータベースは,貿易財製造業(食料品,繊維,パルプ・紙,化学,石油・石炭製品,窯業・土石製品,一次金属,金属製品,一般機械,電気機械,輸送機械,精密機械の12業種。日本は食料品を除く)のGDPデフレータ。
　②国内卸売物価ベースは,日本:国内卸売物価,アメリカ:生産者物価。
　③輸出物価ベースは,日本:輸出物価,アメリカ:輸出価格。
出所) 経済企画庁『経済白書平成11年版』。

2　ドル建て対外債権の減価

2.1　長期的円高ドル安傾向による為替差損の発生

　日本の国際収支黒字の中身が問題で，ドルが国際通貨であるドル体制の下で日本の外貨準備の大部分がドル建てであり，対外債権もまたドル建てであり，ドルの減価に伴って為替差損が発生する。

　変動相場制移行後の現実の円とドルとの為替相場を購買力平価と対比して示したのが図2-1である。為替相場は短期的には乱高下しているとしても，長期趨勢的には円高ドル安傾向であることは確かである。要するに，変動相場制へ移行した1973年以後4分の1世紀にわたってドルは長期的にみれば相対的に減価し続けているのである。

　1998年末における在米銀行の報告による統計（表2-2）によると，アメリカの対外債務残高総額（国際機関を除く）1兆3,324億ドルのうち対日債務残高は1,682億ドルで12.6％を占めている。日本を上まわる比率の国は，British West Indies（3,020億ドル，22.6％）とイギリス（1,815億ドル，13.6％）の2国のみである。なお，フランスは446億ドル，ドイツは214億ドルである[2]。いかに日本が相対的に多くの対米債権を有しているか明らかであろう。

　為替差損に関してよく指摘されるのは，1971年8月の金ドル交換停止の際の日本の通貨当局の為替操作である。海外の為替市場が一斉に閉鎖されたなかで，東京為替市場のみは，金ドル交換停止によるドルの急速な下落が必然であるにもかかわらず，8月16日から8月27日まで12日間市場を開け続けた。そして固定相場を維持するため日本銀行は1ドル360円で為替市場にドル買い円売り介入を行った。この間に日本銀行が買い介入した42億8,000万ドルの外貨は，変動相場制移行後のドルの減価によって約2,000億円の為替差損を受けた。この結果1971年度下半期の日銀の国庫納付金はゼロとなった。本来民間の為替銀行がこの為替差損を受けざるをえないのだが，日銀が介入することによって，為替銀行が受ける為替差損を日銀が肩代わりしたわけである。しかも，この損失は日銀の国庫納付金ゼロという形で，結局のところ税金に，したがって国民一般に転嫁されている。

以下，日本の受けた為替差損の例をあげていこう。

日本の通貨当局は経常収支黒字のためドル買い介入によって得たドルでアメリカの国債を購入し，外貨準備をアメリカ国債の形で保有している。こうして，日本の経常収支黒字の一部すなわち日本人の汗の結晶がアメリカの財政収支赤字をまかなっているわけである。しかも，ドル安に伴って保有するアメリカ国債は減価していく。例えば，日本銀行の1987年度上期の決算では，当期純益金は618億円であるが，保有アメリカ国債などの為替差損が1,926億円であった。このため償却準備金の取り崩しなどによって自己資本を3,221億円減額し，これと純益金などを合わせて国庫納付金3,840億円をひねり出した。こうして日本銀行は税法上は欠損法人に転落し，法人税も事業税も納付してはいない[3]。これも国民一般の税負担にはねかえってくることはいうまでもない。

また，日本総合研究所の試算によると，日本銀行の為替市場介入によって保有するドル建て資産には1973年度から1995年度末までに累積9兆7,030億円の為替差損が発生している[4]。

日本の通貨当局のみならず民間の生命保険会社もアメリカ国債に多額の投資をしている。民間機関である以上アメリカと日本の利子率格差を考慮した投資ではあるが，そのかなりの部分が自主的な投資というよりもドル体制維持のための大蔵省からの行政指導によるものとみなされる[5]。ここでも，生命保険会社は為替差損を受けていることはいうまでもない。日本の生命保険会社大手7社の1986年度決算によると，外債や外貨預金などドル建て資産が目減りし，評価損および売却損を含めた為替差損は7社合計で1兆7,000億円を上まわったという[6]。生命保険会社の経営の悪化は，やがて保険料の引き上げを余儀なくさせ，ここでまた，国民一般に負担が転嫁されることになる。

また年金福祉事業団の発表によると，1998年度の資金運用事業状況では98年度末の累積赤字は時価ベースで1兆2,381億円である。この原因は，年度後半における株式・債券相場の低迷と，円高による外貨建て資産の目減りとのことである[7]。年金財政においてもドル建て債権の為替差損が影響しているのが現状である。

上記のアメリカ国債購入を含めて日本の対米投資は増大していき，日本の対外純資産は1985年以降着実に増大を続けて世界最大の対外純資産を有する国

表 2-2 アメリカの対外債務残高(在米銀行の報告による)

Item	1996	1997	1998
AREA			
Total, all foreigners	**1,162,148**	**1,283,787**	**1,344,17**
Foreign countries	**1,148,176**	**1,272,097**	**1,332,36**
Europe	376,590	420,432	426,98
Austria	5,128	2,717	3,18
Belgium and Luxembourg	24,084	41,007	42,81
Denmark	2,565	1,514	1,42
Finland	1,958	2,246	1,86
France	35,078	46,607	44,63
Germany	24,660	23,737	21,35
Greece	1,835	1,552	2,06
Italy	10,946	11,378	7,10
Netherlands	11,110	7,385	10,76
Norway	1,288	317	71
Portugal	3,562	2,262	3,23
Russia	7,623	7,968	2,44
Spain	17,707	18,989	15,77
Sweden	1,623	1,628	3,02
Switzerland	44,538	39,023	50,65
Turkey	6,738	4,054	4,28
United Kingdom	153,420	181,904	181,54
Yugoslavia	206	239	25
Other Europe and other U.S.S.R	22,521	25,905	29,84
Canada	38,920	28,341	30,21
Latin America and Caribbean	467,529	536,393	554,52
Argentina	13,877	20,199	19,01
Bahamas	88,895	112,217	118,05
Bermuda	5,527	6,911	6,84
Brazil	27,701	31,037	15,79
British West Indies	251,465	276,418	302,01
Chile	2,915	4,072	5,00
Colombia	3,256	3,652	4,61
Cuba	21	66	6
Ecuador	1,767	2,078	1,57
Guatemala	1,282	1,494	1,33
Jamaica	628	450	53
Mexico	31,240	33,972	37,14
Netherlands Antilles	6,099	5,085	5,01
Panama	4,099	4,241	3,86
Peru	834	893	84
Uruguay	1,890	2,382	2,44
Venezuela	17,363	21,601	19,88
Other	8,670	9,625	10,50

第2章　ドル体制と日本　53

(単位：100万ドル)

Item	1996	1997	1998
sia	249,083	269,379	305,633
China			
Mainland	30,438	18,252	13,040
Taiwan	15,995	11,840	12,708
Hong Kong	18,789	17,722	20,820
India	3,930	4,567	5,258
Indonesia	2,298	3,554	8,288
Israel	6,051	6,281	7,749
Japan	117,316	143,401	168,162
Korea (South)	5,949	13,060	12,454
Philippines	3,378	3,250	3,324
Thailand	10,912	6,501	7,360
Middle Eastern oil-exporting countries	16,285	14,959	15,123
Other	17,742	25,992	31,347
frica	8,116	10,347	8,907
Egypt	2,012	1,663	1,339
Morocco	112	138	97
South Africa	458	2,158	1,517
Zaire	10	10	5
Oil-exporting countries	2,626	3,060	3,088
Other	2,898	3,318	2,861
ther	7,938	7,205	6,107
Australia	6,479	6,304	4,969
Other	1,459	901	1,138
onmonetary international and regional organizations	13,972	11,690	11,810
International	12,099	10,517	9,998
Latin American regional	1,339	424	794
Other regional	534	749	1,018

出所）Board of Governors of the Federal Reserve System, *Federal Reserve Bulletin*. May 1999, A54.

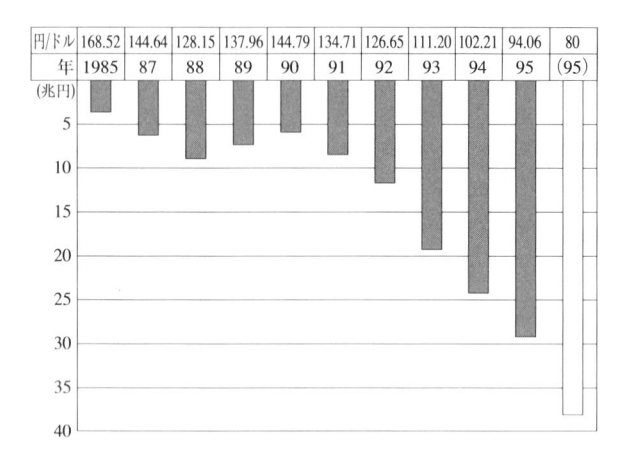

円/ドル	168.52	144.64	128.15	137.96	144.79	134.71	126.65	111.20	102.21	94.06	80
年	1985	87	88	89	90	91	92	93	94	95	(95)

図2-2 対外純資産の為替差損(円ドル・レートは年平均)
出所) 吉川元忠『マネー敗戦』文藝春秋社, 1998年, 147頁。

となった。対外純資産と経常収支との間には, 今年末の対外純資産＝前年末の対外純資産＋今年の経常収支という関係式が成立する[8]。日本は経常収支の黒字を継続して, 対外純資産を増大し続けたのである。しかしこの対外純資産は基本的にドル建てであって, ドル安円高により減価し為替差損を受ける。吉川元忠は1986年以降の, 各年の日本の対外純資産残高の目減り分を円で算出している(図2-2)。これによると, 対外純資産残高の目減りは円高が進展する1990年以降顕著であり, とくに1995年には30兆円近くに達している。アメリカから差し込まれた太いしかも透明なストローで日本の国富がこのように吸い取られているのが現状である。

　他方, アメリカは多年にわたる経常収支赤字の累積の結果, 外資依存の体質を深め1987年以降対外純債務国に転落し, 世界最大の対外純債務国である(表2-3)。ドルの減価とともにこの債務も目減りし, アメリカのドル債務は切り捨てられていく。趨勢的な円高ドル安の条件下では, アメリカの対日ドル債務および日本の対米ドル債権がともに減価し, アメリカには債務者利得が日本には債権者損失が生じる。こうしたことが生じる基本的原因は, 日本の対外債権の大部分が円建てではなくドル建てであるところにある。かつての債権大国はすべてその対外債権の中身は自国通貨建てであった。イギリスはポンドで, アメ

表 2-3 日本とアメリカの対外資産負債残高

(単位：億ドル，10億円)

		1980年 (昭和55年)	1985年 (昭和60年)	1990年 (平成2年)	1992年 (平成4年)	1993年 (平成5年)	1994年 (平成6年)	1995年 (平成7年)	1996年 (平成8年)	1997年 (平成9年)
ア メ リ カ	資産計	9,363	13,091	21,800	23,250	27,425	29,018	32,968	37,670	42,373
	公的準備資産	1,714	1,179	1,747	1,474	1,649	1,634	1,761	1,607	1,348
	政府資産 (公的準備資産を除く)	639	878	820	807	810	804	810	817	815
	民間資産	7,010	11,034	19,233	20,968	24,966	26,580	30,397	35,246	40,210
	#{直接投資	3,962	3,948	6,200	6,594	7,148	7,521	8,497	9,370	10,239
	証券投資	625	1,194	3,423	5,151	8,535	8,897	10,544	12,802	14,463
	負債計	5,437	12,172	23,863	27,232	30,182	32,537	38,999	45,341	54,609
	公的負債	1,761	2,025	3,733	4,373	5,094	5,352	6,716	8,011	8,339
	その他の対外負債	3,677	10,147	20,130	22,859	25,087	27,185	32,283	37,330	46,270
	#{直接投資	1,259	2,313	4,673	5,005	5,509	5,612	6,143	6,670	7,518
	証券投資	741	2,079	4,606	5,994	6,964	7,397	9,714	11,995	15,780
	純資産	3,925	919	△2,063	△3,982	△2,756	△3,519	△6,031	△7,671	△12,236

		旧系列						新系列		
日 本	資産計	1,596	4,377	18,579	20,352	21,809	24,242	280,175	307,703	355,731
	公的部門	470	645	2,022	2,561	3,170	3,972	48,836	27,360	29,517
	民間部門	1,125	3,732	16,557	17,791	18,639	20,271	231,339	280,343	326,214
	#{直接投資	196	440	2,014	2,481	2,598	2,756	30,459	29,999	35,334
	証券投資	214	1,457	5,638	6,555	6,960	7,536	85,942	88,257	117,821
	負債計	1,480	3,079	15,298	15,216	15,701	17,353	203,184	204,344	231,145
	公的部門	188	391	929	1,356	1,550	1,981	23,819	18,288	27,520
	民間部門	1,292	2,688	14,369	13,860	14,150	15,371	179,364	186,056	203,625
	#{直接投資	33	474	99	155	169	192	2,041	3,473	3,519
	証券投資	302	848	3,345	4,314	4,568	5,323	63,233	64,840	76,226
	純資産	115 (円表示)	1,298	3,281 (44,106)	5,136 (64,153)	6,108 (68,823)	6,890 (66,813)	76,991 (円表示)	103,359	124,587

注：1．日本の統計は1995年から従来のドル表示を中止し，円表示に切り替えた。また，1996年の国際収支統計の改訂に伴い，1995年の統計から新系列が公表されており，旧系列とは連続しない。新系列の数字は，編者が旧系列の項目に組み替えたものである。
　2．(　)内は円表示。

出所：田中尚美編『統計資料集 1999』産業統計研究社, 45頁。

リカは自国通貨ドルで対外投資を行った。しかし，これに対比して現代の債権大国日本は，自国通貨建てではなく主としてドル建てで対外投資を行っている。

為替差損を受けるにもかかわらず，日本がアメリカ国債を購入し続けたのはなぜか。もしジャパンマネーを引き上げればドルは暴落せざるをえない。日本の対外資産の大部分がドル建てであるから，ドル暴落は日本の対外資産の減価をもたらす。日本はアメリカと運命共同体とならざるをえない。ここにドル体制に全面的に組み込まれた日本の姿が現れているといえよう。

2.2 貿易におけるドル建て取引

日本の対外債権の大部分がドル建てであるのは，基本的に貿易取引において自国通貨建ての比率が少なく，ドル建ての比率が高いからである。表 2-4 に示されるように，1988 年では日本は自国通貨建ての比率は輸出において 34.3％，輸入において 13.3％ であり，他の先進国に比べて著しく低い。とくにドイツとは際立って対照的である。ドイツをはじめとしてヨーロッパの貿易相手国は圧倒的にヨーロッパであり，ヨーロッパはヨーロッパ同士で取引している。これに対して，日本は対米輸出依存度が高い。日本にとってアメリカ市場は 3 割市場と呼ばれてきたように，国際収支統計によれば，最近の 1998 年においてアメリカ 1 国への輸出の比率は 30.4％（アジア全体への輸出の比率は 34.5％）である。1992 年度において業種別にみた輸出入における外貨建ての比率を示したのが図 2-3 および図 2-4 である。なお，1975 年から 1990 年に至る日本の輸出入における円建てとドル建ての比率は表 2-5 に表示されている。円建ての比率が徐々に増加してはいるが，まだ輸入でのドル建て比率は約 8 割のままである。このため，日本の企業は他の先進国企業に比してドル為替相場の変動の影響を大きく受けることにならざるをえない。

表 2-4　先進国貿易インボイスの自国通貨比率(1988年)

(単位：％)

	日 本	アメリカ	イギリス	ドイツ	フランス
輸　出	34.3	96.0	57.0	81.5	58.5
輸　入	13.3	85.0	40.0	52.6	48.9

出所) George S. Tavlas and Yuzuru Ozeki, "The Internationalization of Currencies: An Appraisal of the Japanese Yen," IMF Occasional Paper No. 90, 1992, Table 17.

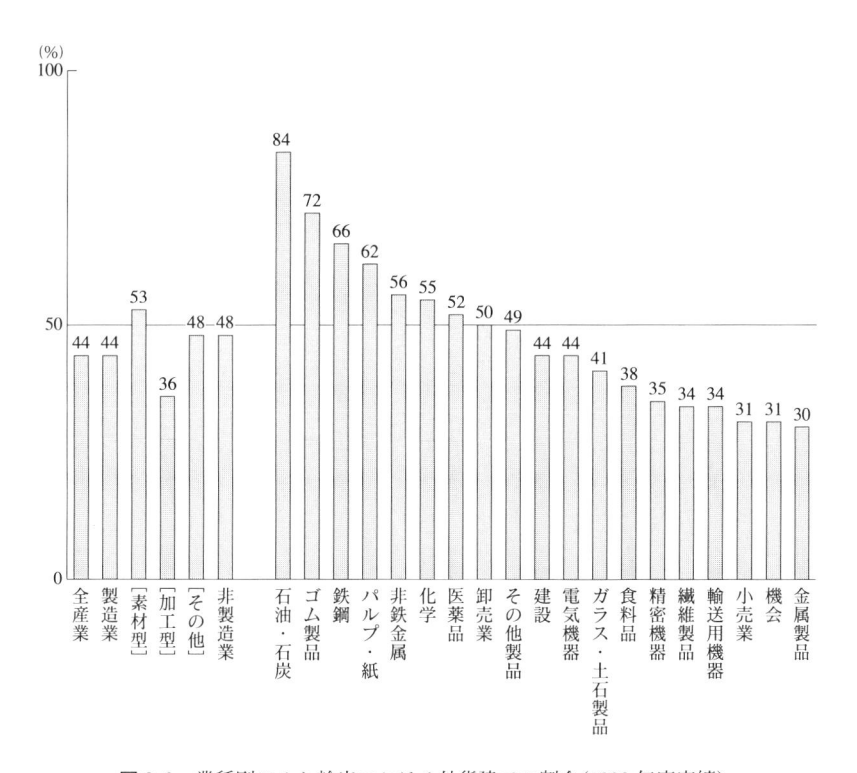

(%)

業種別の数値（左から順に）：
- 全産業　44
- 製造業　44
- [素材型]　53
- [加工型]　36
- [その他]　48
- 非製造業　48
- 石油・石炭　84
- ゴム製品　72
- 鉄鋼　66
- パルプ・紙　62
- 非鉄金属　56
- 化学　55
- 医薬品　52
- 卸売業　50
- その他製品　49
- 建設　44
- 電気機器　44
- ガラス・土石製品　41
- 食料品　38
- 精密機器　35
- 繊維製品　34
- 輸送用機器　34
- 小売業　31
- 機会　31
- 金属製品　30

図 2-3　業種別にみた輸出における外貨建ての割合(1992年度実績)

出所) 経済企画庁調査局編『景気低迷と円高に立ち向かう日本企業』1994年，32-33頁。

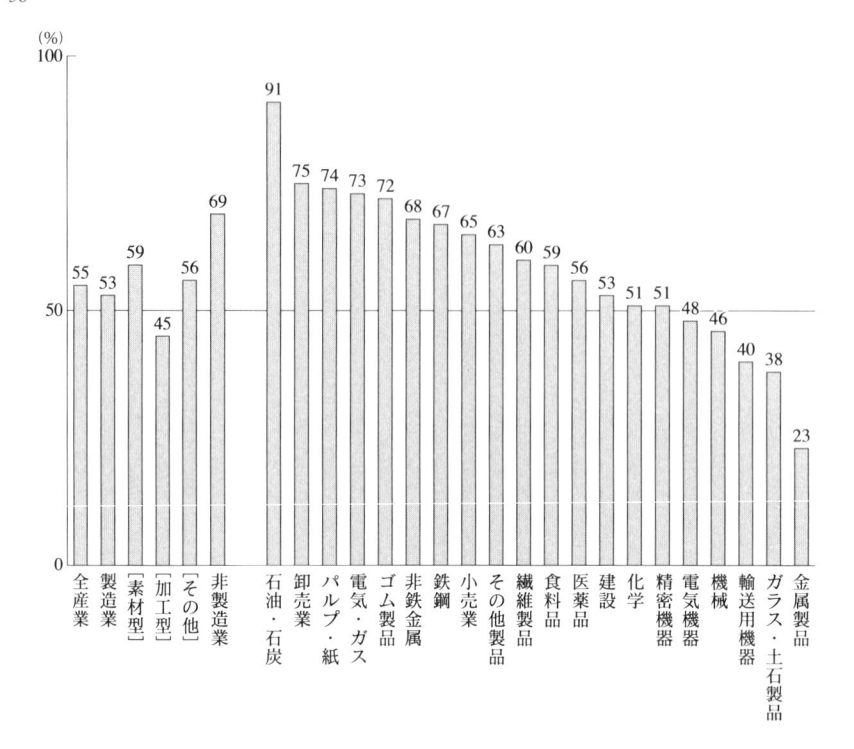

図 2-4　業種別にみた輸入における外貨建ての割合(1992 年度実績)

業種	%
全産業	55
製造業	53
[素材型]	59
[加工型]	45
[その他]	56
非製造業	69
石油・石炭	91
卸売業	75
パルプ・紙	74
電気・ガス	73
ゴム製品	72
非鉄金属	68
鉄鋼	67
小売業	65
その他製品	63
繊維製品	60
食料品	59
医薬品	56
建設	53
化学	51
精密機器	51
電気機器	48
機械	46
輸送用機器	40
ガラス・土石製品	38
金属製品	23

出所）図 2-3 に同じ。

表 2-5　日本の貿易取引における円建てドル建て比率
(単位：％)

年		1975	1980	1983	1986	1987	1988	1989	1990
輸出	円	17.5	29.4	40.5	35.5	34.7	34.3	34.7	37.5
	ドル				54.2	55.6	53.2	52.4	48.8
輸入	円	0.9	2.4	3.0	9.7	11.6	13.3	14.1	14.4
	ドル				83.2	80.5	78.5	77.3	75.9

出所）George S. Tavlas and Yuzuru Ozeki, "The Internationalization of Currencies : An Appraisal of the Japanese Yen," IMF Occasional Paper No. 90, 1992, Table 16.

3　低金利政策

3.1　バブルの形成とその崩壊

アメリカはその財政収支と経常収支との赤字をまかなうため資金を海外から導入する必要に迫られる。このためには，アメリカの金利を対外的に高くしなければならない。しかし高金利は国内の景気にとってはマイナス要因である。したがって，景気を維持しながら海外から資金を導入するには，アメリカの金利を低めると同時に海外との金利格差を維持する必要がある。アメリカはジャパンマネーの流入を図るため日本に金利の引き下げを要求した。日本はこれに応えて，景気が上向いているにもかかわらず，1987年2月から1989年5月まで2年以上にわたって，史上最低の2.5％の公定歩合を設定し低金利政策をとった。銀行貸出において製造業の比率が減少し金融保険業と不動産業の比率が増大した。このことが，地価と株価の高騰をもたらす一要因となった。いわゆるバブルである。

バブルの形成と崩壊の規模を具体的に示す統計として，国民資産・負債残高表がある(表2-6。ただし，国民資産のみを表示した)。資産・負債残高の内訳が示されているこの統計表には，調整額の項目があるが，これは前年末の総資産額と今年中の資本取引(総資産の増加額)との合計額と今年末の総資産額との差額である。前年末総資産残高＋今年中の資本取引＋調整額＝今年末総資産残高という関係が成立する。したがって，調整額は資産の評価額の1年間における増大あるいは減少を意味する。すなわち，調整額は土地や株式の値上がり幅あるいは値下がり幅を示しており，この値がバブルのプラスおよびマイナスの規模を概略的に表しているといえよう。

図2-5は国民資産・負債残高表に基づいて，形態別(土地と株式)の調整額の推移をグラフで示し，同時に名目 GNP の額の推移を対比的に示したものである。

図2-5が示すように，1985年以降89年までバブルの規模が増大し，86，87，89年には名目 GNP の額を上まわっている。例えば，バブルの絶頂期である1989年末における土地の値上がり幅(キャピタルゲイン)は286兆円，株式の

表 2-6　国民資産・負債残高

(単位：10億円)

項　目	1988年末残高(昭和63年)	1989年間の資本取引	調整額	1989年末残高(平成元年)	1991年末残高(平成3年)	1992年間の資本取引	調整額	1992年末残高(平成4年)
1．有形資産	2,761,659.7	68,045.7	310,919.5	3,140,624.9	3,382,481.7	71,938.9	△249,806.2	3,204,614.4
(1) 在　庫	67,073.7	3,057.8	2,180.8	72,312.3	79,052.4	1,593.9	△1,373.9	79,272.4
①　製品在庫	16,023.2	637.3	432.8	17,093.3	19,309.3	654.8	△365.1	19,599.0
②　仕掛品在庫	11,866.2	443.1	353.4	12,662.7	15,046.6	335.2	△151.8	15,230.0
③　原材料在庫	11,162.4	455.3	502.0	12,119.7	12,460.8	23.3	△282.0	12,202.1
④　流通在庫	28,021.9	1,167.6	960.8	30,600.3	32,539.1	616.4	△582.0	32,573.5
⑤　控除項目	0.0	95.5	68.2	163.7	303.4	35.8	△7.0	332.2
(2) 純固定資産	805,937.2	60,902.1	21,387.5	888,226.8	1,049,957.3	65,377.7	△15,182.6	1,100,152.4
①　住　宅	182,462.2	13,344.8	5,424.5	201,231.5	230,406.2	11,062.1	△4,650.5	236,817.8
②　住宅以外の建物	177,794.3	9,830.6	7,316.8	194,914.1	234,732.2	15,533.5	△1,878.7	248,387.0
③　その他の構築物	301,813.1	15,884.2	11,625.0	329,322.3	391,626.6	19,484.6	814.8	411,926.0
④　輸送機械	24,553.0	5,444.3	△1,506.9	28,490.4	36,453.8	5,466.9	△2,280.9	39,639.8
⑤　機械器具等	119,314.8	17,751.7	△1,469.2	135,597.3	162,068.5	15,796.0	△7,704.9	170,159.6
⑥　控除項目	0.2	△1,352.9	2.7	△1,355.8	5,330.0	1,965.4	△517.6	6,777.8
(3) 再生産不可能有形資産	1,888,648.8	4,085.8	287,351.2	2,180,085.8	2,253,472.0	4,967.3	△233,249.7	2,025,189.6
①土　地	1,839,379.0	3,337.0	286,020.3	2,128,736.3	2,196,979.7	4,085.4	△232,983.8	1,968,081.3
(a) 宅　地	1,555,945.5	1,201.8	253,549.1	1,810,696.4	1,860,534.1	1,583.6	△206,059.6	1,656,058.1
(b) 耕　地	171,688.0	2,135.2	19,048.9	192,872.1	183,567.1	2,501.8	△15,878.1	170,190.8
(c) その他	111,745.5	0.0	13,422.3	125,167.8	152,878.5	0.0	△11,046.1	141,832.4
②森　林	47,675.6	651.8	1,411.3	49,738.7	55,118.3	770.1	△131.5	55,756.9
(a) 林　地	11,559.6	651.8	299.0	12,510.4	11,708.5	770.1	△1,338.9	11,139.7
(b) 立　木	36,116.0	0.0	1,112.3	37,228.3	43,409.8	0.0	1,207.4	44,617.2
③地下資源	848.5	97.0	△79.4	866.1	720.6	111.8	△155.2	677.2

第 2 章　ドル体制と日本　61

(1) 現金通貨	30,497.4	4,973.2	0.0	35,470.6	36,653.9	211.9	36,865.8
(2) 通貨性預金	99,115.9	△486.1	△1,718.0	96,911.8	112,402.4	4,633.3	117,035.7
(3) その他の預金	574,833.3	75,172.5	△3,022.5	646,983.3	728,177.4	25,741.0	753,918.4
(4) 短期債券	21,136.2	1,623.0	0.0	22,759.2	20,905.8	1,406.2	22,312.0
(5) 長期債券	347,010.5	11,041.9	1,904.4	359,956.8	382,920.5	25,918.0	408,302.2
(6) 株　式	668,974.5	27,309.2	198,630.1	894,913.8	586,502.4	△6,695.2	△178,024.9	401,782.3
(7) 日銀貸出金	8,474.0	△1,528.9	0.0	6,945.1	10,267.0	△3,048.5	7,218.5
(8) コール・買入手形	49,744.7	11,498.7	0.0	61,243.4	64,414.1	5,690.4	70,104.5
(9) コマーシャル・ペーパー	9,285.9	3,780.0	0.0	13,065.9	12,400.4	△201.7	12,198.7
(10) 市中貸出金	535,666.8	65,506.1	0.0	601,172.9	695,334.3	17,044.8	712,379.1
(11) 政府貸出金	193,264.8	14,901.0	0.0	208,165.8	239,302.2	20,837.2	260,139.4
(12) 生命保険	140,076.9	24,321.0	0.0	164,397.9	204,799.6	20,834.7	225,634.3
(13) 一般政府繰入金	2,830.5	569.4	0.0	3,399.9	7,541.5	259.2	7,800.7
(14) 売上債権	240,433.3	31,493.0	△39,490.8	232,435.5	269,263.5	△13,955.3	△5,315.6	249,992.6
(15) その他の金融資産	307,604.6	44,059.8	13,407.7	365,072.1	430,825.0	18,284.1	△14,729.0	434,380.1
総　資　産	5,990,609.0	382,279.5	480,603.4	6,853,518.9	7,184,191.7	188,899.0	△448,412.0	6,924,678.7

注）歴年の数字。
出所）経済企画庁『平成元年度国民経済計算』1993 年。

図 2-5　形態別調整額の推移

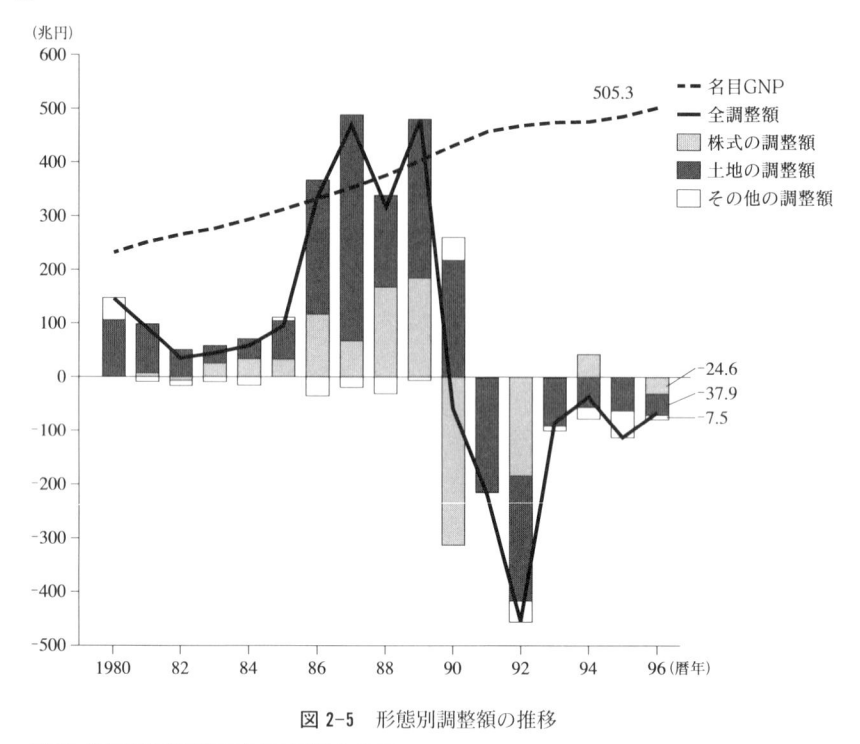

出所）『国民経済計算年報(1998年版)』42頁。

　それは198兆円で(表2-6)，同年の名目GNPは397兆円である。1年間の土地と株式の値上がり幅(土地と株式を単に所有しているだけで得られる評価益)が，同じ1年間の国民の汗の結晶であるGNPの額より大きいというのは，極めて不健全な状態といわねばならない。バブルの最中の時期である1985年から89年にかけてのキャピタルゲインの累計額は約1,730兆円に上っている。

　単に不健全ということだけではない。このバブル期において投機とくに土地投機がますます盛んになり，銀行をはじめ多くの企業は不動産業と化して地上げ屋を使って土地の取得に血道をあげた。このため土地価格は急騰し，旧来の住民は土地から追い出され，相互扶助的な地域共同体は破壊され，街の様相は一変した。持つ者と持たざる者との格差は拡大し，社会の断絶感は広がり，国中に殺伐とした気風が蔓延し，都市は住みにくい場所となった。取り返しがつ

① 土　地

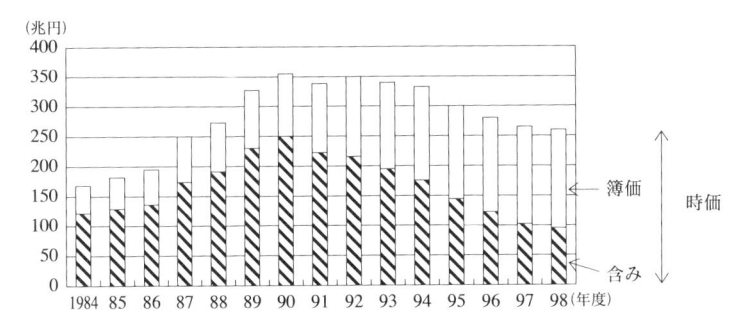

② 株　式

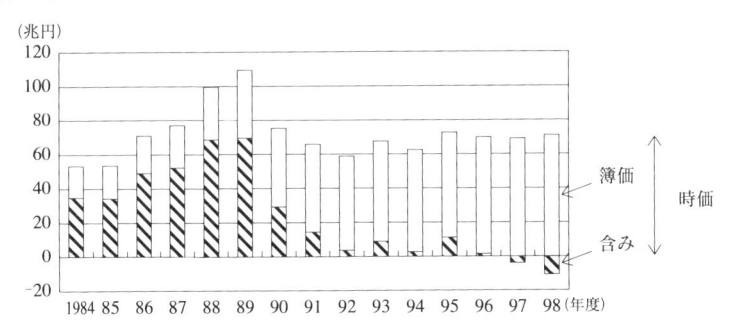

図 2-6　企業の土地および株式の含み益

注）1．大蔵省「法人企業統計年報」「法人企業統計季報」，経済企画庁「国民経済計算」，
　　　日本経済新聞社「日経平均株価」，日本不動産研究所「市街地価格指数」より作成。
　　2．資産のうち，固定資産の株式，土地につき，時価評価した。
　　3．資産の時価推計の方法は，平成9年度年次経済報告付注1-12を参照。
　　　ただし，1998年度については，大蔵省「法人企業統計季報」により簡易推計。
出所）『経済白書平成11年版』。

かない悲劇的な変化であった。

　さらに，バブルは銀行をはじめとして企業に含み益をもたらした(図2-6)。この含み益に依存した乱脈な経営が行われ，銀行は絶えず高騰する土地や株式を担保に容易に過剰な融資を行った。企業においては過剰な設備投資が行われた。土地や株式の価格が右肩上がりに上昇している限り矛盾は表面化しないで済んだ。

　しかしながら，日銀は1989年低金利政策を修正し，1990年8月公定歩合を

6％まで引き上げた。図2-5が明らかに示すように，1990年に入って，依然として土地は値上がりを続けたが，株価は年頭から急落しその評価損は約306兆6,000億円に達した。1990年4月不動産融資に対する総量規制の実施により1991年には土地価格も下落して評価損が発生した。以後現在までバブルの崩壊が継続するが，とくに1992年末においては顕著で，土地の評価損は約233兆円，株式のそれは178兆円合計で400兆円を超えた(表2-6)。なお1997年末における評価損は，株式93兆円，土地52兆円で合計145兆円である[9]。バブルの崩壊が始まった1990年から97年までの評価損の累計額は約1,400兆円であり，上述の1985年から89年までの評価益の累計額とほぼ見合っている。まさに幻の消滅であった。

　バブルの崩壊は，銀行をはじめとして企業に含み益の減少を，さらには含み損をもたらしたのは必然であった。とくに銀行の融資の担保価値が下落し，銀行貸出は不良債権化した。バブルの崩壊を契機として日本経済は戦後最大の長期不況に落ち込み現在に至っている。過剰設備，過剰債務，要するに過剰資本が形成されているのであって，この過剰資本が整理されない限り不況は解消されないであろう。過剰資本の整理は大量の企業の倒産として現れるが，倒産しない企業でももっぱらリストラという名の人員整理が行われ，失業の増大，失業率の急上昇が生じている。

　さらに，バブルの形成と崩壊に伴って発生した含み益と含み損は，いま一つ問題を引き起こした。BIS(Bank for International Settlements，国際決済銀行)による銀行の自己資本比率規制問題——国際業務を営む銀行は8％，国内業務のみの銀行は4％——である。自己資本比率規制が策定される際，日本は銀行の保有する有価証券の含み益の45％を自己資本の補完的項目として算入することを要請して認められた。このことは，株価の上昇が続いている限り日本にとって有利であったが，一旦株価が下落すると含み益は減少しさらには含み損が発生して，自己資本比率の計算上，分子の自己資本が減少し日本の銀行の自己資本比率が低下せざるをえない。この8％という自己資本比率自体が妥当かどうかという問題があるが，ともかくこの規制が銀行の資金回収，融資縮小，貸し渋りを促進する一要因となっているのは確かである。この貸し渋りが主に銀行融資に頼る中小企業に大きな打撃を与えた。

このような現在の日本経済の種々の苦境をもたらしたバブルの形成と崩壊は，上述のように結局のところアメリカの要求による低金利政策の帰結である。そしてバブルの形成によって生じた企業の含み益の存在が，為替差損にもかかわらず日本の対米投資(アメリカの財政収支と経常収支の赤字をファイナンスする)を可能にした一要因とみなすことができるとするならば，日本は丸ごとアメリカの術中に陥ったとしかいいようがないであろう。アメリカから突き刺さったストローは単純ではなく複雑である。

3.2 ゼロ金利による所得移転

『週刊東洋経済』は1999年5月1-8日号の特集で，ゼロ金利で所得移転が生じることによって得する人と損する人を列挙している。得する人としては，借金をしている企業や個人，銀行などの金融機関，証券会社・株式投資家(日本株価の上昇)，輸出業者(円安転換)，円資金の調達で日本進出を図る外資，有利な金融商品を開発できる人，アメリカのウォール街(ニューヨーク株下支え)，小渕首相をあげている。他方，損する人としては，年金生活者，預貯金者・保険契約者，公的・私的年金(積立金不足の表面化)，生命保険や信託銀行などの機関投資家，無借金経営の企業，短資業者(インターバンク市場の空洞化)，福祉文化事業などへの助成を行う財団・基金をあげている[10]。

ところで，1999年2月，日銀の速水総裁はデフレ懸念の払拭が展望できるまで金利実質ゼロ％でいくと言明した。要するに景気の上昇を目的としてゼロ金利政策を実施したというのである。しかし，実体経済の不況が続く限り市中銀行の貸出は減少し続けて信用収縮が継続している。日銀は建て前として景気の回復を掲げているが，市中銀行による国債の購入がゼロ金利による資金注入の本音であろう。事実，約7兆5,000億円の公的資金導入後も市中銀行は貸出を増やすことなく国債の購入を増やすようである[11]。市中銀行としては実体経済の回復の見込みがなく，資本の円滑な還流が期待できない限り貸出を行うことは不可能であって，当面利益を得るためには収益の確実な国債を購入せざるをえない。

市中銀行に国債を購入させる目的は，いうまでもなく国債価格下落(国債利回り上昇)の阻止である。国債利回りの低位したがって長期金利の低位の維持

表 2-7 アメリカの国際収支

	投資収益収支 Investment Income Balance	資本収支 Capital Balance	貿 易 収 支 Trade Balance(通関ベース)					
			輸 出 Exports (F.A.S)	輸 入 Imports (Customs)	貿易収支 Trade Balance	対日貿易収支 Trade with Japan		
						輸 出 Exports	輸 入 Imports	貿易収支 Trade Balance
	10億ドル	$ Bil.	未 季 調 Not Seasonally Adjusted, 10億ドル $ Bil.					
1992	22.5	100.0	448.2	532.7	(−) 84.5	47.8	97.4	(−) 49
1993	23.9	85.1	465.1	580.7	(−) 115.6	47.9	107.2	(−) 59
1994	16.5	136.8	512.6	663.3	(−) 150.6	53.5	119.2	(−) 65
1995	19.3	144.0	584.7	743.5	(−) 158.8	64.3	123.5	(−) 59
1996	14.2	194.6	625.1	795.3	(−) 170.2	67.6	115.2	(−) 47
1997	(−) 5.3	254.9	689.2	870.7	(−) 181.5	65.7	121.4	(−) 55
1998	(−) 22.5	237.1	682.5	913.6	(−) 231.1	57.8	121.9	(−) 64

出所)『東洋経済統計月報』1999 年 8 月,統計 53。

の狙いは,景気対策にもあるが,同時にアメリカとの金利格差の維持であることはいうまでもない。ドル体制に組み込まれた日本にとって,アメリカの経常収支赤字,財政収支赤字をファイナンスするためアメリカとの金利格差の維持は至上の課題なのである。

4 ドルの特権による「横領」システム

アメリカはその国民通貨であるドルが同時に国際通貨であるため,国際取引も国内取引と同様にアメリカの銀行システムにおけるドル建預金の振替で行うことが可能である。対外受取は非居住者預金口座から居住者預金口座への振替で,対外支払は居住者預金口座から非居住者預金口座への振替で行う。したがって,アメリカは国際収支の赤字を,アメリカの銀行の預金(銀行の債務)で決済可能である。アメリカは信用創造によって預金を創出し,銀行預金は銀行の債務しかも非居住者預金は対外債務であるから,アメリカはその国際収支赤字を対外債務で決済できるという特権(国際通貨国特権)をもつのである。これに対して非国際通貨国はその国際収支の赤字を決済するには外貨という対外債権(対外資産)か金で行うしかない(資産決済)。

貿 易 収 支 Trade Balance（通関ベース）					
対NIEs貿易収支 Trade with NIEs			対EU貿易収支 Trade with EU		
輸 出 Exports	輸 入 Imports	貿易収支 Trade Balance	輸 出 Exports	輸 入 Imports	貿易収支 Trade Balance
未 季 調 Not Seasonally Adjusted, 10億ドル $Bil.					
48.6	62.4	(−) 13.8	103.0	94.0	9.0
52.5	64.6	(−) 12.1	97.0	97.9	(−) 1.0
59.6	71.4	(−) 11.9	102.8	110.9	(−) 8.1
74.2	82.0	(−) 7.8	123.7	131.8	(−) 8.2
75.8	82.8	(−) 7.0	127.7	142.9	(−) 15.2
78.3	86.1	(−) 7.9	140.8	157.5	(−) 16.7
63.3	86.0	(−) 22.7	149.6	175.9	(−) 26.9

　ドル体制の下では，アメリカは国際収支の赤字（対外債務）を結果的には対外債務増で支払っているにすぎない。単純にいえば，ブレトンウッズ体制では借金の一部を金で返済し（金ドル交換という形で），借金の残りの部分をまた借金で支払っていたが，金ドル交換停止以後の現在のドル体制では，借金の全部をさらにまた借金で支払っているにすぎないのである。要するに，金ドル交換停止以後の変動相場制下では，アメリカは借金（対外債務）を増やして海外から商品を購入し，借金を返済しないまま放置しているのである。アメリカは国際間の最終的決済を繰り延べたままである[12]。かつて，フランスの国際経済学者J. リュエフは，このような国際通貨制度を「歴史上類をみないこの横領にも似た制度」[13]と述べたのはまさに妥当というべきであろう。

　さて，上記の考察を日米間で検討してみよう。表2-7が示すように，アメリカの貿易収支赤字額のうち対日貿易収支赤字額は約6割ないし3割と大きな比重を占めている。対NIEs貿易収支赤字や対EU貿易収支赤字を大きく上まわっている。アメリカはこの赤字を債務で決済しているのであるから，日本の対米収支黒字は，日本がアメリカへ供与した信用の額を示しているのである。アメリカは対日収支の赤字を非居住者預金で決済するのだが，この非居住者預金は日本の視点では対米債権にほかならない。したがって，日本から商品を輸入する際には，アメリカは日本の対米債権で支払いをしており，アメリカは日

本製品を日本からの借金で購入していることになる。逆にいえば，日本はアメリカに輸出したその製品を自分の対米債権で支払ってもらっているようなものである。これが，日本の経常収支黒字の内実である。そもそも日本の経常収支黒字部分は日本の国内生産額のうち国内消費額を上まわった部分であり，国内の国民生活を豊かにするため(低家賃の公共住宅，介護施設等の社会保障施設の建設)に使用されないで海外に輸出された汗の結晶の一部である。アメリカは日本の対米経常収支黒字に相当する額の商品を日本からの借金で購入し，この借金を返済しないままである。しかも，このアメリカの対日債務は，上述のようにドルの減価とともに目減りしていく。これはアメリカによる日本からの「横領」以外の何ものでもないであろう。

注

1）内橋克人『同時代への発言 1　日本改革論の虚実』岩波書店，1998 年，286 頁。
2）Federal Reserve Bulletin, May 1999, A54.
3）『日本経済新聞』1987 年 11 月 17 日付。
4）同上，1996 年 5 月 2 日付。
5）松村文武『債務国アメリカの構造』同文館，1988 年，146-147 頁を参照。ここで「米国債　政治優先の日本勢落札　大蔵省が行政指導——30 年債は 4 割落札　米の強い意向配慮」という『朝日新聞』(1987 年 5 月 9 日付)の見出しを掲げている。
6）『日本経済新聞』1987 年 6 月 17 日付。
7）同上，1999 年 7 月 30 日付。
8）新しい IMF 方式の国際収支では，経常収支＋資本収支＋外貨準備増減＝ゼロ，であるから，経常収支＝－(資本収支＋外貨準備増減)となり，以下次式が成立する。
　　今年末対外資産＝前年末対外資産＋今年の対外資産増＋今年の外貨準備増
　　今年末対外負債＝前年末対外負債＋今年の対外負債増＋今年の外貨準備減
　　今年末対外純資産＝今年末対外資産－今年末対外負債
　　　　　　　　　　＝(前年末対外資産－前年末対外負債)＋(今年の対外資産増－今年の対外負債増)＋(今年の外貨準備増－今年の外貨準備減)
　　　　　　　　　　＝前年末対外純資産－｛(今年の対外負債増－今年の対外資産増)＋(今年の外貨準備減－今年の外貨準備増)｝
　　　　　　　　　　＝前年末対外純資産－(今年の資本収支＋今年の外貨準備増減)
　　結局，今年末対外純資産＝前年末対外純資産＋今年の経常収支，という関係が成立する。
9）『1999 年度国民経済計算年報』付録 48 頁。
10）『週刊東洋経済』1999 年 5 月 1-8 日号，26-27 頁。

11)『日本経済新聞』1999年3月31日付。
12) 詳細は山田喜志夫『現代貨幣論——信用創造・ドル体制・為替相場——』青木書店，1999年，第6章「ドル体制とアメリカの国際通貨国特権」を参照。
13) J. リュエフ『ドル体制の崩壊』サイマル出版会，1973年，234頁。

第3章　日本経済の「成熟」と金融資産の累積

1　金融資産の累積をめぐって

　わが国の経済は，1980年代後半のバブル経済の進行とその崩壊の後，長期にわたる不況から脱脚できない状態が続いている。とりわけ，相次ぐ金融機関の経営破綻と金融システム不安が，事態の深刻さを一層増大させている。1980年代後半には，「規制緩和」と「超金融緩和政策」の下で，大規模な実物投資が強行されるとともに，土地・不動産および株式に代表される，資産価格の異常な高騰が，金融機関の融資に媒介・促進されて，両者の密接な関連の下で現れることになった。したがってバブル経済においては，単純に「資産インフレ」だけが進行したのではなく，現実的蓄積の拡大と「資産インフレ」とが連動し，過剰な設備投資を積み上げることとなったのである。いわゆる「複合不況」の性格をもつ平成不況からの脱却には，不良債権処理とともに，過剰な現実資本の整理が不可欠なものとなっていることからも明らかであろう。しかし，「資産価格の上昇」がバブル経済を推進・加速させる最も大きな要因であったことは確かである。そのため，「資産価格の上昇」をもたらした諸要因の分析や，そのメカニズムの解明が理論的にも重要な課題となっている。

　しかし，根本的には，そのような事態をもたらした背景・基盤として，わが国における金融的な構造とメカニズムに注目した，掘り下げた検討が求められているように思われる。それはわが国経済における，金融資産の累積の問題に

ほかならない。高度成長の終焉の後，わが国の資金循環構造は，不況対策のための財政出動をまかなう国債発行の増加によって，公共部門が最大の資金不足部門となり，他方，法人部門は，低成長移行とともに設備投資のための資金需要が後退しただけでなく，大企業を中心として内部資金調達の傾向を強めることとなった。そのため法人部門の資金不足は減少し，それまでの，銀行を中心とする間接金融構造は大きな変容を遂げることとなった。

わが国における金融の証券化や金融自由化は，高度成長の終焉の後の低成長経済への移行のなかで，国債の大量発行や金融のグローバル化・国際化の進展によって促進されてきた。金融自由化はまた，多様な新しい金融商品を生み出し，「貯蓄の機関化」や金融媒介機関の成長をもたらした。

こうしてわが国においても，金融資産の累積というすぐれて現代資本主義に共通する傾向が，明確に現れ，金融取引や金融的流通の拡大傾向が顕著なものとなった。金融資産の累積は，金融システムの安定や金融政策の効果にも影響を及ぼすだけでなく，各経済主体の金融資産保有の増大によって，企業の資本蓄積さらには家計・個人の資産選択や消費にまで及ぶ広範な作用をもたらす。本章では，金融資産の累積傾向が現代の資本主義に投げかけている問題状況についての検討の第一歩として，わが国において，金融資産の累積がどのように進展してきたか，まずその実態をおさえることが第一の目的である。同時に金融資産の増加・累積をもたらしている要因や背景について，わが国の金融構造の変化と関わらせて検討することとしたい。金融資産の累積がわが国経済においてどのような役割を果たし，影響を及ぼしてきたか，さらには，今後のわが国経済は，金融資産の累積にみられる「経済のストック化」のなかで生起する，さまざまな問題と取り組むことが必要となるであろうが，本章の考察を通じてそれらの課題に取り組む手がかりを得たいと考える。

2　金融資産の累積と現代資本主義
――概括的な整理――

2.1　金融資産累積の要因

金融資産の累積は，現代資本主義にみられる顕著な特徴の一つとされる。金

融資産の累積は何によって生じているのであろうか。その原因や，金融資産の累積がどのような問題，影響をもたらしているかについて，考えてみよう。金融資産とは，一般的には実物資産または貨幣に対する請求権，つまり富に対する請求権を意味している。株式や社債等の有価証券投資や，金融機関への預貯金など，フローとしての金融取引が拡大すると，ストックとしての金融資産残高の増加をもたらす。資本主義経済の発展と資本蓄積の進展は，金融資産の残高を増加させるが，その増加テンポは，実物資産のそれを上まわっていることが指摘されている。

金融資産累積の歴史的傾向について，R. ゴールドスミスは，一国の国富・有形資産残高に対する金融資産残高の比率を，金融連関比率(financial interrelations ratio)と呼んでいるが，これは有形資産がどの程度まで金融資産と対応しているかを示すものである。ゴールドスミスはこの比率の歴史的な推移を主要国について検証を試み，金融連関比率の上昇という歴史的傾向を明らかにした。また J. C. ガーリーと E. S. ショウはこの比率の上昇を「経済発展の金融的側面」と呼んだ[1]。

金融連関比率が長期的に上昇する理由としては，次のことが指摘される[2]。
(1) 資本蓄積，生産設備の取得，有形資産投資がどのくらい外部資金に依存して行われるかがまず問題となる。これは，企業や資本規模が拡大するとともに，経済主体内部の資金によってまかなうことでは限界に直面するため，外部の資金への依存が強まっていく傾向をもっているからである。そして資金調達が，外部金融によってなされるようになると，そのために発行される，大量の金融資産の蓄積が生じることとなる(預金証書，債券，株券)。
(2) 外部金融に依存する傾向が強まっていく際にも，直接金融と間接金融のいずれの方式が主要なものとなるかによって，金融資産の累積に影響が生じる。というのは，間接金融の方式では，中間的な金融媒介取引が介在することから，より多くの金融資産を生み出す傾向が強い。この現象のことを層化(layering)と呼ぶ。とくに個人の貯蓄が投資信託や年金基金・保険等に集まっていく貯蓄の機関化や，資本市場での機関投資家の比重が増大する傾向等も，金融資産の累積を加速させることとなる。
(3) 現代資本主義における成長率の低下や投資率の減退傾向は，企業の外部

金融依存を低下させることになる。さらに大企業にとくに顕著な現象として，自己金融化の傾向が強くなるが，そのことは金融資産の累積にどのような影響を与えることになるであろうか。現代資本主義においては，各国に共通した問題であるが，景気対策や所得再分配政策等による財政支出の膨張傾向が，公的部門の資金不足を増大させ，国債発行の増加をもたらしている。さらに企業の内部資金の豊富な形成が進み，その運用をめぐる企業財務の活発化が広がり，金融資産での運用による金融収益の追求の積極化も，金融資産の累積を促進するものとなる。現代資本主義の資本過剰，資金過剰の下での動きである。

2.2 金融資産累積の影響，問題点

金融資産の累積によってもたらされる影響，問題点[3]としては，金融政策への影響がまず指摘される。金融資産の累積による非預金・金融媒介機関の成長と，金融市場における比重の増大は，商業銀行の相対的な地位の低下をもたらす。その結果，商業銀行を対象とした，伝統的な金融政策の有効性を低下・阻害することとなるとされる。伝統的な金融政策とは，商業銀行の準備状態に対する作用を通じて，商業銀行の信用創造に間接的なコントロールを及ぼすものであった。利子率政策や支払準備率政策がそれである。しかし金融資産の累積と金融媒介機関の成長は，中央銀行の金融引き締めの際に，保有する金融資産（保有証券等）の市中売却によって容易に資金（準備）を調達することが可能となるために，引き締め効果が相殺され，弱められてしまうからである。

金融媒介機関の成長をもたらしているのは，当座預金に対して貯蓄性預金の増加が急テンポに進行するという，19世紀後半以来の経済発展がもたらした現象の延長上にある事態である。金融媒介機関が成長した背景としては，さらに，貯蓄や投資の機関化と呼ばれる現象が指摘される。貯蓄が投資信託や保険，年金基金，信託等に集中し，それら機関投資家が資本市場で比重を高めたこと，貨幣資本の過剰が新しい金融商品・サービス，金融媒介業務を生み出していること，預金・商業銀行に比して金融媒介機関の場合には，準備率保持や預金保険料負担分が軽減されるため，より有利な条件で貯蓄性資金を集中することができたことなどがその要因としてあげられる。

それゆえ，金融政策の有効性を高めるには，金融政策の対象機関を商業銀行

に限定するのでなく，金融媒介機関にまで拡大することが必要かどうかが問題とされ，金融政策の調整対象を通貨数量から一般流動性，経済諸分野の全流動性手段にまで拡大して，コントロールを及ぼすべきかどうかが問題となる。

さらに，金融資産の累積が流動性の増大をもたらすことがあげられる。金融資産の流動性は転嫁流動性，つまり市場での売却・譲渡を通じた，第三者による債権の肩代わりを意味しており，自発的に形成された資金による肩代わりが行われることを示している。金融資産の累積は，過剰流動性の供給の潜在的要因を高めるもの，ということができる。

とりわけ，現代の資本主義の下では国債の大量発行が常態化し，その累積残高が巨額に上っているという状態において，既発国債の価格が低下する場合に，新規の国債発行が阻害される事態を回避するために，価格支持政策が実施されることによって，過剰流動性が供給されることになれば，インフレ的要因を増大させるものとなる。中央銀行による国債の引受は，国債発行の市中消化原則の下では，新規発行国債を直接に中央銀行が引き受けるという方式ではなく，市中消化された既発債を一定期間経過後に，中央銀行が買い上げるという形態で行われる。市中消化された既発債が国債価格支持政策による場合であれ，市中の逼迫が発生した場合に，中央銀行が事後的に市場から既発債を買い上げ，逼迫を緩和する場合であれ，中央銀行の国債保有が累積する傾向を示すことになれば，インフレ的要因を作り出すことになるであろう。金融資産の累積は，このように，過剰流動性の形成を通じて，信用膨張や中央銀行信用の拡大をもたらすことによって，インフレ的要因を醸成させる可能性を拡大しているのである。

3　日本経済における金融資産の累積

金融資産の累積という，すぐれて現代資本主義に共通する特徴は，日本経済においてどのような姿で展開したのであろうか。金融資産の累積は，その形態の多様化と規模の増大を伴いつつ進行した。最初に金融資産の累積の動向を，各種金融資産の全体のなかでの構成比率や増加伸び率などを手がかりとして検

討し，全体的概観を明らかにすることとしよう。ここでは対象時期を，高度成長期とその終焉，低成長期への移行期から1980年代(バブル期を含む)に限定し，その時期を中心として考察することとしたい。

3.1 日本経済における金融資産累積の把握

日本経済における金融資産累積の実態について示したのが表3-1である。

1960年から95年段階までの時期の推移を捉える場合，全体を以下の2つの時期に分けて考えることが適切であろう。それは高度成長期を中心とする第一期(1960～75年)と低成長移行後の第二期(1980～90年)であり，当然1980年代後半のバブル期とその崩壊過程とを含んでいる。それぞれの時期の基本的な経済条件や蓄積構造を考慮しながら，金融資産累積の特徴を捉えておくことにしよう。

3.2 第一期：高度経済成長期の現実的蓄積の拡大と 対応する金融資産の増大

戦後わが国経済の成長過程は，周知のように，産業構造の急速な変化を伴いつつ，法人企業部門における旺盛な設備投資が波及的に拡大する，「投資が投資を呼ぶ」という姿をとって進展した。設備投資資金の拡大は急激かつ大規模であって，法人企業部門は内部資金(減価償却，利益留保)だけでは不足する部分を，外部資金に依存して調達することとなった。法人企業，とくに大企業の内部資金形成・貯蓄は高度成長期には著しく増加したが，設備資金需要の伸びはそれをはるかに上まわったことから，外部資金依存度は一貫して増加することになった。株式・社債発行も徐々に増加傾向を示したが，法人企業部門全体では，外部資金調達の7～8割が民間金融機関からの借入金でまかなわれた。さらに財政投融資に基づく政府系金融機関による融資は，民間金融機関の融資を補完する役割を果たした。

法人企業部門の投資拡大は，経済活動レベルの上昇を通じて個人部門の所得および貯蓄をも増大させた。この背景には，わが国特有の社会的・経済的要因，例えば貧困な社会保障，医療や教育，住宅などの不十分さが，将来に備えた貯蓄に駆り立てた側面も指摘されよう。増加した個人貯蓄は，基本的に金融機関

第3章 日本経済の「成熟」と金融資産の累積

表3-1 日本経済における金融資産の累積

(単位：10億円)

年度	現金通貨通貨性預金	貯蓄性預金	保険(生・損保)	信託	長期国債	地方債	金融債	投資信託受益証券	事業債	株式	中央貸出金	政府貸出金	企業間信用	その他	合計
1960	(1.0) 5,319 (11.4)	(1.0) 7,538 (16.2)	(1.0) 1,358 (2.9)	(1.0) 642 (1.3)	(1.0) 299 (0.6)	(1.0) 148 (0.3)	(1.0) 1,054 (2.2)	(1.0) 607 (1.3)	(1.0) 692 (1.4)	(1.0) 3,274 (7.0)	(1.0) 12,080 (26.0)	(1.0) 2,721 (5.8)	(1.0) 7,323 (15.8)	(1.0) 3,238 (6.9)	(1.0) 46,293 (100.0)
1970	(4.5) 23,983 (7.8)	(6.3) 48,032 (16.3)	(7.5) 10,309 (3.5)	(8.4) 5,431 (1.8)	(10.6) 3,186 (1.0)	(11.2) 1,660 (0.5)	(6.0) 6,349 (2.1)	(2.2) 1,357 (0.4)	(4.5) 3,151 (1.0)	(3.5) 11,705 (3.9)	(5.9) 72,211 (24.6)	(6.1) 16,600 (5.6)	(7.4) 54,344 (18.5)	(10.7) 34,813 (11.9)	(6.3) 293,131 (100.0)
1975	(11.0) 58,551 (8.5)	(15.5) 118,082 (17.1)	(17.9) 24,318 (3.5)	(21.2) 13,617 (1.9)	(49.6) 14,860 (2.1)	(52.6) 7,792 (1.1)	(15.1) 15,977 (2.3)	(5.5) 3,347 (0.4)	(9.8) 6,801 (0.9)	(6.27) 20,531 (2.9)	(13.8) 167,090 (24.2)	(17.4) 47,370 (6.8)	(14.6) 107,031 (15.5)	(25.7) 83,369 (12.1)	(14.8) 688,736 (100.0)
1980	(15.0) 79,815 (6.3)	(30.5) 231,729 (18.5)	(37.2) 50,623 (4.0)	(41.6) 26,746 (2.1)	(231.7) 69,297 (5.5)	(123.0) 18,207 (1.4)	(24.7) 26,119 (2.0)	(9.5) 5,783 (0.4)	(14.8) 10,306 (0.8)	(10.2) 33,414 (2.6)	(21.4) 258,548 (20.6)	(38.5) 104,992 (8.3)	(23.0) 168,613 (13.4)	(51.7) 167,504 (13.3)	(27.0) 1,251,696 (100.0)
1985	(19.5) 103,839 (4.5)	(47.4) 359,712 (15.8)	(75.2) 102,150 (4.4)	(80.2) 51,509 (2.2)	(450.9) 134,833 (5.9)	(146.0) 21,616 (0.9)	(41.5) 43,795 (1.9)	(34.2) 20,784 (0.9)	(26.6) 18,447 (0.8)	(92.3) 302,437 (13.3)	(33.2) 401,901 (17.6)	(59.5) 162,108 (7.1)	(27.1) 198,815 (8.7)	(107.7) 348,796 (15.3)	(49.0) 2,270,742 (100.0)
1990	(26.6) 142,005 (3.5)	(74.0) 561,754 (14.1)	(162.9) 221,249 (5.5)	(163.1) 104,742 (2.6)	(553.9) 165,643 (4.1)	(135.5) 20,068 (0.5)	(64.3) 67,875 (1.7)	(82.9) 50,367 (0.1)	(61.4) 42,540 (1.0)	(212.0) 694,221 (17.4)	(55.6) 672,100 (16.9)	(83.4) 226,964 (5.7)	(35.2) 258,360 (6.5)	(229.7) 743,734 (18.7)	(85.7) 3,971,622 (100.0)
1995	(36.7) 195,673 (4.4)	(86.6) 657,003 (14.9)	(243.0) 330,039 (7.5)	(207.2) 133,082 (3.0)	(754.6) 225,640 (5.1)	(253.6) 37,535 (0.8)	(72.3) 76,228 (1.7)	(76.6) 46,511 (1.0)	(89.0) 61,647 (1.4)	(150.6) 493,235 (11.2)	(60.0) 724,998 (16.5)	(123.1) 335,096 (7.6)	(39.5) 289,299 (6.5)	(240.8) 779,949 (17.8)	(94.7) 4,385,935 (100.0)

注：1．上段の括弧は、1960年度値に対する伸び倍率。
　　2．下段の括弧は、各年度の金融資産総額に占める構成比(%)
　　3．その他項目の主要内容は、直接投資、対外証券投資、借款、延払信用等の対外資産からなる。
出所）経済企画庁『国民経済計算年報』。

への貯蓄性預金の形態で，金融資産を増加させることとなった。個人金融資産の内容・構成のうちで，預・貯金の占める割合が圧倒的なことは，わが国の金融資産構造の大きな特徴をなすものである。いうまでもなくその理由は，銀行を中心とした金融システムの比重が圧倒的であったことと，金融自由化の遅れが金融資産の多様化を妨げてきたからである。そのため個人の資産選択には，極めて狭い選択肢しか提供されてこなかった。個人部門の余剰資金部分が，法人部門や公共部門などの資金不足部門へ流れていくという構造が定着することとなった。

とりわけ高度成長期には，法人企業部門が最大の資金不足部門であった。都市銀行を中心とする金融機関を媒介とした「間接金融構造」を特徴とするわが国金融システムにおいて，大蔵省による「護送船団」行政と，人為的低金利政策や業務分野規制などの各種金融規制の体制の下で，オーバー・ローンや金融の二重構造をはじめとするさまざまなひずみを伴いつつ，法人企業部門への設備資金の供給が行われた。高度成長期のこのような金融的構造・条件に支えられて，設備投資ブームの長期にわたる高水準での持続と，資本の高度蓄積が進められていった。したがって，この時期の金融資産の累積は，現実的蓄積（現実資本）の増大と対応し，これを反映する性格をもっていたとすることができよう[4]。

高度成長期の金融資産の動向（表3-1，1960～75年）からは，以上のことが明瞭に浮き彫りにされる。まず，貯蓄性預金を中心とする預金の高い比重が注目される。この点は先に述べたことであるが，併せて現金通貨や通貨性預金のウエイトの高さからうかがえるように，支払取引における現金節約がこの段階においてはなお進んでいなかったことをも示している。貯蓄性預金の金融資産全体のなかでの比率はその後も一貫しており，わが国の金融資産の基本的な特徴を改めて確認できる。それが銀行を中心とする間接金融構造を通じて，民間企業に設備資金として供給されたことは，市中貸出金のウエイトが全体のなかで最も高い水準であることに明瞭に示されている。さらに，こうした金融的条件に支えられて，企業間信用が重要な金融手段として機能してきたことがうかがえるであろう。

これに対して資本市場を通じた直接金融は，株式，事業債のいずれについて

も，この段階では低位にとどまっていること，保険，信託は伸び率は急テンポであるが，全体のなかでは低いウエイトの状態にあった。公共債はこの段階ではまだ本格的な増加傾向がみられないが，公社・公団債等の政府保証債が中心であった。高度成長期の特徴はこのようにまとめることができる。

3.3　第二期：1970年代後半以降期における，現実的蓄積の停滞と金融資産の累積

しかし1970年代後半以降，わが国経済の発展基調は大きな転換を余儀なくされた。石油危機をはじめとする資源価格の高騰は，高度経済成長の基本的条件を失わせただけでなく，世界同時不況の広がりのなかで，わが国経済は深刻な危機に直面したからである。資源多消費型の産業構造からの転換と，輸出競争力の回復・再構築が，厳しい減量経営化とともに目指された。構造的不況と過剰な生産能力の顕在化，低成長時代への移行は，それまでの経済の循環とりわけ資金需給のあり方を大きく変えることとなった。設備投資のための資金需要は停滞し，外部資金への依存から，内部資金の調達に重点を置く企業財務へと変容する。産業構造の変化を推進する技術革新投資も，金融費用を極力節約して行われなければならなかった。法人企業部門の資金不足は，こうして縮小の傾向を強めていった。

法人部門に代わって資金不足状態を強めることになったのは，公共部門であった。不況の広がりとともに，税収不足が拡大したが，不況対策のための国債の発行額は年々増加の一途をたどったからである。1970年代後半からの日本経済を，停滞基調だけで捉えることは必ずしも適切ではないであろう。欧米諸国がおしなべて，石油危機以降の不況状態からの脱出を容易には実現できないまま，高い失業率と低成長状態の下で呻吟するなかで，産業構造の転換と減量経営の強行によって高い国際競争力を実現し，ひとりわが国だけが突出して輸出の拡大を進めていったからである。その結果としてもたらされた輸出の増加によって，経常収支の大幅な黒字累積を重ねることとなった。しかしこの間，実質GNP成長率は1975年にマイナス成長を記録した後，3〜4.5％の水準に落ち込み，その水準で推移していったのである。内需の低迷状態のなかでの成長が，外需依存・輸出に支えられたものであることは明らかであった。年率

10％を超える実質成長率を持続した高度成長期と対比した場合，1975〜85年期のわが国経済を，停滞と減速を基調とする段階と特徴づけることは可能であろう[5]。

それゆえ，この時期の金融資産の蓄積動向は，国債の大量発行等に示されるように，経済成長率の低下による，「現実的蓄積の停滞のなかでの金融資産の累積」という性格を強めるものであったとみることができよう。現実的蓄積の停滞状況のなかで，金融資産の累積はどのように進んだのであろうか。「貨幣資本と現実資本」の対抗は，両者が常に対応して発展するものではないことを教えている。不況期の貨幣資本の過剰は，貨幣資本の独自の自立的展開を強める作用をもつ。したがって，1970年代後半以降の，わが国金融構造の動態と関連させて，この段階の金融資産の累積をもたらした要因について検討する。とくに金融資産の累積が，その多様化をもたらしつつ進展した点についても留意しながら，考えていくことにしよう。

『国民経済計算年報』(経済企画庁)による金融資産残高の動向(表3-1)は，この間のわが国の金融取引と金融構造の変化を明確に示している。1975〜85年期には全体としての金融資産残高は，およそ3.29倍の伸びを示した。しかしそのなかで，貯蓄性預金(3.0倍)の伸びはそれを下まわるものにとどまり，市中貸出金(2.4倍)の伸びは，それをさらに下まわる水準に低迷した。このことは，前述したところであるが，1970年代後半以降の企業金融が，かなり大きく変容したことを示している。経済成長の停滞によって，設備資金需要それ自体が低迷しただけでなく，企業の資金調達における外部金融への依存が，この間大きく低下し，とりわけ大企業に顕著なこととして，内部資金依存の傾向が強くなったためである。減量経営の追求は金融費用の節約に向かわせ，銀行借入分の返済が進んだからである。設備資金調達における「銀行離れ」現象がこれである。

不況対策のための財源確保策として，長期国債発行が本格化し，その大量発行が持続したことは，この時期の金融資産の動向に極めて重要な影響を与えている。後述するように，国債の大量発行は公社債の流通市場の拡大をもたらしただけでなく，そのことを通じて，わが国金融システムにおける規制体制を突き崩し，金融自由化の流れを加速させる重要な契機であった。資本市場を通じ

る資金調達，直接金融や，金融の証券化の動きがこれとともに強められていった。さらに1980年代に入り，世界的な株式市場回復の流れのなかで，株価の上昇を背景とする企業の時価発行増資が拡大し，それによって株式の比重が急テンポで上昇してきたこと，それは1980年代後半にさらに活発化し，バブル経済期に膨張するエクイティ・ファイナンスの拡張に導いていく動きでもあった。

以上，表から読みとれる特徴を指摘したのであるが，それを踏まえてこの時期の，つまり1970年代後半以降の段階において，金融資産の累積をもたらした要因について，次節でさらに立ち入って検討することとしたい[6]。

4　1970年代後半以降，とくに80年代における金融資産の累積をもたらしたもの

ここでは，経済成長率の低下が始まった1970年代後半以降，とくに80年代に重点を置いて，この段階の金融資産の累積とその多様化をもたらした要因を掘り下げてみることとする。この問題に接近するために，より根本的には以下の2つの視角から考えていくことが必要であり，それを踏まえて，具体的に①から④の論点に即して検討することとしたい。

第一に，低成長への移行による現実的蓄積の停滞に規定された，過剰な貨幣資本の形成（遊休資金圧力）という視角からのアプローチである。上述したところであるが，この問題は，①この時期の資金循環構造の変化を追跡することによって捉えることができよう（4.1）。とくに法人企業の資金不足の解消の動きは，このことを説明するものであろう。しかも法人企業とくに大企業は，豊富な内部資金を形成することが可能となった。それによって，本来の業務からの利益の低迷をカバーするために，内部の余裕資金による金融的運用益の追求が活発化したのである。その実態は，②資金調達と運用をめぐる企業の財務行動，企業金融の動向の分析によって，解明されることが必要である（4.2）。また，こうした企業の資金調達や運用における新たな行動は，1980年代とくに後半になって本格化した金融の自由化，規制緩和の進展と深く関わり，そのことに

よって促進されたのである。

　第二に、金融取引の自由化の奔流であって、それは、第一の根本要因すなわち貨幣資本の過剰、「過剰資金構造」に規定されたものであって、それによって、経済の諸部門(法人企業、金融機関、個人・家計等)の金融行動が全体として大きく変容を遂げたことである。わが国の金融自由化は、第一の根本要因に規定され、貨幣資本が自立的な運動を求める動きを強めるという方向で進展したのである。そのことによって、高度成長期までの資金不足の状況の下での、さまざまな金融規制の措置や体系が、動揺・崩壊したり、存在理由を次々と失っていくこととなった。とりわけ、その具体的プロセスにおいては、③国債の大量発行によってもたらされた、さまざまなインパクトが重要である(4.3)。オープン市場の形成や、自由金利の創出、さらには金融機関の業務分野規制にも、大きな影響を与えたからである。そのことは、④金融の規制緩和、金融自由化の進展を加速させることと結びついて、経済諸部門の金融行動や金融取引の変容をもたらし、金融資産の増大や多様化をさらに急速に進展させたのであった(4.4)。このように、これらの4つの論点は、それぞれ相互に深く関連しているのである。以下、①から④についてより具体的にみていくことにしよう。

4.1　1975年以降80年代の資金循環構造の変化

　第一次石油危機を契機とする低成長経済への移行とともに、法人企業部門の資金不足は次第に解消していった(図3-1参照)。それは設備投資資金に対する需要の大幅な後退によるものであった。それに対して公共部門は、不況による税収不足と、不況対策としての国債発行を拡大させ、法人企業部門に代わって最大の資金不足部門となった。この間も個人・家計部門の貯蓄は引き続き高い水準で推移したため、国内の資金需要は全体としては低迷基調を示した[7]。

　1980年代に入り、深刻化した財政硬直化の打開策として、政府の行財政改革や民営化などを通じて、財政支出の削減と国債発行の抑制が目指された。それにより、公共部門の資金不足は1983年頃から徐々に縮小したため、資金余剰状態が続くこととなった。法人企業部門は内部資金形成の進展もあり、資金不足も大幅なものとはならなかった。これに対して1980年代前半には、ドル

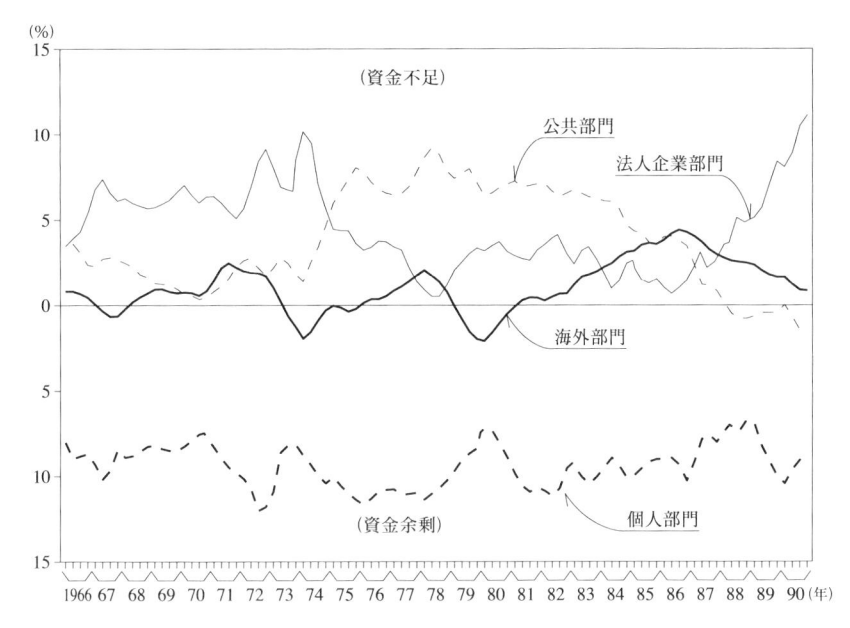

図 3-1 資金循環構造の変化(部門別資金過不足の推移)

注) 1. 対名目 GNP 比率(単位：%)。
　　2. 季節調節済み, 3期加重移動平均値。
出所)『日本銀行調査月報』。

高・円安の下で，大幅な経常収支黒字(資金循環・マネーフローでの海外部門の資金不足)の累積が生じたが，これは国際的な資金循環を通じて，海外証券投資や海外投融資などの海外部門の資金不足の充当に向けられた。1980年代後半に入り，とくに1987, 88年頃から資金循環構造に新たな変化が現れた。内需主導の景気回復の動きが顕著となり，法人企業部門の資金不足が大幅に拡大したからである。法人企業部門は，1974年以来のことであったが，最大の資金不足部門となった。公共部門においては，企業収益の改善を反映した税収増により資金不足の解消が進んだ。こうした資金循環構造の変化を規定したのは，プラザ合意以降の急速な円高を契機として，わが国経済の内需主導型への転換が進むとともに，設備・在庫投資の活発化が広がったからである。しかし後にみるように，法人企業部門の「資金不足」の実態・内容は，そこで調達された資金が実物投資に向けられただけでなく，資産価格の上昇，バブルの進行

に促された投機的需要や,「財テク」のための運用の拡大と結びついていたことに注目する必要がある。

4.2 　企業金融・財務行動・資金調達と資金運用[8]

　すでに述べたように,石油危機を契機とする 1975 年不況とその後の低成長の下で,企業の外部資金依存の低下が顕著となった。設備投資をはじめ,企業の資金需要が後退・低迷しただけでなく,資金の需要に対しては内部金融を重視する傾向が強まった。資金調達における自己金融比率の上昇の理由としては,低成長への移行により,売上や利益率も低下したため,企業は一層の減量経営に取り組まざるをえなくなったことである。企業金融においても,調達コストの選別を進め,金融費用の削減を迫られた。このため,借入金の返済による財務体質の改善を目指す動きが強まり,いわゆる「銀行離れ」が広がったからである。減量経営による財務体質の改善を通じて,その後の企業収益の回復の基盤が強化されていった。こうしたことにより,企業の内部資金形成が進展し,自己金融比率の上昇を可能にした。企業金融のこのような新たな動きが,高度成長期までの資金循環構造を変化させた最大の要因であった。

4.2.1 　資金調達の変化

　1980 年代に進展した,金融・資本市場の自由化・国際化は,企業の資金調達にも大きな変化をもたらした。海外資本市場での企業の資金調達についての各種の規制措置は,国内に先行して段階的に解禁されてきた(1973, 74 年の海外での債券発行の解禁等)。さらに 1980 年の「新外為法」による「内・外証券投資の原則自由化」以降,海外市場での資金調達に関する一連の規制緩和措置が実施された。このため,国内市場よりも有利な起債条件を利用する,わが国企業の海外での起債による資金調達が増加した。こうした動きは,国内資本市場の空洞化に対する懸念を広げることになり,国内資本市場の規制についても緩和措置(無担保社債の発行,適債基準の緩和等)が相次いで実施されることとなった。

　この結果,大企業の資金調達にとって,とくに外部資金調達の自由度が急速に拡大し,金融機関借入をはじめ,内・外資本市場での多様な形態での有価証券発行による調達ルートが拡大していった。金融資産の累積とその多様化が,

表 3-2 法人企業の資金調達の膨張　(単位：千億円，％)

	1985 年	1986 年	1987 年	1988 年	1989 年	1990 年
資金調達	297.7 (100.0)	334.2 (100.0)	426.8 (100.0)	541.9 (100.0)	729.7 (100.0)	667.4 (100.0)
借入金	239.9 (80.6)	268.4 (80.3)	277.3 (65.0)	339.8 (62.7)	443.1 (60.7)	457.7 (68.6)
民間金融	229.8 (77.2)	262.9 (78.7)	257.7 (60.4)	301.1 (55.6)	378.0 (51.8)	390.3 (58.5)
公的金融	10.1 (3.4)	5.5 (1.6)	19.6 (4.6)	38.6 (7.1)	65.2 (8.9)	67.4 (10.0)
有価証券	50.5 (17.0)	63.7 (19.1)	102.5 (24.0)	111.2 (20.5)	211.0 (28.9)	113.4 (17.0)
事業債	6.8 (2.3)	15.8 (4.7)	23.6 (5.5)	16.1 (3.0)	14.6 (2.0)	31.3 (4.7)
株　式	20.2 (6.8)	22.1 (6.6)	41.2 (9.7)	52.3 (9.6)	101.2 (13.9)	44.4 (6.6)
外　債	23.5 (7.9)	25.9 (7.7)	37.6 (8.8)	42.8 (7.9)	95.1 (13.0)	37.7 (5.6)
Ｃ　Ｐ	—	—	17.0 (4.0)	75.9 (14.0)	37.8 (5.2)	27.0 (4.0)
対外借入等	7.4 (2.5)	2.0 (0.6)	30.0 (7.0)	15.1 (2.8)	37.8 (5.2)	69.3 (10.4)

注）1．括弧内は，構成比(％)。
　　2．株式による資金調達には，増資のほか，転換社債の転換分を含む。
出所）日本銀行『資金循環勘定』，大蔵省『法人企業統計年報』，（『日本銀行調査月報』）。

これによって急速に進展することとなった(表 3-2, 3-3 参照)。

　金融機関からの借入は，法人企業の外部資金調達のルートとして最大であることには変わりはないが，その比率は低下の傾向を示した。有価証券による調達が増大したことのほか，CP(Commercial Paper)の発行(1987 年創設)が新たに付け加わったことによる。CP による調達資金は，そのかなりの部分が大口定期預金などの高利回りの金融資産への運用に当てられ，企業の活発な財務活動を支えるものとなった。

　しかし，この段階の資金調達を最も強く特徴づけるのは，資本市場を通じた調達が急速に拡大したことである。この動きが金融資産の累積と多様化を主導したのであり，さらに，バブル経済期の企業の財務行動と深く結びつき，これを加速させることとなった。この点について次に取り上げることとする。

表 3-3 　内外証券市場を通ずる資金調達の拡大(上場企業)
(単位：億円，%)

	1985年	1986年	1987年	1988年	1989年	1990年
国内市場	29,375 (47.3)	39,205 (51.2)	69,149 (60.0)	74,087 (60.5)	121,622 (53.1)	73,600 (59.7)
普通社債	5,895 (9.5)	6,150 (8.0)	8,200 (7.1)	8,730 (7.1)	5,800 (2.5)	18,280 (14.8)
転換社債	17,900 (28.8)	25,635 (33.5)	45,710 (39.7)	41,345 (33.8)	60,320 (26.3)	24,070 (19.5)
ワラント債	100 (0.2)	840 (1.1)	330 (0.3)	0 (0.0)	3,850 (1.7)	8,050 (6.5)
増　資	5,482 (8.8)	6,580 (8.6)	14,909 (12.9)	24,012 (19.6)	51,652 (22.5)	23,200 (18.8)
海外市場	32,687 (52.7)	37,385 (48.8)	46,087 (40.0)	48,300 (39.5)	107,437 (46.9)	49,676 (40.3)
普通社債	14,641 (23.6)	15,550 (20.3)	11,271 (9.8)	6,148 (5.0)	7,832 (3.4)	13,115 (10.6)
転換社債	11,325 (18.2)	2,776 (3.6)	3,944 (3.4)	6,582 (5.4)	9,561 (4.2)	6,761 (5.5)
ワラント債	6,721 (10.8)	19,060 (24.9)	30,569 (26.5)	35,484 (29.0)	89,428 (39.0)	28,568 (23.2)
増　資		0 (0.0)	303 (0.3)	85 (0.1)	616 (0.3)	1,231 (1.0)
内外市場合計	62,064 (100.0)	76,590 (100.0)	115,236 (100.0)	122,387 (100.0)	229,059 (100.0)	123,276 (100.0)

注) 1. 金融・保険業による社債発行，増資は含まない。
　　2. 増資にはワラント権の行使による株式発行を含む。
　　3. %は各年の調達総額に対する構成比。
出所) 東京証券取引所『証券統計年報』，『日本銀行調査月報』。

　まず株式発行による資金調達は，とくに1983年以降の株価上昇とともに，外部資金調達のなかでの比率を急速に高めることとなった。株式の発行方式は，高度成長期までの額面発行に代わり，すでに1970年代から時価発行が定着するようになった。時価と額面の差額をプレミアムとして発行企業が取得することを可能にするこの方式は，株価の高騰のなかで資金調達コストを低下させたことから，有利な資金調達手段とされてきた。しかし，プレミアム分の株主還元をめぐる「自主ルール」が大蔵省の指導の下で作成されたことが，時価発行の広がりに一定の影響をもたらした。1980年代に入ってからの株価上昇のなかで，株式発行は，転換社債やワラント債などのエクイティ・ファイナンスの手段と並んで，法人企業の活発な資金調達を推進する機能を果たすこととなっ

た。1987年には，大蔵省による銀行に対する自己資本比率規制の強化や，BIS (Bank for International Settlements，国際決済銀行)基準が公表されたことから，各銀行が自己資本の充実を図るために，相次いで大型時価発行増資を行ったことも加わって，空前の株式ブームをもたらしたのである。

さらに，1980年代の企業の資金調達手段として注目すべき拡大を示したのが社債，とくにエクイティ・ファイナンスとしての転換社債(CB：Convertible Bond)やワラント債である。こうした動きをもたらした背景として，社債発行条件の規制緩和や，資金調達手段としての社債の多様化が進んだことがあげられる。とりわけ転換社債の大量発行をもたらした要因としては，国内の適債基準の緩和により無担保CBを発行できる企業数が拡大したこと，国内金利の低下に伴って，発行条件の弾力化と基準レートの引き下げが行われたこと，償還期限の多様化が図られたことがあげられる。加えてわが国の場合には，海外でのCB発行に比べて，株式への転換テンポが遅いことにより，急激な配当負担増をもたらさなかったことなどが指摘されている。1970年代までは，わが国企業の資本市場からの調達については，普通社債が中心であったが，こうして1980年代に入り，株式時価発行増資や転換社債，ワラント債にその地位を譲ることになった。とくに一般事業会社の社債発行は，より低コストの転換社債に重点を移していった。転換社債は，社債の安定性と株式の値上がり益の可能性という両面の性格をもっている。そのため発行企業にとっては，普通社債よりも低コストの資金調達が可能なことと，株価上昇によって時価での株式転換によるプレミアムの取得も可能となるために，投資家にとっても有利な投資対象とされた。その結果として転換社債のブーム的な拡大が進行したのであった。

すでに述べたように，1980年代に入って海外での起債が増大したのは，起債条件の規制緩和や，発行金利の低さや機動性などが大きく作用したからである。とくにスイス市場やユーロ市場を中心に起債市場のグローバル化が進んだ。海外での起債は転換社債からワラント債や普通社債に重点を移してきたが，転換社債が国内起債の中心になったことによる。ワラント債とは新株引受権(ワラント権)のついた社債であり，株式と社債の両面の性格を備えていることは転換社債と同様であるが，スワップ取引やヘッジに利用されることから低コストでの資金調達を可能にした。

表 3-4　法人企業部門の資金運用(増加額ベース)

(単位：千億円)

	1986 年	1987 年	1988 年	1989 年	1990 年
資金運用	333.9	347.5	400.5	395.5	220.6
通貨	48.1	△ 14.2	35.4	△ 59.7	31.1
規制金利定期預金	△ 26.6	△ 81.9	△ 101.5	△ 202.4	△ 125.9
自由金利預金	138.3	261.3	298.3	435.1	111.5
信託	67.0	107.8	49.5	74.9	14.5
投資信託	24.9	5.7	8.1	0.5	△ 7.1
有価証券	△ 2.1	△ 12.9	13.7	33.5	61.6
うち債券	(△ 5.0)	(△ 53.3)	(△ 15.4)	(△ 0.3)	(30.5)
株式	(2.9)	(40.4)	(29.1)	(33.8)	(31.2)
CP	0.0	0.9	16.9	9.8	23.3
対外信用	84.4	80.8	80.1	103.7	111.6
うち証券投資	(57.6)	(50.8)	(32.0)	(39.7)	(41.4)
直接投資	(15.3)	(18.0)	(32.2)	(46.9)	(56.6)

注）自由金利預金には，外貨預金を含む。
出所）日本銀行『資金循環勘定』，大蔵省『法人企業統計年報』，日本銀行『調査月報』。

　こうした転換社債やワラント債によるエクイティ・ファイナンスに基づいて，内・外資本市場を通じて大量の資金調達が進展し，1980 年代後半の金融資産の膨張とバブル現象を加速させたのであった。

4.2.2　資金運用面の変化

　1980 年代の企業金融の構造においては，調達面以上に資金運用の面に大きな変化が進行した。法人企業の資金運用と金融資産残高の動きとしては，1970 年代前半の過剰流動性の時期には，現預金・CD(Certificate of Deposit，預金証書)の膨張がみられたが，1975 年以降の低成長段階では，現金・要求払預金は減少傾向を示し，1980 年代に至り海外証券投資が拡大する。とくに 1985 年以降，信託・投信，大口定期預金，CD，MMC(Money Market Certificate，市場金利連動型預金)などの自由金利商品に運用対象をシフトさせつつ，全体としての運用規模の急拡大が進行した。この結果，1985 年以降，法人企業の金融資産残高は急増する。金融収益の重視のための財務管理の強化(いわゆる財テク)志向が一層強まったからである。1986 年以降の金融緩和の進展により，低コストによる資金調達の拡大と，より有利な金融商品での運用・投資が拡大するという，調達・運用の両面にわたる企業の金融行動の著しい拡張が現れたのである。

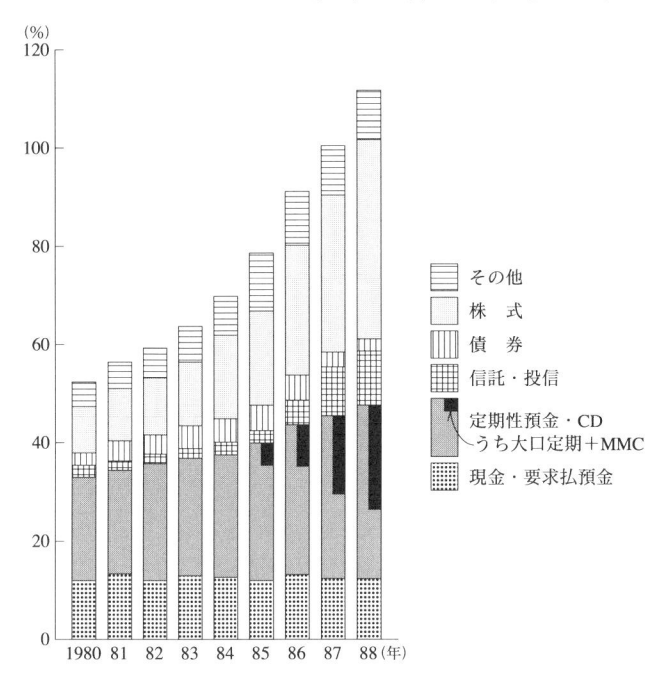

図 3-2　法人企業部門の金融資産残高の推移(対名目 GNP 比率)
出所)　図 3-1 に同じ。

　なかでも注目すべきことは，企業の金融資産残高に占める株式の残高(市場価格で評価した)が 1980 年代に急テンポで増加していることである。株価上昇により，法人企業の保有株式の時価上昇が，含み資産の増大をもたらしたことが，積極的運用の拡大を加速したのであった。とりわけ，株価の上昇を背景とした「特定金銭信託」，「ファンド・トラスト」，投資信託，「営業特金」などの金銭信託を通じた法人企業の資産運用が急拡大したが，これらを通じて法人企業の金融資産運用は，収益性の追求からさらに，キャピタルゲインを追求するハイリスク・ハイリターン型への傾斜を一層強めていったのである。

4.3　国債の大量発行

　石油危機以降の不況の深化と，成長率低下による税収不足の進行は，大幅な歳入欠陥を発生させた。深刻化する不況への対策として政府は，景気浮揚のた

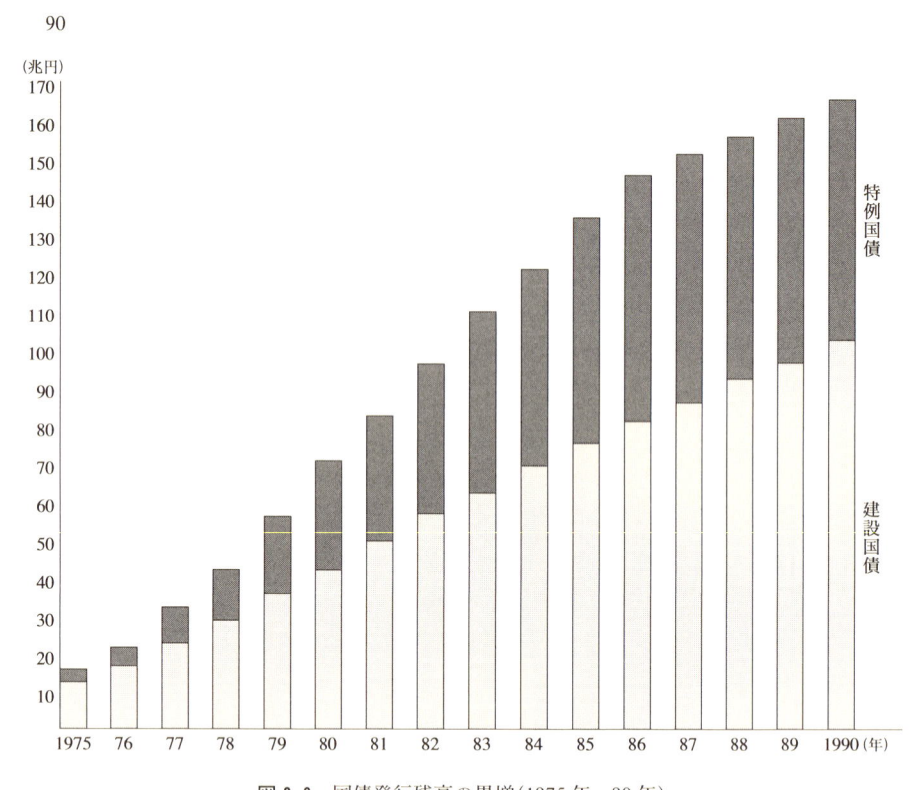

図 3-3　国債発行残高の累増(1975 年～90 年)
出所）大蔵省『財政金融統計月報』。

めの公共投資などの財政支出の増大と、その財源として 1975 年補正予算で 2 兆 2,900 億円の特例国債(赤字国債)の発行に踏み切った。国債の大量発行と、国債を抱いた経済がスタートする[9]こととなった。1970 年代後半には建設国債、特例公債の発行額はいずれも増大し、財政の国債依存度の上昇をもたらした(図 3-3)。1980 年代前半、国債の発行額は絶対額では増加しているが、かなりの部分は借換債であり、建設国債の発行は引き続き同水準で推移した。特例国債の発行額は減少したが、これは財政危機の進行に対し、財政改革や歳出削減、行政改革の実施が進められたことによる。景気回復と企業収益の改善によって、税収の回復が図られ、とりわけバブル期には財政は大幅な改善をみせた。しかし、バブル崩壊後は再び国債依存の財政構造が一層、深刻化すること

となっている。

　国債の大量発行は，わが国の金融構造に極めて大きな影響をもたらした。まず国債の発行方式の変更や，国債の種類の多様化が，大量国債発行を円滑に進めるために必要となった。大量の国債発行は，それまでの「国債隔離政策」，つまり引き受けシンジケート団による引受と売却制限措置，限られた規模での流通市場のあり方などの，根本的見直しを迫ることとなったからである。このため，1977年以降には，金融機関による国債の売却制限の緩和が，段階的に実施されることとなり，これによって流通市場の拡大と国債の流動化が促進された。さらに，公募入札による発行方式では，市場実勢に対応して，発行価格や数量が弾力的に決定されることになる。ここから，流通市場の実勢に基づいた発行条件や応募者利回りが採用され，債券流通市場の整備もこれに対応して進められた。また，大蔵省による国債の「現先取引」の承認や，大口の現先取引の開始，金融機関の公共債ディーリング業務の認可が進められたこともあって，国債の現先取引が活発化することとなった。国債の現先取引とは，売り戻し・買い戻し条件付きでの，国債の売買という形式をとっているが，実態は国債担保での金融という性格をもつものであった。当初，証券会社・債券ディーラーの在庫証券のファイナンス手段という側面が主であったが，現先取引を通じて，自由な流通市場での売買と，市場のメカニズムによる価格，利回り形成が行われるようになり，国債現先市場は自由金利市場(オープン市場)としての性格を強めることとなった。企業や金融機関などの余剰資金にとって，現先取引は有利な運用対象であったことから，現先市場に大量の資金が流入し，債券流通市場は飛躍的な拡大を遂げた。これは規制金利下にあった銀行の定期性預金(とくに大口預金)との間で，直接の競合関係を深刻化させ，ディスインターメディエーション(銀行からの預金流出)の拡大が懸念されることとなり，預金金利自由化への強力なインパクトとなった。このように，国債の流通市場の拡大による自由金利市場の形成は，金利裁定を通じて規制金利の壁を打ち崩していく突破口であって，わが国の金利自由化や業務分野規制の緩和の進展にとって，重要な契機となっていったのである。国債大量発行が，こうして多方面に影響を及ぼすことにより，金融資産の累積を加速させる役割を果たしたことが理解できるであろう(図3-4)。

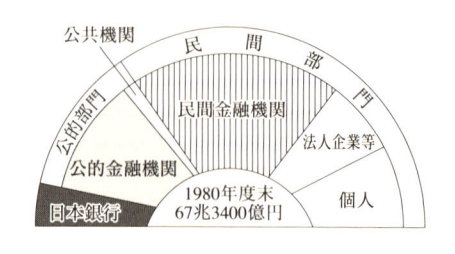

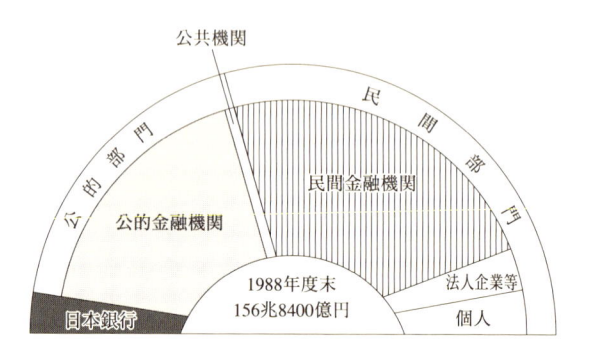

図 3-4　国債の保有者構成

注) 1. 個人，法人企業等への分割は日本銀行調査統計局推計。
　　2. 法人企業等には非居住者の保有分等を含む。
出所) 大蔵省『財政金融統計月報』，『日本銀行調査月報』。

4.4　規制緩和と金融自由化の進展

わが国の金融自由化は，1984年5月の「日米円ドル委員会報告」，および大蔵省による「金融の自由化および円の国際化についての現状と展望」の公表を契機に急速に展開することとなった。しかし，自由化への動きはすでにみたように，低成長経済への移行とともに進展した金融構造の変化のなかで次第に醸成されてきたのであった。とりわけ企業金融の変化のなかでの，企業の減量経営とコスト切り下げの追求によって，法人企業が低い資金調達コストを目指した動きを強めただけでなく，運用面においても，積極的な財務活動によって，本業での収益を補完する，金融収益の積極的追求（いわゆる財テク）を強化したことによって，金融自由化への流れを強めていった。さらに国債の大量発行は，流通市場の拡大と自由金利の形成をもたらし，それとともに発行条件の市場実勢化が進み，規制金利体系に大きな影響を与え，金利の自由化や自由金利の新

しい金融商品を次々と生み出す契機を拡大したのである．こうして，わが国における金融自由化が，金融資産の多様化を推し進めた根本要因であったことは明らかであろう[10]．

　金融自由化は，国際化，金利自由化，金融取引（市場，金融機関の業務）の規制緩和のそれぞれにわたって進展した．簡潔に要点だけを述べることにする．
1) 国際化．「新外為法」（1980年12月）により，対外金融取引が，基本的に，「原則禁止」から「原則自由」へと転換する．その後の一連の措置によって，内・外市場の分断規制は撤廃されることになった．これにより海外市場での資金調達・運用が容易になっただけでなく，対外証券投資の拡大への道を切り開いた．さらにユーロ円取引（ユーロ円貸付，ユーロ円債発行等）の自由化があげられる．これはアメリカ側から強く求められてきたことである．ユーロ円市場の自由化が進展すれば，必然的に，国内金融市場の規制を緩和することが不可避となるからであった．外国金融機関に対する業務参入制限の撤廃も，1984,85年以降実施され，わが国金融市場の開放と，外資系金融機関の進出が急速に進むこととなった．
2) 金利自由化．繰り返し指摘したように，国債の大量発行とその累積が契機となって，国債の売却制限の緩和，流通市場の拡大が進展した．自由金利市場の拡大は長期資本市場の市場実勢化を進めたが，自由金利の債券先物や中期国債ファンド（実勢化した中期国債を組み入れた投資信託，1980年発足）等の競合商品の登場が，さらに，規制金利の体系を動揺させ，預金金利の自由化（譲渡性預金CD，MMC，大口定期など）に向かわせる大きな契機となったのであった．
3) 業務分野規制の緩和．わが国の金融業務の分野規制としては，長短金融の分離，銀行・信託の分離，銀行・証券業務の分離があげられるが，なかでも資金循環構造の変化や銀行のそれまでの業務分野の相対的な縮小と，証券市場の規模と役割の増大を背景として，証券業務への銀行の進出を求める動きが強まったことが，諸外国からの緩和要求と並んで，分野規制の緩和の流れを加速させた大きな要因であった．1982年の銀行法および証券取引法の改正によって，銀行の証券業務への参入（公共債の窓口販売，ディーリング業務），これに対して証券会社には公共債担保融資が認められたのを端緒とし，既存の業務分

野の規制緩和とともに，新たな金融商品をめぐる開発競争を活発化させた。こうして金融の自由化や金融機関の規制緩和とともに，外資系金融機関をも巻き込んだ金融機関の競争を激化させ，新金融商品開発などを通じて，金融資産の累積と多様化をさらに一層進展させたのである。

5 金融資産の累積と日本経済

　以上，わが国において金融資産の累積をもたらしてきた背景や要因について検討した。金融資産の累積は，わが国の金融や経済にさまざまな影響を及ぼすものとなったし，将来さらに大きな問題を発生させることが予測される。とくにわが国での1980年代後半の経験こそは，金融資産の動向とりわけその価格変動が，企業活動や国民経済にいかに大きな影響を与えるものであるかを如実に示すこととなった。資産価格の上昇は，経済のバブル化を発生させ，経済と金融の空前の膨張をもたらした。しかしその後のバブル崩壊による資産価格の下落は，企業のバランスシートの縮小をもたらした。その「調整」過程の困難さは，企業経営の低迷を長期にわたって長びかせている。問題の複雑さは，「資産インフレ」や「資産デフレ」が，それ自体独立して発生するものではなく，実体経済の動向と密接に関連しあい，相互に深く影響しあいつつ進行することにある[11]。実体経済の動きと金融的要因や金融資産の動向との関連を，慎重に検証・観察することが不可欠なのである。

　1980年代半ばの日本経済は，プラザ合意に基づき，対外不均衡是正を最大の政策課題とし，ドル高是正・円高誘導の為替調整の下で，内需主導の経済構造への転換を図ることとなった。実体経済としては，円高による輸出減退を回避するための合理化投資や，コスト削減を目指した技術革新投資などの民間設備投資と並んで，住宅投資が増大した。それによって，内需主導の経済拡大の軌道に沿って，企業の売上高や収益拡大をもたらした。こうした実体経済の拡張と民間投資の伸びを支えたものは，銀行信用の拡張と，株価上昇に規定された，資本市場を通じたエクイティ・ファイナンスであって，それによる低コストでの資金調達であった。

表 3-5 マネーサプライと全国銀行の貸出，株式投資など

年末	M_2+CD (末残，対前年増加率)	全国銀行銀行勘定			
		現金，預け金 (対前年伸び率)	銀行貸出金 (対前年伸び率)	株式 (対前年伸び率)	株式/銀行貸出金 (%)
1980	7.2	20.4	7.3	15.2	4.8
1981	11.0	−3.4	10.8	15.2	5.0
1982	7.9	6.4	10.9	11.6	5.0
1983	7.3	16.4	11.1	10.8	5.0
1984	7.8	13.2	12.0	13.4	5.0
1985	8.7	7.5	12.7	10.2	4.9
1986	9.2	3.8	11.8	10.7	4.8
1987	10.8	28.7	12.5	21.6	5.2
1988	10.2	15.6	10.2	29.0	6.1
1989	12.0	18.7	10.7	36.0	6.7
1990	7.4	−1.5	7.5	23.1	7.7

注）対前年末値に対する伸び率(%)。
出所）日本銀行『経済統計年報』。

　ここですでに資産価格(株価・地価)上昇による「資産効果」が，実体経済の拡張を促進したという関連が生じているが，金融的要因がさらに両者の関連を拡大再生産することとなった。それは，急激な円高の進行を回避するための為替市場への介入によってもたらされたのであるが，大規模な円売り・ドル買いを通じて，ハイパワードマネーの供給増をもたらし，過剰流動性と信用膨張の基盤を拡大することとなったからである。

　プラザ合意はさらにわが国に対して，金融政策面でも協調を求めた。国内の金利水準の引き下げによって内需を拡大するとともに，アメリカの金利との協調利下げを求めたのである。円高不況への対策としても金融の緩和が強力に実施された。公定歩合は 1986 年の 1 月から 1987 年 2 月までの間に，5 次にわたって引き下げられ，2.5% の水準にまで低下し，その水準は 1989 年 5 月まで 2 年以上にわたって継続された。こうした金融緩和政策による日銀信用の増加が，銀行信用の膨張とマネーサプライの高水準での増加をもたらした(表 3-5 参照)。実体経済の拡張を反映した資産価格の上昇が，金融的要因によってさらに加速された[12]。

　こうした客観的状況に加えて，企業の「財テク」的行動が，金融の自由化，金利の自由化，資本市場での社債発行規制の緩和とともに活発化した。とりわ

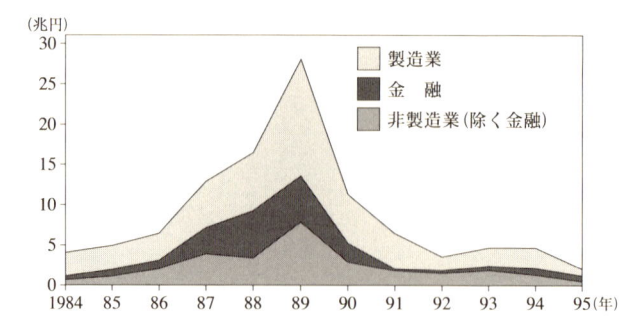

図 3-5 エクイティ・ファイナンス業種別調達額(全国上場企業)
注) 1. エクイティ・ファイナンスは，増資(国内)，転換社債(国内＋海外)，新株引受権付社債(国内＋海外)の合計。
2. 金融は，銀行業，証券業，保険業，その他金融業の合計。
出所) 東京証券取引所『証券統計年報』，『日本銀行調査月報』1996年7月号，公社債引受協会『公社債月報』。

け財務内容の健全な大企業を中心に，資金調達手段の多様化や，直接金融による調達の可能性を増大させた。銀行離れは大企業から進展したのであった。株価の上昇の追い風を受けて，大企業は1980年代後半にエクイティ・ファイナンスを急テンポで拡張した。時価発行増資，転換社債等によって，大量の資金が資本市場から調達されていった(図3-5参照)。法人企業によって調達された膨大な資金は，実物投資の拡大に向かっただけでなく，自由金利の金融資産や株式投資などに流れ込み，活発な財務活動の膨張をもたらした。これによっても，資産価格の一層の上昇とバブルの進行が加速されていったのである[13]。

　銀行などの金融機関は，大企業の銀行離れが進むなかで，資金過剰と運用難に悩み，新たな融資先の開拓を迫られていたのである。ミドルマーケットや中小企業貸出，個人向け融資に傾斜を強めることとなった。折からの地価の上昇が金融機関の安易な融資を誘発させた。銀行の融資が中小企業分野に拡大するに伴うリスクの増加に，金融機関は確実な返済能力の審査によるのでなく，不動産担保での融資に依存して対応したのであった。さらに，自己資本強化のための銀行自身の株式増資とともに，銀行の株式投資も積極化し，資産保有に占める株式比率の上昇が進行したのである。

　資産価格のスパイラル的上昇は，このように，株価や地価を中心とする資産

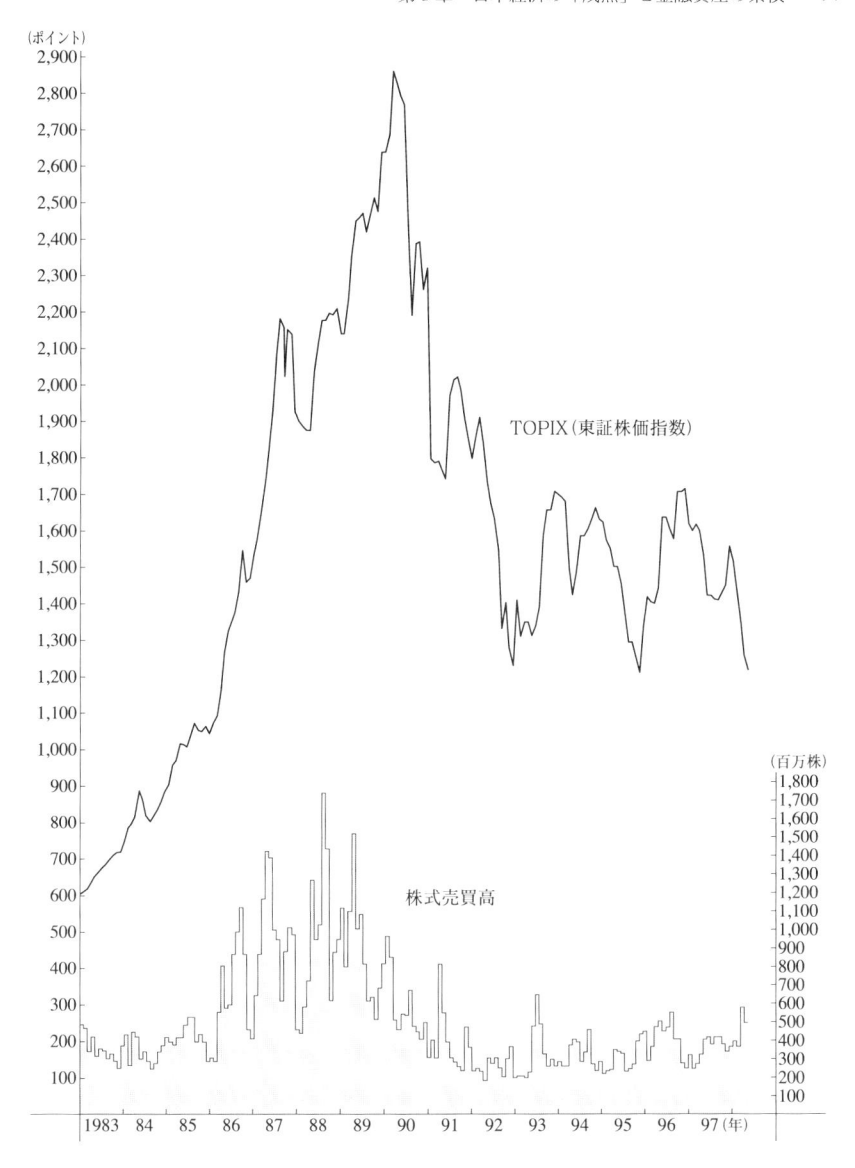

第 3 章　日本経済の「成熟」と金融資産の累積　　97

図 3-6　株価上昇と株式売買高の増大

注) 1. TOPIX(東証株価指数)月中平均(1968 年 1 月 4 日＝100)。
　　2. 株式売買高は市場第一部 1 日平均売買高。
出所) 東京証券取引所『証券統計年報』。

価格の上昇と，過剰流動性，過剰な信用膨張，過剰な資金調達という金融メカニズムとが相互に深く関わった事態として初めて進行しえたのである(図3-6参照)。株価の上昇がエクイティ・ファイナンスを膨張させ，地価の上昇は不動産の担保価値を上昇させて，銀行からの借入を容易にした。資産価格の上昇は企業の資金調達を膨張させ，資産・負債の両建て化(借入等，外部調達によって獲得した資金を金融資産への投資に振り向ける)が進展し，こうして資産価格はスパイラル的に上昇を加速させた。株価がファンダメンタルズに規定された理論的株価水準をはるかに超えてなお，法人企業や金融機関は株式投資を拡大し保有比率を高めていった。そのような「資産選択」は「株式投資促進機構」とも呼ぶべき「特定金銭信託」,「ファンド・トラスト」などに支えられたのであった。

　1980年代後半にわが国で進行した事態を振り返ってみて，このプロセスが如実に物語っていることは，資産価格の変動が資本蓄積や実体経済，企業や金融機関に及ぼした影響の巨大さである。バブル崩壊による金融資産価格の収縮が実体経済や企業，金融機関に残した爪痕の深さと，その後遺症からの立ち直りの困難さに，問題の深刻さを痛感させられる。それと同時に，わが国はいまや企業，銀行などをはじめとする法人部門から，年金基金や各種団体や個人・家計も含めて，金融資産の保有をますます増大させている事実に注目しなければならない。このことは，日本経済の「成熟」を意味するものであろうか。それに答えるには，おそらく膨大な検討作業が必要である。いずれにしても金融資産の動向が及ぼす影響が，極めて広範囲に及び，かつ深いものであることは明らかであろう。そしてまた，経済と社会の「成熟」と関連させた金融資産の累積の検討において，金融政策当局のこの問題との関わりや政策責任は，決定的に重要なものであることが浮き彫りにされるであろう。バブルの再燃を阻止することも，インフレの発生を回避することも，いずれも大きな国民的な政策課題であるが，金融資産の累積の進展は，そのいずれの課題の達成もそれほど容易なことではないことを，示唆しているのではなかろうか。

注

1) R. W. Goldsmith, *Financial Intermediaries in the American Economy since 1900*, 1958, J. C. Gurley and E. S. Shaw, *Money in a Theory of Finance*, 1960, 桜井欣一郎訳『貨幣と金融』至誠堂, 1963 年。
2) 金融資産の累積についてのわが国の文献としては, 以下を参照。川口弘『金融論』筑摩書房, 1966 年, 舘龍一郎・浜田宏一『金融』岩波書店, 1972 年, 川合一郎「現代資本主義の信用構造」同編『現代信用論』(下), 有斐閣, 1978 年。
3) 川合一郎「現代資本主義の信用機構」川口弘・川合一郎編『金融論講座』第 3 巻, 有斐閣, 1965 年, 13 頁, 西村閑也「金融資産の累積とインフレーション」川合一郎編『現代信用論』(上), 有斐閣, 1978 年, 193-194 頁。
4) 現実的蓄積と貨幣的蓄積の基礎理論的解明の試みとして, 川波洋一『貨幣資本と現実資本』有斐閣, 1995 年。
5) 金融の国際化の進展に伴う対外資産の増大という問題は極めて重要な論点であるが, 本章では, 国内的側面に限定したこと, 対外的側面の分析は今後の課題とされていることをお断りしておく。
6) 日本における資金循環の実証分析としては, 石田定夫『日本経済の資金循環』東洋経済新報社, 1993 年を参照。
7) 資金循環構造の変化については, 日本銀行による各年ごとの資金循環構造の報告(同行『調査月報』掲載)のほかに, 日興リサーチセンター編・刊『我が国証券市場の新潮流』1988 年, 第 1 章, および岡崎守男・浜田博男編『日本の証券市場』有斐閣, 1990 年, 31-34 頁を参照。
8) 企業の資金調達と運用, 財務活動の活発化については, 小川一夫・北坂真一『資産市場と景気変動』日本経済新聞社, 1998 年, 119-130 頁, 「金融緩和の浸透と企業金融の構造変化について」日本銀行『調査月報』1986 年 9 月号, 同 1989 年 6 月号, 20-27 頁, さらに「金融自由化のもとでの企業金融のマクロ的動向」同『調査月報』1991 年 3 月号, 日興リサーチセンター編, 前掲書, 113-133 頁, 153-174 頁, 岡崎守男・浜田博男編, 前掲書, 67-98 頁, 武藤正明「最近の企業金融」『証券経済研究』第 4 号, 1996 年 11 月を参照。
9) 国債発行とその影響をめぐる問題点については, 日興リサーチセンター編, 前掲書, 134-150 頁, 岡崎守男・浜田博男, 前掲書, 143-172 頁。
10) 金融財政事情研究会編『金融自由化と円の国際化』1985 年, 伊藤修『日本型金融の歴史的構造』東京大学出版会, 1995 年, 157-168 頁, 岡崎守男・浜田博男編, 前掲書, 29-66 頁, 宮崎義一『複合不況』中公新書, 1992 年。
11) 「最近の民間設備投資の特徴と今後の投資誘因」日本銀行『調査月報』1986 年 4 月号
12) マネーフロー, ハイパワードマネー供給についての検討としては, 日本銀行『調査月報』1986 年 9 月号, 24 頁, 岡崎守男・浜田博男編, 前掲書, 108-110 頁, 小畑次郎「マネーフローより見たバブル経済と株式市場」『証券研究』日本証券経済研究所, 第 114 号, 1996 年, 深尾光洋「金融自由化, 資産バブルと銀行行動」日本経済研究セン

ター編『金融不況の実証分析』日本経済新聞社，2000年，石田定夫，前掲書，150-157頁を参照。

13) 1985年以降のわが国におけるバブル期の株価上昇メカニズムと企業の財務行動，銀行の信用膨張のスパイラル的拡大構造については，すでに多くの分析が出されている。以下の労作をあげておきたい。岡崎守男「証券市場の機関化と株価形成」岡崎守男・浜田博男編，前掲書，宮崎義一，前掲書，野口悠紀雄『バブルの経済学』日本経済新聞社，1992年，小林真之『金融システムと信用恐慌』日本経済評論社，2000年，「1980年代以降の企業のバランスシートの変化について」日本銀行『調査月報』1996年7月号，小畑次郎，前掲論文，同「バブル期における金融機関の株式投資について」『証券経済研究』第26号2000年7月，小川一夫・北坂真一，前掲書，深尾光洋・日本経済研究センター編，前掲書，川北英隆『日本型株式市場の構造変化』東洋経済新報社，1995年，大友敏明「資産インフレーションと自己金融―支配構造の変化と高株価経営の破綻―」飯田裕康編『現代金融危機の構造』慶應義塾大学出版会，2000年。

第4章　銀行の不良債権とその処理

はじめに

　1970年代以降，世界経済の大きな流れとして金融の自由化が進められてきた。その過程で，多くの国が不良債権問題や銀行危機を経験した。その意味で，日本だけが特殊な事情にあるのではない。しかし，1980年代のアメリカを除いて，各国がその不良債権を数年で処理したのと比較して，日本はバブルの崩壊による不良債権の発生からすでに10年近く経過してもなお問題を引きずっている。この間，景気は低迷し続けて「失われた10年」とさえいわれている。当事者の銀行も，監督官庁であった大蔵省も，政治家も処理を急ぐどころか問題を先送りし，再び地価と株価が上昇することに期待をかけて，不良債権を放置してきた。その結果，日本は1998年秋に60兆円という巨額な公的資金を手当てしなければならない事態にまで問題が悪化した。同様の事態は，アメリカで経験済みであった。アメリカは，1980年代にS & L(Savings and Loan Association, 貯蓄貸付組合)の不良債権処理を先延ばしし，最終的に大規模な公的資金の投入を余儀なくされた[1]。いわば，日本は1980年代のアメリカの失敗を繰り返したのである。

　ところで，不良債権を価値が劣化した債権と定義すれば，銀行だけが不良債権を抱えているのではない。けれども，銀行部門のそれは他とは異なる独自の意味をもっている。銀行は，預金業務・貸出業務・為替業務の3つの業務を「固有業務」としている。そして，銀行は，その業務の遂行において，単に資

金を預金者から借り手に金融仲介するだけでなく、預金と貸出の繰り返しを通じて「信用創造」を行うことができる。人間の体に喩えれば、血液を循環させる機能と血液そのものを作り出す機能とを同時に兼ね備えている。銀行システムが機能不全に陥ることは、経済に貨幣という血液が適切に供給されないことを意味する。それゆえ、この章では銀行の不良債権問題を扱う。

この章の目的は、次の3つの点である。第一に、銀行の不良債権問題とは何かを理解するための前提として、銀行財務諸表のしくみを解説する。第二に、現存する不良債権とこれまでの処理の推移をみる。そして、不良債権問題に対する政府と銀行の対応を検討したうえで、巨額の不良債権を抱えた1990年代の日本経済の資金循環の特徴を明らかにする。

1 銀行財務諸表のしくみ

この節では、次節以降の準備作業として、銀行の貸借対照表と損益計算書を取り上げ、そのしくみと自己資本比率について解説する[2]。

1.1 貸借対照表(バランスシート)

表4-1は、1999年3月末の全国銀行貸借対照表である。銀行の貸借対照表は、一般企業と同様に、貸方として左側に資産が、借方として右側に負債と自己資本が記載される。そして、当然のことながら貸方の合計と借方の合計は等しくなる。

まず、資産の部から始めよう。「コールローン・買入手形・買入金銭債権」は、銀行が短期金融市場で運用している資金額である。コールローンはコール市場での資金の貸付、買入手形は手形割引市場またはBA(Banker's Acceptance, 銀行引受手形)市場で買い入れた手形、買入金銭債権はCP(Commercial Paper)などである。逆に、銀行の短期金融市場での資金調達残高が、負債の部の「コールマネー・売渡手形・コマーシャルペーパー」に記載される。コール市場からの借入は、コールマネーと呼ばれる。短期金融市場は、金融機関の資金過不足の調整弁の役割を果たしている。銀行は、短期的に資金が不足した場合に、短期

第4章　銀行の不良債権とその処理

表 4-1　1999 年 3 月末の全国銀行貸借対照表(単体)

(単位：億円，%)

(d)	(資産の部)			(a)	(負債の部)		
da	現金・預け金	313,070	4.1	aa	預金	4,916,540	64.7
db	コールローン	107,550	1.4	ab	譲渡性預金	432,060	5.7
dc	買入手形	49,810	0.7	ac	債券	248,940	3.3
dd	買入金銭債権	17,900	0.2	ad	コールマネー	274,860	3.6
dn	特定取引資産	146,950	1.9	ae	売渡手形	8,030	0.1
de	商品有価証券	2,920	0.0	as	コマーシャルペーパー	18,090	0.2
df	金銭の信託	32,550	0.4	ap	特定取引負債	73,140	1.0
dg	有価証券	1,218,830	16.0	af	借用金	222,360	2.9
dh	貸出金	4,896,080	64.4	ag	外国為替	13,330	0.2
di	外国為替	40,220	0.5	aq	社債	15,280	0.2
dj	その他資産	222,040	2.9	ah	転換社債	6,620	0.1
dk	動産不動産	97,740	1.3	ai	信託勘定借	173,340	2.3
dl	債券繰延資産	190	0.0	aj	その他負債	306,910	4.0
do	繰延税金資産	89,220	1.2	ak	貸倒引当金	148,310	2.0
dm	支払承諾見返	361,770	4.8	al	退職給与引当金	9,640	0.1
				am	その他の引当金	14,980	0.2
				an	特別法上の引当金	0	0.0
				at	繰延税金負債	—	
				au	再評価に係る繰延税金負債	15,150	0.2
				ao	支払承諾	361,770	4.8
				ar	再評価差額金	160	0.0
				ax	負債の部合計	7,259,490	95.6
				(b)	(資本の部)		
				ba	資本金	122,070	1.6
				bb	新株式払込金	20	0.0
				bc	法定準備金	118,880	1.6
				be	再評価差額金	21,060	0.3
				bd	剰余金	75,310	1.0
				bx	資本の部合計	337,330	4.4
dx	資産の部合計	7,596,820	100.0	cx	負債・資本の部合計	7,596,820	100.0

注) 計数は四捨五入しているため，元の計数と一致しない場合がある。
出所) 全国銀行協会『全国銀行財務諸表分析 平成 10 年度決算』1999 年 8 月．

金融市場から資金の取り入れを行う．要するに，コール，手形，CP は金融機関相互の貸借状況を表している．短期金融市場は，金融機関の破綻と密接に関わっている．この市場において，金融機関による金融機関の選別が行われるからである．

表 4-1 からわかるように，銀行の主要な資産運用は，証券と貸出である．証券での運用は，2 つの科目に分かれている．一方は，「商品有価証券」の科目

であり，銀行が短期的な売買(ディーリング)による売買差益獲得のために保有している有価証券であり，主に国債である。他方は，「有価証券」であり，資産の16%を占めている。この科目は，銀行が資産の運用・投資の目的で長期的に保有する有価証券であり，証券の売買差益でなく債券からの利子や株式からの配当などの運用収益の獲得が主たる目的となる。しかしながら，実際にはこの科目に分類されている有価証券も売却による売却益の実現の手段として頻繁に利用される。経理基準によれば，有価証券の評価基準は，国債およびその他の債券では「原価法」または「低価法」のいずれかを選択し，株式については「低価法」でなければならない。そして，株式の場合には，決算時において時価が簿価を下まわったときには，時価で評価替えを行い，簿価評価額と時価評価額の差額を償却する必要がある。その株式の償却は損失として扱われるため，決算時に株式が簿価より下落すると，それだけ利益を減少させる要因になる。逆に，時価が簿価を上まわっている状態では，財務諸表上の評価による株式保有額と損益の増減はなく，銀行が未実現の「含み益」を抱えていることになる。ただし，1997年度から株式についても銀行の裁量で「原価法」を採用できるようになった。

「貸出金」は，銀行の資産のなかで64.4%と圧倒的なウエイトを占める。また，一般に有価証券よりも資金運用利回りが高く，貸出利息は日本の銀行にとって最も重要な収益の源泉となっている。不良債権は，貸出金の質に関する事柄である。貸出金以外にも不良化する資産があるので，不良債権を公表するベースとして「総与信」が用いられることもある。総与信は，貸付有価証券，貸出金，外国為替，未収利息，仮払金，支払承諾見返で構成される。

不良債権との関連で，「その他資産」のなかの「未収収益」が重要である。「未収収益」には，不良債権の定義と密接に関わる未収利息が計上される。経理基準では，発生主義の原則に基づき，「健全な未収収益であってその回収が確実なもの」は資産に計上することとしている。発生主義は，当該の事業年度に係る収益分は当該年度の益金として処理するという原則である[3]。したがって，利息の未払いが継続している場合も，回収が見込まれれば未収利息に計上される。

次に，負債の部に移ろう。「預金」は，負債のなかで最も大きなウエイトを

占める。そして，預金による資金調達コストは他の手段に比べて安い。「債券」は，金融債の発行高であり，長期信用銀行などが預金に代わる資金調達手段として用いる。「信託勘定借」は，信託銀行が信託勘定の余裕金を銀行勘定で運用する場合の受入額である。

「借用金」は，再割引手形と借入金からなる。再割引手形は，日本銀行に売却した適格手形および手形割引市場で売却した割引手形である。借入金は，日銀から公定歩合で借り入れる日銀借入金と他の金融機関からの借入金である。他の金融機関からの借入には，自己資本比率の算出にあたって，自己資本に算入できる劣後特約付借入金が含まれている。

「貸倒引当金」は，貸出金の貸倒による損失に備える引当金を処理する科目であり，「一般貸倒引当金」，「個別貸倒引当金」(1997年度まで「債権償却特別勘定」)，「特定海外債権引当勘定」の3つの勘定から構成される。「一般貸倒引当金」は，1996年度まで，税法により貸出金の1,000分の3または貸倒実績率で必ず繰り入れなければならなかった。したがって，この一般分の引当金は，貸出金残高の増減にほぼ比例していた。1997年度以後，「合理的な方法により算出された貸倒実績率」による繰り入れとなった。「特定海外債権引当勘定」は，累積債務国向け貸出の損失に対する備えである。1980年代末に南米向け債権の不良化によって一時増加したが，1990年代には売却等により減少傾向にある。1998年度決算では，対象範囲が損失の可能性にまで拡大されたことおよびアジア通貨危機の影響により増加している。1992年度に新設された「債権償却特別勘定」が，今時の不良債権問題と直接に関係する引当金である。1998年度からは，「一般貸倒引当金」と「個別貸倒引当金」が，不良債権処理と密接に関わることになった。引当金のうち「退職金引当金・その他の引当金・特別法上の引当金」は，貸倒引当金以外の引当金であり，不良債権処理との関係はない。

最後に，資本の部である。「資本金・新株式払込金・法定準備金のうち資本準備金」は，株式発行により株主から調達した資金額である。「剰余金」の科目のなかに，「当期利益」と「当期未処分利益」があり，銀行の損益計算書とつながる。当期未処分利益と当期利益との関係は，次式で表される。

当期未処分利益＝当期利益－中間配当－中間配当に伴う利益準備金積み立て
　　　　　　　　＋任意積立金取崩額＋前期繰り越し利益金

重要な点は，当期利益が資本の部の構成要素となっていることである。不良債権処理に伴って当期利益が赤字となれば，それだけ資本の部の合計額が減少することになる。第二に，配当は銀行からの資金の流出を意味し，自己資本を減じることである。

1.2　損益計算書

損益計算書は，期中のフローの収益と費用を記録したものである。その科目の区分は，銀行の各業務から発生する収益と費用の区分にほぼ対応している。以下では，1998年度の全国銀行の損益計算書(表4-2)を用いて，各収支を説明する。

1) 　資金運用調達収支＝資金運用収益－資金運用費用＝96,460億円

経常収益の約7割に及ぶ運用収益は，貸借対照表の貸出金・有価証券・コールローン・買入手形・預け金・買入金銭債権などから得られる利息と配当の収入である。逆に，調達費用は，貸借対照表の預金・譲渡性預金・コールマネー・売渡手形・借用金などに対して銀行が支払わなければならない利息である。この収支のなかでも貸出金利息と預金利息が，それぞれ13兆円(経常収益の42.7％)，約5兆円(経常費用の12.9％)に上り，その差額8兆円が銀行の収支の要であることがわかる。受取利息と支払利息の差額は，銀行が貸し手から借り手に金融を仲介することから発生する。それゆえ，この収支は金融仲介サービス業務に関する収支である。

2) 　役務取引等収支＝役務取引等収益－役務取引等費用＝10,500億円

この収支は，役務(サービス)提供業務に関する収支である。役務取引等収益は，役務を提供した対価として受け取る手数料であり，具体的には銀行間手数料を含む国内為替受入手数料，外国為替受入手数料などである。役務取引等費用は，役務を受けたことに対して支払う手数料である。日本の銀行の特徴は，預貸の金融仲介から生じる資金運用調達収支に強く依存し，役務提供による手数料収益の占める割合が小さいことである。

第4章 銀行の不良債権とその処理　107

表 4-2　1998 年度全国銀行の損益計算書

(単位：億円，%)

経常収益	304,540	100.0	経常費用	376,950	100.0	
資金運用収益	218,980	71.9	資金調達費用	122,520	32.5	
貸出金利息	130,040	42.7	預金利息	48,460	12.9	
有価証券利息配当	33,160	10.9	譲渡性預金利息	4,450	1.2	
コールローン利息	2,540	0.8	コールマネー利息	5,600	1.5	
買入手形利息	130	0.0	売渡手形利息	190	0.1	
預け金利息	9,560	3.1	借用金利息	7,210	1.9	
金利スワップ受入利息	33,460	11.0	金利スワップ支払利息	36,890	9.8	
			……	4,320	1.1	
その他の受入利息	10,070	3.3	その他の支払利息	15,390	4.1	
役務取引等収益	16,690	5.5	役務取引等費用	6,190	1.6	
受入為替手数料	7,110	2.3	支払為替手数料	1,580	0.4	
その他の役務収益	9,570	3.1	その他の役務費用	4,600	1.2	
特定取引収益	2,350	0.8	特定取引費用	80	0.0	
……	2,350	0.8	……	80	0.0	
その他業務収益	33,660	11.1	その他業務費用	22,520	6.0	
外国為替売買益	2,400	0.8	外国為替売買損	100	0.0	
商品有価証券売買益	30	0.0	商品有価証券売買損	0	0.0	
国債等債券売却益	30,060	9.9	国債等債券売却損	18,820	5.0	
国債等債券償還益	830	0.3	国債等債券償還損	2,690	0.7	
			国債等債券償却・	450	0.1	
			債券発行費用償却	60	0.0	
その他の業務収益	340	0.1	その他の業務費用	400	0.1	
その他経常収益	26,390	8.7	その他経常費用	150,340	39.9	
株式等売却益	23,070	7.6	株式等売却損	6,410	1.7	
			株式等償却	8,740	2.3	
金銭の信託運用益	680	0.2	金銭の信託運用損	500	0.1	
			貸倒引当金繰入額	77,570	20.6	
			貸出金償却	22,950	6.1	
その他の経常収益	2,640	0.9	その他の経常費用	34,170	9.1	
信託報酬	6,470	2.1	営業経費	75,300	20.0	
			人件費	36,430	9.7	
			物件費	34,950	9.3	
			税　金	3,920	1.0	

経常利益＝経常収益－経常費用＝－72,410

特別利益	15,390	特別損失	12,350

税引前当期利益＝経常利益＋特別利益－特別損失＝－6,937

		法人税・住民税・事業税	11,700
		法人税等調整額	－33,490

当期利益＝税引前当期利益－法人税・住民税・事業税－調整額＝－42,030

注）1. 計数は四捨五入により，小計・合計・収支が一致しない場合がある。
　　2. 構成比率は，収益については経常収益を，費用については経常費用を 100 としている。
出所）表 4-1 に同じ。

3) その他業務収支＝その他業務収益－その他業務費用＝11,140億円

　その他業務収支は，外国為替の売買，商品有価証券の売買，国債等債券の売却・償還・償却に関わる収益と損失の差額である。これは，外国為替と債券のディーリング業務に関する収支を表している。この科目のなかで，国債等債券売却益や国債等債券売却損は，利益を操作するために利用されることがある。それゆえ，国債等債券売却益＋国債等債券償還益－国債等債券売却損－国債等債券償還損－国債等債券償却を「五勘定尻」と呼び，特別な注意が払われる。

4) その他経常収支＝その他経常収益－その他経常費用＝－123,950億円

　ここまでの3つの収支が銀行の各業務に対応しているのに比べて，その他経常収支はいくつかの雑多な性格の収益と費用が混在している。第一に，株式のディーリングおよび償却に関する収支部分である。この部分も「益出し」など利益操作によく使われる。株式等売却益－株式等売却損－株式等償却を「三勘定尻」といい，債券の「五勘定尻」と同様に利益動向をみる際に注意が必要である。第二に，金銭の信託運用の損益に関する部分である。第三に，不良債権処理に関連する科目である。つまり，「貸倒引当金繰入額」，「貸出金償却」および「その他の経常費用」である。その他の経常費用には，共同債権買取機構への売却損，関連会社への支援金が計上される。なお，1997年度決算までは経常費用に事業税が含まれていたが，1998年度からは除かれて「法人税・住民税・事業税」の科目に移された。その変更は，経常利益の増加要因となる。

5) 経常利益および当期利益

　経常利益は，経常収益から経常費用を引くことによって求められる。これまでに説明してきた各収支の表現では，次式となる。

　　　　経常利益＝経常収益－経常費用
　　　　　　　　＝資金運用調達収支＋役務取引等収支＋その他業務収支
　　　　　　　　　＋その他経常収支＋信託報酬－営業経費

全国銀行の1998年度の経常利益は，72,410億円の赤字であった。国債等債券売却で30,060億円，株式等売却で23,070億円の益を出してさえ，不良債権の処理つまり「貸倒引当金繰入額」・「貸出金償却」・「その他の経常費用」の合計134,690億円の損失を補えず，赤字決算となった。

経常利益に特別利益を加えて，特別損失を引くと税引前当期利益となる。特別損益はさしあたり不良債権と関係ないが，特別損失に償却や関連会社の清算損が計上された例がある。さらに，税引前当期利益から法人税・住民税・事業税を控除して，税効果会計の採用に伴う調整後，当期利益が得られる。当期利益が，貸借対照表の当期未処分利益の構成要素であることは，すでに説明済みである。

また，銀行の利益指標として，「業務純益」がよく用いられる。

業務純益＝資金運用調達収支＋役務取引等収支＋その他業務収支
　　　　　－(一般貸倒引当金繰入額＋経費など)

この指標は，銀行が大蔵省に提出する『決算状況表』に記載される利益指標であり，銀行の本来業務の実力を示すものとみなされている。

1.3 自己資本比率

自己資本比率は，資産に対する自己資本の割合である。したがって，自己資本比率は，貸出金など資産に欠損が生じた場合に，どの程度まで自己資本でカバーできるかを表している。周知のように，自己資本比率は，1988年にBIS (Bank of International Settlements，国際決済銀行)が主導したバーゼル合意によって，銀行規制のための指標となった。

自己資本比率規制は，海外に営業拠点を有する銀行に対して「国際統一基準」を適用し，そうでない銀行に対しては「国内基準」を適用している。1998年4月からの早期是正措置制度の実施により，国内基準が修正され，国際統一基準とほぼ同じ算式となった。国際統一基準では，銀行は自己資本比率を8％以上に維持しなければならない。国内基準が適用される銀行は，それを4％以上にすることが義務づけられている。自己資本比率の大まかな算式は，次の通りである。

自己資本比率＝
　　自己資本の額(基本的項目 Tier I＋補完的項目 Tier II－控除項目)
　　資産の各項目にリスク・ウエイトを乗じて得た額の合計額＋オフ・バランス取引の各信用リスク相当額にリスク・ウエイトを乗じて得た額の合計額

基本的項目(Tier I)は，貸借対照表の資本勘定である。補完的項目(Tier II)は，基本的項目の額を限度として，①有価証券含み益および不動産再評価差額の45％相当額，②一般貸倒引当金，③負債性資本調達手段，④契約時における償還期間が5年を超える期限付劣後債務，⑤期限付優先株，を算入できる。分母の資産額の算定には，保有する各資産額をそのまま用いるのではなく，各資産のリスクの程度に応じたリスク・ウエイトを乗じた額の合計を採用している。これをリスク・アセット方式という。主要なオン・バランス資産のリスク・ウエイトを例示すれば，国債が0％，コールローンや買入手形が20％，個人向け住宅ローンが50％，そして一般貸出金，事業債，株式が100％となっている。自己資本比率を高める方法は，分子の項目を充実させること，分母になる貸出金を抑制するなど資産を圧縮することである。

　国際統一基準という用語から，あたかも世界一律の算式が用いられるような印象を受けるが，算式の具体的な内容は各国監督当局が各国の状況に応じて定めるのであって，かつ変更が可能である。事実，算出方法は，銀行が自己資本比率を達成しやすいように，自己資本への参入項目の追加やリスク・ウエイトの軽減などの変更がなされてきた。1998年3月と1999年3月には，一部の銀行に公的資金による資本注入が実施され，自己資本比率の嵩上げが行われたことは記憶に新しい。

1.4　経理基準の変更

　この10年ほどの間に，財務諸表の様式が1989年と1997年に変更され，また経理基準もときどき改正が行われてきた。変更は，会計基準の国際化という大きな流れへの適応である。けれども，銀行財務に関する変更には，不良債権処理促進と銀行支援の色彩の濃いものがある。不良債権処理との関連で1997，98年度の決算における財務処理方法に関する変更をみる。

　1996年6月に公布された「金融機関等の経営の健全性確保のための関係法律の整備に関する法律」による銀行法改正を受けて，1997年度決算から財務処理方法に大きな変更があった。第一に，貸倒実績率による一般貸倒引当金の引当を行うようになったことである。これにより，一般貸倒引当金が従来よりもかなり増大した。損益計算書の貸倒引当金繰入額も増加するので，他の貸倒

引当金を一定とすれば，業務純益の減収要因になる。他方で，一般貸倒引当金は自己資本比率の Teir II に算入できるので，それを高める効果をもつ。第二に，上場有価証券の評価方法が，従来の「低価法」のみから「低価法」と「原価法」のどちらかを選択できるようになったことである。これは，明らかに「時価会計」への流れに逆行する変更である。銀行が「原価法」を採用すれば，決算時に保有株式の株価が低下して損失が生じても，それを償却する必要がなくなり，損益計算書の費用科目である株式等償却の額を小さくできる。ただし，「原価法」を採用すると株価含み益は Tier II に算入できなくなり，その代わりに次に説明する土地再評価差額金がそれに算入可能となった。第三に，商法の特例法として成立した「土地の再評価に関する法律」(1998 年 3 月)に基づく再評価差額金の計上である[4]。土地再評価とは，所有する事業用土地を時価で再評価し，時価と簿価の差額を損益計算書を通さずに貸借対照表の資本の部(「再評価差額金」)に計上することである。法律の意図は，再評価益を銀行の自己資本に組み入れることにより自己資本比率の向上を図ることにある。再評価の実施は，1997 年度と 1998 年度であり，実施時期は各行の判断に任されている。

　1998 年度決算の主な変更は，実質支配基準に基づく連結決算実施と税効果会計の導入である。連結決算での実質支配基準の採用は，それまで不透明であったグループの実態を明らかにする上で，評価できる変更である。しかしながら，まだ各行の裁量の余地があり，含めている子会社の範囲は各行によりバラツキがある。1998 年度決算に最も大きな影響を与えたのが，税効果会計の導入である[5]。税効果会計とは，財務諸表上の税引前利益(収益・費用)と税法上の課税所得(益金・損金)とに相違がある場合に，前者から後者を引いた差額にかかる税額を税効果額とみなして，財務諸表上の税支払額を調整する会計処理である。銀行経理では，例えば有税償却を行った場合，将来無税として認定されれば課税所得ではなくなるので，税効果額が貸借対照表の「繰延税金資産」に計上される。損益計算書においては，税引前当期利益から法人税・住民税・事業税を控除した後，当該期の税効果額を「法人税等調整額」に計上し，当期利益を算出する。また，税効果会計の採用初年度にのみ，「過年度税効果調整額」も計上する。両者の合計が貸借対照表の「繰延税金資産」に相当する。

表 4-3　自己査定による定義

(a) 債務者の分類と定義

1	正常先：業況が良好であり，かつ，財務内容にも特段の問題がないと認められる債務者
2	要注意先：金利減免・棚上げを行っているなど貸出条件に問題のある債務者，元本返済もしくは利息支払いが事実上延滞しているなど履行状況に問題のある債務者のほか，業況が低調ないしは不安定な債務者または財務内容に問題がある債務者
3	破綻懸念先：現状，経営破綻の状況にはないが，経営難の状態にあり，経営改善計画等の進捗状況が芳しくなく，今後，経営破綻に陥る可能性が大きいと認められる債務者
4	実質破綻先：法的・形式的な経営破綻の事態は発生していないものの，深刻な経営難の状態にあり，再建の見通しがない状況にあると認められるなど実質的に経営破綻に陥っている債務者
5	破綻先：法的・形式的な経営破綻の事実が発生している先をいい，例えば，破産，清算，会社整理，会社更生，和議，手形交換所における取引停止処分等の事由により経営破綻に陥っている債務者

(b) 保全状況による4分類への変換

債務者分類＼担保・保証	優良担保・優良保証あり	一般担保・保証あり		担保・保証なし
正常先債権	I	I		I
要注意先債権	I	I		I
		II		II
破綻懸念先債権	I	II	III	III
実質破綻先債権	I	II	III	IV
破綻先債権債権	I	II	III	IV

(c) 自己査定の4分類の区分と定義

区分	定　義	米監督当局基準
I分類	下記 II, III, IV 分類としない資産	Pass
II分類	債権確保上の諸条件が満足に満たされないため，あるいは，信用上の疑義が存在する等の理由により，その回収について通常の度合いを超える危険を含むと認められる債権等の資産	Special Mention Substandard
III分類	最終の回収または価値について重大な懸念が存在し，したがって損失の発生の可能性が高いが，その損失額について合理的な推計が困難な資産	Doubtful
IV分類	回収不能または無価値と判定される資産	Loss

出所）大蔵省金融検査部通達「早期是正措置制度導入後の金融検査における資産査定について」1997年3月5日。

2 不良債権とその処理

2.1 不良債権の開示
2.1.1 不良債権の定義

　不良債権額の開示は，銀行の自主的基準により，1993年3月末から開始された。その後，段階的に開示範囲は拡張され，1998年3月末に「リスク管理債権」の公表に至った[6]。しかしながら，破綻後に発覚する公表不良債権額と実際の不良債権額との大きなギャップ，金融機関と監督当局への不信感の高まり，公的資金の注入といった事態は，より厳格な不良債権額の開示を不可避なものとした。その結果，1999年3月期においては，「旧基準リスク管理債権」，「新基準リスク管理債権」，「金融再生法に基づく開示」，「自己査定」結果の4つの基準で公表されるようになった[7]。しかし，開示の進展ほどには，その定義や計数の内容について十分に理解されていないように思われる。不良債権とは何か，その規模はどれだけかを明確にするために，公表されているそれぞれの不良債権の定義と関係を明らかにしておこう[8]。

　自己査定は，1998年度から導入された「早期是正措置」制度の導入に伴い，適正な償却・引当を行うために銀行自らが資産査定を行うことである[9]。自己査定による不良債権の区分と定義が表4-3である。銀行は，まず表4-3(a)の定義に従って，債務者を区分する。次に，表4-3(b)のように保全の度合いを勘案して，各債務者の資産を4つに分類する。最終的に，資産は表4-3(c)におけるⅠ分類からⅣ分類に集計される。金融再生法に基づく開示の区分と定義が表4-4であり，リスク管理債権は表4-5の区分と定義に従っている。1999年3月期のそれぞれの不良債権額は，表4-6，4-7そして表4-8に示された状況であった。リスク管理債権は，各銀行が旧基準または新基準のどちらかを選択することができるので，集計された計数には両者が混在する。

　4つの基準の相違は，表4-9の通りである。基本的な相違は，次の2点である。第一に，対象資産の範囲の違いである。新旧リスク管理債権が貸出金のみを対象としているのに対して，他の2つは総与信ベースで公表されている。第二に，引当や担保・債務保証によってカバーされている部分を含むか含まない

表 4-4　金融再生法に基づく資産査定による開示区分と定義

区　　分	定　　義
a　正常債権	債務者の財政状況および経営成績に特に問題がないものとして下記3つに該当するもの以外の債権
b　要管理債権	3カ月以上延滞債権および貸出条件緩和債権で，下記の2つに該当するもの以外の債権
c　危険債権	債務者が経営破綻の状況には至っていないが，財政状態および経営成績が悪化し，契約に従った債権の元本の回収および利息の受け取りができない可能性が高い債権(自己査定にいう破綻懸念先債権が該当)
d　破産更生債権およびこれらに準ずる債権	破産，会社更生，和議等の事由により経営破綻に陥っている債務者に対する債権およびこれらに準ずる債権(自己査定にいう破綻先・実質破綻先債権が該当)

出所)　全国銀行協会『金融』1998年12月号，30頁より作成。

表 4-5　リスク管理債権の区分と定義

リスク管理債権：1999年3月期から採用された基準であり，以下のA，B，C，Dの4分類
A　貸出条件緩和債権：債務者の経営再建または支援を図ることを目的として，金利の減免，利息の支払猶予，元金の返済猶予，債権放棄その他の債務者に有利となる取り決めを行った貸出金(破綻先債権，延滞債権および3カ月以上の延滞債権を除く)に該当する貸出金
B　3カ月以上延滞債権：元金または利息の支払いが，約定支払日の翌日を起算日として3カ月以上延滞している貸出金(破綻先債権および延滞債権を除く)に該当する貸出金
C　延滞債権：未収利息不計上貸出金であって，破綻先債権および債務者の経営再建または支援を図ることを目的として，利息の支払いを猶予したもの以外のものに該当する貸出金
D　破綻先債権：元本または利息の支払いの遅延が相当期間継続していることその他の事由により元本または利息の取り立てまたは弁済の見込みがないものとして未収利息を計上しなかった貸出金(貸倒償却を行った部分を除く。「未収利息不計上貸出金」という)のうち，法人税施行令第96条第1項第3号のイからホまでに掲げる事由または同項第4号に規定する事由が生じているものに該当する貸出金 　　イ．会社更生法または金融機関の更生手続の特例等に関する法律の規定による更生手続開始の申し立て 　　ロ．和議法の規定による和議の開始の申立て 　　ハ．破産法の規定による破産の申立て 　　ニ．商法の規定による整理開始または特別清算開始の申立て 　　ホ．イからニまでに掲げる事由に準ずるものとして大蔵省令で定める事由

出所)　『金融』1999年4月号，85頁より作成。

かの相違である。自己査定では、引当された部分はⅠ分類とし、担保・保証がある部分は保全されている度合いに応じて債権の質を判断する。したがって、現存する不良債権そのものの額は、リスク管理債権あるいは再生法基準に反映される。それぞれの対応関係は、各表の定義のなかで示しておいたが、図4-1でより明確になるであろう。再生法開示のc危険債権とd破産更生債権および新リスク管理債権のC延滞債権とD破綻先債権は、自己査定の債務者ベース(3破綻懸念先、4実質破綻先、5破綻先)に基づいているので、それぞれ対応している。新リスク管理債権を採用する銀行は、自己査定で破綻先・実質破綻先・破綻懸念先と判断された資産を、「元本等の回収可能性に問題がある債権」とみなして未収利息の利益への計上を行わず(「未収利息不計上とする貸出金の範囲の拡大」)、「延滞債権」に分類するのである。これに対して、旧リスク管理債権を採用している場合には、税法基準に準じて、利払いが6カ月以上延滞している貸出金のみを未収利息不計上として扱うのである。したがって、旧基準に関しては、破綻先債権額および延滞債権額が他の基準での公表計数より過小に評価され、逆に3カ月以上延滞債権額と貸出条件緩和債権額が膨らむことになる。公表された計数を比較すると、リスク管理債権においてのみ主要行(都市銀行・長期信用銀行・信託銀行)とその他金融機関で貸出条件緩和債権と延滞債権の比率に相違がみられるのは、主要行で新基準に移行したところが多いためと考えられる。

2.1.2 公表不良債権額の評価

最も関心がもたれる点は、公表額が現実の不良債権を正確に反映しているかどうかということである。評価方法の一つは、アメリカの査定基準や公表基準との比較である。資産査定の基準は、アメリカ監督当局の査定基準を参考に作成されている。おおよその対応関係は表4-3に示した通りである。アメリカの個別銀行の公表不良債権額は、アメリカ証券取引委員会(SEC)基準に則っている。東京三菱銀行は、以前からSEC基準での不良債権額を公表していたが、例えば1997年3月末の計数では日本の基準での公表額の約1.3倍であった。1998年3月期から、全国銀行がSEC基準を参考にした「旧リスク管理債権」の開示を開始した。1999年3月期からは、すべての預金取扱機関に対して、虚偽開示などに対する罰則付きでリスク管理債権の開示が義務づけられた。新

表 4-6 自己査定結果(1999 年 3 月期)

	主要行		地方銀行		第二地方銀行	
Ⅰ分類	3,168,140	88.4	1,276,690	88.8	430,620	86
Ⅱ分類	392,090	10.9	154,420	10.7	63,730	12
Ⅲ分類	22,960	0.6	5,820	0.4	2,820	0
Ⅳ分類	710	0.0	30	0.0	0	0
Ⅱ+Ⅲ+Ⅳ	415,760	11.6	160,270	11.2	66,550	13
総与信額	3,583,910	100.0	1,436,950	100.0	497,170	100

注) 1. 計数は,億円単位を四捨五入している。
 2. 日本長期信用銀行,日本債券信用銀行,みどり,国民,幸福,東京相和の各行および破綻を表している信用組合,信用金庫を除く。

表 4-7 金融再生法に基づく開示結果(1999 年 3 月期)

		主要行		地方銀行	
a	正常債権	3,360,190	93.9	1,353,780	94
b	要管理債権	42,610	1.2	13,980	1
c	危険債権	123,180	3.4	34,770	2
d	破産更生債権および準ずる債権	53,660	1.5	35,000	2
b+c+d		219,450	6.1	83,750	5
総与信額		3,579,640	100.0	1,437,530	100

注) 1. 計数は,億円単位を四捨五入している。
 2. 主要行は,都銀・長信銀・信託銀である。日本長期信用銀行,日本債券信用銀行,みどり,国幸福,東京相和の各行を除く。

表 4-8 リスク管理債権(1999 年 3 月期・単体ベース)

		主要行		地方銀行		第二地方銀行	
無リスク債権		2,999,350	93.7	1,318,150	95.1	452,250	94
A	貸出条件緩和債権	40,630	1.3	30,070	2.2	9,930	2
B	3カ月以上延滞債権	9,820	0.3	4,390	0.3	2,120	0
C	延滞債権	129,220	4.0	18,240	1.3	7,580	1
D	破綻先債権	22,820	0.7	14,980	1.1	6,440	1
リスク管理債権A〜D		202,500	6.3	67,690	4.9	26,080	5
貸出金		3,201,850	100.0	1,385,840	100.0	478,330	100

注) 1. 計数は,億円単位を四捨五入している。
 2. 日本長期信用銀行,日本債券信用銀行,みどり,国民,幸福,東京相和の各行および破綻を表している信用組合,信用金庫を除く。

第4章 銀行の不良債権とその処理 117

(単位:億円,%)

全国銀行		協同組織金融機関		総 計	
4,875,450	88.4	1,261,740	88.6	6,137,190	88.4
610,240	11.1	156,080	11.0	766,320	11.0
31,600	0.6	7,000	0.5	38,600	0.6
740	0.0	20	0.0	760	0.0
642,580	11.6	163,100	11.4	805,680	11.6
5,518,030	100.0	1,424,830	100.0	6,942,860	100.0

3. 主要行は都銀・長信銀・信託銀である。
(出所)全国銀行協会『金融』1999年9月号, 48頁。

(単位:億円,%)

第二地方銀行		全国銀行	
460,430	92.7	5,174,400	93.8
5,480	1.1	62,070	1.1
16,200	3.3	174,150	3.2
14,550	2.9	103,210	1.9
36,230	7.3	339,430	6.2
496,660	100.0	5,513,830	100.0

(出所)全国銀行協会『金融』1999年9月号, 50頁。

(単位:億円,%)

全国銀行		協同組織金融機関		総 計	
4,769,750	94.2	1,265,330	93.3	6,035,080	94.0
80,630	1.6	28,930	2.1	109,560	1.7
16,330	0.3	7,740	0.6	24,070	0.4
155,040	3.1	32,390	2.4	187,430	2.9
44,240	0.9	21,220	1.6	65,460	1.0
296,270	5.8	90,290	6.7	386,560	6.0
5,066,020	100.0	1,355,620	100.0	6,421,640	100.0

3. 主要行は都銀・長信銀・信託銀である。
4. 無リスク債権とは,貸出金-リスク管理債権である。
(出所)全国銀行協会『金融』1999年9月号, 47頁。

表 4-9　自己査定，再生法開示およびリスク管理債権の相違

	自己査定	再生法開示	リスク管理債権
根　拠	早期是正制度の導入(健全化法)	金融再生法	銀行法
目　的	適正な償却・引当を行うための準備作業	ディスクロージャー	ディスクロージャー
対象資産	総資産(当局による集計結果は，総与信ベース)	総与信ベース	貸出金ベース
区分方法	債務者ベースで区分した上で担保などによる保全状況を勘案して，実質的な回収可能性に基づき分類	債務者の状況に基づく区分と債権の状況による区分が混在(準債務者ベース)＊＊	旧基準：債権の状況による区分＊ 新基準：再生法開示と同様の準債務者ベースによる区分＊＊
担保・引当カバー部分の扱い	引当カバー部分はⅠ分類。担保カバー部分は分類において勘案される	担保・カバー部分も含まれる	担保・カバー部分も含まれる

注)　＊　未収利息不計上の扱いは，旧基準では税法基準(6カ月以上延滞している場合)で，新基準では自己査定において破綻懸念先以下に分類されるすべての貸出金を不計上とする。
　　＊＊　再生法開示の要管理債権および新基準リスク管理債権の3カ月以上延滞債権と貸出条件緩和債権は債権の状況で区分される。
出所)　金融監督庁公表資料および『日本銀行調査月報』1999年8月号，90頁より作成。

基準のリスク管理債権を採用している金融機関に関しては，アメリカ基準でも通用する開示となっている。

　公表額をみると，対象資産が総与信ベースで同一であるにもかかわらず，自己査定結果のⅡからⅣの合計額が再生法による開示額の要管理債権までの合計(b＋c＋d)を大幅に上まわっている。例えば，全国銀行の計数で，再生法による開示額(b＋c＋d)が33.9兆円，自己査定結果(Ⅱ＋Ⅲ＋Ⅳ)では64.3兆円と，約30兆円の差がある。常識的には，引当や担保がある資産を優良債権に格上げする自己査定の方が再生法開示額より小さくなるように思われる。この原因は，再生法基準の「要管理債権」の定義にある。すなわち，要管理債権だけが債務者の状況に関する規定がなく，「3カ月以上延滞債権および貸出条件緩和債権」という貸出金の状態と貸出条件のみを基準としている。このことは，リスク管理債権の「3カ月以上延滞債権」と「貸出条件緩和債権」の定義にも当てはまる。一方，自己査定では，正常先債務者に分類する前に「要注意先」が

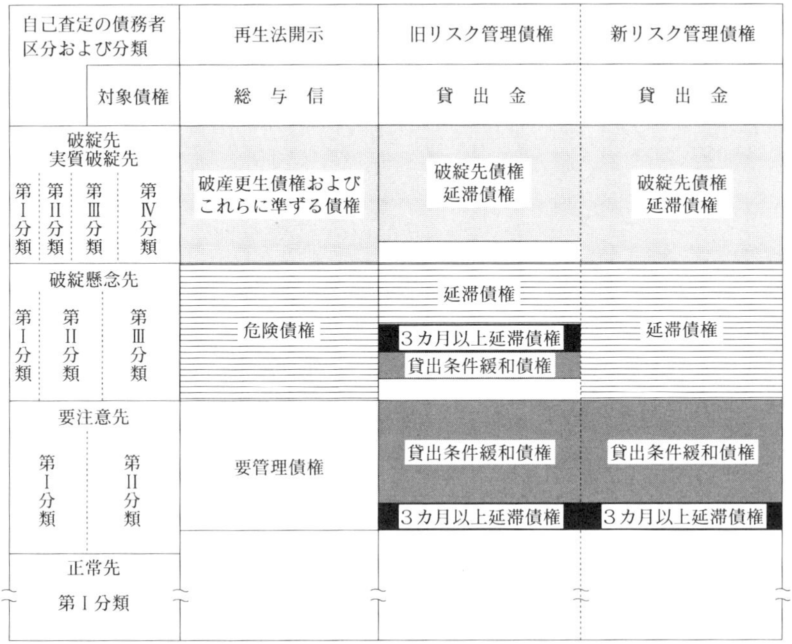

自己査定の債務者区分および分類			再生法開示	旧リスク管理債権	新リスク管理債権
		対象債権	総与信	貸出金	貸出金
破綻先 実質破綻先 第Ⅱ分類 / 第Ⅲ分類 / 第Ⅳ分類			破産更生債権およびこれらに準ずる債権	破綻先債権 延滞債権	破綻先債権 延滞債権
破綻懸念先 第Ⅰ分類 / 第Ⅱ分類 / 第Ⅲ分類			危険債権	延滞債権 / 3カ月以上延滞債権 / 貸出条件緩和債権	延滞債権
要注意先 第Ⅰ分類 / 第Ⅱ分類			要管理債権	貸出条件緩和債権 / 3カ月以上延滞債権	貸出条件緩和債権 / 3カ月以上延滞債権
正常先 第Ⅰ分類					

図 4-1　自己査定，再生法開示およびリスク管理債権の対応関係
出所）全国銀行協会『金融』1999 年 9 月号，50 頁。

あり，「業況が低調ないしは不安定な債務者または財務内容に問題がある債務者」の債権を不良債権に含めるのである。再生法による開示の「正常債権」は，「債務者の財政状況および経営成績に特に問題がないもの」と定義されているが，実質的には 3 カ月以上延滞債権および貸出条件緩和債権に該当しなければ，不良債権額に含めないのである。よって，全不良債権をカバーしている額は，自己査定結果による全国銀行では 64.3 兆円，預金取扱金融機関合計では 69.4 兆円となる。計数に含まれていない破綻金融機関の不良債権や引当・担保があることで控除された不良債権などを含めると，この額でさえまだ過小である。

　直ちに付け加えておくべきことは，債権の不良化の程度に関してである。一概に不良債権といっても，それは倒産した企業への貸出から一時的に経営不振に陥っている企業への貸出までを含んでいる。つまり，瀕死の重病人から軽い風邪の患者までをすべて「病人」と数えるのに等しい。したがって，分析の目

的に応じて，不良債権のリスクの程度を限定した計数を利用する必要がある。加えて，債務者の経営と財務の状態は，景気などの動向に大きく左右されることも考慮しなければならない。それゆえ，3カ月以上延滞債権と貸出条件緩和債権の区分は，銀行が利息の回収に支障をきたしている貸出残高を表すというそれなりの意味をもつ。

　1999年になって，ようやく銀行の不良債権の全体像が明らかになった。しかし，信頼できる過去のデータは，存在しない。時系列での比較ができないことはいうまでもなく，不良債権の発生・増大のメカニズムを明らかにする障害にもなっている[10]。1998年以前の不良債権の状況は間接的に把握するしかないが，処理額は公表されているので，次項で1990年代の処理状況を検討する。

2.2　不良債権処理のしくみ
2.2.1　不良債権処理のしくみ[11]

　不良債権を会計上処理することを不良債権の償却という。償却には，「間接償却」と「直接償却」がある。その不良債権の償却方法を簡略化された貸借対照表を使って説明する。その際，償却額が損金として扱われ，自己資本の一部となる当期利益を減じて，自己資本の減少につながるという関係が重要である。表4-10のケース1は不良債権が存在しない正常なケースでの貸借対照表である。このケースでは，当期利益は17で，自己資本は資本金33との合計で50である。

　間接償却は，貸出金の回収不能額あるいはその見込額に対して引当金を積む方法である。具体的には，当該金額を自己資本から負債科目の貸倒引当金に繰り入れる。ケース2が，20の不良債権を間接償却した場合の貸借対照表である。この方法では，不良債権額は貸借対照表に残ったままで，不良債権20は，貸出金からの利息収益を40から39へと1減ずるだけでなく，その処理額20そのものも損失となる。それゆえ，当期利益は－4となって，自己資本は29に減少する。貸借対照表の負債側に貸倒引当金の科目が立てられ，20が計上される。その他負債が1増加しているのは，資産合計と負債および自己資本の合計がバランスしなくてはならないから，貸出利息収入の減少額1をその他負債で資金調達して調整したためである。間接償却では，貸借対照表の貸出金自

表4-10　不良債権償却のしくみ

仮定　a．資産，負債，自己資本は不良債権の処理以外の要因での増減はないとする。
　　　b．資産と負債は平均残高と一致し，貸出利子率5%，株式利回り3%，預金利子率2%，その他負債の利子率4%であるとする。
　　　c．経常費用，配当ならびに税金などの合計が，一定で5であるとする。

1　不良債権のないケース

貸出金	800	預金	700
株式	200	その他負債	250
		自己資本	50
		資本金	33
		当期利益	17
	1000		1000

当期利益
$= 800 \times 0.05 + 200 \times 0.03$
$\quad - (700 \times 0.02 + 250 \times 0.04) - 5$
$= 40 + 6 - (14 + 10) - 5$
$= 17$

2　20の不良債権を間接償却するケース

貸出金	800	預金	700
株式	200	その他負債	251
		貸倒引当金	20
		自己資本	29
		資本金	33
		当期利益	−4
	1000		1000

当期利益
$= 780 \times 0.05 + 200 \times 0.03$
$\quad - (700 \times 0.02 + 250 \times 0.04) - 5 - 20$
$= 39 + 6 - (14 + 10) - 5 - 20$
$= -4$

3　20の不良債権を直接償却するケース

貸出金	780	預金	700
株式	200	その他負債	251
		自己資本	29
		資本金	33
		当期利益	−4
	980		980

当期利益はケース2と同じ

4　損失20を株式売却20でカバーするケース

貸出金	780	預金	700
株式	180	その他負債	211
		自己資本	49
		資本金	33
		当期利益	16
	960		960

当期利益
$= 780 \times 0.05 + 200 \times 0.03$
$\quad - (700 \times 0.02 + 250 \times 0.04) - 5 - 20 + 20$
$= 39 + 6 - (14 + 10) - 5 - 20 + 20$
$= 16$

体は不変であり，処理額を含んだ元の貸出金額のままである。つまり，間接償却では，不良債権に対する手当てはできているものの，貸借対照表に計上されたまま残るのである。

第二の方法は，直接償却である。直接償却は，処理する不良債権額を貸借対照表から削除して，貸出金をその額だけ減額する方法である。ケース3のように，この方法を用いても，処理額が損金として扱われることには変わりなく，当期利益が－4で，自己資本は29に減少する。すでに述べたように，貸出金は800から780へと不良債権を直接償却した額が引き落とされ，不良債権を含まない貸出額になる。

間接償却と直接償却との両方において，償却額が損益計算上の損金となり，当期利益の減少を通じて，自己資本の減少をもたらす。実際の実務では，回収不能の可能性が高まった段階でまず回収不能額の見込額を見積もって間接償却を行い，回収努力を重ねた上で確定した回収不能額を直接償却するという2段階で進められるのが通例のようである。ただし，現実には，次の点を考慮しなければならない。第一に，回収不能額が確定して直接償却できるまでにかなりの年月を要するために，間接償却された残高は徐々にしか減少しない。第二に，間接償却された後に，相手先企業の再生や銀行の努力によって一部または全額が回収できることがある。この場合，その回収額は貸倒引当金から取り崩され，引当金残高が減少することになる。第三に，新たに回収不能見込み債権が発生して，追加的に貸倒引当金に繰り込まれ，その額が回収額と直接償却目的の取崩額を上まわれば，貸倒引当金の残高は増加する。第四に，税務上で損金と認められるかどうかの有税償却と無税償却との区別である。銀行は，税務上も損金扱いとなる無税償却にこだわる傾向があった。

ケース4は，損失を保有株式の売却で補塡する場合を表している。銀行は，償却によって生じる損失を「益出し」と呼ばれる証券の売却で埋め合わせてきた。償却とともに株式20の売り切りを行うと，当期利益は16となり，自己資本の減少を抑えることができる。

2.2.2 その他の処理方法

その他の処理方法として，他の金融機関に不良債権を売却する方法がある。その目的で1993年に設立された共同債権買取機構は，銀行から持ち込まれた

不動産担保付不良債権の売却を代理で行う機関である。共同債権買取機構への売却に伴う損失は，無税処理が認められている。売却価格が購入価格を下まわった場合には，その損失を当該不良債権を持ち込んだ銀行が負わなければならない。したがって，銀行は共同債権買取機構への売却後に，追加的に損失が発生する可能性を抱えたままであった。1990年代後半になって，完全に不良債権を切り離すために，外資系銀行への不良債権の一括売却（バルク・セール），不良債権や担保不動産を証券化して売却する資産流動化が進んでいる[12]。

また，親会社が子会社など関連会社へ必要な資金を損失補填の形で支援することによる損失は，国税当局に認められれば無税処理できる。支援によって，関連会社の破綻を防ぎ，再建して，不良債権を減少させる方法である。近年，建設・不動産・流通などの企業に対して，債権放棄や債務免除するケースが増えている[13]。再建に取り組んでもなお経営を立て直すことができず，将来の大きな損失となることが認められれば，子会社等の整理もありうる。

2.3 不良債権処理額の推移

貸借対照表の貸倒引当金における計数は，一般貸倒引当金・個別貸倒引当金（1997年度までは債権償却特別勘定）・特定海外債権引当勘定の3種類の合計額となっている。ある期の貸倒引当金の増加額をΔQ，一般貸倒引当金の増加額をΔA，個別貸倒引当金の増加額をΔB，特定海外債権引当勘定をΔCとすると，

$$\Delta Q = \Delta A + \Delta B + \Delta C \quad \cdots\cdots\cdots\cdots\cdots\cdots\cdots\cdots\cdots\cdots\cdots\cdots ①$$

である。ここで，一般貸倒引当金の増加額ΔAと特定海外債権引当勘定ΔCは，新たな繰入額から取崩額を控除した額である。個別貸倒引当金の増加額ΔBは，その期に新たに追加された間接償却による引当額bから，回収などによる取崩額eと直接償却目的での取崩額fを引いたものである。

$$\Delta B = b - e - f \quad \cdots\cdots\cdots\cdots\cdots\cdots\cdots\cdots\cdots\cdots\cdots\cdots\cdots\cdots ②$$

『全国銀行財務諸表分析』の「引当金の推移」において，ΔQ，ΔA，ΔB，ΔCのいずれの計数も1992年度以降の計数が業態別に入手できる。同資料には，

「個別貸倒引当金純繰入額」も記載されている。この定義は「当期新たに同勘定に繰り入れた金額から，債権の償却以外の目的による取崩額(債権の弁済を受けた場合の取崩額)を控除したもの」となっており，②式の$(b-e)$に相当する。

　次に，損益計算書から得られるデータ間の関係をみよう。貸倒引当金繰入額は，「貸倒引当金繰入額－同取崩額(債権償却特別勘定の目的使用による取崩額を除く)」と定義されている。定義のなかの「貸倒引当金繰入額」は，新たに繰り入れられた引当額である。また，「目的使用による取崩額」は直接償却を目的とする取崩額fとみなせるので，債権償却特別勘定への繰入分は純繰入額$(b-e)$ということになる。したがって，損益計算書の貸倒引当金繰入額の計数をxとすると，次の関係が成り立つ。

$$x = \Delta A + (b-e) + \Delta C \quad \cdots\cdots\cdots\cdots ③$$

②式の関係を考慮すると，③式は次のように書き換えることができる。

$$x = \Delta A + (\Delta B + f) + \Delta C \quad \cdots\cdots\cdots\cdots ③'$$

つまり，貸倒引当金繰入額での計数は，貸借対照表の貸倒引当金の増加額よりもその期に間接償却から直接償却に回された額fだけ大きいことがわかる。もう一つの貸出金償却の科目には，直接償却額の全額が記入されるのではなく，「貸出金の直接償却額を個別貸倒引当金の目的使用による取崩額と相殺して計上」するとなっている。要するに，全直接償却額から個別貸倒引当金のうちで直接償却に振り替えた部分を差し引いて計上するのである。貸出金償却の計数をy，直接償却額の全額をdとすると，総直接償却額は貸出金償却と引当金からの目的使用取崩額の和であって，

$$d = y + f \quad \cdots\cdots\cdots\cdots ④$$

と表される。③′式と④式を加えると，

$$x + y = \Delta A + \Delta B + \Delta C + d = \Delta Q + d \quad \cdots\cdots\cdots\cdots ⑤$$

となり，その期の貸倒引当金の増加額ΔQと全直接償却額dとの合計が得られ

第4章　銀行の不良債権とその処理　125

表4-11　全国銀行の不良債権処理の推移
(単位：億円)

	1992年度	1993年度	1994年度	1995年度	1996年度	1997年度	1998年度
間接償却額	9,265	10,908	13,382	61,638	-11,694	58,650	-33,332
総直接償却額	4,793	7,245	13,036	27,685	52,779	35,793	133,851
売却損・支援損等	2,191	18,546	21,025	42,589	33,428	31,421	23,321
うち売却損	2,296	20,609	24,471	23,952	10,346	10,346	3,116
処理合計額	16,249	36,699	47,443	131,912	74,513	125,864	123,840
1992年度以降の累計	16,249	52,948	100,391	232,303	306,816	432,680	556,520
貸倒引当金残高	48,759	59,667	73,049	134,687	122,993	181,643	148,311

注）1．間接償却額は，貸倒引当金残高の増減分である。
　　2．総直接償却額は，貸出金償却と引当金からの目的使用取崩額の和である。
　　3．売却損・支援損等は，共同債権買取機構への債権売却損，関連会社への支援損等である。
　　ただし，1994年度以前は主要行の共同債権買取機構への売却損合計である。
　　4．1995年度以降はみどり銀行を，96年度以降はわかしおと阪和の各行を，1997年以降は
　　北海道拓殖銀行を，1998年度は東京相和，国民，幸福，なみはや，日本長期信用，日本債
　　券信用の各行を含まない。
　　5．貸倒引当金残高は，個別貸倒引当金(債権償却特別勘定)，一般貸倒引当金，特定海外債
　　権特別勘定の合計額。
出所）全国銀行協会『全国銀行財務諸表分析』各年度版より作成。売却損・支援損は，金融監督庁
　　公表資料「全国銀行の不良債権処分損の推移」による。

る。よって，総直接償却額は，⑤式から，

$$d = x + y - \Delta Q \quad \cdots\cdots\cdots\cdots\cdots\cdots\cdots⑥$$

となり，損益計算書の貸倒引当金繰入額と貸出金償却との合計額から貸倒引当金の増加額を控除することによって求められる。

　以上の関係を用いて，全国銀行の不良債権処理額の推移を『全国銀行財務諸表分析』から試算した結果が，表4-11である[14]。表4-11によれば，処理は1994年度までは緩慢な処理にとどまり，住専処理問題が明るみに出て，その処理が不可避となった1995年度から急増している。1995, 97, 98年度には，12兆円を超える多額の処理が実施された。1992年度から98年度までの，直接償却・間接償却・共同債権買取機構への売却損・関連会社への支援損等の累積額は55.7兆円，年間の名目GDPの約10％強に相当する[15]。同期間に直接償却されて銀行のバランスシートから落とされた累積額を計算すると，27.5兆円である。処理方法別では，次のような指摘ができよう。1995年度まで住専関連を中心に引当金が積まれ，1996年度に直接償却と目的取崩でバランスシートを整理した。1997年度は，早期是正措置制度に備えて貸出金全般を総点検

して，それまで未措置の不良債権に対する引当を行った。そして，1998年度になって，銀行は問題不良債権をバランスシートから落とす本格的な直接償却処理を開始した。売却・支援は，1995年度をピークに減少傾向にあるが，処理の手段としてかなり活用されてきた。その累積額は，17.3兆円である。共同債権買取機構の公表によれば，1998年度までの買取債権元本額と買取額の累積額はそれぞれ15.3兆円，5.8兆円であった。銀行の同機構への売却損の累積額は，追加的損失を無視すれば，それらの差額9.5兆円である。同機構は，1998年度までの処理額の20%程度を引き受け，不良債権処理に一定の役割を果たしてきたが，1999年9月時点での回収率は買取額の50%で，なお2.6兆円程度を処分できずに同機構が保有している。

　金融監督庁の公表資料「全国銀行の不良債権処分損の推移」[16]とここでの試算を比較すると，金融監督庁の計数には次のような問題がある。第一に，1992年度から94年度までの計数が主要行に限られていることである。推計では，地銀と第二地銀を含んでいる。主要行の処理額が相対的に大きいために，その差は3年間の累計で1.2兆円程度である。第二に，公表資料では直接償却の総額が不明である。金融監督庁は，貸借対照表の「貸出金償却」の定義のままで公表するために，貸倒引当金のうち直接償却目的の取り崩しが含まれないので，現実の処理と比べて間接償却が過大になり，直接償却が過小に表現される。第三の問題は，第二の点と密接に関わって，資金循環表での不良債権の扱いと対応していないことである[17]。資金循環表では，処理によってバランスシートから貸出金が消去されたか否かが基準となる。消去された場合，直接償却と間接償却目的取崩の合計額が，金融部門から法人企業部門へ移転(贈与)されたとみなすのである。ここで求めた総直接償却額は，資金循環表での不良債権処理額と整合的である。

3　不良債権処理問題への対応

3.1　政府の対応

不良債権処理は，銀行の自主的な行動というよりも政府の施策に沿った対処

であった．したがって，不良債権問題に対する1990年代の政府の対応を振り返っておく必要がある．

3.1.1　マクロ・プルーデンス政策[18]

バブル崩壊後，損失補填，不正融資など証券・金融のスキャンダルや不祥事が相次いで発覚した．大蔵省は，1991年に「金融システムの信頼回復のための措置について」を策定し，金融機関の信頼回復に努めていた[19]．すでに1992年の半ば頃には，日本銀行の内部で不良債権問題の深刻さが認識されはじめ，大蔵省銀行局との間で協議がもたれた．同年8月，宮沢首相は不良債権の担保不動産買い上げに公的資金を導入することを提案したが，監督責任，経営責任の追及を懸念する大蔵官僚，銀行経営者の反対に押し切られて断念している．大蔵省は，代替策として「金融行政の当面の運営方針について」(1992年8月)を発表した[20]．その内容は，決算対策の「益出し」の自粛，自己資本充実手段の拡充，共同債権買取機構の新設，不良資産額のディスクロージャーなどである．1992年夏の時点で，政府は，不良債権処理問題の解決の遅れが金融システムを不安定化し，景気回復の障害になっているという認識をもったのである．続いて，1994年2月に「金融機関の不良資産問題についての行政上の指針」を公表し，有税償却の促進や債権流動化が盛り込まれた[21]．しかし，実効性の点では，銀行に「処理方針の早期確定と計画的・段階的処理に向けての一層の努力を要請する」にとどまった．

それらの対応がまったく不十分であることが，1994年暮れには明らかになる．それは，東京協和，安全の2つの信用組合の破綻である．日本銀行は，30年ぶりに旧日銀法25条(日銀特別融資)を発動せざるをえなくなった．翌年1月に，それらの破綻処理機関である東京共同銀行が設立された．2信組の処理を通じて，再度金融機関の健全化を促す方策を立て直し，新たに金融機関の破綻処理の方法，金融機関の検査・監督のあり方を示す必要が生じた．提示された考え方は，一層のディスクロージャー，金融機関の自主的な経営健全化努力，ペイオフによらない破綻処理，検査・監督の充実などを盛り込んだ「金融システムの機能回復について」(1995年6月)である[22]．政府は，2000年までの5年間で問題解決の目処をつける方針を示した．同発表のなかで，預金取扱金融機関の破綻先債権・延滞債権および金利減免債権の総額は多くとも40兆円程度，

「都市銀行等21行の破綻先債権・延滞債権の処理については概ね目処がついた」と述べられている。この時点でも，認識の甘さと問題解決に5年間を費やす悠長さがみられる。その後7月にコスモ信用組合が業務停止，8月に木津信用組合と兵庫銀行の破綻が続いた。政府は，コスモと木津の信用組合を東京共同銀行に営業譲渡した後，東京共同銀行を破綻信用組合の受け皿・回収機構に改組し，整理回収銀行(1996年9月)にした。信用組合のみであるが，ようやく処理スキームが作られたのである。

　金融機関の破綻の続出に加えて，不良債権処理および金融行政のあり方に大きな転換をもたらした契機は，1995年12月の住専処理への6,850億円の公的資金投入の議論であった。半年後の1996年6月に，住専処理法を含む金融関連六法が成立した[23]。不良債権への取り組みと破綻処理に備える一方で，金融自由化にふさわしい市場規律に立脚した，透明性の高い金融システムを目指す方針が決定された。とくに，1998年4月から導入されることになった早期是正措置制度は，その後の不良債権処理と金融行政のあり方に大きな影響を与えた。

　1996年から景気の回復もみられ，事態は収拾に向かうように思われたが，1997年11月に一変した。都市銀行である北海道拓殖銀行と4大証券の山一証券が破綻したのである。同時に，景気も急速に悪化した。政府は，「日本発の金融恐慌は起こさない」との認識に立ち，30兆円の公的資金での手当てを柱とする「預金保険改正法」，「金融システム安定化法」案を国会に提出，1998年2月に成立させた[24]。17兆円は整理回収銀行を一般銀行の破綻の受け皿機構にまで機能を拡充するため，13兆円は銀行への資本注入による自己資本増強のために措置された。不良債権問題は，金融システムの問題に拡大したのである。また，銀行破綻への対応は「預金者保護」の原則で論じられてきたが，貸し渋りによる企業倒産の増加と拓銀破綻による借り手への悪影響が明らかとなって，「借り手保護」の観点が加わった。

　しかし，資本注入から3カ月しか経っていない6月には，日本長期信用銀行の経営不安が露呈した。事態は，30兆円の公的資金でさえ不十分なほどに悪化していたのである。政府・与党は，直ちに「金融再生トータルプラン」の策定にかかった。野党の提案を大幅に受け入れたうえで，10月に「金融再生

法」,「改正預金保険法」および「金融機能早期健全化法」を3本柱とする法律が成立, 同時に施行された[25]。金融再生法は, 金融機関の破綻処理の原則, 資産査定結果の報告義務, 継承銀行(ブリッジ・バンク)の設立, 特別公的管理などに関する法律である。預金保険法は, 住宅金融債権管理機構と整理回収銀行を合併して, 整理回収機構(日本版RTC)を創設する目的で改正された。機能健全化法は, 金融機関の不良債権処理の促進と資本増強に関する措置を定め, 合併など金融機関の再編を促進して金融システムの再構築を図ることを目的としている。充当する公的資金枠は, 30兆円の2倍の60兆円に及んだ。財源は, 交付国債7兆円と政府保証債53兆円である。使途の内訳をみると, 17兆円が破綻金融機関の預金者保護に当てられ, 18兆円が公的管理によるブリッジ・バンクのために充当された。残り25兆円は, 機能健全化法に基づく資本増強目的に使用されることになった。法律が施行された10月に日本長期信用銀行, 12月には日本債券信用銀行が公的管理下に入った。

　同時進行で, 金融行政の大きな転換があったことも看過できない。大蔵官僚の過剰接待や不祥事の発覚, 不透明な金融行政への批判を背景に, 大蔵省から分離した金融監督庁が1998年6月に発足し, 新しい金融検査・監督体制がスタートした。さらに, 金融再生法により破綻処理全般を所掌する金融再生委員会が設置され, 金融監督庁はその下に置かれた。検査・監督権限が金融監督庁に移行して, 透明性と厳格さは飛躍的に高まった。同庁が金融検査マニュアルの作成・公表したことを受けて, 銀行の自己査定の精度向上や償却・引当額の算定基準の明確化が図られた[26]。

　1990年代のマクロ・プルーデンス政策について, 簡単にまとめておく。第一に, 1995年9月期決算までは, 処理策への助走にすぎず, 大蔵省と銀行ともに問題を認識していたにもかかわらず, 解決への努力を躊躇したのである[27]。第二に, 1990年代の金融自由化の推進策と不良債権・金融危機対策との併存である。この流れは, 1996年11月の橋本首相による〝日本版ビッグバン〟の表明で, 一層確実となった。第三に, 第二の点と関わって, 場当たり的で度重なる規則や制度の変更が行われたことである。総じて, 政府の対応は, 何を目的とし, どのような原則に則り, どれだけの成果を達成する措置・施策であるのかが非常に曖昧であったことに特徴がある。例えば, 株価維持操作(PKO:

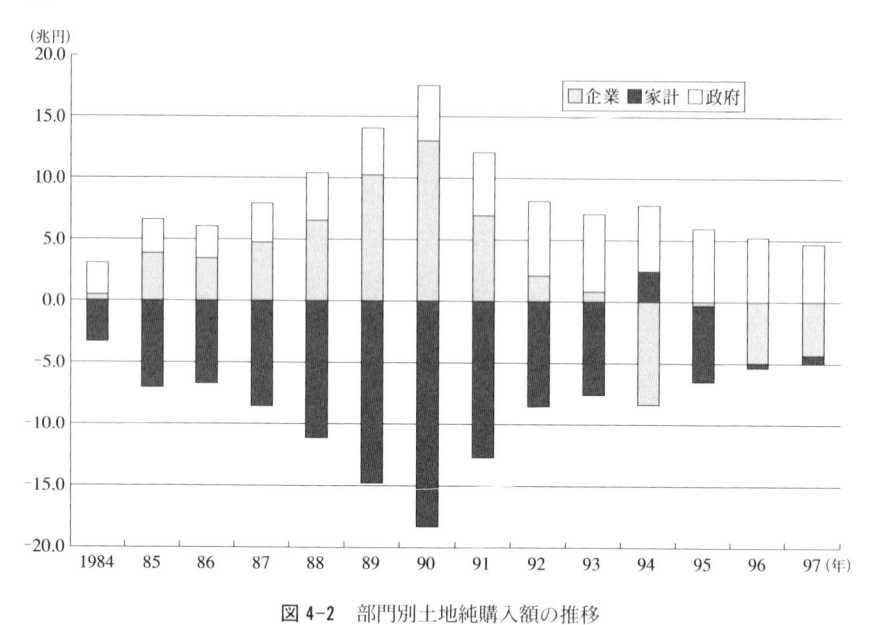

図 4-2 部門別土地純購入額の推移
出所）経済企画庁『国民経済計算年報』。

Price Keeping Operation），住専処理への公的資金導入，銀行への公的資金による資本注入などである。銀行への資本注入の目的は，当初は預金者保護と借り手保護であったものが，現在では銀行業界再編と競争力強化になっている。注入の順序は，国際競争にさらされる主要行などに目処がついてから地銀，信金・信組へと拡大された。同じ金融業界であっても，証券や保険会社は蚊帳の外に置かれている。このような特定銀行の救済・支援策は，自己責任と市場における公平な競争を原則とする金融自由化と明らかに矛盾しているのである。

3.1.2 財政金融政策

財政政策と金融政策は，マクロ経済全体を安定化させるための2大政策手段である[28]。ここでは，不良債権問題との関連で，財政金融政策が果たした役割に限定して論じる。論点は，不良債権問題に費やされた公的資金は，日銀特別融資や公的資金投入だけでなく，財政金融政策を経由した部分も無視できないということである。

第一に，財政再建目標の下で抑制されたとはいえ，景気対策が過去最大規模

の記録を更新してきた財政政策からのルートである。バブル崩壊後，建設業や不動産業のほとんどが，第II分類以下の状態にあった。従来型の公共事業と土地買い取り策は，瀕死の建設業や不動産業に一定の利益を提供してきた。その利益は，経営が最悪の状態に陥ることを回避し，銀行に部分的回収の道を与えた。また，それらの政策が，地価下落に対してもある程度の抑制要因となったと考えられる。住宅投資減税など住宅取得の促進策も，同様である。部門別の土地純購入額(図4-2)をみると，1990年を境に，ネットの買い手が企業から政府に移っている。企業部門は，バブル期に大量に土地を買い漁っていたが，1992年から大幅に縮小し，1994年以後は売り越しに転じた。逆に，政府部門は1992年以降年5兆円を超える土地の純取得を行った。不良債権による金融システムの脆弱化が景気回復の足枷となっているのであるから，総合景気対策の目的が金融システムの安定化にあっても不思議ではない。しかし，問題は次の点にある。一つは，それが結果的に不良債権問題の元凶となった建設業，不動産業，銀行の救済策であり，銀行に不良債権処理を先送りするインセンティブを醸成したことである。もう一つが，より大きな問題であろう。そのような政策が，土建国家体質を温存・肥大化させ，高齢化や情報化に対応する社会と産業の構造への転換に逆行したことである。

　第二に，金利の引き下げと史上最低の公定歩合の維持である(図4-3)。日銀は，当時6％であった公定歩合を1990年7月から段階的に引き下げ，1993年9月に1.75％とした。さらに，日銀は，1995年9月についにそれを史上最低水準の0.5％まで引き下げた。預金金利は公定歩合の引き下げとほぼ同時に，より大幅に引き下げられたが，貸出金利は反応が鈍くかつ小幅な追従となった。こうして，銀行は預貸利ざやの拡大を図ったのである。低金利政策は，企業の利払い負担を軽減し，延命させることで，銀行の不良債権増加テンポを緩和するように作用した。金融政策においても，波及経路の間に銀行が介在していることで，本来の効果を十分発揮できずに，銀行救済政策に変容している。さらに，金融政策の効果は，「貸出の慎重化」や「貸し渋り」という銀行行動を通じても低下した。

　1997年秋の北海道拓殖銀行と山一証券の破綻は，金融政策にマクロ・プルーデンス政策の役割も負わせた。短期金融市場の混乱が本格的な金融恐慌に

図 4-3　金利の推移

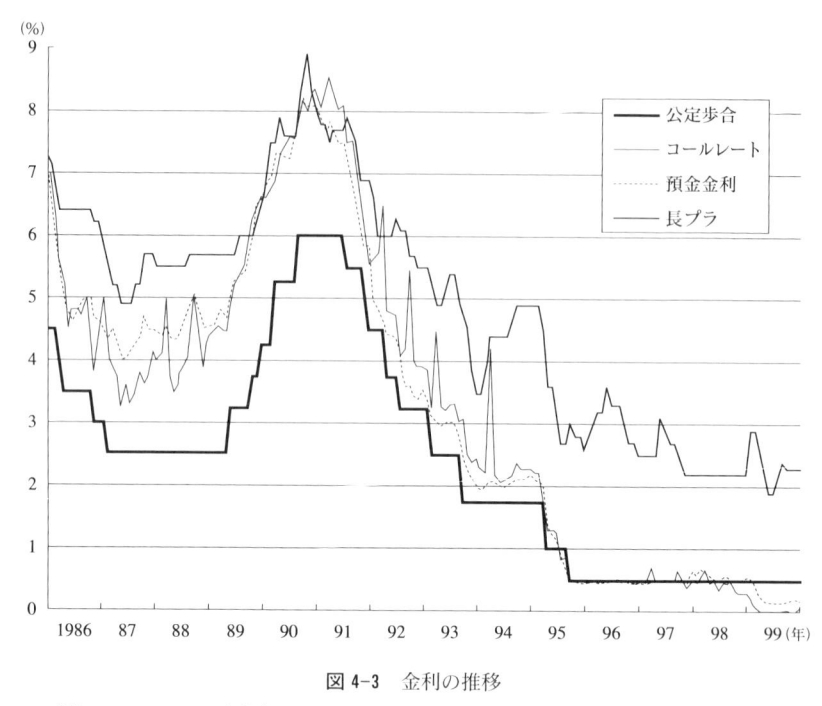

注）コールレートは無担保オーバーナイト物，預金金利は 1,000 万円以上の 3 カ月以上 6 カ月未満の預金金利，貸出金利は長期プライムレートである。
出所）日本銀行『98 年版　主要経済・金融 CD-ROM』および『金融経済統計月報』各号。

発展しなかったのは，日銀が「最後の貸し手(the lender of last resort)」として資金を供給したからにほかならない。金融機関が早期是正措置への準備を進めていた 1997 年 11 月に三洋証券が会社更生法を申請し，同社の無担保コールが債務不履行(デフォルト)になった。これを発端に，資金の取り手に対する信用リスクが上昇した。拓銀は短期金融市場での資金調達困難に陥り，山一証券も資金繰りが悪化して，破綻に追い込まれたのである。危機の発現は，預金の取り付けでなく，金融機関内部の選別という形態をとった。大手金融機関の破綻は，資金の出し手となる金融機関の信用リスク不安を高め，リスク・プレミアム付きのコールレートが急上昇した。「ジャパン・プレミアム」もその一つの現象であり，邦銀が外国銀行からドル資金を調達する際に，外国銀行が借り入れるのに比べて割高な金利を要求されたのである。日銀は，拓銀と山一証券に

日銀特融を実施するのみならず,以後4カ月間にわたって,短期金融市場に日々1兆円から3兆円の資金を供給して,市場秩序の維持に努めた。

その後1998年9月に,日銀は,無担保コールレート(オーバーナイト物)の誘導目標を0.25%に引き下げ,必要と判断される場合には誘導目標にかかわらず潤沢な資金供給を行う方針を決定した。翌年2月には,高まるデフレ・スパイラルの懸念を払拭するために,同レートを限りなく0%に近づけるいわゆる「ゼロ金利政策」に入った。この政策は,金融機関が短期金融市場で無利子でいくらでも資金を調達できることを意味している。一連の金融調節は,短期金融市場の混乱防止と金融緩和効果の浸透を目的としたものである。

異常事態ともいうべき金融調節によってさえ,景気の足取りは重いものであった。アメリカ政府は,外国為替市場へのドル買い介入,国債の買いオペ・日銀引き受けなどによる「量的緩和」を日本に要求し,国内でも与党,大蔵省,財界,一部学者などに同調者が出た。量的緩和論は,円を直接市場に供給することにより,インフレを意図的に発生させ,実質金利を低下させるという政策提言である[29]。インフレは円高対策にもなり,一石二鳥である。しかし,その実現の可能性と弊害を考慮すると,量的緩和は実現困難かつ危険な政策である。結局,現状のような最悪の状況に至ってしまった以上,不良債権処理を急ぎ,金融機能を回復する以外に処方はありえないのである。

3.2 銀行の対応

銀行の課題は,自己資本比率を維持しながら巨額の不良債権をどう処理するかである。併せて,コーポレイト・ガバナンス(企業統治)論の広まりによって,銀行の安易な損失拡大に,株主代表訴訟などの制約が課されてきた。こうしたジレンマは,どのように解決されたのであろうか。

安易な解決方法は,不良債権を過小に計上して,あたかも利益が確保されているように見せかける利益操作であった。損失を関連会社に移し替える「飛ばし」などの粉飾決算を別とすれば,1997年以前には未収利息の扱い方と証券含み益の実現が,操作の手段であったと考えられる。未収利息の扱いを,業態別未収利益の動向から推察してみよう。未収収益は,利子や配当の支払期日などの慣習による未払い部分とある確率で起こる債務者の経営状態の悪化による

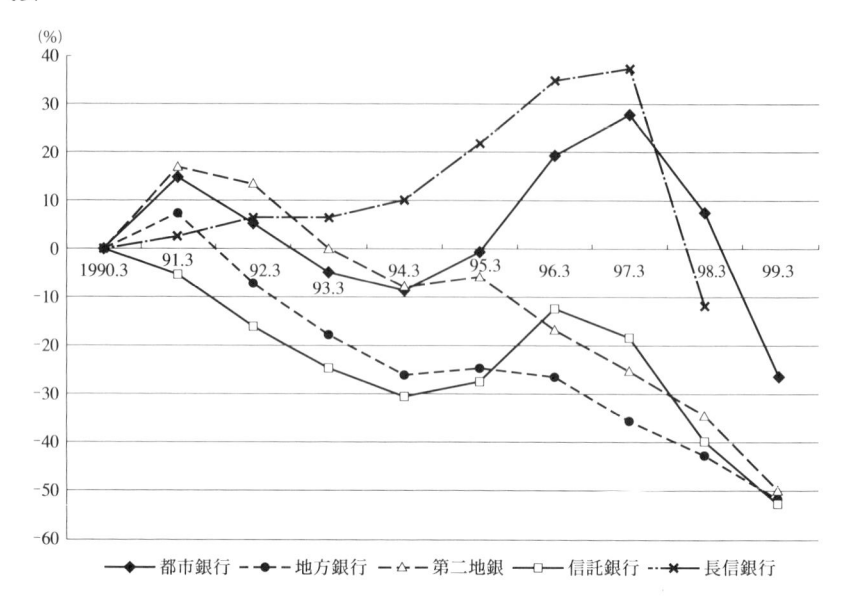

図 4-4 業態別未収収益残高の推移（1990年3月からの増減率）

注）破綻した銀行の扱いについては，表4-11の注4を参照。
出所）全国銀行協会『全国銀行財務諸表分析』各年度版から作成。

利息の未払い部分とから構成される。未収収益の残高は，正常な経済状況であれば，貸付残高と貸出金利に比例して増加するが，比較的安定して推移するであろう。1990年代の貸出残高は停滞していたので，未収収益残高は，バブル崩壊と長期不況が原因で経営不振に陥って利払いが滞ることによる増加と金利が大幅に低下したことに伴う減少に左右されたと考えられる。また，貸出が不良債権になり，利息の回収が不確実となれば，未収収益に計上できなくなることも考慮しなければならない。図4-4は，地価が下落する以前の1990年3月期の未収収益をベースに，その残高の増減をグラフに描いている。長期信用銀行の未収収益残高は1997年3月期まで増加し続け，都市銀行についても一時減少するが1994年度から97年度まで急速に増加している。信託銀行は，残高そのものは1990年度に比べてマイナスになっているものの，増減率の動向は都市銀行のそれに似ている。他方，地方銀行と第二地方銀行の未収収益は，1991年度以降減少し続けている。1998年3月期からは，早期是正措置が導入

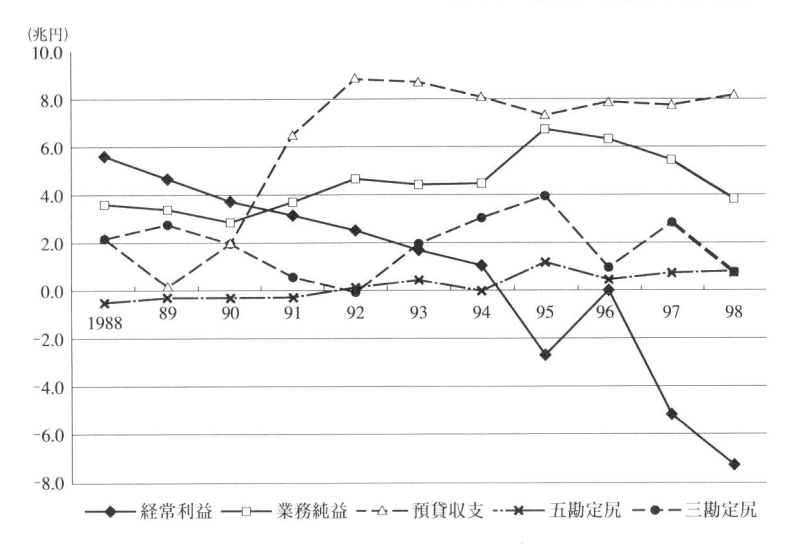

図 4-5　全国銀行の各収支の動向

注）破綻した銀行の扱いについては，表 4-11 の注 4 を参照。
出所）図 4-4 に同じ。

された決算である。経営破綻により計数に含められなくなっている銀行があることを考慮しても，主要行の残高が大きく減少している。主要行において，不良債権を「健全な未収収益であってその回収が確実なもの」とみなして未収利息に計上し，不良債権処理が先送りされた可能性がある。

　もう一つの保有証券の含み益の実現は，「三勘定尻」と「五勘定尻」に現れる(図 4-5)。株式の売買収支を表す「三勘定尻」は，1993 年度に 2 兆円，94 年度に 3 兆円，95 年度に 4 兆円に達し，95 年度の債券売買収支 1.3 兆円とともに，銀行の利益確保に利用されたことがわかる。その後，株式売買での利益は，1997 年度に 3 兆円近くに達するが，1995 年度以前よりもその寄与度が低下している。その低下を補うように，同期間には，「五勘定尻」で 5,000 億円から 1 兆円程度の利益を確保してきた。1998 年度に 12 兆円もの不良債権が処理されたにもかかわらず，1995 年度と 1997 年度のような証券売却による経常利益の下支えが行われていない。これは，株式の売買による含み益の実現に限界があることを示している。株式の売買を繰り返すと，含み益のある保有株式

表 4-12 業態別貸出残高の伸び率

年末	全国銀行	都市銀行	地方銀行	第二地銀	信託銀行	長信銀	信用金庫	信用組合	労働金庫
1990	7.5	7.5	7.7	10.3	-0.7	8.3	11.8	23.7	11.5
1991	4.4	4.1	6.0	5.9	-3.3	3.9	6.2	1.9	12.0
1992	2.5	2.2	0.6	1.8	8.7	-0.1	3.9	1.9	12.7
1993	1.2	0.4	5.1	1.0	2.9	0.7	2.9	1.6	9.0
1994	0.6	-1.3	1.6	2.9	7.5	0.3	2.3	3.1	8.6
1995	1.3	-1.4	3.3	2.6	10.3	1.4	2.9	0.8	14.2
1996	0.4	-0.3	1.7	-0.9	5.5	-2.0	1.0	-3.5	6.7
1997	1.0	1.7	1.6	-0.2	1.8	-3.4	0.2	-8.4	5.1
1998	-0.9	0.0	0.3	1.1	-3.6	-8.8	2.0	-5.4	6.9

注) 1994 年以降は，国内銀行である。
出所) 日本銀行『金融経済統計月報(経済統計月報)』の各業態勘定の貸出金から作成。

表 4-13 1998 年度決算における税効果額の影響 (単位:億円)

	経常利益	法人税等調整額(a)	過年度税効果調整額(b)	当期未処分利益	繰延税金資産(a+b)	資本勘定(c)	(a+b)/c
主要行	-59,903	24,547	41,577	6,385	66,483	228,396	29.1%
地銀・第二地銀	-12,510	8,949	13,787	4,656	22,736	108,935	20.9%
全国銀行	-72,413	33,495	55,365	11,041	89,219	337,331	26.4%

出所) 表 4-1 に同じ。

が減少して，売買時点での時価の株式保有が増大する。したがって，新たに購入した株価の低迷が続けば，含み益は発生せず，一層の株価低下が起こると含み損を抱えることにさえなるのである。また，有価証券含み益が自己資本比率の Tier II の重要な算入額であるから，含み益の減少は自己資本比率の低下にもつながるのである。

　図 4-5 の預貸収支と業務純益の動向から明らかなように，利益操作よりも本業の戦後最高水準の利益が処理の原資となった。とくに，預貸収支はバブル崩壊の始まった 1990 年あたりから急速に増加し，1992 年度の 8.9 兆円をピークにして，8 兆円前後で推移している。1990 年代の貸出の伸びは停滞しているから，貸出金の増加による貸出利息の増加ではなくて，預貸利ざやの拡大(図 4-3)が主因である。預金者または借り手が受けていたであろう公定歩合引き下げの恩恵は，銀行部門に移転したのである。そして，銀行部門の高利益は不良債権処理に充当され，次の資金循環に入ることなく循環から脱落して消えていっ

	(単位：%)	
開銀	国民金融	住宅金融
4.6	11.0	11.5
5.6	6.5	8.2
13.1	7.4	8.8
15.6	10.3	13.8
13.4	4.1	15.4
1.5	-0.9	4.4
1.9	-1.3	6.5
2.9	0.3	5.2
4.9	7.0	-0.4

たのである。

　不良債権処理に伴う利益の減少から自己資本の低下が生じている場合，貸出の抑制が自己資本比率の維持に貢献する。銀行貸出の停滞が，「貸し渋り」によるものか資金需要の低下によるものかは議論の分かれるところであるが，効果は同じである。業態別に貸出残高の伸び率(表4-12)を比較すると，都銀，長信銀および信組の貸出の減少が早い時期からみられ，落ち込みも激しい。地銀，第二地銀そして信金は，同様に貸出の伸びが低下しているが，先の業態ほどではない。他方，政府系金融機関は，全国銀行，信金および信組と比べて，変動は激しいものの比較的高い伸び率を示している。表4-12からは，一定の資金需要の存在と業態別の違いが見出せる。国際基準に準拠する都銀と長信銀にとって，不良債権問題と自己資本比率の維持はより深刻な問題であり，貸し渋りの誘因が強く作用したと推測できる。

　1997年と98年の巨額の処理に際しては，経理基準の変更や資本注入といった特殊要因が寄与した。税効果会計の導入と資本注入に関して，1998年度決算をみてみよう[30]。表4-13のように，税効果会計の導入により，全国銀行で「法人税等調整額」を3.3兆円，「過年度税効果調整額」を5.5兆円，合計の「繰延税金資産」8.9兆円を計上した。経常利益は7.2兆円の赤字であったが，当期未処分利益は税効果額8.9兆円の調整で1.1兆円の黒字となった。その資本勘定に対する比率は，主要行が29.1％に達し，地銀・第二地銀でも2割を占める。つまり，税効果会計の導入は，8.9兆円の自己資本の減少をカバーし，

表 4-14　公的資金注入による自己資本比率の引き上げ効果

	第一勧業	さくら	富　士	あさひ	三　和	住　友	大　和
公的資金注入額(億円)	7,000	8,000	8,000	4,000	6,000	5,010	4,0
注入前自己資本比率	7.60%	9.56%	7.57%	8.53%	8.70%	8.59%	8.29
注入後自己資本比率	11.46%	12.33%	11.21%	11.90%	11.06%	10.95%	12.73
引き上げ効果	3.86%	2.77%	3.64%	3.37%	2.36%	2.36%	4.44

注）野村証券金融研究所による試算。
出所）金融財政事情研究会『金融財政事情』1999 年 6 月 14 日号, 16-17 頁。

自己資本比率の維持に寄与した。それでもなお，いくつかの主要行は，自己資本比率 8% を達成できないか，ぎりぎりの状態であった（表 4-14）。14 行に対する 6 兆円，前年度分を加味すると 7.3 兆円の公的資金注入は，各行の自己資本比率を 2〜5% 程度向上させた。

不良債権処理のためにも，自己資本比率の充実のためにも，キャッシュ・フローの流出はできるだけ抑制する必要があったはずである。そこで，しばしば指摘される問題は，この間の株主への配当支払である。配当は，経常利益とも当期利益ともほとんど無関係に 4,000 億円前後で一定していた[31]。大規模な処理を行った 1995, 97, 98 年でさえ，支払額の減少はわずかである。銀行株主は，銀行株価の値下がりという損失は被ったが，配当は維持されたのであり，その点では負担しなかったのである。

4　不良債権問題下の資金循環

ここまでに明らかにしてきたように，1990 年代の日本経済は，不良債権問題を抱えて，その処理に振り回され続けてきた。最後に，資金循環の観点から 1990 年代の日本経済の特徴を検討する。

宮崎義一は，バブル崩壊後いち早く『複合不況』(1992 年 6 月) を出版し，警鐘を鳴らした。宮崎の複合不況論は，1990 年代の長期不況の説明にも妥当する[32]。バブル崩壊後の長期不況は，「単に従来型の有効需要不足によるフローのリセッションと把握するに止まらず，その背景に金融の自由化による不良資産の調整過程(クレジット・クランチ)が……重なり合い連動する複合不況」で

	東　海	日本興業	三井信託	三菱信託	東洋信託	中央信託	住友信託
	6,000	3,500	2,502	2,000	2,000	1,500	1,000
	9.68%	9.23%	10.29%	9.16%	10.63%	9.47%	10.42%
	12.60%	11.30%	15.40%	11.66%	13.83%	13.18%	12.27%
	2.92%	2.07%	5.11%	2.50%	3.20%	3.71%	1.85%

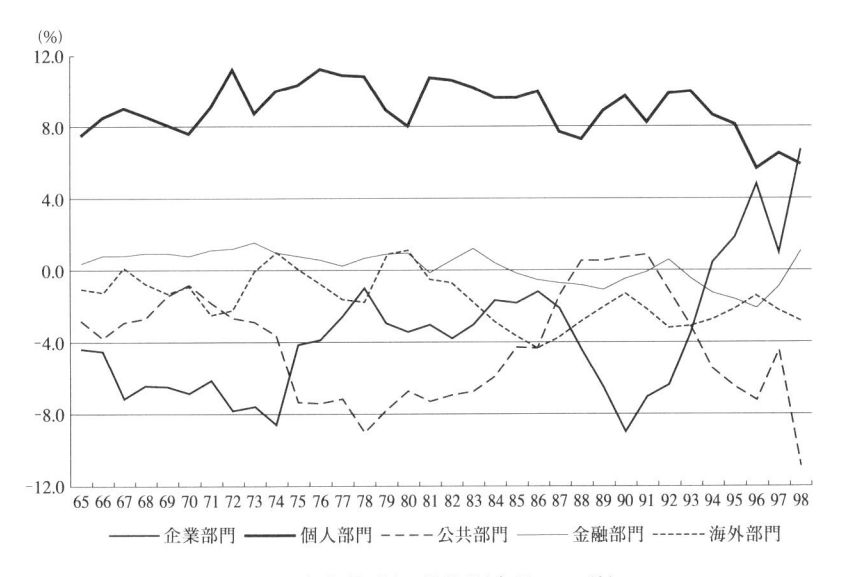

図 4-6　資金過不足の推移(対名目 GDP 比)

出所）日本銀行『98 年版　主要経済・金融 CD-ROM』および『金融経済統計月報』1999 年 8 月号より作成。

ある。あるいは，「銀行部門主導の景気後退」であることを強調して，「金融不況」ということができる。

図 4-6 は主体別の資金過不足対 GDP 比であるが，1990 年代複合不況下の資金循環は過去に例をみない特徴をもつ[33]。最も特徴的であるのは，企業部門である。企業部門は，1990 年を境に資金不足を急速に解消して，1994 年以降は戦後初めて黒字主体に転じている。企業部門が，投資の抑制，在庫の調整，保

有土地の放出を行ってきたことが原因である。企業部門の資金不足解消は，資金循環勘定での統計上の処理とも関連している。資金循環勘定では，第2節で求めた総直接償却額が，金融部門から企業部門への所得移転として扱われる。そのため，企業部門の所得の受取が増加し，所得の受取と支払いとの差額である貯蓄額も増加するのである。その内実は，贈与を受ける企業が，倒産ないし経営が非常に悪化している企業であって，返済不可能な負債を免除されたにすぎない。したがって，企業部門に余剰資金が生じたわけではない。この関係の裏側として，金融部門の資金不足の拡大傾向も理解できるが，1997年からは資金不足の解消に向かっている。

　企業部門と対照的に，政府部門は大幅な資金不足に転落している。この原因は，経済の長期停滞による税収不足，度重なる景気刺激対策そして金融部門への公的資金の投入によるものである。家計部門は，依然として黒字であるが，1990年代には減少傾向がみられる。第一の理由は，リストラなどによる所得の減少・貯蓄の取り崩しである。第二に，景気刺激策の一つにもなってきた住宅取得の促進の影響がある。家計の住宅ローンなどの負債が増大し，土地の購入も増えたために土地の純購入額もマイナスからほぼゼロに近づいてきた。海外部門は，1990年代前半には，国内の不況を反映して外需依存が増したために，資金不足が拡大した。海外部門の資金不足は，1990年代半ばの100円/＄を超える円高の進行で一時的に縮小したが，その後はまた増えつつある。

　以上をまとめると，1990年代の資金循環の特徴を次のようにいうことができる。銀行と企業の間の債権債務関係の清算すなわち不良債権処理を軸に，次の資金循環を迎えることのない企業部門の〝見かけ〟の資金余剰が，政府部門の赤字の大幅拡大と家計部門の資金余剰の縮小と抱き合わせに発生していることである[34]。資金循環の実態は，銀行に経常利益として還流した資金が，不良債権の直接償却によってバランスシートから消えるのである。かつ，不良債権の処理が銀行の自己資本比率の低下を招き，銀行は超低金利にもかかわらず新たな信用を創造するインセンティブをもたないのである。1990年代の日本経済は資金循環の機能障害を患い，その患部は銀行部門とりわけ規模の大きい主要行にあるのである。

おわりに

　はじめに述べたように,日本の不良債権処理は,アメリカのそれと酷似している。しかし,不良債権問題の責任追及に関しては決定的に異なる[35]。日本においては,破綻さえしなければ責任を追及されることはない。金融行政の転換で,大蔵省の監督責任は,いつの間にか銀行や預金者の自己責任となっている。巨額の不良債権の発生はバブル時代にあることは周知のことであるし,監督責任は大蔵省にあった。1990年代の処理の先延ばしについても,当時の大蔵省と銀行経営者に責任がある。原因の究明と責任の追及なくして,つまり過去の反省なくして,新しい金融システムを築くことはできない。最終的に国民の負担となるであろう多額の公的資金をすでに投入していることからも,国民に納得のいく説明が必要である。また,銀行の体力回復と金融安定化を待って,その後に恩恵を受けた銀行に対して増税などの負担を求めることが必要であろう。

　不良債権処理は,まだ終わったわけではない。適切な処理と回収が行われなければ,ますます実質的な公的負担が増加する。われわれ国民は,今後60兆円の公的資金がどのように使われ,回収されるかをよく監視していかなければならないのである。

注

1) アメリカのS&Lの不良債権処理については,アメリカ会計検査院レポート,*Financial Audit: Federal Deposit Insurance Corporation's 1995 and 1994 Financial Statements*,1996/07/15がホームページ(http://www.gao.gov/)より入手できる。高月昭年「米会計検査院報告で読むS&L問題処理コストの収支決算」『財政金融事情』1996年9月2日号,42-45頁でレポートの要約を行っている。アメリカの処理コストは5,000億ドル(約50兆円)と見込まれる。また,翁百合『銀行経営と信用秩序』東洋経済新報社,1993年も参照。
2) 銀行財務諸表のしくみに関する詳細は,実務家向けに書かれた木村利雄監修『銀行経理の実務〈全訂版〉』きんざい,1996年などが詳しい。金融ビジネス編集部『よくわかる銀行決算の見方』東洋経済新報社,1996年は,利用者の観点から財務諸表の見方を解説している。
3) 発生主義での具体的な経理方法を簡単な例で示すと,次のようになる。t年度の2月1日に貸し出した貸出金に関して,3カ月ごとに120万円の利払いであるとする。金利

の受取は，年度を跨いで次年度の5月1日となる。このケースでは，t年度内には利息の授受は行われていないが，5月1日に受け取る利息120万円のうち2月と3月分に当たる80万円をt年度の未収利息として計上するのである。未収利息として計上するかどうかの判断は，国税庁長官通達「金融機関の未収利息の取扱いについて」(昭和41年9月5日付)に準拠してなされる。

4)「土地再評価について」全国銀行協会『金融』1998年6月号, 4-9頁。なお, 土地再評価法は1999年に改正されたが, 主な改正点は全国銀行協会『金融』1999年5月号, 34頁を参照。

5) 税効果会計については, 田中信正・坂本道美編『税効果会計入門』中央経済社, 1999年などを参照。

6) 1998年以前の全国銀行の自主的開示については, 「破綻先債権額」等の情報開示について」全国銀行協会『金融』1993年4月号,「「金利減免等債権額」等の情報開示について」同1996年4月号,「リスク管理債権情報の情開示について」同1998年4月号に掲載されている。

7) リスク管理債権については, 実質支配を基準とした子会社を含む連結ベースでの公表も行われるようになっている。

8) 金融監督庁のホームページ(http://www.fsa.go.jp)に掲載されている「金融監督庁の1年」の第3部「金融監督」,『日本銀行調査月報』1999年8月号, 90-91頁などを参考にした。

9)「早期是正措置」制度とは, 次のような手続きである。各金融機関は, 自己査定に基づいて算定した自己資本比率を金融監督庁に報告する。金融監督庁は, 報告内容について検査を実施する。検査後に確定した自己資本比率が一定の基準を満たさない場合には, 業務停止を含む是正命令を発動する。詳細については, 長谷川靖「早期是正措置の導入について」『ファイナンス』1997年12月号, 40-47頁および金融監督庁のホームページに掲載されている「金融検査マニュアル」を参照。早期是正措置制度の下での銀行の自己査定と償却・引当に関しては, 山手章『資産自己査定と償却・引当』きんざい, 1997年が詳しい。

10) 不良債権発生の最初の原因は, 1980年代後半からのバブルとその崩壊によるものである。けれども, 処理の先延ばし, 長期の景気の低迷, 貸し渋りによる倒産なども, 不良債権がこれほどまでに巨額になった原因と考えられる。

11) 金融ビジネス編集部, 前掲書, 高橋洋一監修『金融機関の不良債権償却必携』銀行研修社, 1995年, センチュリー監査法人監修『第三版金融機関の不良債権償却必携』BSIエデュケーション, 1999年を参考にした。

12) 例えば, 1998年に成立したSPC法(「特定目的会社による特定資産の流動化に関する法律」)は, 金利減免債権の流動化を促すための法律である。不良債権の流動化については, 大島恒彦・西村善朗『不良債権流動化の仕組みと税務』中央経済社, 1999年などを参考にした。

13) 新聞報道によれば, 1999年3月期における建設・不動産・流通業に対する債権免除は1兆円に達する。

14) 共同債権買取機構などへの債権売却損や関連会社の支援損に関しては，金融監督庁の公表資料によった。
15) 金融監督庁の発表では 58.8 兆円，日本銀行の資料では 56.6 兆円となっている。計数の出所は，金融監督庁の計数は金融監督庁のホームページまたは全国銀行協会『金融』1999 年 9 月号，49 頁，日銀は『日本銀行調査月報』1999 年 8 月号，87 頁である。
16) 15) を参照。
17) 改訂前の資金循環勘定における不良債権の扱いは，日本銀行『日本銀行調査月報』1997 年 7 月号，21-22 頁。資金循環勘定は抜本的に見直され，1999 年 7 月より改訂された。新統計でも償却額の算定方法は同じであるが，資本移転として捉え，新しく設けられた「調整額」に計上される。したがって，貯蓄投資差額および資金過不足に影響を与えないようになる。改訂後の扱いについては，日本銀行『資金循環統計の解説』1999 年 6 月を参照。
18) プルーデンス政策とは，金融秩序の維持や金融システムの安定化を目的とする政策である。1970 年代から金融自由化が進展する過程で，多くの国が金融危機に見舞われてきたことから，金融システムの安定性に関する政府の役割が再認識された。プルーデンス政策は，狭義には中央銀行の役割として使用されるが，ここでは行政府を含めた広い概念で使用している。
19) 植村修一「金融システムの信頼回復のための措置について」大蔵省『ファイナンス』1992 年 7 月号，32-39 頁。
20) 櫛田誠希「金融行政の当面の運営方針について」大蔵省『ファイナンス』1992 年 10 月号，16-18 頁。
21) 櫛田誠希「「金融機関の不良資産問題についての行政上の指針」の概要」大蔵省『ファイナンス』1994 年 3 月号，9-13 頁。
22) 梅森徹「「金融システムの機能回復について」の概要」大蔵省『ファイナンス』1995 年 7 月号，46-52 頁。
23) 金融関連六法の内容を含めて，1996 年時点での不良債権問題への対応については，大蔵省『ファイナンス』1996 年 10 月号，18-53 頁，金融行政のあり方については，同，54-61 頁。
24) 大蔵省『ファイナンス』1998 年 1 月号，120-122 頁。
25) 金融企画局企画課「金融機能再生法，金融機能早期健全化法，金融再生委員会規則等の概要」大蔵省『ファイナンス』1999 年 1 月号，64-73 頁。
26) 8) を参照。
27) 後藤新一は，不良債権処理の先送りが金融危機を招き，巨額な公的資金の投入が必要になった原因であると指摘している。後藤新一「またも繰り返す不良債権の先送り」金融財政事情研究会『金融財政事情』1999 年 1 月 4 日号，95-98 頁および「不良債権先送りが命取り」同 1999 年 5 月 31 日号，43-46 頁。
28) 1980 年の鈴木内閣から始まった財政再建は，国債増発や歳出増加を伴う財政出動を極力抑制しようとするものであった。政府・大蔵省は，1990 年代の長期不況下で，高齢化社会の到来に向けた財政再建と景気対策とのジレンマに陥った。1997 年までは財

政再建が優先され，1998年8月の小渕内閣から景気対策最優先に転換した。大蔵省の財政再建目標の堅持は，金融政策に過大な負担を強いる結果となってきた。

29) P. Krugman, "Japan's Trap," 1998 および "Further Notes on Japan's Liquidity Trap," 1998 が，議論の発端である。両論文ともに，Krugman のホームページ(http://web.mit.edu/krugman/)に掲載されている。量的緩和論に対する反論として，翁邦雄「ゼロ・インフレ下の金融政策について」『金融研究』第18巻第3号，1999年などがある。
30) 全国銀行の繰延税金資産の計上が適切であるかどうかに関しては，『日本銀行調査月報』1999年8月号，92-93頁を参照。
31) 銀行部門の租税(法人税・住民税・事業税の合計)支払いは，1989年度の2.5兆円と比較して，1998年度には6,000億円と約2兆円近く減少しており，その減少額は消費税1％分に相当するのである。
32) 1990年代の日本経済分析に関しては，すでに多数の著作が出版されている。侘美光彦『「大恐慌型」不況』講談社，1998年，林直道『日本経済をどう見るか』青木書店，1998年，大槻久志『「金融恐慌」とビッグバン』新日本出版社，1998年，堀内昭義『金融システムの未来』岩波新書，1998年，小川一夫・北坂真一『資産市場と景気変動』日本経済新聞社，1998年，吉富勝『日本経済の真実』東洋経済新報社，1998年，吉川洋『転換期の日本経済』岩波書店，1999年，奥村洋彦『現代日本経済論』東洋経済新報社，1999年などがある。伊藤国彦「貨幣・信用・株式そして総需要」『徳島大学社会科学研究』第9号，1996年は，複合不況論の観点からモデル分析を試みている。吉富や吉川は，「貸し渋り」による不況は1997年以降であるとし宮崎説を否定するが，中谷武雄・伊藤国彦『財政改革と金融変革』四国郵政局貯金部委託研究報告書，1994年は90年代前半から信用機能の低下が景気の足枷となってきたことを検証している。
33) 資金過不足額は，金融資産増加額と金融負債増加額との差額であり，貯蓄投資差額と一致する。
34) 資金循環分析に関する文献として，松浦宏「マネーフローの仕組みと日本経済」『季刊兵庫経済』No. 55，兵庫経済研究所，1997年および同「金融変革化のマネーフローと不動産市場」『不動産研究』第41巻第4号，1999年，8-22頁がある。
35) 奥村宏『無責任資本主義』東洋経済新報社，1998年を参照。

第5章　財政危機の構造

はじめに

　わが国経済は，全体として需要の回復が弱く，バブル経済の弾けた後の不況から脱しきれていない。政府は，2000年度において民需中心の本格的な景気回復を実現するとともに，わが国経済社会の構造改革の推進を図るとの考え方に立ち，適切な経済運営を行うことをその基本的な考え方として示していた（『平成12年度の経済見通しと経済運営の基本的態度』2000年1月28日閣議決定）。

　しかしながら，わが国の財政は一般会計歳出総額が85.0兆円(前年度比＋3.8%)，公債発行額は32.6兆円で，公債依存度は38.4%に達している。税収(33.7兆円)にほぼ匹敵する公債発行額は，そのこと自体が財政状況の悪さを示すものであるが，景気対策を行う財政上の余裕がないことも十分感じとれるであろう。

　ちょうど10年前の1990年度予算は，岩戸景気に迫る好景気のなかで策定されたが，一般会計の予算規模は66兆2,700億円で，過去の借金の返済や財政健全化への対策が大きな比重を占めていた。例えば，1975年度補正予算以来続いていた赤字国債の発行を，当初予算ベースで15年ぶりにゼロとしたことなどはそのシンボリックな側面である。ちなみに，1975年度は公債発行額は5.3兆円で，公債依存度は25.3%，1990年度は公債発行額は7.3兆円で，公債依存度は10.6%であった。

ところで，アメリカのクリントン前大統領は，1999年12月にこれまで2015年に解消するとしていた市中保有の総額3兆6,000億ドル(約380兆円)の連邦政府債務について，予定を2年間前倒しして，2013年までに全額償還することを明らかにしていた。アメリカの景気の好調が続くなか，任期中に一段と積極的な債務削減策を打ち出したのであるが，債務解消の前倒しによる利払い費の削減により，社会保障基金は2050年以降まで，また高齢者対象のメディケア基金も少なくとも2025年までは存続が可能になることも表明していた。

　1990年1月，当時のG.ブッシュ大統領は，予算教書のなかで，アメリカ版「マル優」による貯蓄の奨励策や，借金返済(国債償還)のための新たな基金の創設などの経済再生策を示すとともに，国防費の実質削減なども提案した。これに対する日本の反応はどうであったかというと，例えば，大蔵省は「財政再建にかけるブッシュ政権の決意を示したもの」と評価する一方で，財政均衡法(グラム・ラドマン法)の赤字目標額の上限を切り込む形で今後も赤字を減らし，同法律の目標達成年度である1993年会計年度に黒字への転換を図るという青写真については，問題はその実現可能性で，省内には疑問を投げかける声もある[1]と冷めた見方を示していた。

　「失われた10年」とはよくいったもので，「日米逆転の10年」が財政危機(財政赤字)にくっきりと示されているのである。

　本章では，国と地方自治体の財政危機の構造を明らかにすることを目的とするが，まず第1節で財政のしくみを国・地方・財政投融資等の相互依存関係を中心にみた後，第2節で国の「財政危機」を，一般会計のフロー面とストック面から考察するとともに，借入金や財政投融資の問題点も併せて考察し，次いで第3節では，地方財政危機の現状についてみていく。そのうえで，第4節では，財政危機を政治・経済・社会システムと財政の関わりという点から考察する。この際，諸システムの危機が財政危機として表出するという神野直彦の見解を踏まえることとする。この見解は，財政が政治システム，経済システム，社会システムのミッシング・リンクであり，「社会全体」の危機は必ず財政危機に帰結することになるのであり，財政危機の原因を考えることはサブ・システムそのものやサブ・システム間の関係，これらが織り成す「社会全体」の危機を考えることにほかならないという内容をもち，財政危機の構造を大きなス

ケールで描いているものだからである。

1 財政のしくみ

1.1 財政の見取図

　国や都道府県・市町村などの地方自治体そして公社・公団などを「政府」と呼ぶことにする。「政府」は，国民や法人企業から租税や印紙収入を徴収したり，公債を発行(起債という)したり，さらには社会保険料や年金積立金を原資として，一定の予算を立て，議会の承認を得たうえで，投融資活動を通じてさまざまな公的施設の建設やその運営，公的サービスの提供，海外援助等を行っている。こうした政府の経済活動は民間の経済活動すなわち「市場」だけでは提供できない財貨・サービスを国民や企業に提供する重要な活動である。

　また，政府は一般に，国(中央政府)と地方政府に分けることができる。ただし，SNA(国民経済計算)ではこれに社会保障基金を加えた3つのセクター(部門)を設定している。

　国の財政と地方財政のしくみを一つの図にしたものが図5-1である。財政の主体は大きく分けると国と地方自治体に大別できるが，前者の国が行う財政活動には財政投融資計画や政府関係機関等の活動も含まれ，また，後者の地方財政にはいわゆる公社・公団や「第三セクター」の活動も含まれる。

　国の財政は翌年度の収支の見積もりとして作成される予算ベースでみた場合，一般会計予算と特別会計予算そして政府関係機関予算の3つからなるが，こうした予算の編成に合わせて財政投融資計画も作成される。財政投融資計画は資金運用部資金やその他の独自財源をもとに，特別会計や地方公共団体さらには政府金融機関または企業性の強い公的事業を営む特殊法人などに融資されるものであるが，その規模の大きさに加え，国の予算と補完的な関係にあるという質的側面から「第二の予算」と呼ばれている。したがって，国の財政を考える場合，一般会計，特別会計，政府関係機関に財政投融資計画を加えた枠組みで捉えることが適切である(図5-1)。

　また，地方財政も普通会計と特別会計に第三セクターを加えた方が地方財政

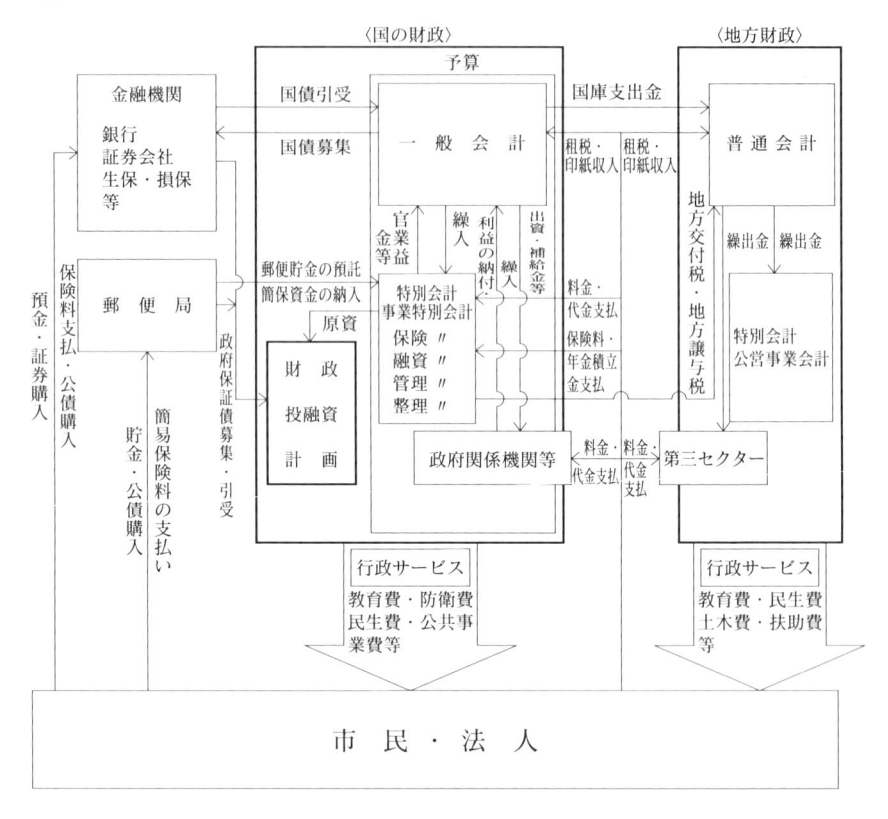

図 5-1 財政のしくみ

の実態を捉えることになる。というのは，通常，自治体が一定割合(例えば25％)以上出資している企業を「第三セクター」と呼んでいるが，この第三セクターへの一般会計からの繰出が大きくなってきているからである。

こうした包括性からすれば，図5-1は国・地方・財政投融資等の相互依存関係を示すものともいえる。この関係についてもう少し説明を加えることにしよう。

1.2　国・地方・財政投融資等の相互依存関係

国の一般会計では，国民・企業からの租税・印紙収入を財源に不足分は国債などの借金をしながら，公共事業費，民生費，文教および科学振興費，産業経

済費，社会保障費，防衛関係費，地方財政費(国庫支出金)等の経費に支出を行っている。また，国の特別会計(事業特別会計・保険特別会計・融資特別会計・管理特別会計・整理特別会計)との間には国からの繰出と国への官業益金繰出という関係をもっている。さらに，政府機関等との間には国からの出資や補給金の支出，国への利益の納付・繰出という関係がある。この他，国債の募集・引受等を通じて金融機関(銀行・証券会社・生命保険会社・損害保険会社など)と関係をもつ。

　他方で，国の特別会計は一般会計からの繰入に加え，郵便局を通じた郵便貯金の預託や簡易保険資金の納入等を財源としているが，財政投融資計画には特別会計からその原資が供給されている。また，金融機関による政府保証債の引受も財政投融資の原資となっている。

　また，図5-1の右側には地方財政を示すブロックがあるが，国の会計と地方財政の関係も少し確認しておくことにしよう。すでに触れた通り，地方財政も普通会計と特別会計に分けられるが，普通会計は市民・企業からの徴収した租税と印紙収入・使用料・手数料等そして国からの国庫支出金や地方交付税・地方譲与税を財源として行政サービスを市民・企業に提供する。また，一般会計からの特別会計や第三セクターへの繰出も地方財政危機の構造を考える場合に重要なポイントとなる。

　この他，地方交付税特別会計からの借入をはじめとするいわゆる「隠れ借金」と呼ばれる関係も財政危機の実態をつかむためには忘れてならない重要な点である。いわゆる「隠れ借金」とは，歳出の繰り延べ措置や停止措置による見かけ上の歳出減，実質の借金(債務負担)の状態を指すが，その存在が注目されはじめたのは予想以上の税収増を背景にして策定の取り組みがなされた1989年度予算決定の頃からであった。すなわち，大蔵省は『財政改革を進めるにあたっての基本的な考え』を国会に提出し，財政改革の推進による国債依存度とりわけ赤字国債依存度の大幅削減を謳う一方で，「隠れ借金(国債)」への依存に注意を喚起し，これがその存在への大方の注目を集める大きなきっかけとなったのである。

表 5-1　2000年度一般会計歳入歳出概算　　　　　（単位：百万円）

区　分	1999年度予算額 (当初)(A)	2000年度概算額 (B)	比較増△減額 (B－A)	伸率 (％)
歳　入				
1．租税および印紙収入	47,119,000	48,659,000	1,540,000	3.3
2．その他収入	3,691,122	3,718,053	26,931	0.7
3．公債金	31,050,000	32,610,000	1,560,000	5.0
合　計	81,860,122	84,987,053	3,126,931	3.8
歳　出				
1．国債費	19,831,923	21,965,341	2,133,418	10.8
2．地方交付税交付金等	13,523,000	14,930,360	1,407,360	10.4
3．一般歳出	46,887,786	48,091,352	1,203,566	2.6
計	80,242,709	84,987,053	4,744,344	5.9
4．1997年度決算不足補塡繰戻	1,617,413	―	△ 1,617,413	―
合　計	81,860,122	84,987,053	3,126,931	3.8

注）計数整理の結果，異動を生ずることがある。
出所）大蔵省主計局「平成12年度一般会計歳入歳出概算」1999年12月24日。

2　国の「財政危機」

2.1　一般会計における「財政赤字」(フロー面)

2.1.1　財政赤字

　国(政府)の会計は一般会計と特別会計に分けられるが，各会計において歳入額が歳出額に満たない場合に「財政赤字」が生じたとされる。しかしながら，この赤字はさまざまなやりくりで歳入不足が隠されるため，大変見つけにくいものとなっている。そこで，「歳入欠陥(赤字)」という概念で，改めて「赤字」を探す必要が出てくるが，1999年度当初予算額において，「1997年度決算不足補塡繰戻」が1兆6,174億円計上されている(表5-1)が，実はこれは1997年度の歳入不足の補塡を繰り戻したものである。すなわち，1997年度決算(表5-2)において「決算調整資金」として「歳入」額に計上された1兆6,174億円は「歳入欠陥(赤字)」であり，フロー面での「財政赤字」を示しているのである。1998年度決算も歳入欠陥(赤字)こそ免れたが，税収は11年ぶりの50兆円割れで，2年連続の不足となった。

第5章 財政危機の構造　151

表 5-2　一般会計決算概要(1997～98年度)　(単位：億円)

	1997年度	1998年度
1．歳入決算総額(収納済歳入額)	801,704	897,826
2．歳出決算総額(支出済歳出額)	784,703	843,917
3．財政法第41条の剰余金(1-2)	17,001	53,908
4．3のうち前年度までに発生した剰余金の使用残額	8	0
5．新規発生剰余金(3-4)	16,993	53,908
6．翌年度への繰越歳出予算財源として純剰余金の計算上控除する額	16,993	44,305
7．繰越歳出予算財源控除後の新規発生剰余金(5-6)	0	9,602
(1)　歳入の純減少額	-7,130	918
税　収	-22,845	-7,331
税外収入	-459	8,249
主な内訳		
返納金	209	353
雑収，電波利用料収入('98)	93	46
日本銀行納付金	86	9,470
日本中央競馬会納付金	83	-428
土地売払代	-578	-1,005
貨幣回収準備資金受入	-387	-195
公債金	0	0
建設公債	0	0
特例公債	0	0
決算調整資金	16,174	―
(2)　歳出の不用額	7,130	8,684
主な内訳		
国債費	3,422	4,514
各省庁人件費(退職手当等)	415	365
臨時福祉特別給付諸費	384	417
社会福祉諸費	196	214
義務教育費国庫負担金	104	157
中小企業対策費	84	252
社会福祉施設整備費	71	64
住宅建設等事業費	71	―
児童保護費	―	93
保険衛生諸費	―	74
予備費	1,278	1,460
8．地方交付税交付金等財源として純剰余金の計算上控除する額	0	16
9．財政法第6条の純剰余金(7-8)	0	9,586

注)　1．歳入決算総額には，決算調整資金に関する法律(昭53法4)第7条の規定による歳入歳出決算上の不足額を補填するための決算調整資金からの組入額16,174億円を含む。
　　 2．単位未満を切り捨てたため，端数に不整合がある(「0」=単位未満，「－」=皆無)。
出所)　大蔵省「一般会計決算概要」(1997，1998年度)。

表 5-3 国および地方の財政収支の対 GDP 比の推移(SNA ベース) (単位:%)

	1995年度	1996年度	1997年度	1998年度 (3次補正後)	1999年度 (当初)	1999年度 (2次補正後)
国および地方の財政収支	▲6.7	▲6.6	▲5.9	(*)▲14.9 ▲9.6	▲9.2	▲10.7
うち国分	▲4.1	▲4.4	▲3.9	(*)▲11.8 ▲6.4	▲7.3	▲8.5

注) 1. 1997年度までは、国民経済計算年報(経済企画庁)による実績値。1998、1999年度については見込値。
2. (*)の計数は、国鉄長期債務および国有林野累積債務の一般会計承継に係る分を含めたベース。
出所) 大蔵省主計局『我が国の財政事情について(政府案)』(平成12年度政府予算案)をもとに藤江作成。

　財政収支とは，歳入と歳出の差額という形式的な収支尻のことであるが，GDPに対するこの財政収支の比率を国と地方の合計と国だけでみたものが表5-3である。これによると，国・地方の対GDP比率は1995年度の▲6.7%から96年度の▲6.6%，97年度の▲5.9%と，1995～97年度においては若干ながら低下傾向にあったが，1998年度は▲9.6%と97年度に比べ3.7ポイントも上昇し，99年度も当初ベースで▲9.2%，2次補正後で▲10.7%に急上昇し，政策的転換を背景に高い割合の赤字となっている。いまやフロー面でGDPの1割の「財政赤字」となっているのである。

　また，国だけに限定すると1995年度の▲4.1%から96年度の▲4.4%，そして97年度の▲3.9%と，1995～97年度においては約4%前後の比率であったのが，1998年度は▲6.4%と97年度に比べ2.5ポイントも赤字割合が拡大し，99年度も当初ベースで▲7.3%，2次補正後で▲8.5%と高い割合となっている。ここから，国の財政収支の悪化が地方よりも大きく，これが全体としての悪化に大きく寄与していることが確認できる。

　さらに，これをOECD主要国と比較してみたものが，図5-2と表5-4である。図5-2をみると歴然とするが，わが国の財政収支の悪さはこれらの国のなかでも図抜けている。とりわけ，1980年代からつい最近まで「双子の赤字」(貿易赤字と財政赤字)を抱える国として，その財政状況の悪さが指摘されてきていたアメリカが1992年度を境に対GDP比の財政赤字の率を急速に縮小し続けてきているのに対し，わが国は1990年代に入りこの率が拡大する一方で

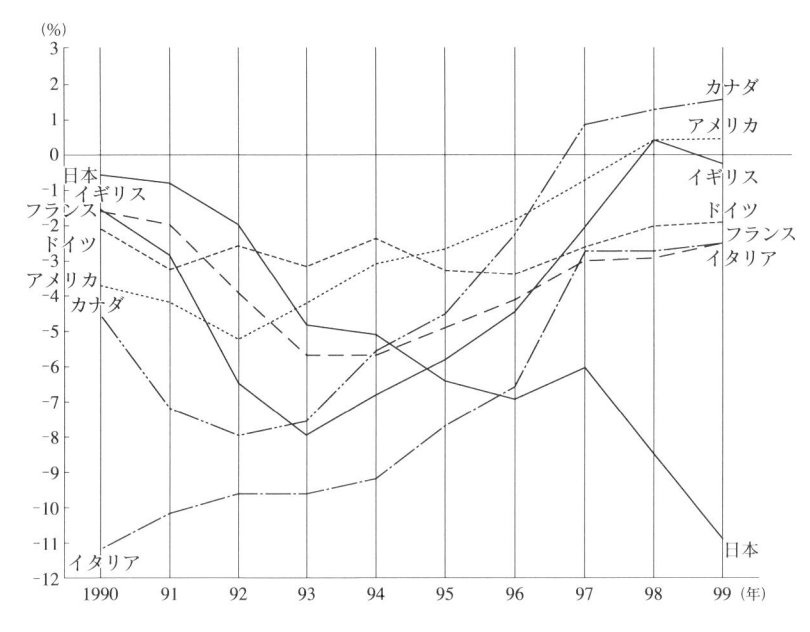

図 5-2　国および地方の財政収支の対 GDP 比の推移

出所）表 5-3 に同じ。

表 5-4　国および地方の財政収支（SNA ベース）

(GDP 比 %)

年	1990	1991	1992	1993	1994	1995	1996	1997	1998	1999
日　本	0.6	0.8	2.0	4.8	5.1	6.4	6.9	6.0	8.5	10.9
アメリカ	3.7	4.2	5.2	4.3	3.1	2.7	1.8	0.7	0.4	0.5
イギリス	1.5	2.8	6.5	8.0	6.8	5.8	4.4	2.0	0.4	0.2
ドイツ	2.1	3.3	2.6	3.2	2.4	3.3	3.4	2.6	2.0	1.9
フランス	1.6	2.0	3.9	5.7	5.7	4.9	4.1	3.0	2.9	2.5
イタリア	11.2	10.2	9.6	9.6	9.2	7.7	6.6	2.7	2.7	2.5
カナダ	4.5	7.2	8.0	7.6	5.6	4.5	2.2	0.9	1.3	1.6

注）1．修正積立方式の年金制度を有する日本およびアメリカは，実質的に将来の債務と考えられる社会保障基金を除いた値．仮にこれを含めれば以下の通り．

	1990	1991	1992	1993	1994	1995	1996	1997	1998	1999
日　本	2.9	2.9	1.5	1.6	2.3	3.6	4.2	3.4	6.0	8.7
アメリカ	2.7	3.3	4.4	3.6	2.3	1.9	0.9	0.4	1.7	1.9

　　2．日本政府推計による国および地方の財政収支の対 GDP 比（年度，SNA ベース）は，1998 年度 9.6（3 次補正後），99 年度 10.7（2 次補正後）．

出所）OECD, *Economic Outlook*, No.65, 第 65 号, 1999 年 6 月．

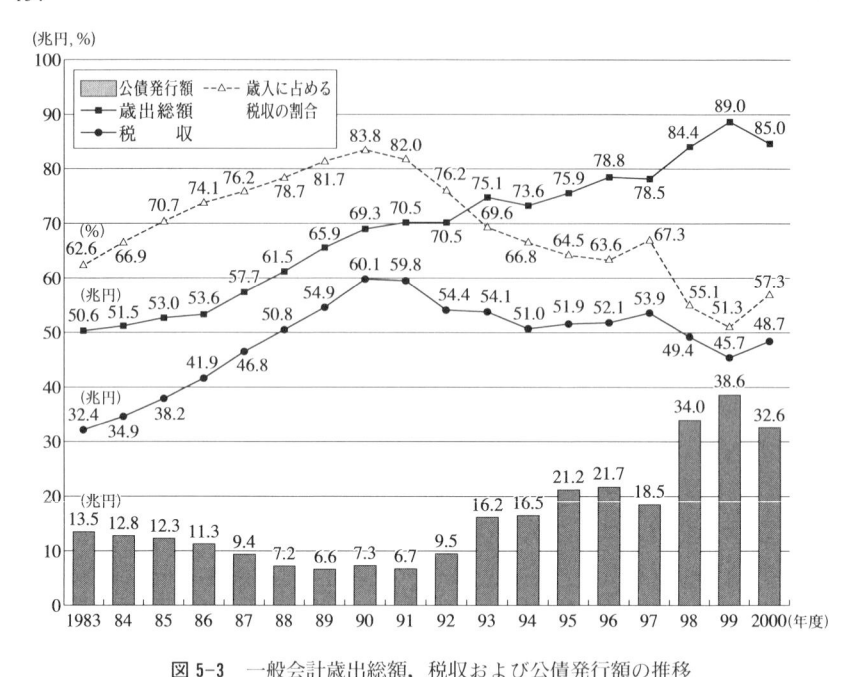

図 5-3 一般会計歳出総額，税収および公債発行額の推移

注）1998年度までは決算額，1999年度は補正後予算額，2000年度は予算額（案）による。
出所）表5-3に同じ。

ある。ちなみに，ヨーロッパの主要国も1990年代に入り，縮小傾向にあり，1996年度以降急速に縮小している国が多い。こうしたわが国と他国とのコントラストは，「世界同時不況」とも呼称されていた世界経済のなかで，わが国の財政赤字がわが国固有の経済状況と経済政策の結果として生まれたものであることを示唆している。

2.1.2 公債発行，公債依存度

決算段階で財政収支の赤字すなわち「歳入欠陥（赤字）」が生じた場合には，不足分を何らかの形で補うわけであるが，1997年度決算のような非常時には「決算調整資金」が使用された。しかしながら，こうした「決算調整資金」の使用がなくとも，一般会計における税収の不足を補うために公債の発行（起債）が行われる。フローの赤字という点では，こうした起債も少なくない赤字的要素をもつのであり，起債額の推移をみておくことは重要である。

図5-3には，1983年度以降の一般会計歳出総額，税収および公債発行額の推移が示されている。これによると，一般会計歳出総額，税収および公債発行額の動きは1990年度を境に変化を遂げたと思われる。すなわち，1990年度までは，歳出規模と税収がほぼパラレルに増加し，公債発行額は減少傾向にあった。ところが，1991年度以降，一般会計の歳出規模は依然として緩やかに増加しているものの，税収は1990年度以前とは打って変わって横這いないし減少傾向にあり，他方で公債発行額がおおむね増加傾向となっている。この関係は，とりわけ1999年度(補正後予算)において際立っており，2000年度(予算ベース)は歳出規模の縮小と税収の前年に比べた増加もあり，公債発行額は減少している。

図にあるように，歳入に占める税収の割合は，1983年度の62.6％から，1990年度には83.8％まで20ポイントも上昇したが，その後は低下を続け，1998年度は55.1％，1999年度は51.3％にまで低下した。1991年度以降も歳出規模の拡大が続いたため，税収の不足分を公債に依存せざるをえなかった状況がここにはよく示されている。

2.2　一般会計における「財政赤字」(ストック面)

2.2.1　公債残高の推移

以下では，一般会計におけるストック面での赤字についてみてみることにしよう。「ストック面での赤字」とは，毎年度の歳入・歳出バランスには直接現れない債務額を指し，具体的には国債や借入金残高の合計額がこれに該当する。すなわち，毎年度の公債起債額から償還額を引いた額が債務のストックとして積み上がっていくのである。

前項でみた，歳出抑制が行われないなかでの税収不足の公債による補塡は，公債残高とりわけ長期債務残高を膨らませていったのである。これを図5-4で確認してみることにしよう。

長期債務残高は，1965年の建設公債の発行以降，緩やかに増加しはじめ，1975年度の特例公債の発行により10兆円を超え，1985年度まで建設公債と特例公債は同じような伸びで増加を示した。その後，建設公債の伸びはとどまるところを知らなかったが，特例公債の発行の伸びは抑制されていたため，全体

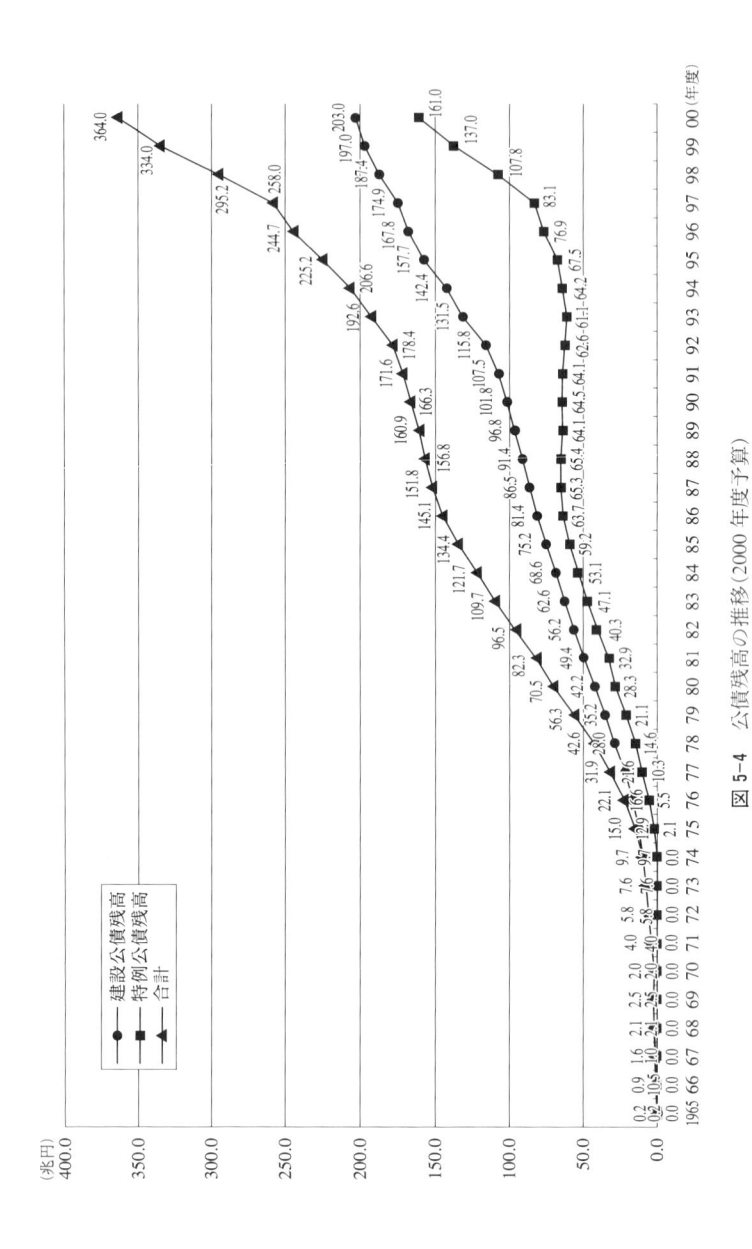

図 5-4 公債残高の推移 (2000 年度予算)

出所) 表 5-3 に同じ。

表 5-5 公債残高の推移

(単位:兆円)

年度	建設公債残高	特例公債残高	合 計	年度	建設公債残高	特例公債残高	合 計
1965	0.2	0.0	0.2	1983	62.6	47.1	109.7
1966	0.9	0.0	0.9	1984	68.6	53.1	121.7
1967	1.6	0.0	1.6	1985	75.2	59.2	134.4
1968	2.1	0.0	2.1	1986	81.4	63.7	145.1
1969	2.5	0.0	2.5	1987	86.5	65.3	151.8
1970	2.0	0.0	2.0	1988	91.4	65.4	156.8
1971	4.0	0.0	4.0	1989	96.8	64.1	160.9
1972	5.8	0.0	5.8	1990	101.8	64.5	166.3
1973	7.6	0.0	7.6	1991	107.5	64.1	171.6
1974	9.7	0.0	9.7	1992	115.8	62.6	178.4
1975	12.9	2.1	15.0	1993	131.5	61.1	192.6
1976	16.6	5.5	22.1	1994	142.4	64.2	206.6
1977	21.6	10.3	31.9	1995	157.7	67.5	225.2
1978	28.0	14.6	42.6	1996	167.8	76.9	244.7
1979	35.2	21.1	56.3	1997	174.9	83.1	258.0
1980	42.2	28.3	70.5	1998	187.4	107.8	295.2
1981	49.4	32.9	82.3	1999	197.0	137.0	334.0
1982	56.2	40.3	96.5	2000	203.0	161.0	364.0

注) 2000年度は予算ベース。
出所) 表5-3に同じ。

としての伸びはやや鈍化していた。1994年度以降特例公債の発行が再び増加基調となり,全体としても公債残高は急拡大してきている。

その結果,公債残高は1999年度で建設公債197兆円,特例公債137兆円,合計334兆円と1998年度の295.2兆円から一挙に40兆円近くも増加した。この額は2000年度予算における一般会計税収予算額48.7兆円の82%に相当し,ほぼ1年度分の税収額に届こうとする額を公債残高として積み上げているのがわが国の現状なのである(表5-5を参照)。

2.2.2　1999年度末(見込)の国債・借入金残高の種類別内訳

それでは,足元の国債・借入金残高の種類別内訳を1999年度末(見込)の時点で,いま少しみてみることにしよう。

図5-5には,国債・借入金残高の種類別内訳が示されているが,いわゆる「普通国債」残高は約334兆円で,建設国債(約197兆円),特例国債(約115兆円),減税特例国債(約7兆円),日本国有鉄道清算事業団承継債務借換国債(約12兆円),国有林野事業承継債務借換国債(約3兆円)から成り立っている。こ

(単位：億円)

政府債務 5,015,813 (100.0)	長期債務 4,513,157 (90.0)	内国債 3,437,326 (68.5)	普通国債 3,346,195 (66.7)	建設国債	1,971,851 (39.3)
				特例国債	1,150,166 (22.9)
				減税特例国債	71,224 (1.4)
				日本国有鉄道清算事業団承継債務借換国債	124,636 (2.5)
				国有林野事業承継債務借換国債	28,317 (0.6)
			交付国債		5,622 (0.1)
			出資国債等		26,948 (0.5)
			預金保険機構特例業務基金国債		— (0.0)
			日本国有鉄道清算事業団債券等承継国債		58,562 (1.2)
		借入金 1,075,831 (21.4)	借入金		753,425 (15.0)
			短期借入金(5年未満)		322,406 (6.4)
	短期債務 502,655 (10.0)	短期証券 502,655 (10.0)	食糧証券(年度越の額)		12,655 (0.3)
			外国為替資金証券(年度越の額)		490,000 (9.8)

図 5-5 1999 年度末(見込)の国債・借入金残高の種類別内訳

注) 1. 本図は，1999 年度 2 次補正後予算の計数である。括弧内は構成比を示す。
   2. 単位未満は四捨五入。
出所) 表 5-3 に同じ。

うした「普通国債」に，交付国債(約 6,000 億円)，出資国債等(約 2 兆 7,000 億円)，日本国有鉄道清算事業団債券等承継国債(約 5 兆 9,000 億円)を加えたものが「内国債」で，その額は約 343 兆 7,000 億円となる。

さらに，こうした「内国債」に「借入金」を加えたものが「長期債務」となる。「借入金」は約 107 兆 6,000 億円であるが，このうち 5 年未満の「短期借入金」は 32 兆 2,000 億円で，5 年超の「借入金」は 75 兆 3,000 億円となって

いる。したがって,「長期債務」残高は合計で約451兆3,000億円に達する。

しかしながら,「政府債務」という点からすると,これだけにはとどまらない。それは,これ以外に表の下欄にあるように,政府の「短期債務」があるからである。この「短期債務」は「短期証券」の発行という形で実行されるが,具体的には「食糧証券(年度越の額)」(約1兆3,000億円)と「外国為替資金証券(年度越の額)」(約49兆円)で,結局「短期債務」の合計額は,約50兆3,000億円となる。

以上をまとめると,1999年度末(見込み)の「政府債務」は約502兆円の巨額に上るのである。

2.2.3 国債の消化方式別内訳

2000年度予算において,新規財源債は32兆6,100億円発行されたが,1999年度当初予算に対して1兆5,600億円の増,また,1999年度2次補正後に対しては,6兆60億円の減となっている。他方,借換債は53兆2,605億円で前年度当初予算比13兆1,790億円の増加となっており,低金利の下,借換が積極的に計画されていることを示している。この結果,新規財源債と借換債の合計は,85兆8,705億円となり,前年度当初予算比14兆7,390億円の大幅増となっている(表5-6)。

新規財源債の内訳は,建設国債が9兆1,500億円(1999年度当初予算比1,900億円の減,1999年度2次補正後比4兆160億円の減),特例国債が23兆4,600億円(同1兆7,500億円の増,同1兆9,900億円の減)となっている。

また,その消化方式はシンジケート団の引受が16兆4,200億円(前年度当初予算比3兆7,800億円の減),公募入札が62兆7,176億円(同21兆9,141億円の増),その結果,民間消化分は79兆1,376億円(同18兆1,341億円の増)となり,全体の92.2%を占めている。前年度当初ベースでは,民間消化分は85.5%であったから,民間消化分は6.7ポイントのウエイト増となった。公募入札では,6年債と4年債が前年度当初予算に比し2兆5,000億円減少したが,15年変動利付債が2兆4,000億円新規に発行され,3年割引債も3,000億円新規に発行された。この他,2年債や短期国債も7兆円強増加しており,全体的に短期の国債の発行のウエイトが高まってきていることがわかる。

また,公的部門の引受は全体の7.8%となり,前年度の14.2%に対し,6.4

表 5-6 2000年度国債・政府保証債の発行予定額

1. 国債

〈新規・借換別発行額〉 (収入金ベース，単位：億円)

区 分	1999年度当初 (a)	1999年度2次補正後(b)	2000年度予定 (c)	(c)−(a)	(c)−(b)
新規財源債	310,500	386,160	326,100	15,600	▲60,060
建設国債	93,400	131,660	91,500	▲1,900	▲40,160
特例国債	217,100	254,500	234,600	17,500	▲19,900
借換債	400,815	400,844	532,605	131,790	131,761
合 計	711,315	787,004	858,705	147,390	71,701

〈消化方式別内訳〉 (収入金ベース，単位：億円)

区 分	1999年度当初 (a)	1999年度2次補正後(b)	2000年度予定 (c)	(c)−(a)	(c)−(b)
シンジゲート団引受	202,000	162,000	164,200	▲37,800	2,200
10年債	200,000	160,000	163,000	▲37,000	3,000
5年割引債	2,000	2,000	1,200	▲800	▲800
公募入札	408,035	523,724	627,176	219,141	103,452
30年債	4,000	5,000	7,000	3,000	2,000
20年債	24,000	24,000	24,000	0	0
15年変動利付債	−	−	24,000	24,000	24,000
6年債	50,000	51,000	25,000	▲25,000	▲26,000
5年利付債	−	29,000	91,000	▲91,000	▲62,000
4年債	50,000	51,000	25,000	▲25,000	▲26,000
3年割引債	−	−	3,000	3,000	3,000
2年債	52,000	94,000	128,000	76,000	34,000
短期国債	228,035	269,724	300,176	72,141	30,452
民間消化分計	610,035	685,724	791,376	181,341	105,652
資金運用部	28,000	28,000	0	▲28,000	▲28,000
郵 貯	35,800	35,800	25,000	▲10,800	▲10,800
対策資金	27,500	27,500	0	▲27,500	▲27,500
窓 販	8,300	8,300	25,000	16,700	16,700
日銀乗換	37,480	37,480	42,329	4,849	4,849
公的部門計	101,280	101,280	67,329	▲33,951	▲33,951
合 計	711,315	787,004	858,705	▲147,390	▲71,701

2. 政府保証債

(収入金ベース，単位：億円)

区 分	1999年度当初 (a)	1999年度2次補正後(b)	2000年度予定 (c)	(c)−(a)	(c)−(b)
10年債	20,000	21,458	32,000	12,000	10,542
6年債	5,000	5,000	4,000	▲1,000	▲1,000
5年債	−	−	3,000	3,000	3,000
4年債	−	6,000	12,000	12,000	6,000
合 計	25,000	32,458	51,000	26,000	18,542

出所）大蔵省『平成12年度国債・政府保証債の発行予定額』1999年12月19日。

表 5-7　借入金の内訳　　　　　　　　　　　　　　（単位：億円）

項目	金額
地方財政対策に伴う後年度負担分	45,211
厚生年金の国庫負担金の繰入れ特例	26,350
自賠責特別会計からの受入れ	8,848
国民年金特別会計への国庫負担金の繰入の平準化措置に係る特例	4,454
一般会計借入金合計	84,863
郵便貯金特別会計借入金	610,000
地方交付税特別会計借入金	300,000
その他	80,000
特別会計借入金合計	990,000

出所）表 5-3 に同じ．

ポイントとそのウエイトを低めた．これには，資金運用部引受の減(2 兆 8,000 億円の減)と郵便貯金の対策資金の減(2 兆 7,500 億円の減)が寄与している．

以上から，民間消化分の増加と短期国債発行のウエイトが高まっていることがわかる．

2.2.4　借入金の詳細

1)「一般会計借入金」，「特別会計借入金」

以下では，借入金について，いま少し詳しくみていくことにする．

前項でみたように，借入金は期間(5 年間)を基準に「借入金」と「短期借入金」に二分することができるが，「一般会計」と「特別会計」に分けて借入金をみてみると，「一般会計借入金」が約 8 兆 5,000 億円に対し，「特別会計借入金」が約 99 兆円と，「特別会計借入金」の方が「一般会計借入金」に対し約 12 倍となっており，特別会計の借入が甚大であることがわかる．

また，「一般会計借入金」は，実は「一般会計に係る繰入れ特例措置」であるが，その措置の内訳は，額の多い順からみていくと，「地方財政対策に伴う後年度負担分」(4 兆 5,211 億円)，「厚生年金の国庫負担金の繰入れ特例」(2 兆 6,350 億円)，「自賠責特別会計からの受入れ」(8,848 億円)，「国民年金特別会計への国庫負担金の繰入の平準化措置に係る特例」(4,454 億円)である．ここには，いわゆる「隠れ借金」と呼ばれるものが含まれているのである(表 5-7 参照)．

また，「特別会計借入金」もその事情は変わらない．「特別会計借入金」はその額が約 99 兆円と大きいが，ここに含まれる約 61 兆円の「郵便貯金特別会計借入金」は，その使途はすべて金融自由化対策資金(自主運用分)である．また，

```
            税 収
             │
             ▼
        国の一般会計
             │
  法定率分    │
             ▼
                        借入金
        交付税特会   ◀────────   資金運用部
   (交付税および譲与税配付金特別会計) ────────▶
                       借入金返済
  地方交付税  │
             ▼
         地方自治体
```

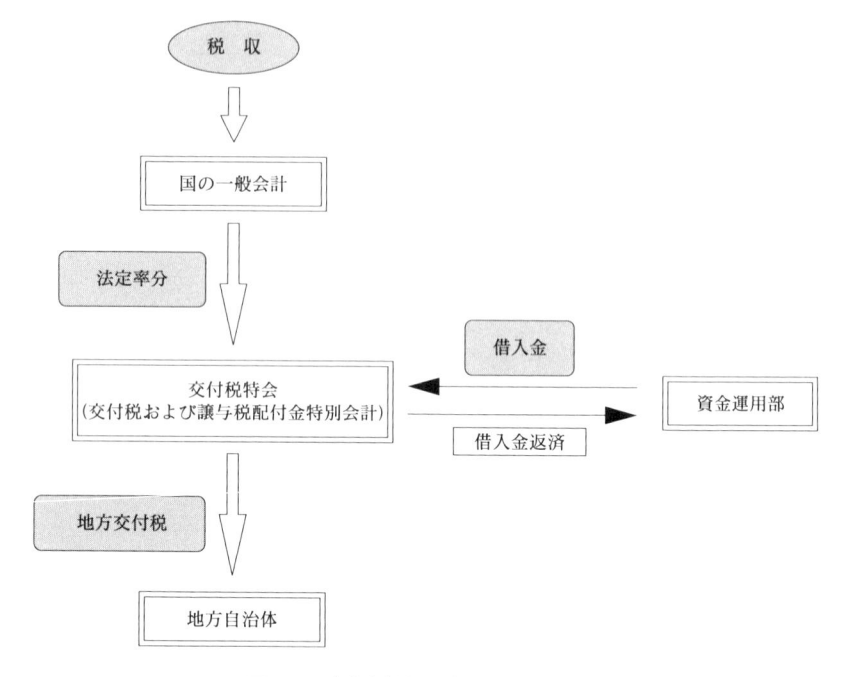

図 5-6　地方交付税制度のしくみ (概要)

注) 大蔵省『ファイナンス』1997 年 3 月号をもとに, さくら総研が作成。

残りのうち 30 兆円が「地方交付税特別会計借入金」で, このうち, 国の負担分が 7 兆 8,000 億円, 地方の負担分が 22 兆 2,000 億円となっている。この「地方交付税特別会計借入金」の問題点については後述する。

2)「地方交付税特別会計」の問題点

　「地方交付税特別会計借入金」(以下,「交付税特会借入」と略) のしくみとその問題点について検討を加えることとする。

　地方交付税制度のしくみは図 5-6 に示されている。地方交付税の総額は国税の一定比率である「法定率分」がその原資となる。「法定率分」とは, ①国税である所得税, 法人税, 酒税の合計の 32%, ②消費税の 4% 相当額の 29.5%, ③たばこ税の 25%, の合計額を指す。

　しかしながら, こうした税源は国税である所得税や法人税に典型的にみられるように景気の動向にその税収が左右されやすく, 地方交付税を交付される地

方自治体の税収動向も基本的に国と同様の動きを示すことになる。すなわち景気の後退期には交付税の原資は減少するのに対し，交付税措置の要望は逆に強まることになる。わが国の 1990 年代はこうした時期に該当する。

こうした地方交付税の財源不足を補うために，交付税および譲与税配付金特別会計での「資金運用部」からの借入という措置がとられており，「交付税特会借入」と呼ばれている(図 5-6 の中央部分にある「交付税特会」と「資金運用部」の関係を参照されたい)。

「交付税特会借入」の問題点には，例えば，以下のようなものがある。「交付税特会借入」が実質的には長期借入であるにもかかわらず，短期借入として扱われているために，国会の議決が必要な財政投融資計画に計上されていないことである。こうした取り扱いは財政投融資の運用上の健全性を損なうことにつながるのである。

なぜこのような措置が可能になるかといえば，次のようなからくりがあるからである。すなわち，「交付税特会借入」の原資である財政投融資資金を 5 年以上にわたって運用する場合は，国会の議決が必要である。しかるに，「交付税特会借入」は借入金残高相当額の借換を毎年繰り返していることから，長期借入という実態であるにもかかわらず，1 年以内に全額を償還することとされている。そのため，国会の議決が不要となっているからである[2]。

2.3 財政投融資の現状と問題点
2.3.1 財政投融資の目的と現状

財政投融資とは，「国全体の立場から政策目的を最も効率的・効果的に推進するために，有償資金の資金源(例えば郵便貯金や年金積立金など国民から預かった公的資金)と財政投融資対象機関とを金融的手法でつなぐ，財政政策の実現システム」であり，「金融的手法による財政政策手段」と位置づけられる。

そして，その目的は，①民間では実現困難な大規模プロジェクト・超長期プロジェクト，②民間金融では困難な長期・固定金利の資金の供給等であり，そのしくみは，図 5-7 のようなものとなる。

財政投融資は，4 種類の財源によりその原資が保証される。すなわち，「資金運用部資金」，「簡易生命保険資金」，「産業投資特別会計」，「政府保証債等」

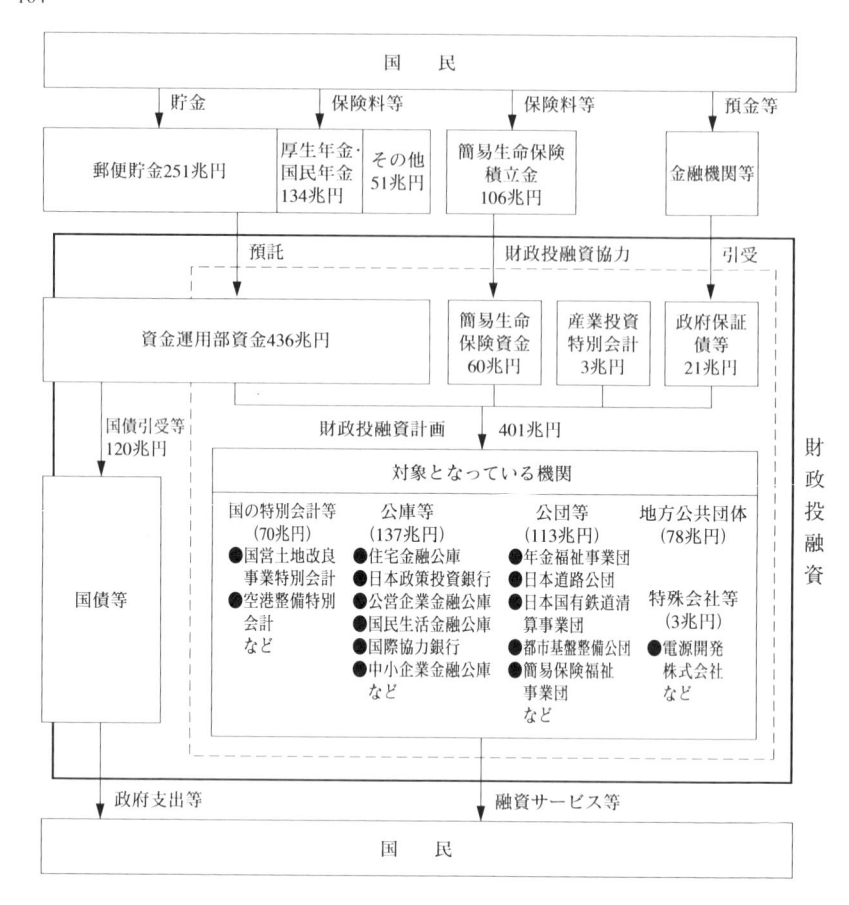

図 5-7 財政投融資のしくみ

注）数字は 1998 年度末残高。
出所）杉本和行編『図説日本の財政（平成 11 年版）』東洋経済新報社，1999 年，99 頁，および大蔵省ホームページをもとに作成。

の4つであるが，これらはいずれも国の制度・信用を背景として集められた資金である。

図に示されているように，1998 年度末の残高でみてみると，まず有償資金としては，郵便貯金(251 兆円)，厚生年金・国民年金の積立金(134 兆円)，その他(51 兆円)があり，これら3つの資金は，「資金運用部資金」(436 兆円)として預託されて，統合的に管理・運用される。預託金残高は，1998 年度末で 436

兆円であるが，そのうち，郵便貯金は約58％，年金資金は約32％をそれぞれ占めている。

また，簡易生命保険積立金(106兆円)のうち60兆円が「簡易生命保険資金」として預託される。さらに日本電信電話株式会社(NTT)や日本たばこ産業株式会社(JT)の配当金や国際協力銀行の国庫納付金等が財源となっているのが，「産業投資特別会計」(3兆円)で，財政投融資計画のうち，投資に当たる部分を担っているのがこの特別会計である。

最後が，「政府保証債等」(21兆円)である。「政府保証債」は，日本道路公団をはじめ公的機関が債券発行市場で公募する債券に対して，政府が債務保証を付すことによって，こうした機関の資金調達を円滑に行うのを助けるものである。

財政投融資は上記①，②の目的に沿って，運用されていくわけであるが，この資金の配分先が「財政投融資対象機関」である。対象となる機関は，図中に示されているが，土地改良，空港整備等を扱う国営土地改良事業特別会計，空港整備特別会計等の国の特別会計，住宅政策，中小企業対策，国際協力等の事業を行う住宅金融公庫，日本政策投資銀行，国民生活金融公庫，国際協力銀行等の公庫等，また，道路，都市基盤等の事業を行う日本道路公団，都市基盤整備公団等の公団等である。

「財政投融資」は，1998年度の計画ベースでは49兆9,592億円でこれは同年度のGDP494兆5,237億円の1割(10.1％)を占めており，一般政府総支出の対GDP比35％の約3分の1に達している。また，1998年度末の残高ベースでは，資金運用部の国債引受120兆円を除き，401兆円という額になっており，この額はすでにみた1999年度末の国の長期債務残高451兆円の約89％になる。「第二の予算」と呼ばれるに足る国民経済に占める役割をもっているのである。

2.3.2　財政投融資の課題・問題点

(1)　財政投融資の重点の移行――「産業基盤」から「生活基盤」へ

財政投融資は，国民の貯金，保険料，預金といった貯蓄を吸収し，戦後の経済復興と産業育成のための投融資資金として財政投融資対象機関を通じて供給されてきたが，これまではわが国経済に大きな役割を果たしてきたといえよう。しかしながら，その役割には変化がみられる。すなわち，その重点が近年「産

業基盤」から「生活基盤」へと移行してきているのである。

　大蔵省『財政投融資レポート '99』(以下，単に『レポート』とする)によれば，1960年頃までは「産業・経済の基本整備」を重視し，産業・経済の基本部分および重点部分へ資金を供給して，産業・技術，国土保全・災害復旧に注力してきたが，その後，1961年から70年までの10年間は「経済の均衡ある発展と国民生活の充実」を重視し，中小企業支援などに重点を置く一方，生活環境整備，道路の充実にも施策の中身を拡大してきた。

　1971年から1980年までの10年間は「国民福祉の向上と景気調整」を重視し，住宅，生活環境整備，中小企業に重点を置き，また，1981年以降は「経済課題への積極的対応」を重視し，経済・社会動向に配慮しながら，融資対象の見直しを行いつつ，引き続き住宅，生活環境整備，中小企業に重点を置いてきたとされている。

　このような重点の移行の結果，『レポート』によれば，国民生活の安定向上に直接役立つ分野への資金配分が着実に比率を高めてきており，最近では財政投融資計画(一般財政投融資)の約4分の3を占め，これに対し，産業・技術分野の構成比は，1955年度には約16%であったが，最近では3%程度へと大幅に後退してきている。

(2)　財政投融資と「財政赤字」

　財政投融資は，「財政赤字」とどのような関連をもっていたのであろうか。

　1980年代を振り返ると，財政投融資は「財政赤字」の国を助けたことがわかる。1980年代は，国の財政再建が大きな目標になっていた時期であるが，この時期，資金運用部は，「国債の引受」と「政府貸付」という方法で国の財政赤字を助けたのである。このうち，前者の国債引受についていま少しみていくこととする。

　1980年頃より，郵便貯金の拡大テンポに比べて財政投融資の伸びが鈍化してきたので，預託利率と国債応募者利回りの差を資金運用部資金の運用益とするために国債保有による資金運用が増大した。ところが，1985年度以降は国債応募者利回りが低下し，預託利率を下まわるという逆ざやが生じた。国債は引受から償還まで10年かかるので，逆ざやはこの間，運用部収支の赤字要因となってしまったのである。資金運用部による国債引受は，その後も続いてき

たが，1998年末に公表された「1999年度財政投融資計画」で資金運用部による国債引受の中止が発表された。その直後から始まった国債利回りの急上昇や海外の格付け機関による国債の格付けの低下，そしてほどなくの再開といっためまぐるしい動きは記憶に新しいところであるが，ここには，わが国の「財政赤字」を支えてきた財政投融資の役割が明確に示されているのである。

(3) 財政投融資の「抜本的改革」とその批判的検討

 a 財政投融資の「抜本的改革」とその方向

 上記『レポート』は，他方で，財政投融資に関する種々の議論・批判を念頭に，改革に関する提言にも触れている。それは，例えば，

 ① 郵便貯金や年金積立金の全額が資金運用部に預託され，必要以上の資金が受動的に集まってきたために，特殊法人等の肥大化や非効率性がもたらされたのではないか，

 ② 現在のしくみにおいては，預託金利および貸付金利の水準を十分に市場と連動した水準とすることができていないのではないか，

といったものである。

 確かに，わが国経済の「成熟化」を背景に，「政府の役割の変化」，「市場原理との調和の要請」，「社会・経済情勢などの変化」に対応して，財政投融資が，将来においてもその機能・役割を適切に果たしていくためには，抜本的な改革を進めていくことが求められているという同『レポート』の認識は誤っていない。同様の認識は，中央省庁等改革基本法(1996年6月成立)での，「新たな機能にふさわしい仕組みを構築する」という文言や，それ以前の資金運用審議会懇談会の「財政投融資の抜本的改革について」(1997年11月)にも共有されている。問題は，その改革の方向である。

 それでは，大蔵省が考える「財政投融資制度の抜本的改革の方向」とはどのようなものなのであろうか。この点について上述の資金運用審議会懇談会の「財政投融資の抜本的改革について」では，以下の①～⑤が指摘されていた。

 ① 財政投融資の性格の変化
 ② 財政投融資の対象分野・事業の見直しとコスト分析
 ③ 市場原理に基づく資金調達(財投機関債，財投債の発行)
 ④ 市場原理との調和の推進(貸付期間に応じ，国債の市場金利を基準とし

て設定）
　⑤　資産・負債管理（ALM：Assets and Liabilities Management）（運用・調達手段の整備）

　①は，郵便貯金・年金積立金等の全額預託義務に基づいて受動的に集まった公的資金の統合運用から，市場原理に則り，真に必要な額だけを能動的に調達した資金による投融資活動（国が行う資源配分機能を有する投資，融資，保証）への変化を指している。

　また，②は対象分野・事業については，民業補完の徹底や償還確実性の精査，コストとベネフィットの十分な比較といった点を踏まえ，厳格に限定していくこととし，有償資金の活用が適切なものであるかどうかについて不断の見直しを行うとともに，国民負担に関する情報のディスクロージャーに資するとの観点から，対象事業の政策コスト（事業の終了までの間に国からの投入が見込まれる補助金等の総額を，一定の前提条件の下に仮定計算したもの）についての分析手法を可能なものから段階的に導入することをその内容としている。

　また，③の資金調達は，市場原理に基づき，各財投機関が個別に発行する「財投機関債」や，国の信用により能動的に一括調達する「財投債」などにより調達することである。

　④の市場原理との調和の推進は，市場原理に則って資金を調達するとともに，貸付金利についても市場金利の動きに対応することとし，基本的には，貸付期間に応じ，国債の市場金利を基準として設定していく必要があるというものである。

　また，⑤の資産・負債管理（ALM）は，改革後の財政投融資の運営において，十分な流動性を確保しながら適切な資産・負債管理を行うことができるよう，運用・調達手段の整備を図る必要があるというものである。

　こうした検討を踏まえ，大蔵省は1999年12月8日に「財政投融資制度の抜本的改革案」をまとめたが，その骨子は上述の資金運用審議会懇談会「財政投融資の抜本的改革について」と変わっていない。

　b　「抜本的改革」とその批判的検討
　こうした改革案については，「制度の改革」が財政投融資の透明化や事業のスリム化あるいは特殊法人の効率化に結びつくかは，運用する「政府の姿勢次

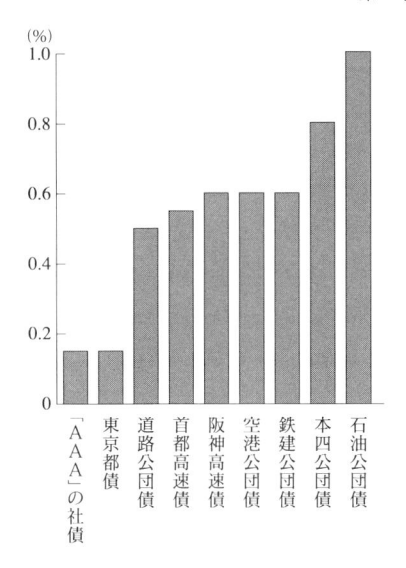

図 5-8 財投機関の縁故債と国債との利回り差

注）三和証券調べ。
出所）『日本経済新聞』1999 年 12 月 2 日付。

第」であるという批判がすでになされている。

　例えば資金調達・運用に関しては，郵便貯金・年金積立金資金の運用部への預託が廃止され，資金が市場で運用されることが考えられているが，ここには「必要以上の資金が受動的に集まってきたために，特殊法人等の肥大化や非効率性がもたらされたのではないか」という問題指摘への対処法が示されている。

　しかしながら，他方には「実際には何も変わらないのではないか」という疑問もある。というのは，仮に全額自主運用の下，利回りの高い民間向け投資が可能となっても，一挙に外国債の購入や信託銀行を通じた株式投資の大幅増を実際に選択することは難しい。なぜなら公的信用を背景にした資金調達はさほど困難ではないのに，運用失敗の際の責任問題が伴う株式投資を選択して，わざわざリスクを抱える必要性が低いからである。

　事業のスリム化や特殊法人の効率化についても，財投機関に対する信用度に応じた財投機関債の発行とそれによる資金調達が市場を通じた財投機関の淘汰

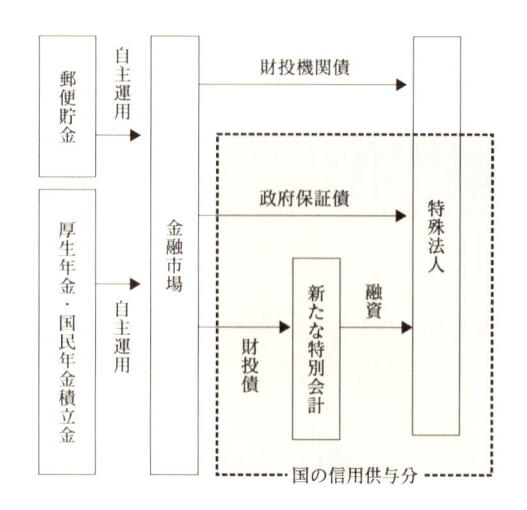

図 5-9　新たな財政投融資のしくみ
出所）『毎日新聞』1999 年 12 月 10 日付。

につながることが期待されている(図 5-8 参照)。しかし，他方では財政規律の確保等の観点から，直ちに政府保証なしで財投機関債を発行することが困難な機関等については，個別に厳格な審査を経たうえで，政府保証債については限定的に発行を認めるとされていたり，財投機関債や政府保証債のいずれによっても資金調達が困難であったり，不利な条件を強いられる重要施策実施機関や超長期資金を必要とする事業等については，「国の信用で一括して」市場原理に則した財投債によって調達した資金の貸付を受ける方式を認めている。これでは郵便貯金や厚生年金の掛金は従来と異なり「資金運用部」には預託されず，一旦は市場を通るが，結局，財投債の購入という形で財政投融資に還流し，従来同様，財投機関を支えるという構図は不変のままとなってしまうのではないか。そしてその結果，事業のスリム化や特殊法人の効率化も達成されにくくなるという批判も説得力をもつものである(図 5-9 参照)。

　また，財投債の発行自体の問題点も忘れてはならない。財投債は基本的には国債と同じ性格をもち，その発行増加は「国債依存度」の急上昇を招き，国債の格下げにつながるというものである。すでに，国債残高が異常に累積している下での新規財源債の増加はこうした懸念を募らせるものである[3]。

3 地方財政危機

3.1 戦後の地方財政危機

わが国の地方財政は，現在戦後3回目の「財政危機」に直面している。

戦後1回目の「財政危機」は，1950年代初めの「朝鮮戦争」後の時期に生じた。この時期は，朝鮮戦争後のデフレによる税収の低下を直接の契機とする「財政収支」というフロー面での赤字をその特徴としていたが，全国の地方自治体の3分の1に近い1,558団体がいわゆる「実質収支」の赤字に陥り，赤字再建法が制定され，18府県を含む596団体が「財政再建団体」となった。その後のベビーブーマー世代のための社会資本整備などが進むなか，1955年頃からの「高度経済成長」により税収も回復し，第1の「財政危機」からの脱却が達成された。

戦後2回目の「財政危機」は，1970年代半ばに起きた。この危機も，直接の契機は第1次オイルショック(1973年)による1974年からの不況であり，「高度経済成長」期からの自然増収をベースにした行政サービスの拡大や給与水準の上昇という「メカニズム」がマイナス成長による税収減や賃上げストップにより崩壊し，1975年頃から危機が始まった。地方自治体においては「都市経営論」ブームが起こり，自治体財政のやりくりのために，財源対策債の起債と交付税会計の特別借入というパターンが定着することとなった。当時の高金利，高インフレーションという環境のなか，地方債残高は1976年度末で約18兆円に上ったが，対GDP比では10%で，現在の30%に比べるとまだかなり低い水準にとどまっていた。

1990年代の戦後3回目の「財政危機」は，「バブル経済」の崩壊後の長期不況を背景にした税収減と景気対策による公共事業への過大な支出，国の補助金の削減による歳出負担増等の要因を特徴としているが，これまでの2回の「財政危機」との大きな差異はストック面の財政危機を伴っているという点である。すなわち，国や県の補助事業が減少し，自主財源と地方債の起債による地方単独事業の増大による「借金増大の持続(sustainable debt)」をその特徴としているのである。

したがって，今回の第3の地方財政危機は，
① 地方財政の財源不足の実態(フロー面からみた一般会計，特別会計での赤字)
② 地方自治体の債務累積(ストック面からみた一般会計，特別会計での赤字)
③ 行政(地方)の不良資産(第3セクター問題，公共用地先行取得問題等)
の3点を把握することで，その実像が浮かび上がってくるのである。

　国および地方財政の長期債務残高は2000年度末においてそれぞれ約485兆円，約187兆円であり，重複分(約26兆円)を差し引いた合計は約645兆円に達するとされ，2000年度の名目国民総生産(GDP)に対し129.3%と，1998年度以降3年連続してGDPを上まわる巨額になることが予想されている。

　以下では，今回の「財政危機」の原因を把握するために，いま少し詳しく地方財政の財源不足の状況をみることとする。

3.2　地方財政の財源不足の状況——運命的に赤字なのか？

　地方財政はその収支が運命的に常に赤字となる「不健全」なものだったのではなく，国の景気対策，国際収支の黒字対策さらには「財政再建」路線との関わりのなかで「不健全」な状態に陥ってきていることを確認することは重要である。

　実際，「高度経済成長」が終わってからの2度にわたる「オイルショック」，1980年代前半の不況，さらには1985年からの「円高不況」といういくたびかの景気後退を経験するなかで，国の場合には1980年代に入り国債残高が急増し「政府債務」はいや増すばかりであったのに対し，地方政府の債務残高は緩やかな伸びにとどまり，その財源不足も解消する方向にあるとみられていた時期が存在した。

　1974年度以降の地方財政の財源不足の推移は図5-10の通りである。これをみると1980年代までは不況期に財源不足が生じ，景気回復期に財源不足が緩和されるという動きが見て取れる。その後1980年代に入ると国のゼロシーリング，マイナスシーリングもあり，地方も歳出を抑制したため，財源不足額は低下し，1985年度には0.6兆円となった。その後円高不況期に2兆円を超える

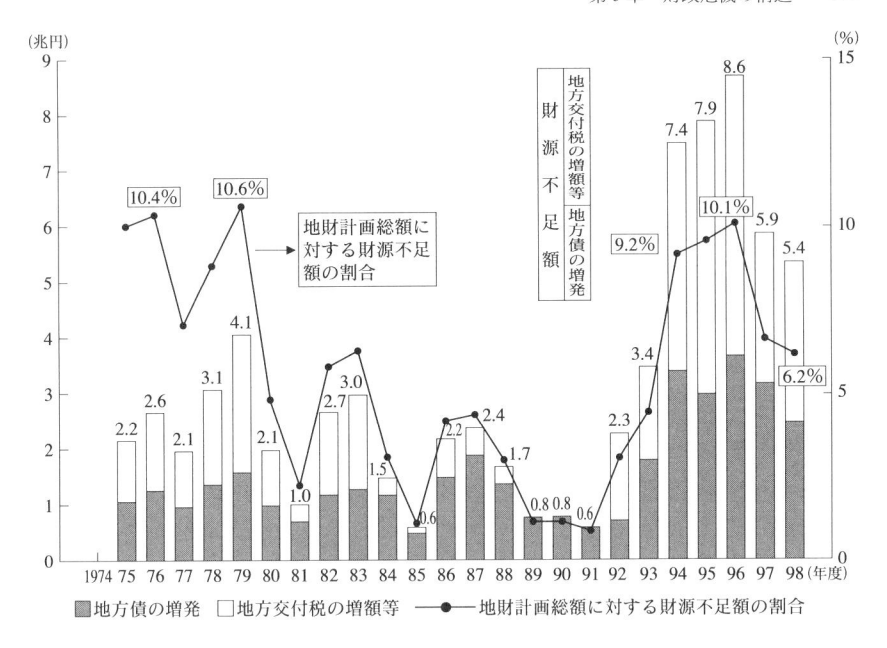

図 5-10　地方財政の財源不足の推移

出所）自治省「地方財政資料」。

財源不足が生じたが，1987年度以降バブル景気による税収増もあり，1991年度にかけて再び財源不足は解消に向かい，91年度には0.6兆円となった。ところが，1994年度以降地方財政の財源不足は地方税収などの落ち込みや減税等により急激に拡大し，1996年度には8.6兆円となり，地方財政計画に対しても10.1％を占めるようになった。5年間で8兆円も増大したのである。その後，この比率は低下してきているものの，1998年度でも財源不足は5.4兆円に達する事態となっている。

また，地方債依存度も1994年度以降急激に上昇しており，1996年度には過去最高の15.2％まで上昇した。また，交付税特別会計借入金を加えた実質的な公債依存度は18.3％となっている。1998年度は地方債依存度は12.7％（実質的な公債依存度は14.0％）とやや改善しているが，1980年代までの財源不足の状況と比べるとその悪化はより深刻である。とくにこの間の財源不足が地方債の起債と交付税の増額によりまかなわれてきたことは全国的な特徴として指摘

することができる。

　2000年度の普通交付税は総額14兆163億円で前年比8.8％の増となっており，不交付団体も7年連続して減少している。すなわち，東京都を除くすべての道府県が交付団体となっており，また政令市と県庁所在都市もすべて交付団体となっている。自治体の96.3％が自主財源不足で国からの交付税に頼っているというわけである。

　地方交付税はいまや用途指定なしの自治体にとって自由に使える「自主財源」ではなく，わずかの自主財源と地方債の起債による財政支出を結びつける「借金マシーン」のような役割を果たしているというと誇張が過ぎるであろうか。

4　財政危機の構造

4.1　「社会全体の危機」と「財政危機」

　財政危機の原因を特定することはそう容易なことではない。というのは，神野直彦が語るように，財政は，「「社会全体」という広義の社会システムを構成する政治システム，経済システム，社会システムという3つのサブシステムの相互作用を調整する媒介環として存在する」ミッシング・リンクであり，3つのサブ・システムは財政を媒介にして「社会全体」を織り上げている[4]。したがって，「社会全体」の危機は必ず財政危機に帰結することになるのであり，財政危機の原因を考えることはサブ・システムそのものやサブ・システム間の関係，これらが織り成す「社会全体」の危機を考えることにほかならないからである。しかも，仮に特定化された原因が除去されたとしても，「社会全体」の安定につながるとは限らないのである（図5-11参照）。

　なお，神野は，わが国において現在必要とされている「システム改革」は，経済システムの突出に起因している「社会全体」の危機を再調整すること，すなわち，危機に陥っている3つのサブ・システム間の相補関係を新たな均衡の下で再調整することであるとしている。

　すなわち，先進諸国がその下で，高度経済成長を享受した「現代システム」

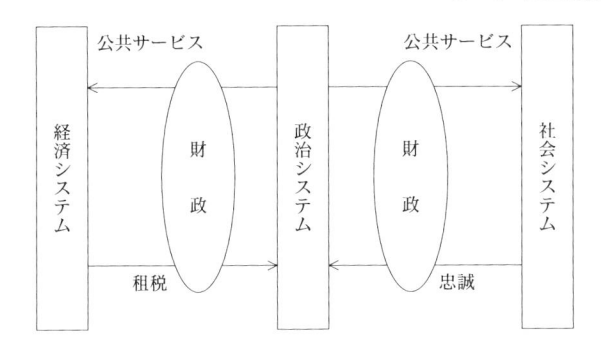

```
           公共サービス              公共サービス
       ┌───────────→┐          ┌───────────→┐
   経済 │    ╱──╲    │ 政治     │    ╱──╲    │ 社会
   シス │   │ 財  │   │ シス     │   │ 財  │   │ シス
   テム │   │ 政  │   │ テム     │   │ 政  │   │ テム
       │    ╲──╱    │          │    ╲──╱    │
       └←───────────┘          └←───────────┘
            租税                     忠誠
```

図 5-11　財政とサブ・システム
出所）神野直彦『システム改革の政治経済学』岩波書店，
　　　1998 年，11 頁。

は，政治システムが経済システムと社会システムに財政というチャネルを通して積極的に介入し，総体としての社会を国民国家のレベルで統合することによって機能し，介入のための財源は，経済の高度成長による税収が補償する形になっていた。また，「労働者は生産の「場」において単純化した非人間的作業を受け入れるだけでなく，生活の「場」においても，耐久消費財の大量購入によって家族やコミュニティの変貌を味わわなければならない。そうした社会システムの変化を受容する代償として，政治システムが社会保障を初めとする公共サービスを供給していったのである」[5]と。

図 5-11 における左側の経済システムと政治システム間の公共サービスは産業基盤（インフラストラクチュア）の提供を指し，租税は「応能的性格」をもち，また，右側の社会システムと政治システムの間のサービス提供は生活基盤の提供を指し，租税は「応益的性格」をもつと考えることが許されるかもしれない。

次に，項を改め，こうした神野の視点をベースに，わが国の「高度経済成長」以降の財政の歴史とりわけ 1980 年代以降の「財政再建」路線について検討を加えてみることとする。

4.2　国の「財政再建」路線

4.2.1　国の「財政再建」路線

1960 年代は民間設備投資主導型の経済で年平均の経済成長率も 10.4% とい

う高率であったため，財政出動も相対的に小さく，起債等に依存することも少ない，その意味では国の財政は「健全財政」とも呼びうるものであった。しかし，1970年代の年平均5.0％という「低成長」の時代に入り，その後の不況時の景気対策として大型公共投資が膨張するに伴い，わが国経済は「公共部門主導型の経済」へ転換し，公債に依存する「公債含みの財政」へとその性格を変えていった。単年度の収支も赤字となり，その収支ギャップも目立つところとなってきた。

実際，1965年度の戦後最初の赤字国債発行に続き，1975年度に再び赤字国債(特例債)および建設国債が発行され，1979年度には公債依存度が34.7％となった。

歳入が歳出を下まわるとその差額(歳入－歳出)は「歳入欠陥」と呼ばれる。1981年度は「歳入欠陥」が2兆4,948億円と過去最高額を示したが，1980年代はこの収支ギャップの縮小を目指す「財政再建」路線がとられる時期となった。加うるに「官から民へ」あるいは「国から地方へ」の「合理的機能分担」という方向に舵が取り直され，いわゆる「財政改革」の取り組みも始まることになる。

その柱は，①歳出削減と②民営化の2つであった。歳出削減はゼロシーリング(1982年度)またマイナスシーリング(1983年度)という形で実施され，また，国から地方への財源配分の削減――補助金の一律削減(1985～88年度)と地方交付税の抑制――も行われ，地方財政へ大きな影響を与えた。

また，民営化も1985年にはJT(日本たばこ)，86年にはNTT，87年にはJRグループ，貨物，清算事業団という形で長期債務問題の解決に曖昧さを残したまま矢継ぎ早に実施された。法律としても民間活力の導入を目指した，いわゆる「民活法」が制定された。その後，バブル景気(1987年11月～1991年2月)による税収増もあり，1990年には「特例公債依存」からの「脱却」を達成した。

同時に，1989年に創設された消費税は国民にとり大きな負担になったが，「増減税同額」であったことや「益税」等の徴収漏れもあり，税収の安定的基盤は確立せず，収支ギャップを埋めるために絶えざる税率引き上げの誘因が存在し続けた。その後，バブル景気が弾け，所得税を中心とする直接税の税収増

が見込めなくなると，この引き上げ圧力は一段と強まることとなった。

「財政再建」を至上命題とする政府(橋本政権)は，1997年度を「財政構造改革元年」と位置づけ，景気が弱含みのなかであるにもかかわらず，多くの国民の反対の声に耳を貸さず消費税率の引き上げを行った。消費税率は3%から5%に引き上げられたが，国税としての消費税は3%から4%に，また新たに創設された「地方消費税」が1%の税率となった。

しかしながら，1997年度は景気低迷による企業の利益減少や，金融機関の不良債権処理の拡大などを反映して，法人税が1兆2,825億円，申告所得税が3,582億円補正後の見積もりを下まわったほか，あろうことか肝心の消費税さえも3,643億円見積もりを下まわった。結局，1997年度一般会計決算は，補正後予算に対し，歳入が2兆3,304億円下まわり，不用金(予算の使い残し)などを差し引いても，最終的な赤字(歳入欠陥)は1兆6,174億円となり，バブル経済の崩壊で法人税収が大幅に減った1993年度の5,600億円の赤字以来4年ぶりの赤字となった。ちなみに1992年度も赤字であったが，その額は1兆5,400億円であった。

「財政再建」を錦の御旗としていた橋本政権はいわば政策の誤り(景気回復への冷や水)により退陣を余儀なくされたが，それは，橋本政権に続く小渕政権が自らの政権を「経済再生(景気回復)政権」と位置づけ，まず「財政構造改革法」を棚上げにしたことからも明らかである[6]。

小渕内閣は，1998年度の補正予算，1999年度予算，2000年度予算において竹下内閣時と同様「バラマキ」予算(国債を大量発行して財政をフルに活用する——何でもありの——「オブチノミクス」と揶揄された)を執行し，「世界一の借金王」を自認していたが，その陰で国・地方ともに債務残高は急拡大していったのである。

神野は1980年代以降の「財政再建」路線を既述の視点から以下のようにまとめている[7]。

高度成長という「黄金の30年」が終わりを告げると，耐久消費財の需要も頭打ちとなり，新たな戦略産業が模索されたが，新たな戦略産業が見出されないまま，政治システムによる経済システムへの介入の撤退が迫られ，経済システムは国境(ボーダー)を超えた拡大により，再び経済成長の栄光の取り戻しが

目指されることとなった。しかも，1980年代前半の日本経済のパフォーマンスの良さ（高経済成長・低失業率）を背景に，経済システム（「経済成長」「国際競争力」強化）や社会システムの再構築ではなく，「財政危機の解消」それ自体を目標に，法人税を中心とした資本所得課税への増税（「法人税の増税基調路線」）が試みられたのである。

1980年代に入ると，「法人税の増税基調路線」は「法人税と所得税の減税基調路線」へと「転換」するが，その目的は経済システムや社会システムの再構築ではなく，一般消費税導入への反発緩和を意図した減税であった。すなわち，直接税（法人税・所得税）の「増税なき財政再建」への「転換」，消費税を中心とする「間接税の増税路線」への「転換」であったのである。こうした方向づけは，かねてから指摘されていた所得税の「不公平性」論も後押しし，より加速されることとなった。

さらに，「財政再建」は，「行政改革」という形態をとって，財政の経費削減（「一般歳出」に対するゼロシーリング・マイナスシーリング等），公共サービスの供給水準の低下に帰結していった。いわゆる「地方分権」も，国の「財政再建」のための「受け皿」論にとどまり，補助金削減に耐えられる自治体作り，「行政効率」を上げるための合併，広域行政，地方行政改革等が「地方行革大綱」に基づき計画されていったのである。

また，「財政支出の削減」はいうまでもなく，政治システムの経済システムへの介入の縮減であるが，それはまず「公的所有の民営化」から始まった。しかしながら，国営企業が少ないわが国の場合，すぐ限界に突き当たり，「規制緩和」という選択肢に移ることになる。そして，「規制緩和」は市場の領域を急拡大し，バブルを招く引き金になったのである。しかも，「財政再建」という錦の御旗の下，バブル景気の税収増は，社会システムを保護する公共サービスに振り向けられることはなかったのである[8]。

4.2.2 2000年度予算における問題先送り

それでは，2000年度予算ではこうした点は変化をみせているのであろうか。

佐野正人によれば，2000年度予算（一般会計）における地方交付税総額は14兆200億円で，前年度当初予算に対し1兆1,300億円増加した。また，法人税の配分比率も32.5％から35.8％に3.3％引き上げられ，2,000億円の「加算措

置」がとられた[9]。これに加え，地方交付税特別会計の借入 7 兆 3,900 億円がなされた。その結果，交付税特別会計の借入残高は 2000 年度末には 38 兆 1,000 億円に達する予定となる。これが，いわゆる「隠れ借金」である。

　佐野が問題にするのは，そのやりくりもさることながら，こうした財源で執行される地方自治体の事業が「財政危機」にそぐわないものであるという点である。すなわち，臨時経済対策事業，教育情報化対策，地域情報化推進事業，地域活力創出プラン，地域材利用促進事業，地域文化財・歴史的遺産活用事業は，地方債の増発を認め，償還において交付税に依存するという旧態依然たるものであって，こうした安易な交付税への依存は，結局，赤字国債の起債を通じて国民全体にその負担がかぶさっていくことに思いが及んでいないという批判である。

　国だけでなく，地方自治体においても「オブチノミクス」(何でもありのバラマキ予算)は表出しているのであり，「地方分権とは口だけで，国と地方が一緒になって借金を増やし，国民につけ回しをする。分権も自治もそこにはない」[10] という佐野の批判を乗り越える地方自治体の財政支出とりわけその事業の評価・見直し，そして抜本的な「つくり直し」が不可欠である。

4.3　財政危機の構造

　すでに触れたように，財政が政治システム，経済システム，社会システムのミッシング・リンクであるということから，「社会全体」の危機は必ず財政危機に帰結することになるのであり，財政危機の原因を考えることはサブ・システムそのものやサブ・システム間の関係，これらが織り成す「社会全体」の危機を考えることにほかならない。

　以下では，政治システム，経済システム，社会システムの順で触れていくこととする。

4.3.1　政治システムと財政危機

　政治システムの影響は，何がしかの「社会像」を前提にした，その実現のための具体的な政策の策定と実行――経済システムや社会システムの目的ならびにこれらのシステムの作用する環境整備のための制度づくり――を通じて発揮される。わが国の場合，この間は「規制緩和」の推進や税制をはじめとする

「国際的調和」という法制度の変更や策定，社会保障制度や労働法制，教育制度の変更などを通じて発揮されてきた。

　また，財政危機との関連では，一般会計，特別会計，地方財政制度，財政投融資という財政制度の枠組みのなかでの「政治家」と官僚の負の役割についてをも指摘しなければならない。1980年代半ば以降の消費税を中心とする「間接税の増税路線」への「転換」は，「直間比率の是正」，「税制の国際的調和」等をスローガンとしていたが，金融自由化・円高・貿易収支の大幅黒字を背景にしたアメリカの外圧すなわち内需拡大策としての公共投資(630兆円)を実現すべく，「構造的」歳入増を目的としたものでもあった。規制緩和，法人税，所得税の低税率化，財政の中立的方向への転換は，「市場主義」と「小さな政府」実現の「必要条件」でもあったわけだから，公共投資の持続と消費税導入による「構造的」歳入増による「大きな政府」とは矛盾することになる。この矛盾を引き受けたのが，地方財政である。「地方行革」による補助金カットによる「福祉的政策」の水準切り下げ，人件費削減，業務の外部委託，そして起債を伴う地方単独事業の推進は，国にとり「小さな政府」，「市場主義」，「公共投資」を実現する「パンドラの箱」であった。

　高度経済成長以降，政治システムが財政を通じて供給してきた産業基盤(工業団地・大規模プロジェクトなど)や生活基盤とりわけ道路や諸施設が飽和状態に達し，供給に対するニーズの少なさとともに建設事業コストや運営コストからみた非合理性が顕著になってきたのは1980年代半ば以降であったが，既述の「パンドラの箱」を閉じるのではなく，開け続けてきたのが「政治家」と官僚であり，その負の役割は，厳しく指弾されるべきである。すなわち，一般会計，特別会計，地方財政制度，財政投融資という財政制度の枠組みのなかで，「政治家」と官僚，業界の描く計画や見直しの硬直性からくる政策の失敗が地方自治体や特殊法人に財政の悪化や破綻という形で集中的に発生してきているのである。政治システムにおける議員や官僚，審議会委員等の選出や意思決定プロセスの硬直性と不透明性は「省庁再編」という形式(「儀式」)だけでは除去できるとは思われない。「財政危機」の大きな原因は，この「政・官・業の癒着構造」にあるといってもよいのである。「政・官・業の癒着構造」は，政治家の集票手段である企業の誘致や大規模プロジェクト(公共事業等)の実施を媒

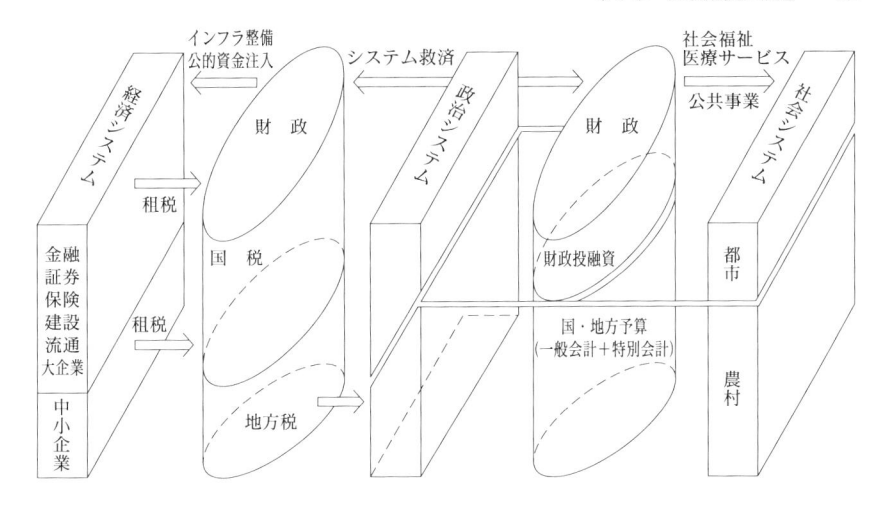

図 5-12　財政とサブ・システム(国・地方，都市農村，予算・財政投融資)

介に，国と地方の支出と財源のインバランスと都市と地方(農村)のインバランスという問題を生み出しているのであり，このインバランス解消が 21 世紀に引き継がれることになる(図 5-12 参照)。

4.3.2　経済システムと財政危機

　経済システムは 2 つのパスで財政危機の原因となっている。一つは，景気低迷による税収の減少というパスで直接，財政危機の原因となっている。いま一つは，これまで吸収していた社会システムの機能を吸収しきれなくなってきたことで，社会システムの危機を増幅し，結果としてそれが「財政危機」につながっていくというものである。1980 年代以降の経済のグローバル化，1990 年代後半の産業再編成(系列を超えた企業の合併・提携)は，日本的経営の「三種の神器」(終身雇用制，年功序列型賃金，企業別組合)と企業福祉(企業内福利厚生)による，従業員の雇用保障と家族の生活保障を困難にしており，中小・零細企業はもとより，大企業労働者(ホワイトカラー)さえ「過剰雇用者」として労働市場に吐き出されていっているのが現状である。しかも，中央政府によるセーフティ・ネットも綻びが目立ってきている。「失われた 10 年」の後にわが国に現出したのは，「過剰」と「不安」の混在した社会であった。すなわち，「3 つの過剰」(設備，雇用，資金)と「3 つの不安」(金融不安，雇用不安，将来

への不安)に暗く縁取られた社会の登場であった。

4.3.3 社会システムと財政危機

神野は，わが国の場合，従来，社会システム自体の自発的な統合力が強力であったが，1980年代に展開された「日本型福祉社会」への転換に伴って社会システムに対するサポートが縮小してきていること，そしてその縮小過程には3つの流れがあることを指摘している[11]。

3つの流れとは，①公共サービスの有償化，②貨幣給付そのもの(公的扶助・家族手当)の削減・抑制，③社会保険における貨幣給付の抑制(老人医療有料化・年金抑制)，である。

政治システムと同様，社会システムにおいてもそのシステム内で処理されていた領域が，市場システムに侵食されはじめ，家族や地域社会の解体が進むこととなった。こうした流れのなかでは，社会システムは財政危機の原因というよりは，財政危機の「犠牲」になってきたという方が正鵠を射ているかもしれない。そして，この犠牲を強いたのが政治システムなのである。

4.4 地方財政危機の構造

地方財政の危機は，基本的には国の財政危機と同様，政治，経済，社会各システムの危機を背景にしているが，すでにみたように戦後3回目の今回の危機の特徴は，「ストック面の財政危機」にある。すなわち，国や県の補助事業が減少し，自主財源と地方債の起債による地方単独事業の増大による「借金増大の持続(sustainable debt)」をその特徴としているのである。

こうした公共事業の後遺症としては，①福祉水準を低く抑え，そのうえ財政破綻を招いたこと，②処分が困難な原子炉や砂に埋まるダムなど，厄介な社会的ストックを抱えてしまったこと，③多くの国民の間に公共事業依存の体質を染み込ませてしまったこと，などが指摘されている[12]。

また，国と異なり，一般に自主財源の乏しい地方自治体の場合，財政機能の発揮における限界は国以上に大きく，危機の深刻度は大きく，必要な公共サービスの提供のために合併も視野に入れなければならなくなってきている。また，「地方分権」という名の下で，権限が委譲されているという点では，政治システムが機能を発揮しうるようにも思われるが，「財源なき権限の委譲」という

```
┌─────────────────────────────┐
│ 長期的要因                   │
│                             │
│ 過大な投資事業→後年度の重い公債費 │
│           見直しのない事業の推進 │
│                             │
│ 人件費(職員数・年齢構成)など右肩上がりの │
│ 歳出構造                     │
│                             │
│ 独自の行政サービス拡大         │
└─────────────────────────────┘
                              ・経常収支比率の
                                上昇
                              ・歳出総額の硬直化
┌─────────────────────────────┐
│ 突発的要因                   │
│                             │
│ 外郭団体(三セク,公社)の借入金が │
│ 突如一般会計の負担に           │
│                             │
│ 債務保証の履行請求             │
│ 企業会計の不良債務処理         │
│                             │
│ 災害・公害対策,信用組合などの破綻, │
│ 信用保証協会の保証履行拡大     │
└─────────────────────────────┘
                              ┌──────────────┐
                              │ 短期的要因   │
                              │ 歳入減とこれに対する │
                              │ 耐久力の低下 │
                              └──────────────┘
```

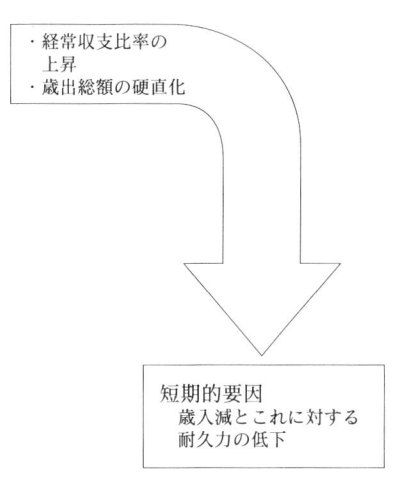

図 5-13　財源不足に至る道

出所）日本格付投資情報センター『地方債格付け』日本経済新聞社，1999年，26頁。

現実は，地方自治体における経済システムや社会システムへの機能発揮を大きく制約しているのである。

　財源不足に至るプロセスは，図 5-13 に示されている。

　まず，「長期的要因」としては，①過大な投資事業による後年度の重い公債費負担や不採算事業の継続・推進，②人件費(職員数・年齢構成)など右肩上がりの歳出構造，③独自の行政サービス，④地域経済の衰退による税収減，があり，また，「突発的要因」として，①外郭団体(第三セクター，公社)の借入金が突如一般会計の負担になり債務負担行為額の急増となること，②債務保証の履行請求，企業会計の不良債務処理，③災害・公害対策，信用組合などの破綻，④信用保証協会の保証履行拡大，があるが，これら長期的要因，突発的要因が，

	国の対策	自治体のとりうる対策
余裕	交付税特会借入 財源対策債	財政調整基金取崩 人員自然減不補充 大型プロジェクト先送り
		資産売却
		他会計,特定目的基金からの繰入 外郭団体からの貸付金の回収 　（外郭団体は外部から借入増）
苦しい	交付税率引き上げ 赤字地方債許可	リースバック
		財政健全化債
		減債基金の積立停止 外郭団体に資産売却(ヤミ起債)
	交付税の繰上交付／一時借入金の出納整理期間中のロール	
		翌年度からの繰上充用(赤字) 増税

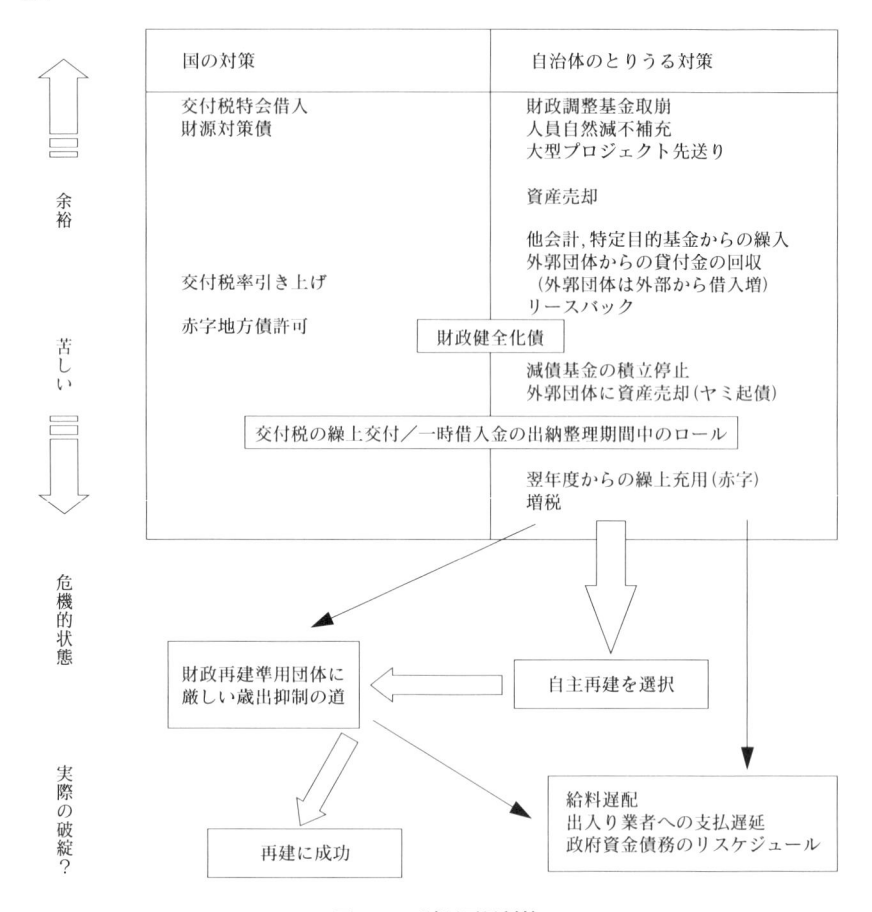

図 5-14　財源不足対策

出所）図 5-13 に同じ，27 頁。

経常収支比率や公債費比率の上昇に示されるような財政の硬直化を招いている。

　また，地方自治体の財源不足に対する地方自治体のとりうる対策は，「財政に余裕のある段階」では，①財政調整基金の取り崩し，②人員自然減の不補充，③大型プロジェクトの凍結，④資産売却，⑤他会計，特定目的基金からの繰入，⑥外郭団体からの貸付金の回収，⑦リースバック，⑧徴税率のアップ，などがあり，「財政状態が悪化してくる」と，①財政健全化債の起債，②賃金削減，③使用料・手数料のアップ，④減債基金の積立停止，⑤外郭団体への資産売却，

さらには，⑥交付税の繰上交付，⑦一時借入金の出納期間中のロール，⑧翌年度からの繰上充用，⑨増税，などが行われることになる。

財政健全化債は，赤字地方債であり，公債費負担比率が20%を超えると，財政再建準用団体となり，厳しい歳出コントロールの下，再建の道を歩むことになる(図5-14)[13]。

4.5 財政赤字の「波及効果」

「財政危機」への対応は，財政政策・金融政策を通じて行われるが，グローバル化した経済においては，財政政策・金融政策が，国際的な資金移動(短期・長期)と深く結びつきながら国家・政府の「信用」の程度を決定していくことになるため，為替・株式・債券(国債)の乱高下・不安定性を生み出すことも重要な事実である。しかしながら，基本的には国家・政府の「信用」の程度は，ほかならぬ「財政赤字」により規定されていくのである。そして，「財政赤字」が及ぼす影響はこれにとどまらないのである。

以下では，財政赤字の「波及効果」を簡単に整理してみることにしよう。

いま，財政赤字の累増を出発点にその生み出す影響を図5-15を用いながら確認してみることにする。ここでは，財政赤字の累増が4つの経路で経済・社会の足枷になることが示されている。4つの経路とは，すなわち，増税，高金利(国債増発に伴う)，円の下落，財政の硬直化である。

まず，「増税」という波及であるが，財政赤字を前提に，その歳入不足を公債発行で補うとすれば，その償還費である国債費が雪だるま式に増えていく，そして，その財源として増税が行われれば，勢いその負担は将来世代に転嫁されてしまう。これは「世代間の不公平」を生み出すとともに，増税自体が，消費を冷やし，景気の足を引っ張ることになるのである。

次いで，「高金利」の波及であるが，一般に財政支出の財源として公債が大量に発行されると，市中消化を通じ，市中の資金が不足し，金利が上昇することになる。すなわち，高金利または金利の高止まりという状況となるのである。そして，この高金利は民間企業の設備投資を抑制(クラウディング・アウト)するというマイナス面をもち，もし，このクラウディング・アウトを避けるために市中への資金供給を増加させると，物価や地価の上昇というインフレーショ

```
                    ┌──────────────┐
                    │ 財政赤字の累増 │
                    └──────────────┘
```

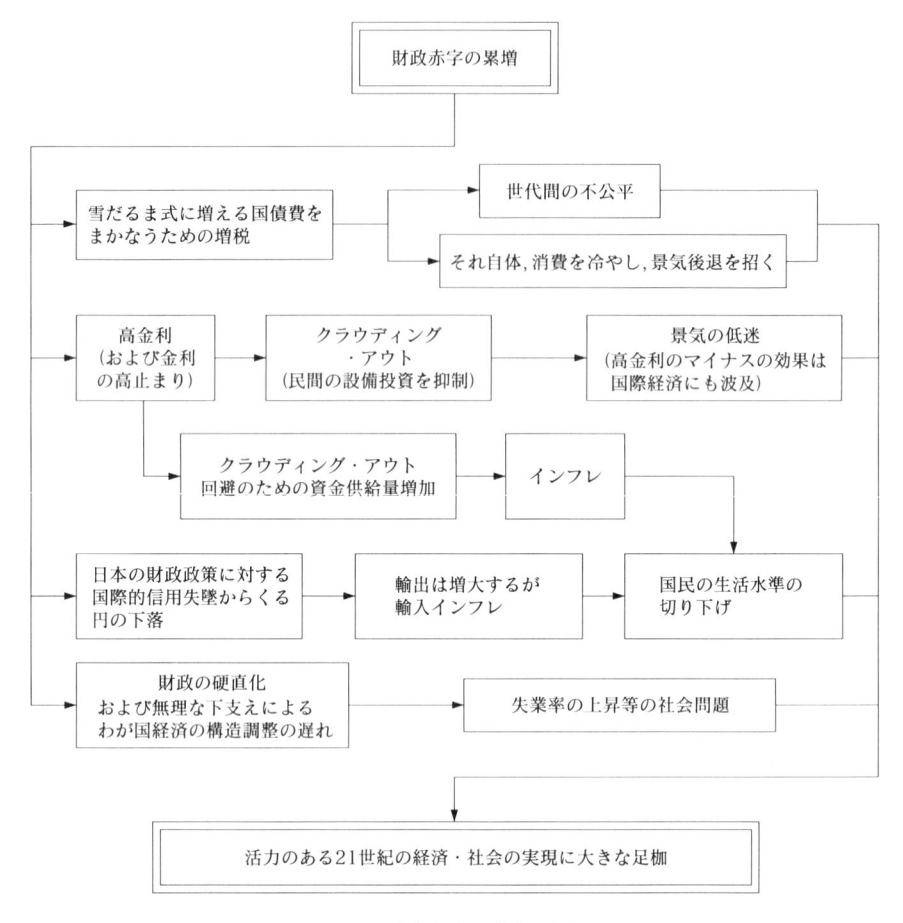

```
┌─ 雪だるま式に増える国債費を ──→ 世代間の不公平
│  まかなうための増税         ──→ それ自体,消費を冷やし,景気後退を招く
│
├─ 高金利        ──→ クラウディング・アウト    ──→ 景気の低迷
│  (および金利       (民間の設備投資を抑制)        (高金利のマイナスの効果は
│  の高止まり)                                    国際経済にも波及)
│              ↓
│              クラウディング・アウト   ──→ インフレ
│              回避のための資金供給量増加            ↓
│                                         国民の生活水準の
├─ 日本の財政政策に対する  ──→ 輸出は増大するが  ──→ 切り下げ
│  国際的信用失墜からくる     輸入インフレ
│  円の下落
│
└─ 財政の硬直化          ──→ 失業率の上昇等の社会問題
   および無理な下支えによる
   わが国経済の構造調整の遅れ
                             ↓
               ┌──────────────────────────────┐
               │ 活力のある21世紀の経済・社会の実現に大きな足枷 │
               └──────────────────────────────┘
```

図 5-15 財政赤字の「波及効果」

出所）財政制度審議会財政構造改革特別部会資料(一部追加)。

ンを招き，国民生活にマイナス効果をもつことになる[14]。

また，「円の下落」であるが，円の下落は政府の財政赤字のみで起きるわけではなく，金融システムや企業利益の状況などの複合的な要因により生じるものである。しかしながら，景気の回復が遅れているという事実や回復の遅れの要因としての財政政策の不適切さが国際的信用を低め，円の下落を生み出すのである。円の下落は，輸出企業にとりプラス面が出てくるが，輸入品について

は上昇となり，輸入インフレーションを通じて国民生活にマイナス効果をもつことになる。

　最後に「財政の硬直化」である。財政赤字は「歳出削減」という選択肢を一つの克服策として含んでいる。しかしながら，例えば公共事業費の削減に対するゼネコンや関係省庁の抵抗，従来の歳出を削減することに対する抵抗が強ければ，この選択肢も実行が難しくなるわけである。その結果，歳出構造にメスが入れられず，わが国の経済構造の改革を促進することができず，「古い型」がそのまま残ることになる。こうした点は，「財政の硬直化」と呼ぶこともできるし，新たな行政ニーズに応えきれないという点では，「政府機能の硬直化」という意味での「財政危機」を表現したものであると理解することもできる。

お わ り に

　国・地方自治体における財政危機の構造を踏まえて，危機の克服を，高齢化社会と地方分権の実現の方向で展望する議論がしばしば展開される。その際，財源もしくは税源として消費税と地方独自の財源（例えば，外形標準課税）が取り上げられることが多い。消費税は導入から10年余りが経ち，法人税を上まわる税収となっていることはすでにみたが，高齢化社会・地方分権の実現にふさわしいか否かについては財政の専門家でも意見が分かれている。また，東京都の外形標準課税導入は大阪市をはじめとするその他の自治体の独自財源導入の検討という波及効果をもたらしているが，税源の国から地方への委譲という問題に正面から切り結んでいるとはいえないうらみがある。

　地方自治体における社会システム像と税収の基礎となる経済システムの構築，そして「社会全体」のシステム設計と実施に大きな影響をもつ政治システムの構築は，ある種のリーダーシップを必要条件としているように思われる。そしてこのリーダーシップは，他でもない国民・地域住民が発揮するものであることを指摘して稿を閉じることとする[15]。

注

1）『読売新聞』1990 年 1 月 30 日付。
2）さくら総合研究所調査部『抜本的見直しが必要な地方交付税特別会計』調査レポート No. 18, 1998 年 12 月。
3）財政投融資の改革については，例えば，川北秀隆『財政投融資ビッグバン』東洋経済新報社，1997 年を参照。
4）神野直彦『システム改革の政治経済学』岩波書店，1998 年。
5）同上，170 頁。
6）今後，この「財政構造改革」路線に再び戻る方向の模索が繰り返されることになるのは必定である。
7）神野，前掲書，178-181 頁。
8）同上，200 頁。
9）佐野正人「査定不在の来年度予算」『日本経済新聞』1999 年 11 月 27 日付。
10）同上。
11）神野，前掲書，178-181 頁。
12）五十嵐敬喜・小川明雄『公共事業をどうするか』岩波書店，1997 年，190 頁。また，公共事業における「政・官・財の癒着構造」については，例えば，広瀬隆『私物国家』光文社，1997 年を参照。
13）2001 年度予算には総額 1 兆 4,488 億円の「臨時財政対策債」が計上され，公共事業以外の使途が許される「赤字地方債」の登場となった。
14）わが国における「ゼロ金利」政策は国債増発に伴う高金利という波及メカニズムを抑制する政策であった。その狙いは景気対策(資金調達の容易化)とともに預金者から金融機関への所得の移転，すなわち金融機関の救済にあったと考えられる。
15）Michael K. Briand, *Practical Politics: Five Principles for a Community That Works*, University of Illinois Press, 1999.

第6章　日本経済のサービス化とその実態

はじめに

　先進工業国における経済のサービス化については，C.クラーク，A.G.B.フィッシャー以来さまざまに論じられてきている[1]。一般に，国民経済における第3次産業のウエイトの増大が経済のサービス化として捉えられているが，周知のようにそれは第2次産業の核をなす製造業のウエイトの低下と第3次産業のなかでもとりわけサービス業の顕著な拡張によって象徴的に捉えられることが多い。現代の経済においては物的な生産をする製造業に代わって直接生産に結びつかない知識や情報の重要性が増し，現代はポスト工業化社会・脱工業化社会に入り知識産業，情報産業がますます重要になってきた，と主張されてきた。最近では，とくにIT(Information Technology)の意義が強調され，情報革命，"IT革命"が進行していると説かれることも多くなった。

　しかし，単に国民経済において生産部門，製造業のウエイトが低下し，第3次産業，知識産業や情報産業をはじめとするサービス業のウエイトが増大・発展したことを強調するだけでは，経済のサービス化が実際に経済的，社会的に何を意味するかは明確にならない。経済のサービス業の進展は，実は，生産，流通そして消費の諸過程における変化とそれに対応した社会的分業の深化と大きく関わっている[2]。

　この章ではこのような観点から，経済のサービス化を特徴づける主要な経済指標の一つである各産業における従業者数の増加に注目し，それに関する統計

を整理し，その分析を通して現在の日本経済のサービス化が実際に何を意味するかについて考察する。

1　第3次産業，サービス業の拡大

　最近の国勢調査によると，日本の製造業就業者数は1990年以降減少しているのに対しサービス業の就業者数は大きく増加し続けていることはすでにみた（第1章，表1-16）が，ここで改めて最近の産業別就業者数の動向について確認しておこう。サービス業の分類は，国勢調査よりも事業所・企業統計調査の方が部分的により詳細であるので，各産業の従業者数については以下ではこの統計を利用する（事業所・企業統計調査における産業分類は，基本的には総務庁の標準産業分類に従っているが，一部の産業についてはさらに詳細に分類したものが「便宜小分類」として用いられている）。

　表6-1は，『事業所・企業統計調査報告』によって1975〜96年の21年間の全国の事業所における産業別従業者数の変化を示している[3]。この21年間に，従業者総数は1,766万人増加した。第2次産業では174万人増加した。建設業では155万人増加したが，製造業では23万人の増加にとどまった。これに対し，第3次産業では1,595万人増加した。全産業の従業者数増加における割合は第2次産業が9.9％，第3次産業が90.3％であった。すなわち，この間の従業者数の増加は，大部分は第3次産業における増加によるものであった。

　第3次産業のなかでは，サービス業と卸売・小売業，飲食店での増加が著しかった。サービス業の就業者は821万人増加し，卸売・小売業，飲食店では587万人増加した。2つの産業だけで1,409万人の増加となる。3次産業内の従業者数増加に占める割合でみると，サービス業は51.5％，卸売・小売業，飲食店は36.8％であり，これら2つの産業だけで88.3％になる。サービス業従業者数は，1991年には製造業の従業者数を超え，1996年には製造業従業者よりも357万人多くなった。

　サービス業について，より詳細にみよう。表6-2は，1975年から1996年の21年間のサービス業に含まれている諸サービス産業における従業者数の動向

表 6-1　産業別従業者数増加
(単位：千人，％)

	従業者数				増　　減		増加倍率
	1975年(昭和50)	1986年(昭和61)	1991年(平成3)	1996年(平成8)	1996－1975	構成比	1996/1975
全産業	45,117	54,370	60,018	62,781	17,664	100.0	1.4
農林漁業	291	281	259	259	-32	-0.2	0.9
非農林漁業	44,825	54,088	59,759	62,521	17,696	100.2	1.4
鉱　業	146	102	77	64	-82	-0.5	0.4
建設業	4,220	4,796	5,281	5,774	1,554	8.8	1.4
製造業	12,699	13,351	14,095	12,930	231	1.3	1.0
電気・ガス・熱供給・水道業	303	317	313	340	37	0.2	1.1
運輸・通信業	3,132	3,383	3,679	3,895	763	4.3	1.2
運輸業	2,512	2,798	3,078	3,292	780	4.4	1.3
通信業	620	585	601	603	-17	-0.1	1.0
卸売・小売業，飲食店	12,368	15,708	16,913	18,247	5,879	33.3	1.5
卸売業	3,874	4,653	5,053	5,061	1,187	6.7	1.3
小売業	6,237	7,655	7,993	9,071	2,834	16.0	1.5
飲食店	2,256	3,399	3,866	4,115	1,859	10.5	1.8
金融・保険業	1,521	1,807	2,083	1,975	454	2.6	1.3
金融業	936	1,087	1,239	1,174	238	1.3	1.3
保険業	585	720	844	801	216	1.2	1.4
不動産業	468	712	923	934	466	2.6	2.0
サービス業	8,295	12,162	14,613	16,508	8,213	46.5	2.0
公務員(他に分類されないもの)	1,668	1,745	1,777	1,849	181	1.0	1.1
国家公務員	531	533	529	533	2	0.0	1.0
地方公務員	1,136	1,212	1,248	1,316	180	1.0	1.2
第2次産業計	17,368	18,566	19,766	19,108	1,740	9.9	1.1
第3次産業計	27,452	35,517	39,988	43,408	15,956	90.3	1.6

注)　1．千人未満は切り捨て。したがって，合計は必ずしも一致しない(以下の表でも同様)。
　　2．電気・ガス・熱供給・水道業は，通常は第3次に分類されているが，ここでは第2次産業に分類した。
出所)　総務庁『平成8年　事業所・企業統計調査報告』第4巻解説編。

を示している。諸サービス産業を対事業所サービス業，対個人サービス業，社会的サービス業およびその他に分けて整理した。21年間にサービス業の従業者数は821万人増加したが，そのうち最も多く増加したのは医療業であり，ここでは151万人増加した。医療業の他の社会的サービス業(保健衛生，社会保険・社会福祉，教育)でも100万人以上増加した。洗濯・理容・浴場業，旅館・その他の宿泊所，娯楽業等の一般に対個人サービス業と呼ばれている産業

表 6-2 サービス業従業者数の動向(事業所・企業統計調査)

(単位:千人,%)

	従業者数				増減(千人)	増加倍率
	1975年(昭和50)	1986年(昭和61)	1991年(平成3)	1996年(平成8)	1996-1975	1996/1975
サービス業	8,295	12,162	14,613	16,508	8,213	2.0
対事業所サービス業						
情報サービス・調査業	98	362	680	657	559	6.7
広告業	74	113	163	149	75	2.0
物品賃貸業	75	169	281	303	228	4.0
その他の事業サービス業	373	878	1,272	1,680	1,307	4.5
専門サービス業(他に分類されないもの)	639	1,214	1,606	1,805	1,166	2.8
協同組合(他に分類されないもの)	424	444	428	451	27	1.1
対個人サービス業						
洗濯・理容・浴場業	817	1,058	1,130	1,214	397	1.5
旅館・その他の宿泊所	629	740	871	911	282	1.4
その他の生活関連サービス業	184	262	287	352	168	1.9
娯楽業(映画・ビデオ制作業を除く)	450	658	891	1,087	637	2.4
映画業・ビデオ制作業	18	34	47	54	36	3.0
放送業	48	57	63	69	21	1.4
駐車場業	46	69	77	85	39	1.8
自動車整備業	309	318	326	350	41	1.1
機械・家具等修理業	147	169	219	245	98	1.7
社会的サービス業						
社会保険・社会福祉	360	610	710	929	569	2.6
医療業	1,261	2,025	2,348	2,771	1,510	2.2
保健衛生	41	62	70	89	48	2.2
廃棄物処理業	146	194	218	256	110	1.8
教育	1,692	2,065	2,189	2,225	533	1.3
その他のサービス業						
学術研究機関	138	192	207	264	126	1.9
宗教	175	240	271	271	96	1.5
政治・経済・文化団体	112	178	209	236	124	2.1
その他のサービス業	27	38	40	45	18	1.7

出所)総務庁『サービス業統計総覧』(1984年),『昭和61年事業所統計調査報告』,『平成8年事業所・企業統計調査報告』(第1巻全国編その1)。

でも130万人以上増加した。しかし,この間の増加率が最も大きかったのは情報サービス・調査業(6.7倍)であり,次いでその他の事業サービス業(4.5倍),物品賃貸業(4.0倍),専門サービス業(2.8倍),広告業(2.0倍)であった。これらは,一般に対事業所サービス業(business services)と呼ばれている。これらの産業での増加人数を合計すると,330万人以上になる。

これらの急速に拡大した産業における従業者数の増加をさらに詳細な分類項

目についてみると，表6-3のようになる。情報サービス・調査業ではソフトウェア業と情報処理サービス業での増加がその大部分を占めている。ソフトウェア業では，1986年からの10年間にも2倍以上に増加した。その他の事業サービス業でも建物サービス業(ビルの清掃，保守，機器の運転の請負等)，労働者派遣業が大きな割合を占めている。物品賃貸業では産業用機械器具賃貸業が最も大きく増加し，1986年から1996年にかけて2倍になった。各種物品賃貸業(産業機械，設備等をリースやレンタルする産業)では，この21年間に11倍に増えた。専門サービス業でも土木建築サービス業(設計監督，建築設計，測量等の土木・建築に関する専門的サービス業)とその他の専門サービス業が大きなウエイトを占めている。

第3次産業のなかでは，流通過程の諸産業(運輸・通信業，卸売・小売業)，飲食店，金融・保険業，不動産業については，それぞれの拡張がどのような経済的，社会的な機能の拡充であるかは明確である。これに対し，サービス業には性格の異なる多くの産業が分類されているため，サービス業の拡張が経済的に何を意味しているかは直ちには理解できない。それゆえ，サービス業拡張の実態を分析しなければ，第3次産業拡張の実態も把握できないことになる。したがって，以下での分析ではサービス業拡張の実態を知ることが中心の課題となる。

サービス業をサービスの対象と種類により，対事業所サービス業，対個人サービス業および社会的サービス業に分けて，その拡張の実態をみていくことにしよう。

2 社会的分業の深化と対事業所サービス産業の発展

2.1 間接部門の拡大・分業化

対事業所サービス産業の発達は，経済の生産，流通の過程における社会的分業の深化と大きく関わっている。製造業からみていこう。今日の製造業においては，技術革新によるファクトリー・オートメーションの発達，ロボットの導入等とともに直接的生産に携わる労働者の割合が減少する一方で，直接的生産

表 6-3 急拡大したサービス産業従業者数の動向

(単位：千人、％)

	従業者数			増減		増加倍率	
	1975年(昭和50年)	1986年(昭和61年)	1996年(平成8年)	1991-1975	1996-1986	1996/1975	1996/1986
情報サービス・調査業	98	335	657	559	322	6.7	2.0
ソフトウェア業		176	397	397	221		2.3
情報処理・提供サービス業	74	158	232	158	74	3.1	1.5
情報処理提供サービス業		133	170		37		1.3
情報提供サービス業		12	31		19		2.6
その他の情報サービス業		13	30		17		2.3
ニュース供給業	13	17	18	5	1	1.4	1.1
興信所	10	10	8	-2	-2	0.8	0.8
広告業	74	113	149	75	36	2.0	1.3
広告代理業			129				
その他の広告業			20				
物品賃貸業	75	169	303	228	134	4.0	1.8
各種物品賃貸業	2	9	22	20	13	11.0	2.4
産業用機械器具賃貸業	26	55	108	82	53	4.2	2.0
事務用機械器具賃貸業	7	12	10	3	-2	1.4	0.8
自動車賃貸業	6	18	33	27	15	5.5	1.8
スポーツ・娯楽用品賃貸業	2	6	6	4	0	3.0	1.0
その他の賃貸業	30	66	122	92	56	4.1	
音楽・映像記録物賃貸業(別掲を除く)			64				
その他の物品賃貸業			58				
その他の事業サービス業	373	878	1680	1307	802	4.5	1.9
速記・筆耕・複写業	28	33	33	5	0	1.2	1.0
商品検査業	17	21	34	17	13	2.0	1.6
計量証明業		8	15		7		1.9
建物サービス業	162	403	689	527	286	4.3	1.7
民営職業紹介所	8	27	36	28	9	4.5	1.3
警備業		129	272		143		2.1
他に分類されない事業サービス業	156	254	598	442	344	3.8	2.4
労働者派遣業			240				

法律事務所・特許事務所	20	33	43	23	10	2.2	1.3
公証人役場，司法書士	25	35	42	17	7	1.7	1.2
公認会計士，税理士事務所	94	131	164	70	33	1.7	1.3
獣医業		12	24		12		2.0
土木建築サービス業	317	412	568	251	156	1.8	1.4
デザイン業	28	36	47	19	11	1.7	1.3
著述業・芸術家	4	1	1	-3	0	0.3	1.0
個人教授所	85	340	544	459	204	6.4	1.6
学習塾（各種学校でないもの）		161	276		115		1.7
フィットネスクラブ			24				
スポーツ・健康個人教授所		40	58		18		1.5
生花・茶道個人教授所		16	14		-2		0.9
そろばん個人教授所		25	21		-4		0.8
音楽個人教授所		32	46		14		1.4
書道・洋裁個人教授所		18	21		3		1.2
和裁・洋裁個人教授所		5	2		-3		0.4
その他の個人教授所		40	77		37		1.9
その他の専門サービス業	90	209	368	278	159	4.1	1.8

注：1. 産業分類は，1996年（平成8年）『事業所・企業統計調査報告』による。1975年，1986年の分類はそれに合わせて整理した。デザイン業の調査は1978年から始まっているので，1975年欄のデザイン業の数字は1978年のものである。

2. 総務庁『日本標準産業分類（平成5年改訂）』では以下の産業には次のような業種が含まれている。

その他の物品賃貸業：映画・演劇用品賃貸業，貸衣裳業，貸し本屋，貸し植木業．

その他の情報サービス業：市場調査業，世論調査業．

その他の広告業：屋外広告業，掲示板案内業，アドバルーン業．

他に分類されない事業サービス業：ディスプレイ業，産業用設備洗浄業，非破壊検査業，看板書き業，鉄くず破砕業，集金業，展示，パーティ貸賃業，圧縮ガス充填業，機械設計業，社会保険労務士事務所，経営コンサルタント，翻訳業，広告製作業，不動産鑑定業，行政書士

その他の専門サービス事務所，等．

出所：総理府『昭和50年事業所統計調査報告』第1巻全国編，総務庁『平成8年事業所・企業統計調査報告』第1巻全国編その1．

とは時間的，空間的に離れて行われる間接的労働が増加し，それに従事する人が増加している[4]。企業規模が巨大化するにつれて企業の管理機構も膨大・複雑化し，経理，企画等の業務をはじめ分業化が進み，他方では大量に生産，建設される商品を販売するための営業・販売業務も拡大した。販売を促進するための広告・宣伝業務も重要になった。さらに，経済の国際化・グローバル化の進展と国際的競争の激化に対応して国際競争力を増強するために研究・開発の役割が重要になり，独立の部門として拡大してきている。新しい技術あるいは新製品の研究・開発が企業の存続・発展の重要な要因となった。

近年におけるコンピュータの急速な発達は，これらの分業化の動きをさらに推し進めている。コンピュータがこれらの分業化した過程・業務に大量に取り入れられ，いまや経理・財務管理，人事・労務管理，金融関連管理から生産・資材管理，製品の受発注・商品取引，販売・在庫管理に至る多くの業務がコンピュータで処理されている。企業内のコンピュータ利用にとどまらず，企業間の情報ネットワークの利用も重要になった。それとともにコンピュータ・情報機器の操作，ソフトウェアの開発，大量の情報処理，システム・エンジニアリング等の業務が膨大な規模で必要とされるようになった。

製造業における間接的労働と直接的労働との分類については，労働省の『産業労働事情調査』(1984年)での分類が参考になる[5]。直接製造部門(製造，加工，組み立てなど製品の生産に直接従事する部門)と製造補助部門(検査，包装，動力，用水，原料運搬〔構内〕，修理作業等の作業で，直接製造に携わらないが，生産現場に密着する作業をする部門)が生産の直接部門とされ，次の5つの部門が間接部門としてあげられている。

 事務・管理部門(総務，経理，人事，企画，生産管理，資材管理，外注管理，製品管理，建物管理などを行う部門——これは企画開発部門，情報処理部門，その他の事務管理部門に分けられる)
 販売・営業部門(営業，広告・宣伝，市場調査，販売などを行う部門——これは，広告・宣伝部門，市場調査部門，その他の販売・営業部門に分けられる)
 研究・技術開発部門(新製品開発，技術開発，特許関連業務などを行う)
 流通関連部門(輸送・倉庫管理を行う部門)

表 6-4 間接部門労働者の割合(1984年)　　　　　　　　　　　(単位：%)

産業	合計	部門								
		直接部門			間接部門					
		計	直接製造部門	製造補助部門	計	事務・管理部門	販売・管理部門	研究・技術開発部門	流通関連部門	その他の部門
産業合計	100.0	60.2	48.9	11.2	39.8	14.4	13.6	8.6	1.5	1.8
消費財関連産業	100.0	58.6	49.7	8.9	41.4	13.4	20.7	3.2	2.0	2.1
素材関連産業	100.0	60.1	47.1	12.9	39.9	14.2	12.9	9.1	1.8	2.0
機械関連産業	100.0	61.2	49.7	11.4	38.8	15.2	9.7	11.5	1.0	1.5

注) 消費関連とは，食料品・たばこ製造業，繊維工業，衣服・その他の繊維製品製造業，木材・木製品製造業家具・装備品製造業，出版・印刷・同関連産業，その他の製造業を合計したものである。
　　素材関連とは，パルプ・紙・加工品製造業，化学工業，石油製品・石炭製品製造業，ゴム製品製造業，なめしかわ・同製品・毛皮製造業，窯業・土石製品製造業，鉄鋼業，非鉄金属製造業，金属製品製造業を合計したものである。
　　機械関連とは，一般機械器具製造業，電気機械器具製造業，輸送用機械製造業，精密機械器具製造業を合計したものである。
出所) 労働省『製造業におけるサービス経済化の進展と労働面への影響に関する結果報告(昭和59年 産業労働事情調査)』。

その他の部門(警備，給食，清掃など上記の部門に属さない部門)

この調査報告書によると，企業規模が大きくなるほど間接的部門の割合が大きくなる。また表6-4に示したように，機械関連産業におけるよりも素材関連産業，素材関連産業におけるよりも消費財関連産業における方が，間接的部門の割合が大きい。機械関連産業では事務・管理部門，研究・技術開発部門のウェイトが，そして消費財関連産業，素材関連産業では販売・管理部門のウェイトが大きい。

製造業における間接的部門の最近の状況については，商業における状況とも併せて，通産省『企業活動基本調査報告書』(1992年，1996年)からも知ることができる[6]。この調査では調査・企画，情報処理，研究開発に携わる部門がソフト部門とされているが，表6-5はそれに従って産業ごとに本社・本店計とそれ以外の組織との合計に分けて示してある。本社・本店におけるソフト部門従事者の割合は，製造業では1992年には12.4%であり，1996年には11.0%であった。そのなかではとくに研究開発部門の従事者の割合が大きく，それぞれの年に6.6%，6.9%であった。卸売業，小売業においても，調査・企画や新商品の研究・開発を担当する部門が一定のウェイトをもつようになってきている。

表 6-5　業務のソフト化の進行(国内常時従事者)

産　業	製造業			
年	1992 (平成4)		1996 (平成8)	
A　本社・本店合計	2,417,329	100.0	2,983,407	10(
B　本社・本店(本社機能部門)	323,552	13.4	823,344	2
a　調査・企画部門	89,685	3.7	73,362	
b　情報処理部門	51,033	2.1	50,051	
c　研究開発部門	158,355	6.6	206,111	
国際事業部門	24,479	1.0	27,266	
その他	―	―	466,554	1.
本社・本店(現業部門)	2,093,777	86.6	2,160,063	7.
現業・鉱山事業部門	6,114	0.3	5,607	(
現業・製造事業部門	1,060,791	43.9	1,279,579	4.
現業・商事事業部門	142,959	5.9	246,460	
その他	883,913	36.6	628,417	2
本社・本店のソフト部門(F=C+D+E)	299,073		329,524	
本店・本社のソフト部門の比率(F/B)	12.4%		11.0%	

出所)　通産省『企業活動基本調査報告書』(平成4年, 8年)第1巻総合統計表。

2.2　業務の外部委託・外注の増加

このような分業の進展により間接的労働が増加し,いわゆる製造業・生産部門でのソフト化,サービス化が進行する一方で,経費の節減あるいは専門的知識の利用を目的に間接的労働が外部委託・外注(アウトソーシング)されることが多くなった。それと並んで,従来企業内で行われていた間接的業務が分離・自立して別会社となることも多くなった。また,業務の引き受けを目的に,あるいは社会的需要の増大を見こして新たな企業が設立されることも増えた。現在では,経営・管理等に関する専門サービス業(エンジニアリング業,デザイン業,設計事務所,弁護士,司法書士等)のこれらの既設,新設の事業所・企業への業務委託も一般化し,研究開発,調査研究の外部委託も進んでいる。多くの企業においてコンピュータをはじめとする情報機器,事務用機器,さらには工作機械,工事用機械等のリースやレンタルも一般的に行われるようになった。

1980年代半ばの製造業における外部委託・外注の状況については,1984年の『産業労働事情調査』で捉えられている。表6-6にその一部を示したが,こ

第6章 日本経済のサービス化とその実態

(単位:人,%)

卸売業				小売業			
1992 (平成4)		1996 (平成8)		1992 (平成4)		1996 (平成8)	
666,487	100.0	722,495	100.0	338,255	100.0	424,997	100.0
74,529	11.2	244,568	33.9	26,435	7.8	136,028	32.0
26,263	3.9	28,360	3.9	16,178	4.8	16,560	3.9
23,231	3.5	22,084	3.1	8,555	2.5	9,875	2.3
14,288	2.1	17,276	2.4	1,005	0.3	1,327	0.3
10,747	1.6	11,270	1.6	697	0.2	1,099	0.3
—	—	165,578	22.9	—	—	107,167	25.2
591,958	88.8	477,927	66.1	311,820	92.2	288,969	68.0
551	0.1	661	0.1	196	0.1	6	0.0
39,526	5.9	51,410	7.1	4,614	1.4	16,109	3.8
240,381	36.1	323,396	44.8	124,691	36.9	209,196	49.2
311,500	46.7	102,460	14.2	182,319	53.9	63,658	15.0
63,782 9.6%		67,720 9.4%		25,738 7.6%		27,762 6.5%	

の当時すでに,製造業企業のほとんどの部門において外部委託が行われていたか,予定されていた。流通関連部門や警備,機械修理等だけでなく,情報処理部門,販売・営業部門でも外部委託をしていた企業の割合が大きかったことがわかる。委託の程度も情報処理部門,販売・営業部門,流通関連部門では50%以上のところが多かった。

同じく1984年の『産業労働事情調査』では,製造業企業の別会社所有の状況も調査されている。この調査によると,調査対象の製造業企業のうち28.0%が別会社をもっていた(消費材関連産業:30.0%,素材関連産業:32.3%,機械関連産業:22.6%)。表6-7は,その状況を企業規模別に示したものである。従業員1,000人以上の企業では,71.3%が別会社をもっていた。そのうち流通関連,技術サービスの別会社保有割合が大きく,周辺事務・管理サービス,販売・営業,設計・デザイン・製品開発,コンピュータ関連の別会社をもっている割合も10%を超えている。

『企業活動基本調査報告書』では,調査費および研究開発費の外部委託について報告されている。表6-8は1992年,1996年の調査報告書のデータを整理

表 6-6　業務の外部委託状況

		調査企業計	外部委託をしている企業	今後新たに委託する企業	委託している企業数	委託の程度	
						50%以上委託	50%未満委託
合　　　計		100.0	91.0	0.8	100.0	—	
事務・管理部門	経理・出納	100.0	9.9	0.2	100.0	16.9	82
	タイプ(ワープロも含む)	100.0	12.9	0.9	100.0	36.8	63
	各種コンサルタント	100.0	19.6	1.2	100.0	36.1	62
	テレックス・オペレーション	100.0	1.4	0.4	100.0	53.4	46
	電話・受付	100.0	3.1	0.5	100.0	45.4	54
	従業員教育	100.0	26.3	4.1	100.0	33.2	65
	翻訳・通訳	100.0	9.5	1.5	100.0	39.2	60
うち情報処理部門	システム設計	100.0	21.3	1.9	100.0	56.2	43
	ソフト開発	100.0	25.0	2.8	100.0	58.4	41
	プログラミング	100.0	26.9	2.6	100.0	57.3	42
	コンピュータオペレーション	100.0	9.3	1.7	100.0	46.8	50
	キーパンチ	100.0	11.2	1.4	100.0	46.5	51
	計算・集計	100.0	9.0	0.8	100.0	36.6	60
販売・営業部門	広告・宣伝	100.0	25.7	1.2	100.0	61.7	37
	市場調査	100.0	14.8	2.1	100.0	50.3	48
	取引先の信用調査	100.0	40.2	1.0	100.0	77.5	21
研究・技術開発部門	設　計	100.0	14.8	1.2	100.0	30.4	68
	技術開発	100.0	12.5	2.1	100.0	32.7	65
	製品デザイン	100.0	15.3	1.8	100.0	45.4	53
流通関連部門	輸　送	100.0	66.5	1.1	100.0	81.4	17
	倉　庫	100.0	21.7	0.9	100.0	50.8	48
その他の部門（製造補助部門を含む）	警　備	100.0	44.8	3.4	100.0	83.1	16
	給　食	100.0	48.0	1.6	100.0	89.5	9
	空調，用水，動力等	100.0	19.2	0.9	100.0	73.1	26
	製品メンテナンス	100.0	8.6	0.5	100.0	54.2	45
	機械修理	100.0	46.2	1.4	100.0	55.6	43
	清掃・ガラス拭き	100.0	33.9	1.4	100.0	71.6	28
	エレベーター運行	100.0	7.2	0.4	100.0	89.5	9

出所）表6-4に同じ。

して，外部委託の割合を示したものである。製造業における調査費のうちの委託割合は，1992年は34.6％，1996年には47.0％であった。鉄鋼業では約8割が委託されており，電気機械器具製造業でも1996年にはその割合が7割を超えている。卸売業においても，その割合は48.8％になっている。研究開発費での委託の割合は，製造業全体について1992年には9.1％，1996年には7.1％であった。そして，そのうちの約半分が資本関係のある会社（子会社等）への委託であった。輸送用機械器具製造業では関連会社への委託の割合は，9割を超えている。小売業でも，委託研究開発費の約半分が資本関係会社に委託されて

(単位：%)

今後の見通し	
後拡大する	現状維持または縮小
—	—
6.8	83.5
12.3	84.9
14.5	82.2
22.7	68.2
17.1	81.0
36.7	60.0
21.2	76.1
27.7	69.4
30.6	66.2
30.5	65.2
30.1	64.4
24.2	73.2
22.4	71.7
25.2	69.8
29.9	65.2
19.4	74.1
26.1	67.2
38.1	57.8
26.3	69.4
27.4	66.2
21.1	74.9
14.8	79.3
12.4	81.0
12.5	82.8
20.4	73.4
14.5	78.4
10.3	83.5
4.2	84.0

いる。

　管理部門，営業部門等の拡大と本来の業務とは直接関わりのない間接的業務の外部委託・外注の増加，専門家への依頼，情報ネットワークの利用，リース・レンタルの利用は，今日では製造業以外の産業でも一般的にみられる。サービス業においても同様であり，諸サービス産業の発展が他のサービス産業をより一層拡大させている。とくに流通過程では，情報ネットワークの利用が非常に重要になった。個々の商品について JAN (Japanese Article Number) がバーコード・シンボルとして JAS 規格化され，それをスキャナーで読みとり受・

表 6-7 企業規模別別会社の所有状況(製造業)
(単位：%)

企業規模	調査企業数	合計	業務内容 M.A.*								
			販売・営業	設計・デザイン・製品開発業	技術サービス	市場調査・広告・信用調査等	コンピュータ関連	警備・ビルメンテナンス	周辺事務・管理サービス	流通関連	その他のサービス
合 計	100.0	28.0	3.7	3.7	4.6	1.2	2.5	2.7	1.8	7.6	3.9
大企業(1,000人以上)	100.0	71.3	11.8	11.8	23.8	2.5	11.0	14.7	15.1	30.5	22.8
中企業(300人～999人)	100.0	40.6	5.0	5.0	6.9	1.3	3.2	4.5	2.2	11.6	6.7
小企業(100人～299人)	100.0	20.3	2.5	2.5	2.1	1.0	1.5	1.0	0.4	4.3	1.3

注) *M.A.は複数回答の意。
出所) 表6-6に同じ。

表 6-8 外部委託費の割合の変化
(単位：%)

	調査費のうち委託調査費の割合		そのうちの資本関係会社の割合		研究開発費のうち委託研究開発費の割合		そのうちの資本関係会社の割合	
	1992年	1996年	1992年	1996年	1992年	1996年	1992年	1996年
製造業	34.6	47.0	21.5	1.3	9.1	7.1	45.5	49.9
食料品製造業	43.8	45.2	11.1	13.6	9.2	6.1	40.8	68.7
化学工業	45.9	34.6	16.1	13.5	8.5	7.8	19.6	1.7
鉄鋼業	80.5	78.6	24.0	11.8	3.9	1.8	4.6	13.1
非鉄金属製造業	68.8	15.4	3.8	0.0	4.4	3.5	57.8	31.8
金属製品製造業	41.5	50.0	5.8	3.9	3.7	2.5	58.5	17.0
一般機械製造業	32.4	13.2	12.2	25.9	4.9	3.4	28.2	42.6
電気機械器具製造業	52.7	74.0	20.5	4.8	7.6	4.5	15.3	12.6
輸送用機械器具製造業	56.2	58.8	12.6	4.0	18.8	14.5	93.6	90.9
精密機械器具製造業	31.4	41.7	28.2	52.0	3.0	4.3	50.1	9.6
卸売業	48.9	48.8	21.6	7.0	8.0	5.2	27.5	18.1
小売業	37.5	34.5	13.4	16.8	28.8	12.7	11.3	45.6

注) 調査費:「マーケッテイング費用」。
　　研究開発費:「研究開発に係わる人件費，原材料費，有形固定資産の購入費，光熱費，消耗品等の経費の総額」(「利用上の注意」を参照)。
出所) 通産省『企業活動基本調査報告書』(平成4年，平成8年)第1巻総合統計表より算出。

表 6-9 情報ネットワークの利用と運用主体(1991 年)

		製造業	卸売業	小売業	製造業	卸売業	小売業
企業数(利用)	合　計	9,973	5,676	2,678	100.0	100.0	100.0
	企業内ネットワーク	8,136	4,683	2,128	81.6	82.5	79.5
	企業間ネットワーク	5,035	3,386	1,680	50.5	59.7	62.7
	企業内・企業間ネットワーク	3,198	2,393	1,130	32.1	42.2	42.2
利用業務の種類(件数)	合　計	9,973	5,676	2,678	100.0	100.0	100.0
	受発注・商品取引	7,493	4,475	2,035	75.1	78.8	76.0
	生産・資材管理	6,850	1,081	270	68.7	19.0	10.1
	販売・在庫管理	7,506	4,858	2,287	75.3	85.6	85.5
	物流管理	3,212	2,220	845	32.2	39.1	31.6
	技術情報管理	1,552	339	181	15.6	6.0	6.8
	経理・財務管理	6,645	3,894	1,923	66.6	68.6	71.9
	人事労務管理	4,471	1,922	1,144	44.8	33.9	42.8
	経営管理	922	610	376	9.2	10.7	14.1
	顧客情報管理	1,681	1,845	1,467	16.9	32.5	54.8
	金融関連取引	3,057	1,832	817	30.7	32.3	30.5
	予約・サービス管理	203	131	236	2.0	2.3	8.8
	情報検索	1,574	1,095	655	15.8	19.3	24.5
	その他	560	347	177	5.6	6.1	6.6
運営主体(件数)	合　計	5,998	3,933	1,971	100.0	100.0	100.0
	自社および自社グループ	3,540	2,114	1,044	59.0	53.8	53.0
	メーカー	900	1152	674	15.0	29.3	34.2
	卸売業者	239	310	204	4.0	7.9	10.4
	小売業者	224	409	71	3.7	10.4	3.6
	データベース事業者	592	316	115	9.9	8.0	5.8
	VAN事業者	1,024	842	281	17.1	21.4	14.3
	その他	1,298	710	318	21.6	18.1	16.1

出所）通産省『平成4年　企業活動基本調査報告書』第1巻総合統計表。

発注する POS(Point of Sales, 販売時点情報管理システム)，複数の利用者で1つの回線を利用する VAN(Value Added Network，付加価値通信網)等が，広範に利用されている[7]。それにより，商品の受発注・販売が極めて迅速に行われるようになった。

表 6-9 は，『平成4年　企業活動基本調査報告書』によって製造業，商業における情報ネットワーク利用の状況を示したものである。この表により，卸売業，小売業そして製造業においても企業内ネットワークだけでなく，企業間ネットワークが広く利用されていることがわかる。各産業とも，受発注・商品取引，販売・在庫管理，物流管理，等の販売・流通に関する業務での利用件数が多い

が，経理・財務管理，人事労務管理，金融関連取引の業務にも利用されている。製造業では，生産・資材管理，卸売業，小売業では顧客情報管理の利用割合も大きい。運営主体では自社および自社グループ，メーカーの件数が多いが，VAN事業者，データベース事業者の件数もそれに次いで大きい。このような情報ネットワークの利用は，クレジットカードの利用とも結びついてさらに拡大してきている。これらの動きの全体が，情報サービス業の拡大と結びついている。

このような外部委託・外注の増加，別会社化が，各種のサービス産業の発達をもたらしている[8]。その状況を具体的にみることにしよう。

2.3　情報サービス業，広告業の拡張

表6-3でみたように，サービス産業のなかで最も拡大したのは情報サービス・調査業である。これと広告業とを併せてみていこう。

表6-10は，『特定サービス産業実態調査報告書』により情報サービス業と広告業の事業別売上高の動向を示している[9]。情報サービス業の売上高は，1987年から1998年までの11年間に4.3倍になり，1998年には10兆円に近づいた。そのなかでは，各産業におけるソフトウェア開発の外部委託の増加を背景に，ソフトウェア開発・プログラム作成が大きく伸び，1998年にはその割合が60％を超えた。また，その売上高はこの11年間に，5.5倍に増加した。そのなかの受注ソフトウェアは5.3倍になった。情報ネットワーク利用の増大によりオンラインの情報処理業も売上を伸ばしてきたが，そのなかでVANの売上高が8倍になったのが特徴的である。また，広告業の売上高はこの間に全体として1.9倍になった。そのうちテレビの割合が最も大きく，売上高合計の約4分の1を占めている。次に新聞の割合が大きく，テレビと新聞とを合わせると各年4割を超える。現在はまだ，インターネットによる取引の実態が統計では把握されていないが，今後はそれが急速に拡大することが予想される。

これらのサービス産業の売上高がどのような産業との取引との結果であるかは，表6-11の契約先に示されている。情報サービス業では製造業(鉱業の割合はごく小さい)が最も大きな割合を占めている。その割合は次第に小さくなってきたが，1998年でも22％を保っている。金融・保険業は運輸・通信業，電

第6章 日本経済のサービス化とその実態

表 6-10 情報サービス業，広告業の売上高

(単位：億円，%)

		売上高				構成比				増加倍率
		1987年(昭和62)	1990年(平成2)	1994年(平成6)	1998年(平成10)	1987年(昭和62)	1990年(平成2)	1994年(平成6)	1998年(平成10)	1998/1987
情報サービス業	合計	22,993	58,726	61,770	98,006	100.0	100.0	100.0	100.0	4.3
	オンライン情報処理	2,646	6,487	6,491	8,090	11.5	11.0	10.5	8.3	3.1
	VAN	339	2,034	2,004	2,797	1.5	3.5	3.2	2.9	8.3
	受託計算	2,307	4,453	4,486	5,292	10.0	7.6	7.3	5.4	2.3
	オフライン情報処理	2,365	3,145	3,168	3,746	10.3	5.4	5.1	3.8	1.6
	ソフトウェア開発・プログラム作成	11,045	34,579	34,858	60,252	48.0	58.9	56.4	61.5	5.5
	受注ソフトウェア	9,638	29,058	29,611	51,469	41.9	49.5	47.9	52.5	5.3
	ソフトウェアプロダクト	1,406	5,521	5,246	8,782	6.1	9.4	8.5	9.0	6.2
	キーパンチ等データ書き込み	1,187	2,043	1,842	2,178	5.2	3.5	3.0	2.2	1.8
	マシンタイム販売	224	536	331	614	1.0	0.9	0.5	0.6	2.7
	システム等管理運営委託	1,157	2,758	3,585	6,885	5.0	4.7	5.8	7.0	6.0
	データベースサービス	432	1,886	1,988	2,910	1.9	3.2	3.2	3.0	6.7
	各種調査	993	2,609	2,475	3,458	4.3	4.4	4.0	3.5	3.5
	その他	2,940	4,680	7,028	9,869	12.8	8.0	11.4	10.1	3.4
広告業	合計	40,615	63,475	63,515	78,062	100.0	100.0	100.0	100.0	1.9
	4媒体広告	23,676	34,787	33,765	40,613	58.3	54.8	53.2	52.0	1.7
	新聞	8,784	13,095	11,630	12,749	21.6	20.6	18.3	16.3	1.5
	雑誌	2,882	4,704	4,685	6,480	7.1	7.4	7.4	8.3	2.2
	テレビ	10,577	15,065	15,695	19,561	26.0	23.7	24.7	25.1	1.8
	ラジオ	1,431	1,932	1,753	1,823	3.5	3.0	2.8	2.3	1.3
	4媒体広告以外の広告	16,937	28,687	29,750	37,450	41.7	45.2	46.8	48.0	2.2
	屋外広告	1,677	2,419	2,596	2,632	4.1	3.8	4.1	3.4	1.6
	交通広告	1,892	3,040	3,297	3,754	4.7	4.8	5.2	4.8	2.0
	折込み・ダイレクトメール	3,406	6,303	7,939	10,702	8.4	9.9	12.5	13.7	3.1
	海外広告	552	510	360	444	1.4	0.8	0.6	0.6	0.8
	SP・PR・催事企画	4,691	9,252	8,425	10,657	11.5	14.6	13.3	13.7	2.3
	その他	4,719	7,161	7,131	9,261	11.6	11.3	11.2	11.9	2.0

出所：通産省『特定サービス産業実態調査報告書』情報サービス業編，広告業編。

表 6-11 情報サービス業，広告業の契約先売上高

		売上高（億円）				構成比（%）				増加倍率
		1987年(昭和62)	1990年(平成2)	1994年(平成6)	1998年(平成10)	1987年(昭和62)	1990年(平成2)	1994年(平成6)	1998年(平成10)	1998/1987
情報サービス業	合計	22,993	58,726	61,770	98,006	100.0	100.0	100.0	100.0	4.3
	農林・水産業	107	336	404		0.5	0.6	0.7	0.7	
	鉱業・製造業	6,825	15,444	15,547	22,226	29.7	26.3	25.2	22.7	3.3
	建設・不動産業	373	1,334	1,198	1,830	1.6	2.3	1.9	1.9	4.9
	卸売・小売業, 飲食店	1,841	5,167	5,501	8,351	8.0	8.8	8.9	8.5	4.5
	金融・保険・通信業	5,594	15,597	16,743	27,103	24.3	26.6	27.1	27.7	4.8
	運輸・通信業				18,388				18.8	
					5,681				5.8	
	電気・ガス・水道業				3,034				3.1	
	サービス業	1,418	2,881	3,731	5,676	6.2	4.9	6.0	5.8	4.0
	公務	1,752	4,024	6,082	10,790	7.6	6.9	9.8	11.0	6.2
	一般消費者	90	274	232		0.4	0.5	0.4		
	その他	1,239	2,349	2,913	6,474	5.4	4.0	4.7	6.6	5.2
	他の同業者から	2,815	9,100	8,241	15,556	12.2	15.5	13.3	15.9	5.5
	同一企業内取引	934	2,217	1,180		4.1	3.8	1.9		
広告業	合計	40,615	63,475	63,515	78,062	100.0	100.0	100.0	100.0	1.9
	農林・水産業	256	465	383		0.6	0.7	0.6	0.6	
	鉱業・製造業	15,904	20,923	20,502	24,466	39.2	33.0	32.3	31.3	1.5
	建設・不動産業	3,284	5,724	5,202	6,158	8.1	9.0	8.2	7.9	1.9
	卸売・小売業, 飲食店	8,104	13,330	13,472	15,636	20.0	21.8	21.2	20.0	1.9
	飲食店				13,688				17.5	
					1,948				2.5	
	金融・保険業等	3,021	5,685	5,608	8,332	7.4	9.0	8.8	10.7	2.8
	運輸・通信業				3,745				4.8	
					3,533				4.5	
	電気・ガス・水道業				1,054				1.4	
	サービス業	4,550	7,923	8,209	10,148	11.2	12.5	12.9	13.0	2.2
	公務	958	1,578	1,888	2,429	2.4	2.5	3.0	3.1	2.5
	一般消費者	173	292	194		0.4	0.5	0.3		
	その他	2,169	3,215	2,779	3,896	5.3	5.1	4.4	5.0	1.8
	同業者から	2,192	4,336	4,928	6,997	5.4	6.8	7.8	9.0	
	同一企業内取引			346				0.5		

出所）表6-10に同じ。

気・ガス・水道業と一括されていたが，1998年になって初めてそれぞれが分離して示されている．それによると，金融・保険業は製造業に次いで大きな割合を占めている．製造業と金融・保険業とを合わせると40%を超える．広告業においても製造業の割合が最も大きく，卸売・小売業，飲食店の割合と合わせると50%以上になる．これらのことは，情報サービス・調査業，広告業が，社会的にみると製造業，金融・保険業，卸売・小売業等の業務の一部を引き受け，代替することによって拡張してきたことを物語っている．

2.4 専門サービス業の拡張

特定サービス産業実態調査では，専門サービス業のいくつかについて調査されている．表6-12はそのうちの主なものについて，調査結果を整理したものである(特定サービス産業実態調査では，各産業について表頭に記した年には調査されていないものもあるので，その場合にはその年に近接した調査年の数字を示した)．

エンジニアリング業[10](ここでは，それを主業とするものだけを取り上げた)，機械設計業，デザイン業の契約先では，製造業のウエイトが非常に大きい．エンジニアリング業の売上高の約4割は製造業である．これに同業者との取引割合を加えると，5割を超える．機械設計業では売上高の大部分は製造業との契約によるものであり，デザイン業でも売上高の約4割が製造業との取引によっている．ディスプレイ業では小売業のウエイトが最も大きく，卸売業と合わせると30%以上になる．ディスプレイ業，デザイン業では同業者も含めてサービス業のウエイトが大きい．ディスプレイ業では広告業，同業者も含めると約30%，デザイン業では約20%になる．クレジットカード業の売上高は，銀行系と信販・流通系とでほぼ二分している．ここでも，これらのサービス産業が製造業をはじめとする他の産業での業務の一部を代替することによって，発達してきたことが示されている．

これらの対事業所サービス業の拡張は，先にみたように各産業における間接的業務の拡大とそれを引き受ける諸産業の発達，すなわち社会的分業の進展によってもたらされたものである．それらの業務の多くは，従来は取引先の産業あるいは企業の内部で行われていたものであった．社会的分業化が進展し，専

表 6-12 専門サービス業契約先別売上高

(単位：億円、％)

	売上高				構成比				増加倍率
	1982年(昭和57)	1994年(平成6)	1996年(平成8)	1998年(平成10)	1982年(昭和57)	1994年(平成6)	1996年(平成8)	1998年(平成10)	1998/1982
エンジニアリング業(主業)(受注高)									
合計		50,816	44,617	43,210		100.0	100.0	100.0	
製造業		21,996	19,913	17,996		43.3	44.6	41.6	
化学		7,383	7,045	4,607		14.5	15.8	10.7	
石油・石炭製品		5,368	3,292	2,846		10.6	7.4	6.6	
鉄鋼		1,002	1,183	1,313		2.0	2.7	3.0	
非鉄金属		249	265	210		0.5	0.6	0.7	
金属製品器具		492	462	292		1.0	1.0	0.5	
一般機械器具		3,472	3,044	3,825		6.8	6.8	8.9	
その他		4,030	4,622	4,899		7.9	10.4	11.3	
電気・ガス・熱供給・水道業		10,299	5,425	5,554		20.3	12.2	12.9	
公務		6,151	7,646	8,121		12.1	17.1	18.8	
その他の産業		7,277	7,494	7,371		14.3	16.8	17.1	
他の同業者		5,087	4,134	4,166		10.0	9.3	9.6	
	(1983年)	(1993年)			(1983年)	(1993年)			(1996/1983)
機械設計業									
合計	1,225	2,150	2,149		100.0	100.0	100.0		1.8
製造業	1,068	1,826	1,928		87.2	84.9	89.7		1.8
一般機械	379	550	587		30.9	25.6	27.3		1.5
電気機械	180	402	435		14.7	18.7	20.2		2.4
輸送用機械	130	366	385		10.6	17.0	17.9		3.0
上記以外の製造業	379	508	521		30.9	23.6	24.2		1.4
卸売・小売業	2	7	6		0.2	0.3	0.3		3.0
サービス業	34	56	39		2.8	2.6	1.8		1.1
その他の産業	80	97	78		6.5	4.5	3.6		1.0
他の同業者および同一企業内取引	39	163	97		3.2	7.6	4.5		2.6
	(1986年)	(1997年)			(1986年)	(1997年)			(1997/1986)
ディスプレイ業									
合計	4,348	4,601		4,319	100.0	100.0		100.0	1.0
鉱業・製造業	215	258		222	4.9	5.6		5.1	1.0
建設・不動産業	162	385		238	3.7	8.4		5.5	1.5
金融・保険業	110	129		108	2.5	2.8		2.5	1.0
卸売業	410	231		212	9.4	5.0		4.9	0.5
小売業	1,693	1,184		1,157	38.9	25.7		26.8	0.7
飲食店	258	182		186	5.9	4.0		4.3	0.7
サービス業	341	457		374	7.8	9.9		8.7	1.1
広告業	310	504		501	7.1	11.0		11.6	1.6
公務	127	356		393	2.9	7.7		9.1	3.1
同業者から	462	573		644	10.6	12.5		14.9	1.4
その他	255	311		280	5.9	6.8		6.5	1.1

第 6 章 日本経済のサービス化とその実態

	(1989年)				(1995年)			(1998/1989)
合計	864	1,974	1,880	100.0	100.0	100.0	2.2	
農林・水産業	1	5		0.1	0.3			1.8
鉱業・製造業	399	657	733	46.2	33.3	32.8	1.8	2.3
卸売・小売業, 飲食店	148	511	337	17.1	25.9	21.3	2.3	3.2
建設・不動産業	32	137	101	3.7	6.9	6.2	3.2	
金融・保険・運輸・通信業等	22	55		2.5	2.8	2.6		
デザイン業以外のサービス業等	103	209	173	11.9	10.6	11.7	1.7	
公務	13	68	90	1.5	3.4	5.2	6.9	
一般消費者(個人)	18	32		2.1	1.6	1.9		
その他	52	110	231	6.0	5.6	6.1	4.4	
デザイン業務を行う他の同業者	67	170	216	7.8	8.6	10.8		
本社からの同一企業内取引	3	15	13	0.3	0.8	0.8		

	(1995年)		
研究開発支援検査分析業			
合計	1,346		100.0
農林・水産業	9		0.7
鉱業・製造業	784		58.2
建設業	110		8.2
運輸・通信業	86		6.4
電気・ガス・水道業	23		1.7
教育・研究機関	49		3.6
サービス業(当該業務を除く)	100		7.4
公務	112		8.3
その他の産業	41		3.0
同一企業内取引	28		2.1
親会社との取引	406		30.2

クレジットカード業 (取扱高)	(1989年)				(1995年)			(1998/1989)
合計	114,199	172,534	195,736	237,827	100.0	100.0	100.0	1.9
銀行系	59,807	87,676	100,063	121,670	52.4	50.8	51.1	51.2	1.8
信販会社	20,227	34,184	37,990	43,985	17.7	19.8	19.4	18.5	2.0
百貨店・量販店, 流通系	25,526	36,277	40,912	53,366	22.4	21.0	20.9	22.4	1.8
その他	8,638	14,397	16,769	18,806	7.6	8.3	8.6	7.9	2.1

注) エンジニアリング業は日本標準産業分類準産業分類細分類 8,499「他に分類されない専門サービス業」のうちエンジニアリング業を営む全国の企業(ぜネコンの行うエンジニアリングは含まない)、機械設計業は同分類 849「その他の専門サービス業」のうち 8,491 機械設計業、ディスプレイ業は同分類 869「他に分類されない専門サービス業」のうちディスプレイ業、デザイン業は同分類 8,461 デザイン業を営む企業で市の区域に所在するもの、研究開発支援検査分析業は同分類 8,600「他に分類されないその他の事業サービス」のうち、研究開発支援分析業務を営む全国の事業所。クレジットカード業は、大分類 J-金融・保険業のなかの小分類 663 クレジットカード業、割賦金融業の細分類 6,631 クレジットカードを業とする業務を営む全国の企業(ただし、訪問販売会社、自動車ディーラー、自動車メーカー系クレジット会社、信用保証会社、民間金融機関、消費者金融機関は調査対象から除外されている)。

出所) 通産省『特定サービス産業実態調査報告書』エンジニアリング業編、ディスプレイ業編、機械設計業編、デザイン業編、研究開発支援検査分析業編、クレジットカード業編、通産省編『サービス産業年鑑』東洋法規出版。

門化が進むことによって，それらの業務はさらに発達したものになってきてはいる。なかには特別な専門と能力をもつ人が新しい企業を起こし，大きな利益をあげ，社会的に注目されているものもある。そのことが時代の先端をいく新しい産業の発展として社会的に注目され，情報革命，IT革命が起きていると評されることになっている。

確かに，これらの新しい企業，産業の発達が企業の経営コストを節減し，したがって社会的な経費を節減してきている。しかし，社会全体としてみれば，基本的には，従来と同様の業務が形を変えて遂行されているのであって，生産物が生産され，流通・配分され，消費されていくという社会的・経済的実態には大きな変化は生じてはいない。それにもかかわらず産業分類上は，それらの業務が従来とは異なる産業，企業のものとされることになり，新しい諸産業の発達は対事業所サービス業の拡張として捉えられているのである。その結果，統計的にはその分だけ製造業，金融・保険業，卸売業，小売業等で就業者数が減少する，あるいは増加が抑制されて表示されることになる。

とくに製造業では，近年の技術革新や省力化，対外直接投資の増大等による従業者数の減少に加えて，このことは製造業従業者数がさらに減少し，経済のサービス化がより一層進んでいるという外観を作り出している。社会全体としてみれば，現実には，従来と同様の生産活動が遂行されているにもかかわらず，統計的には対事業所サービス業が拡張し，そしてその分だけ製造業が縮小していると捉えられることになっている。ここでは，経済の現実とその統計的把握とが齟齬をきたしている。

2.5 リース，レンタル産業の発達

次に物品賃貸業をみよう。ここでの物件の賃貸は，リースとレンタルに分けられる。特定サービス産業実態調査では，リースについては次の条件で物件を使用させるものと規定されている。すなわち，①物件を利用させる期間が1年を超えるものであること。②契約期間中いつでも解約の申し入れをすることのできる旨の定めのないものであること，とある。リース期間中の物件の瑕疵責任や危険負担，修繕義務はユーザーが負う[11]。それ以外の短期の物品賃貸がレンタルである。レンタル，リース取引は資金の効率的運用等，税制上のメリッ

表 6-13　リース物件の分類

物　件　名		内　容　例　示
1．情報関連機器		電子計算機および関連機器および通信機器
	電子計算機および関連機器	電子計算機(中央演算装置，入出力装置，記憶装置を含む)，端末機器(POSシステム，パソコンなど)，補助装置，電子計算機附随機器，ソフトウェア，CAD/CAMなど
	通信機器	有線通信機器，無線通信機器，放送装置，自動交換装置，ファクシミリなど
2．事務用機器		金銭登録機，タイプライター，複写機，事務用什器・備品，ワード・プロセッサ，エアシューター，シュレッダー，料金計器，貨幣処理機器，ファイリングシステム機器，マイクロフィルムシステム，事務用印刷機器など
3．産業機械		自動組立装置，産業用ロボット，製鉄機械，化学機械，繊維機械，鉱山機械，食品加工機械，製紙機械，印刷機械(製版，製本を含む)，樹脂加工機械(射出成形機など)，木工機械，工業窯炉，包装機械，鋳造機械，金型など
4．工作機械〔NCを含む〕		旋盤，ボール盤，中ぐり盤，フライス盤，平削り盤，研削盤，歯切盤，マシニング・センター，鍛圧機械，放電加工機，熔接機など
5．土木建設機械		掘削機械，基礎工事機械，整地機械，締め固機械，コンクリート機械，舗装機械，建設用各種クレーン(いずれも自走式を含む)，建設工事用各種作業船，仮設用機材(工事用エレベーターを含む)など
6．輸送用機器		鉄道車輛，産業車輛(構内作業車，フォークリフトなど)，荷役運搬機器車輛(コンテナ，パレットを含む)などおよび自動車，船舶，航空機
	自動車	乗用車，トラック，バスおよび特殊車輛(プレートナンバー 8 のもの)
	船　舶	船舶
	航空機	航空機
7．医療機器		診断施設用機器，診断用機器，手術用機器，処置用機器，試験・検査用機器(理化学機器のうち医療関係をこの項に計上)，歯科用機器，医療用各種電子応用機器など
8．商業用およびサービス業用機械・設備		業務用ランドリーおよびドライクリーニング装置，ホテル用設備，自動車用サービス機器(ガソリンスタンド関連，洗車機など)，レジャー機械・設備〔屋内外のレジャー・スポーツ用機器器具(レジャー用クルーザー，ヨット等を含む)〕などおよび商業用機械・設備
	商業用機械・設備	業務用調理装置，冷凍機，ショーケース，冷凍(蔵)庫，各種自動販売機，レストラン用設備，商業用什器・備品など
9．その他		上記以外の物件および理化学機器
	理化学機器	計量器，測定機器，試験機器，分析機器，光学機器，研究教育用理化学機器など(医療用を除く)

注）生産工程に組み込まれた「電子計算機および関連機器」は，その生産機械に分類する。また，その他複合機器で分類が難しい物件については，必要に応じ主たる部分の帰属する項目に分類する。
出所）リース事業協会『リース・ハンドブック』2000 年 2 月。

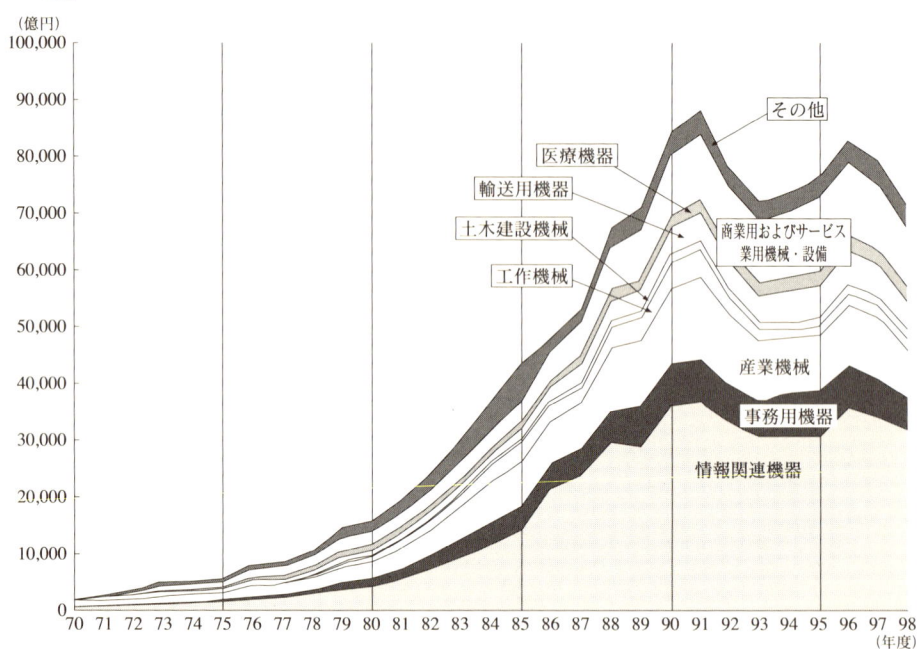

図6-1 わが国リース産業のあゆみ

出所）表6-13に同じ。

ト，技術の陳腐化への対応，等[12]の理由から増大した。賃貸される物件も，表6-13にみるように広範な物件に及んでいる。また，リース事業協会のデータによれば，これらの物件のリース契約額は図6-1のように1980年代以降に急速に増大した。その圧倒的な部分は，情報関連機器，事務用機器，産業機械，等で占められている。

この状況は『特定サービス産業実態調査報告書』物品賃貸業編によって，表6-14のように捉えられている。この表には，1987年以降の物品賃貸取引額の動向がリースとレンタルに分けて示されているが，1998年にはリース契約高の合計は7.8兆円，レンタル売上高は1.6兆円に達した。リース契約高は1991年にピークに達した後，不景気の影響を受けて減少し1998年でも1991年の額を回復していないが，1987年からの11年間をみると全体として1.5倍に増加した。レンタル売上高は，11年間に1.7倍に増加した。

リースされる物件では情報関連機器が最も大きな割合を占めている。1998

第6章　日本経済のサービス化とその実態

表 6-14　物件別リース契約高，レンタル売上高

(単位：億円，％)

		契約高・売上高				構成比				増加倍率
契約先		1987年(昭和62)	1991年(平成3)	1994年(平成6)	1998年(平成10)	1987年(昭和62)	1991年(平成3)	1994年(平成6)	1998年(平成10)	1998/1987
リース契約高	合計	53,508	82,144	68,790	78,292	100.0	100.0	100.0	100.0	1.5
	産業機械	8,229	13,093	10,272	10,473	15.4	15.9	14.9	13.4	1.3
	工作機械	2,800	4,553	1,874	2,135	5.2	5.5	2.7	2.7	0.8
	土木・建設用機械	995	2,126	1,420	2,232	1.9	2.6	2.1	2.9	2.2
	医療用機器	1,796	2,216	2,276	2,445	3.4	2.7	3.3	3.1	1.4
	輸送用機器	2,516	3,703	3,596	4,772	4.7	4.5	5.2	6.1	1.9
	自動車	1,448	2,771	2,772	3,623	2.7	3.4	4.0	4.6	2.5
	その他	1,067	931	824	1,149	2.0	1.1	1.2	1.5	1.1
	商業用およびサービス業用機械・設備	5,175	10,202	9,646	11,390	9.7	12.4	14.0	14.5	2.2
	サービス業用機械・設備	4,237	7,719	6,614	7,879	7.9	9.4	9.6	10.1	1.9
	商業用機器	937	2,482	3,031	3,511	1.8	3.0	4.4	4.5	3.7
	情報関連機器	22,847	34,999	28,954	34,591	42.7	42.6	42.1	44.2	1.5
	電子計算機・同関連機器	18,123	30,503	25,185	30,262	33.9	37.1	36.6	38.7	1.7
	通信機器	4,723	4,496	3,769	4,329	8.8	5.5	5.5	5.5	0.9
	事務用機器	5,454	7,009	6,702	6,168	10.2	8.5	9.7	7.9	1.1
	その他	3,694	4,240	4,045	4,086	6.9	5.2	5.9	5.2	1.1
レンタル売上高	合計	10,115	16,709	15,330	16,690	100.0	100.0	100.0	100.0	1.7
	産業機械	100	137	108	166	1.0	0.8	0.7	1.0	1.7
	工作機械	85	61	47	70	0.8	0.4	0.3	0.4	0.8
	土木・建設用機械	4,241	9,709	8,848	9,478	41.9	58.1	57.7	56.8	2.2
	輸送用機器	163	399	398	584	1.6	2.4	2.6	3.5	3.6
	自動車	91	296	254	369	0.9	1.8	1.7	2.2	4.1
	その他	72	102	143	213	0.7	0.6	0.9	1.3	3.0
	情報関連機器	3,601	3,659	3,479	3,389	35.6	21.9	22.7	20.3	0.9
	電子計算機・同関連機器	3,570	3,574	3,289	3,223	35.3	21.4	21.5	19.3	0.9
	通信機器	31	84	189	166	0.3	0.5	1.2	1.0	5.4
	事務用機械	1,478	1,896	1,646	1,580	14.6	11.3	10.7	9.5	1.1
	商業用サービス用機械・設備	58	218	259	292	0.6	1.3	1.7	1.7	5.0
	その他	40	76	98	125	0.4	0.5	0.6	0.7	3.1
	医療用機器	18	142	161	167	0.2	0.8	1.1	1.0	9.3
	その他	6	10	10	43	0.1	0.1	0.1	0.3	7.2
	その他	378	617	531	1,088	3.7	3.7	3.5	6.5	2.9

出所）通産省『特定サービス産業実態調査報告書』物品賃貸業編。

表6-15 契約先産業別リース契約高、レンタル売上高

(単位:億円、%)

契約先	契約高・売上高				構成比				増加倍率
	1987年(昭和62)	1991年(平成3)	1994年(平成6)	1998年(平成10)	1987年(昭和62)	1991年(平成3)	1994年(平成6)	1998年(平成10)	1998/1987
リース(契約高) 合計	53,508	82,144	68,790	78,290	100.0	100.0	100.0	100.0	—
農林・水産業	333	483	462	—	0.6	0.6	0.7	—	—
鉱業・製造業	18,717	28,057	19,919	20,744	35.0	34.2	29.0	26.5	1.1
卸売・小売業,飲食店	10,734	15,046	12,703	15,649	20.1	18.3	18.5	20.0	1.5
建設・不動産業	2,457	4,672	4,070	5,912	4.6	5.7	5.9	7.6	2.4
金融・保険業等	6,882	9,782	8,314	12,181	12.9	11.9	12.1	15.6	1.8
運輸・通信業				6,576				8.4	
電気・ガス・水道業				3,316				4.2	
				2,288				2.9	
サービス業	9,189	16,040	15,406	14,991	17.2	19.5	22.4	19.1	1.6
公務	841	1,379	1,461	2,232	1.6	1.7	2.1	2.9	2.7
一般消費者	89	206	237		0.2	0.3	0.3		
その他	3,022	4,228	3,643	4,465	5.6	5.1	5.3	5.7	1.5
同業者から	1,239	2,247	2,479	2,113	2.3	2.7	3.6	2.7	1.7
同一企業内取引			89				0.1		
レンタル(売上高) 合計	10,115	16,709	15,330	16,689	100.0	100.0	100.0	100.0	16.5
農林・水産業	33	48	28	—	0.3	0.3	0.2	—	—
鉱業・製造業	1,612	1,671	1,429	1,345	15.9	10.0	9.3	8.1	0.8
卸売・小売業,飲食店	570	695	517	574	5.6	4.2	3.4	3.4	1.0
建設・不動産業	4,171	9,503	8,417	9,169	41.2	56.9	54.9	54.9	2.2
金融・保険業等	991	916	722	872	9.8	5.5	4.7	5.2	0.9
運輸・通信業				272				1.6	
電気・ガス・水道業				337				2.0	
				262				1.6	
サービス業	857	999	797	1,184	8.5	6.0	5.2	7.1	1.4
公務	1,032	1,657	2,088	2,153	10.2	9.9	13.6	12.9	2.1
一般消費者	50	50	71		0.5	0.3	0.5		
その他	505	564	492	456	5.0	3.4	3.2	2.7	0.9
他の同業者から	290	601	693	933	2.9	3.6	4.5	5.6	3.2
同一企業内取引			71				0.5		

出所) 表6-14に同じ。

年にはその割合は44%になった。ここでもその大部分は，コンピュータとその関連機器である。次いで多いのが商業用およびサービス業用機械・設備であるが，産業機械も10%を超えており，工作機械と合わせると2番目に大きい割合を占めることになる。

　レンタルでは，土木・建設用機械(掘削機械，基礎工事機，整地機械，コンクリート機械，舗装機械，等)が最も多く，1990年代以降は50%を超えている。次に多いのは情報関連機器であり，各年20%以上を占めている。その大部分はコンピュータとその関連機器である。

　このようなリース，レンタルの取引額(契約高，売上高)を，取引先の産業ごとに整理すると表6-15のようになる。リースの30%近くが鉱業・製造業の企業と契約されており，建設・不動産業の企業と合わせると3割を超えている。レンタルでは鉱業・製造業のウエイトは低く，1990年代には建設・不動産業が5割以上を占めている。

　レンタル，リースにおいても，外部委託，別会社化について述べたのと同様のことが生じている。すなわち，従来，製造業，建設業等の生産部門の企業で投資・購入されていた機械や機器等がレンタル，リースで調達されることにより，レンタル業，リース業が発達した。その結果，従来諸産業で行われていた業務の一部が，現在ではこれらのサービス産業で代替されているのである。しかし，そのような代替の部分は，社会的分業の観点からみると，実質的には製造業や建設業等の業務の一部を遂行していると考えてよい。

　リースは，設備投資を代替するという側面を強くもっている。表6-16に示されているように，リース契約高は1980年代後半に急速に増大し，その対前年比の落ち込みは，1990，91，97年を除くと，1990年代の不況期にも民間企業設備投資額のそれよりも少なかった。民間企業設備投資額とリース契約額とを比べると，いまや年々のリース契約高は設備投資額の約1割相当額に達している。表6-15でみたように，リース契約高のうち平均して約37%が生産部門(農林・水産業，鉱業・製造業，建設・不動産業)との契約である。これに相当する額は，現実には生産部門での設備投資を代替しているのである。そして，統計ではその分だけ生産部門での設備投資が少なく把握されることになっている。

表 6-16 リース年間契約高と設備投資額

区　　分	リース契約高(A)		設備投資額(B)		リース比率(%)
	(億円)	前年比(%)	(億円)	前年比(%)	(A/B)
1985年(昭和60年)	35,920	12.3	517,579	12.4	6.9
1986年(　61年)	47,451	32.1	535,254	3.4	8.9
1987年(　62年)	53,508	12.8	559,091	4.5	9.6
1988年(　63年)	60,282	12.7	636,838	13.9	9.5
1989年(平成元年)	71,176	18.1	733,092	15.1	9.7
1990年(　2 年)	80,010	12.4	830,789	13.3	9.6
1991年(　3 年)	82,145	2.7	897,141	8.0	9.2
1992年(　4 年)	80,070	-2.5	853,800	-4.8	9.4
1993年(　5 年)	72,805	-9.1	759,729	-11.0	9.6
1994年(　6 年)	68,791	-5.5	702,130	-7.6	9.8
1995年(　7 年)	72,754	5.8	721,427	2.7	10.1
1996年(　8 年)	77,324	6.3	761,832	5.6	10.1
1997年(　9 年)	77,256	-0.1	823,612	8.1	9.4
1998年(　10年)	78,292	1.3	754,848	-8.3	10.4

注) 設備投資額は，経済企画庁『国民経済計算年報』民間企業設備投資額(名目)。
出所) 通産省『特定サービス産業実態調査報告』物品賃貸業編(平成9年，10年)。1995年以降の設備投資額は『国民経済計算年報』(平成12年)による。

以上，対事業所サービス業拡張の状況とその意義についてみた。次に，対個人サービス業，社会的サービス業についてみよう。

3　対個人サービス業，社会的サービス業の拡張

　一般に各種の対事業所サービス業の次に大きく拡張しているのは，対個人サービス業，社会的サービス業といわれているサービス産業である。これらのサービス産業の拡張は，主として，次のことが契機となっている[13]。
1)　職業をもつ女性が増え，女性の社会進出が進むとともに洗濯，掃除，育児，炊事等の家事のサービス業化が進み，クリーニング店，保育所が増え，外食産業，掃除業等が発達した。また，高度経済成長期を経て人々の所得が増えるにつれて生活の様式が変化し，ファミリーレストラン，レストラン，ホテル，遊園地，テーマ・パーク，娯楽施設等の利用が増え，さらに，レジャー施設，スポーツ施設の利用も一般的になった。国内の旅行，外国への旅行も増え，それ

とともに旅館，ホテル，旅客輸送手段が増え，旅行業代理店も増えた。
2) 耐久消費財が普及するとともに，それに関連する整備，修理，賃貸，消費者信用等のサービス業が増加した。とくに自動車の普及とともに整備・修理工場，駐車場，レンタカー業等が増えた。レンタル・ビデオ店等も増えた。
3) 技術革新，経済・社会の国際化，企業の海外進出等に対応して業務が複雑化するにつれて高学歴が要求されるようになり，大学，高専，外国語学校，各種の専門学校，予備校，学習塾等の教育機関・施設が拡充された。
4) 都市化が進み核家族が増え，家族や地域共同体の相互扶助機能が失われ，幼稚園や託児所，障害者施設，老人ホーム等の社会福祉施設や医療機関が拡充された。結婚式場，葬儀場等が増えた。

　これらの社会的契機により対個人サービス業，社会的サービス業がどのように拡張したかをみるために，『事業所・企業統計調査報告』によりこれらの産業の従業者数の動向を整理したものが表6-17である。事業所・企業統計では卸売・小売業と合わせて扱われている飲食店，運輸・通信業のなかの運輸に付帯するサービス業で含まれている旅行業も合わせて整理してみた。飲食店では，一定の仕方により食材が加工され販売されているが，ここでは対個人的な消費の促進という面に着目して，対個人サービスと同様に扱うことにする。先にみた表6-3の専門サービス業のなかの個人教授所も，基本的には対個人サービスであると考えられるので，このなかに加えた。

　1975年から1996年までの21年間に，この表にあげた対個人サービス業(表6-17の1，2に分類されている産業)，社会的サービス業(同じく，3，4，5，6に分類されている産業)の従業者は合わせて700万人増加した。そのうち，1の生活様式の変化や女性の社会的進出に関わって拡大したサービス業における従業者数の増加が，約6割の403万人を占めている。そのなかでは，2)飲食店が最も多く185万人増加した。1)洗濯・理容・浴場業では39万人，3)旅行業，旅館・宿泊業では35万人増加した。また，娯楽業の従業者が63万人と大きく増加した。

　社会的サービス業のなかでは，4の医療業の従業者の増加が最も多く151万人，3の社会保障，社会福祉では56万人増加した。ここには，日本の医療制度，社会保障や社会福祉の制度は多くの問題をもちながらも，整備・拡充され

表 6-17 対個人サービス業、社会的サービス業従業者数の動向

(単位:千人)

年	1975	1986	1991	1996	構成比(%) 1975	構成比(%) 1986	構成比(%) 1991	構成比(%) 1996	増減 1996-1975	増加倍率 1996/1975
1 生活様式の変化にかかわるもの	4,580	6,708	7,895	8,612	52.3	53.8	55.0	54.3	4,032	1.9
1) 洗濯・理容・浴場業	817	1,058	1,130	1,214	9.3	8.5	7.9	7.7	397	1.5
洗濯・染物業	229	326	377	420					191	1.8
洗濯・染物業	19	12	9	7					-12	0.4
理容業	251	269	268	273					22	1.1
美容業	236	378	396	433					197	1.8
公衆浴場業	52	41	38	34					-18	0.7
特殊浴場業	28	30	35	39					11	1.4
その他の洗濯・理容・浴場業			3	4					4	
2) 飲食店	2,256	3,399	3,866	4,115	25.7	27.2	26.9	25.9	1,859	1.8
一般飲食店	1,497	2,305	2,564	2,742	17.1	18.5	17.9	17.3	1,245	1.8
食堂・レストラン	828	1,243	1,507	1,676					848	2.0
そば・うどん店	95	164	182	208					113	2.2
すし店	154	189	202	219					65	1.4
喫茶店	350	529	456	366					16	1.0
その他の一般飲食店	67	178	214	270					203	4.0
その他の飲食店	759	1,094	1,301	1,373	8.7	8.8	9.1	8.7	614	1.8
料亭	97	69	70	61					-36	0.6
バー・キャバレー・ナイトクラブ	437	626	780	746					309	1.7
酒場、ビヤホール	224	398	450	565					341	2.5
3) 旅行業、旅館・宿泊業	690	828	993	1049	7.9	6.6	7.1	6.6	359	1.5
旅行業	61	88	122	138		0.7	0.9	0.9	77	2.3
旅館、その他の宿泊所	629	740	871	911	7.2	5.9	6.2	5.7	282	1.4
旅館	532	650	772	805					273	1.5
簡易宿泊所	6	7	9	9					3	1.5
下宿業	6	7	6	6					0	1.0
その他の宿泊所	83	75	83	90					7	1.1
4) その他の生活関連サービス業	184	262	287	352	2.1	2.1	2.0	2.2	168	1.9
写真業	68	88	95	130					62	1.9
衣服縫製修理業	32	24	25	26					-6	0.8
物品預かり業	6	7	7	11					5	1.8
火葬・墓地管理業	17	32	5	6					-11	0.4
冠婚葬祭業			99	126					126	
	59	110	53	50					-9	0.8
5) 映画業、娯楽業、放送業	516	749	1,001	1,210	5.9	6.0	7.0	7.6	694	2.3
映画業・ビデオ制作業	18	34	47	54	0.2	0.3	0.3	0.3	36	3.0
映画、ビデオ制作・配給業	15	31	43	49					34	3.3

218

第6章　日本経済のサービス化とその実態　219

分類							
映画館	20	12	10	10			-10	0.5
劇場，興行場（別掲を除く）	7	7	7	9			2	1.3
興行業団	10	17	20	20			10	2.0
競輪・競馬場などの競走場	14	24	27	27			13	1.9
競輪・競馬場などの競技団	44	56	55	56			12	1.3
運動競技場	156	223	307	326			170	2.1
公園・遊園地	19	30	47	56			37	2.9
遊戯場	151	246	328	427			276	2.8
その他の娯楽業	26	36	87	151			125	5.8
放送業	48	57	63	69			21	1.4
6）対個人賃貸業	32	72	128	128	0.4	0.6	96	4.0
スポーツ・娯楽用品賃貸業	2	6	8	6			4	3.0
その他の物品賃貸業	30	66	120	122			92	4.1
7）個人教授所	85	340	494	544	1.0	2.7	459	6.4
2 耐久消費財の普及に伴うもの	508	574	651	713	5.8	4.6	205	1.4
自動車賃貸業	6	18	29	33	0.1	0.1	27	5.5
駐車場業	46	69	77	85	0.5	0.6	39	1.8
自動車整備業	309	318	326	350	3.5	2.5	41	1.1
機械・家具等修理業（別掲を除く）	147	169	219	245	1.7	1.4	98	1.7
家具修理業	110	138	187	213			103	1.9
かじ業	1	1	1	1			0	1.0
表具業	4	1	1	1			-3	0.3
他に分類されない修理業	12	11	9	10			-2	0.8
18	18	16	20	19			1	1.1
3 社会保険，社会福祉	360	610	710	929	4.1	4.9	569	2.6
社会保険事業所	29	46	47	53			24	1.8
福祉事務所	31	34	36	38			7	1.2
児童福祉事業	226	345	369	432			206	1.9
老人福祉・身体障害者福祉事業	30	84	129	221			191	7.4
精神薄弱・身体障害者福祉事業	23	62	78	103			80	4.5
その他の社会保険，社会福祉	17	35	47	78			61	4.6
4 医療	1,261	2,025	2,348	2,771	14.4	14.4	1,510	2.2
5 保健衛生	188	256	288	345	2.1	2.1	157	1.8
保健衛生	41	62	70	89			48	2.2
廃棄物処理業	146	194	218	256			110	1.8
6 教育	1,692	2,065	2,189	2,225	19.3	16.5	533	1.3
合計	8,589	12,238	14,085	15,595	100.0	100.0	7,006	1.8

注）「1　生活様式の変化にかかわるもの」に，卸売・小売業，飲食店に分類されている「飲食店」，運輸・通信業のなかの「旅行業」，物品賃貸業のなかの「スポーツ・娯楽用品賃貸業」，「その他の物品賃貸業」，専門サービス業（他に分類されないもの）の「個人教授所」を加えた。
出所）総務庁「平成3年　事業所統計調査報告」第4巻解説編，「平成8年　事業所・企業統計調査報告」第1巻全国編その1。

表 6-18 生産物の販路

(単位：%)

	生産的消費	消費			国内総固定資本形成	在庫純増	輸出	輸入(控除)	国内総生産
	(中間需要：生産部門)	(中間需要：不生産部門)	消費支出	計					
農林水産業	83.1	6.1	25.4	31.5	1.6	0.1	0.3	-16.6	100.0
鉱業・製造業	53.8	11.6	19.4	31.0	12.8	0.7	11.6	-9.9	100.0
建設	2.7	5.0	0.6	5.0	92.3	0.0	0.0	0.0	100.0
電気・ガス・水道等	35.3	30.0	34.7	64.7	0.0	0.0	0.1	0.0	100.0

注) 生産部門,不生産部門は,産業連関表の下記の部門をまとめたものである。
　　生産部門：農林水産業,鉱業,製造業,建設,電気・ガス・水道
　　不生産部門：商業(卸売業,小売業),金融・保険,不動産,運輸・通信,公共サービス,
　　　　　　　　対事業所サービス,対個人サービス
　　消費支出：民間消費支出,家計外消費支出
出所) 総務庁『平成2年(1990)産業連関表』より算出。

表 6-19 生産物消費の構成

	消費							合計
	商業	金融・保険,不動産	運輸,通信・放送	公共サービス	対事業所サービス	対個人サービス	消費支出	
農林水産業	0.1	0.0	0.0	3.7	0.0	14.2	75.8	94.
製造業	1.6	0.6	2.8	5.9	4.5	3.7	34.6	55.
建設	0.6	2.6	0.5	0.9	0.2	0.4	0.0	
電気・ガス・水道	7.1	2.3	6.2	15.2	2.7	11.4	53.6	99.

出所) 表 6-18 に同じ。

てきたことが反映されている。

　さて,これらのサービス産業の拡張は,国民経済的にみると生産過程で生産され,流通過程を経て社会的に配分される生産物の家計外での消費の増大を意味している。生産過程で生産された生産物は,生産財として生産的に消費されるもの,資本の補塡・蓄積(総固定資本形成)に回されるものを除くと,その大半は家計消費を中心とする消費過程で消費されるが,現代の消費過程では家計を経由しない消費が大きな割合を占めるようになった。表6-18は,『平成2年(1990)産業連関表』から物的生産を行う部門だけを取り出し,国内の総生産物(輸入も含む)の販路の大略を示したものである[14]。例えば,この年の農林水産業の生産物の83.1％は中間需要(生産手段・原材料)として生産的に消費され,31.5％は消費財として消費され,1.6％は国内総固定資本形成として蓄積また

(単位:％)

固定資本形成	在庫純増	輸　出	国内総消費＋輸出
4.7	0.3	0.8	100.0
22.8	20.7	20.7	100.0
94.4	0.0	0.0	100.0
0.0	0.2	0.2	100.0

は減価償却に当てられたことを示している。ただし，この年には，この部門の国内総消費の 16.6％ は輸入されたものであったのでこれを控除すると，国内での総生産と一致する。この表によると，1990 年の鉱業・製造業の生産物の 53.8％ は原・材料として生産的に消費され，31.0％ が消費財として消費され，11.6％ が輸出され，そして 12.8％ が総固定資本形成に当てられたことがわかる。そして，それらのうち 9.9％ が輸入されたものであった。電気・ガス・水道等では 64.7％ が消費に当てられた。

表 6-19 は，そのうち消費の部分だけをより詳しくみたものである(輸入は生産財と消費財とに区別できないので，ここでは考慮していない)。これによると，消費ないし輸出等に当てられた製造業生産物の 55.3％ が消費財として消費され，20.7％ が輸出されたことがわかる。

消費財としての生産物が最も多く消費されるのは消費支出においてである。消費支出の大部分は民間家計消費である(1990年には，家計外消費支出は民間消費支出の約5%であった)。しかし，近年，家計消費以外の各種のサービス産業において消費される割合が増えてきている。この表においても，農林水産業生産物の17.9%，製造業生産物の9.6%，電気・ガス・水道等の26.6%が公共サービス(公務，教育・研究，医療・保健・社会保障)と対個人サービス(娯楽サービス，飲食店，旅館・その他の宿泊所，その他の個人サービス)で消費されている。これは，従来主として家計において消費されていた生産物の一部が，上でみた対個人サービス業，社会的サービス業の拡張により，家計を経由しないで消費されるようになったことと大きく関わっている(対事業所サービスは製造業生産物の4.5%を消費しているが，上でみたように，それには実質上の生産的消費が含まれている)。

4 サービス業従業者数増加の実態

　表6-2，6-3でみたようなサービス業の拡張は，日本経済の諸過程における社会的分業の進展によるところが大きく，そして拡張したサービス業は，実際には，それらの過程における業務の一部を分担していることをみてきた。そのことを考慮するとサービス業における雇用の増加は実際にはどのように捉えられるであろうか。サービス業に関する統計は十分ではないので，精確な把握は期しがたいが，さしあたりその大略的な把握を目指して，利用可能な統計によって推計できる限りでその実態の把握を試みてみたい。

　まず，表6-3でみた対事業サービス業についてみよう。情報サービス業，広告業，リース業，レンタル業が生産過程，流通・金融過程の諸産業と取引している割合については先の表6-11，6-15でみた。各種の専門サービス業の取引先産業の構成比は表6-12でみた。

　事業所統計あるいは事業所・企業統計調査ではこれらの産業のうちデザイン業の従業者数は調査されているが，その他の専門サービス業については調査されていないので，便宜的ではあるが，それらの産業の従業員数は『特定サービ

第6章 日本経済のサービス化とその実態　223

表6-20　エンジニアリング業等の従業員数

	従業員数					増加人数	増加倍率
	1982年 (昭和57)	1990年 (平成2)	1994年 (平成6)	1996年 (平成8)	1998年 (平成10)	1998－1982	
		(1991年)					(1998/1982)
エンジニアリング業	105,430	202,976	213,703	212,976	198,567	93,137	1.9
	(1983年)		(1993年)			(1996－1983)	(1996/1983)
機械設計業	20,340	27,516	26,967	24,061		3,721	1.2
	(1981年)	(1991年)			(1997年)	(1997－1981)	(1997/1981)
ディスプレイ業	11,547	15,189	16,271		14,155	2,608	1.2
		(1984年)				(1998－1990)	(1998/1990)
クレジットカード業	13,291	34,626	44,846	44,213	48,177	34,886	3.6
				(1995年)			
研究開発支援検査分析業				12,780			
	(1978年)	(1991年)				(1996－1978)	(1996/1978)
デザイン業	19,874	160,641		47,068		27,194	2.4

出所)　デザイン業は総務庁『平成8年 事業所・企業統計調査報告』による。それ以外は通産省『特定サービス産業実態調査報告書』エンジニアリング業編，機械設計業編，ディスプレイ業編，研究開発支援検査分析業編。

ス産業実態調査報告書』の数字を利用することにする。これらの産業の従業員数は表6-20に示した通りである(この調査では，これらの産業の従業者数については1980年代以降しかわからない。諸サービス産業の従業者数を示した表6-2の期間と少しずれるが，ここではこの期間のずれは考慮しないことにする)。

表6-2，3，11，15，および20から表6-21を作成する。この表の上段の1)に示したパーセンテージは，これらの表に示されている取引先の各産業の売上高，契約高の各年の構成比の平均である。各サービス産業が取引対象の産業を生産部門，流通・金融部門および消費部門に分けて整理した。下段2)の増加人数は表6-2，6-3と表6-20に示されている従業者の増加人数である。下段2)の数字は，基本的には，これらの増加人数に上段1)の平均構成比を掛けて整理したものである(協同組合，クレジット業，廃棄物処理業については，これらの産業の特性を考慮して増加人数を各産業に配分した)。すなわち，各産業に配分された従業者の増加人数は，各サービス産業での従業員の増加数を1)の構成比に従って各産業に配分されたものである。いいかえると，それらの数字は諸サービス産業での従業員の増加が各産業との取引によってもたらされ

表 6-21 サービス産業における雇用の派生(1975～1996年)

契約先	生産部門				
	農林・水産業	鉱業・製造業	建設業	電気・ガス・熱供給・水道業	合計
1) 契約高・売上高に占める平均割合(%)					
リース	0.6	31.1	5.2	2.4	39.3
レンタル	0.3	10.8	45.4	1.9	58.4
情報サービス調査業	0.6	26.0	1.7	3.0	31.3
広告業	0.7	33.9	7.2	1.1	42.9
エンジニアリング業		43.2		15.1	58.3
ディスプレイ業		5.2	5.2		10.4
デザイン業	0.2	37.8	4.8		42.8
機械設計業		87.3			87.3
その他の専門サービス業		28.0	2.2	1.6	31.8
研究開発支援検査分析業	0.7	58.4	4.8	6.4	69.6
その他の事業サービス業		24.9	2.7	3.1	30.7
クレジットカード業					
2) 増加人数	(千人)				
リース	189	1.1	58.8	9.7	4.5	74.2
レンタル	39	0.1	4.2	17.7	0.0	22.1
情報サービス調査業	559	3.4	145.3	9.3	16.8	174.7
広告業	75	0.5	25.4	5.4	0.8	32.2
エンジニアリング業	93		40.2		14.0	54.2
ディスプレイ業	3		0.2	0.2		0.3
デザイン業	27	0.1	10.2	1.3		11.6
機械設計業	4		3.5			3.7
その他の専門サービス業	580		162.4	12.6	9.3	184.4
研究開発支援検査分析業	13		7.6	0.6	0.8	9.0
その他の事業サービス業	1,294		322.2	34.9	40.1	397.3
協同組合	27	27.0				27.0
クレジットカード業	35					
廃棄物処理業	110					55.0
合計	3,048	32	780	92	86	1,046
		100.0	1.1	25.6	3.0	2.8	34.3

注) 1.増加人数の計では，1,000人未満を四捨五入した。
 2.この表は次のようにして作成した。
  ①契約高・売上高に占める平均割合(%)は，基本的には，表6-11,12,14の各産業の構成比の平均ある。ただし，産業が特定できる場合には，単一の年でもそれらの比率を利用した。
    建設・不動産，建設・運輸通信業，卸売業・小売業，飲食店として示されているものについて事業所・企業統計のそれぞれの年の各産業の従業員数の比率の平均をもとめ，各産業に按分した
    「その他の専門サービス業」，「その他の事業サービス業」については，産業連関表(1985年表用いて日本経済のサービス化を分析した浅利一郎「経済のサービス化と産業連関表」(上原信博編『構造転換期の地域経済と国際化』御茶の水書房，1992年，第4章)から，「法務財務会計サース」，「その他の事業サービス」の比率を借用した。
  ②契約先欄の 2) 増加人数欄右端の増加人数は，表6-2, 3, 19の人数である。
    物品賃貸業のリースとレンタルへの人数への配分は，それぞれの契約高，売上高に応じている

卸売・小売業	金融・保険業	不動産	運輸・通信	合計	飲食店	サービス業同業者から	公務	一般消費者・その他	合計
15.1	7.1	0.7	3.6	26.5	4.1	22.5	2.0	5.6	34.2
3.3	2.0	6.6	2.4	14.3	0.9	11.0	11.7	3.9	27.5
6.8	17.9	0.2	5.5	30.4	1.8	22.4	8.8	5.5	38.5
16.2	4.0	1.1	3.8	25.1	4.3	19.8	2.7	5.2	32.0
							16.0	25.7	41.7
37.0	2.6	0.7		40.3	4.7	31.4	6.6	6.5	49.2
16.3	0.9	0.7	1.7	17.9	4.3	20.9	3.7	9.4	38.3
0.3				0.3		7.5		4.9	12.4
25.3	21.2	0.3	1.0	47.9	6.9	8.8		4.7	20.4
			3.4	3.4		10.6	7.4	8.3	26.3
9.3	12.7	3.2	7.5	32.7	1.3	26.5	2.8	6.0	36.6
48.6	51.4			100.0					
28.5	13.4	1.4	6.8	50.2	7.7	42.5	3.8	10.6	64.6
1.3	0.8	2.6	0.9	5.6	0.3	4.3	4.6	1.5	10.7
38.0	100.1	1.1	30.7	170.0	10.0	125.2	49.2	30.7	215.2
12.2	3.0	0.8	2.9	18.8	3.2	14.9	2.0	3.9	24.0
							14.9	23.9	38.8
1.1	0.1	0.0		1.2	0.1	0.9	0.2	0.2	1.5
4.4	0.2	0.2	0.5	4.6	1.2	5.6	1.0	2.5	10.3
0.0				0.0		0.3		0.2	0.3
46.9	123.0	1.9	5.8	277.6	39.8	51.0		27.3	118.3
			0.4	0.4		1.4	1.0	1.1	3.4
20.3	164.3	41.4	97.1	423.1	16.8	342.9	36.2	77.6	473.6
17.0	18.0			35.0					
				27.5					27.5
370	423	49	145	1,014	79	589	113	180	988
12.1	13.9	1.6	4.8	33.3	2.6	19.3	3.7	5.9	32.4

　　エンジニアリング業，機械設計業，ディスプレイ業，および研究開発支援検査分析業の増加人数は『特定サービス業実態調査報告』の数字である．
　　その他の専門サービス業の数字は，「専門サービス業(他に分類されないもの)」から，まず表6-3の「個人教授所」の数字を引き，その後で，エンジニアリング業，ディスプレイ業，デザイン業，機械設計業を除いて求めた．
　　その他の事業サービス業についても同様に，表6-2の「その他の事業サービス業」の増加人数から研究開発支援検査分析業の増加人数を引いて求めた．
③各部門の諸サービス産業の増加人数は，2)の増加人数に1)の対応するパーセンテージを掛けて求めた．
　　協同組合は，今日大部分が農林水産業組合であるので生産部門に分類した．廃棄物処理業は生産部門とその他の部門に折半し，その後で，流通・金融部門と消費部門とに同人数を配分した．
④増加人数の計は四捨五入した数字である．
3．四捨五入，平均比率等のため，合計欄の数字は必ずしも一致していない．

たものであることを示している。

　この表によると，1975年から1996年(表6-20の産業については1980年代以降)の21年間に，これらのサービス産業では合わせて従業者が304万人増加したが，そのうちの104万人(34.3%)は，実質的には，生産部門の業務を分担し，101万人(33.3%)は流通・金融部門の業務を分担していた，ということがわかる。飲食店の約8万人(2.6%)も含めると，304万人の従業者数増加のうち約70%が他の産業との取引から派生したものであった。すなわち，表6-3に掲げたような対事業サービス業での雇用の増加は，約70%が他産業からの委託・外注の増加あるいは別会社化の進展によって生じたものと考えることができる。

　これまで対事業所サービス業，対個人サービス業および社会的サービス業についてみてきたことをまとめると，表6-22のようになる(表6-17では対個人サービス業に含めた対個人賃貸業，自動車賃貸業，廃棄物処理業は，ここでは対事業所サービス業のなかで消費部門に配分されているので，対個人サービス業から除いた)。ここでは，消費部門に属する他の産業(飲食店，旅行業，公務)も併せて考えてみた。表6-2でみた821万人のサービス業従業者数の増加に飲食店，旅行業，公務での従業者の増加を加えると，1,036万人になる。

　対事業所サービス業では約300万人増加したが，それは全増加人数の約30%に当たる。そのうち約3分の1は生産部門の産業を対象とするサービス産業，同じく約3分の1が流通・金融部門の産業を対象とするサービス産業における増加であった。

　従業者数が最も多く増加したのは，対個人サービス業においてである。411万人が増加し，全体の約40%を占めている。ここには，所得の増加，女性の社会的進出，生活慣習の変化等，多くの要因によって拡張した多数のサービス産業が含まれている。そして，社会的サービス業の整備・充実による従業者数の増加266万人は，全体の約26%に当たる。また，経済諸過程との関わりでみると，生産部門と流通・金融部門を対象として拡張したサービス産業における従業者数の増加が，それぞれ約10%を占め，残りの約80%は何らかの意味で消費部門を対象とするサービス産業における増加であった。これらのことは，サービス業の拡張は基本的には消費過程に関わる産業の拡張に関わるものであ

表 6-22 サービス業就業者数増加の構成(1975～1996年)　(単位：千人，％)

	生産部門を対象とするサービス業	流通・金融部門を対象とするサービス業	消費部門を対象とするサービス業	合　計 (%)
対事業所サービス業	1,045	1,016	987	3,048 (29.4)
情報サービス・調査業	174	170	215	559
広告業	32	18	24	75
物品賃貸業	96	55	75	228
エンジニアリング業	54		38	93
ディスプレイ業	－	1	1	3
デザイン業	11	4	10	27
機械設計業	3	－	－	4
その他の専門サービス業	184	277	118	580
研究開発支援検査分析業	9	－	3	13
その他の事業サービス業	397	423	473	1,294
＊クレジット業		35		35
廃棄物処理業	55	29	27	110
協同組合(他に分類されないもの)	27			27
対個人サービス業			4,114	4,114 (39.7)
1　生活様式の変化に関わるもの			3936	3,936
1)　洗濯・理容・浴場業			397	397
2)＊飲食店			1,859	1,859
3)＊旅行業，旅館・宿泊所			359	359
4)　その他の生活関連サービス業			168	168
5)　映画業，娯楽業，放送業			694	694
6)　対個人教授所			459	459
2　耐久消費財の普及に関わるもの			178	178
社会的サービス業			2,660	2,660 (25.7)
社会保険，社会福祉			569	569
医　療			1,510	1,510
保険衛生			48	48
教　育			533	533
その他			545	545 (5.3)
学術研究機関			126	126
政治・経済・文化団体			124	124
その他のサービス業			18	18
宗　教			96	96
＊公　務			181	181
合　計	1,045 (10.1)	1,016 (9.5)	8,306 (80.2)	10,367 (100.0) (100.0)

注)　＊を付したものは，サービス業以外の産業。

表 6-23 第 3 次産業従業員数増加の構成(1975〜1996 年)

産 業	合 計		生産部門			流通・金融部門				計
			製造業	その他	計	運輸・通信	商業	金融・保険	不動産	
運輸・通信業	763	(4.8)								
運輸業	780	(4.9)				703				
通信業	-17	(-0.1)				-17				
卸売・小売業	4,021	(25.2)								
卸売業	1,187	(7.4)					1,187			1,
小売業	2,834	(17.8)					2,834			2,
金融・保険業	420	(2.6)								
金融業	204	(1.3)						204		
保険業	216	(1.4)						216		
不動産業	466	(2.9)							466	
サービス業	10,290	(64.5)								
対事業所サービス業	3,048	(19.1)	780	211	1,046	145	370	423	49	*1,
対個人サービス業	4,037	(25.3)								
社会的サービス業	2,660	(16.7)								
その他	545	(3.4)								
合 計	15,960	(100)	780	211	1,046	831	4,391	843	515	6,
	(100.0)		(4.9)	(1.7)	(6.5)	(5.2)	(27.5)	(5.3)	(3.2)	(4

注) 1. 運輸業の「旅行業」は表 6-16, 6-22 では個人サービス業に含めたが，ここでは元の運輸業に戻し　したがって，対個人サービス業の合計は，それを引いたものである。
2. 表 6-22 の対事業所サービス業のクレジット業の人数を，金融業から引いた。
3. ＊を付けた数字は，それぞれ表 6-21 に示した廃棄物処理業の 55, 27, 27 を含んでいる。

り，それに他産業の業務の代替によるサービス産業の拡張が付け加わることによることを示している。

　最後に，サービス業における拡張を，第 3 次産業全体における従業者数増加と併せてみておこう。表 6-23 は，諸産業のデータをまとめて示している。表の左側の合計欄は，表 6-1 の各産業でみた従業者数増加を示している。第 3 次産業全体で約 1,600 万人の従業者が増加したが，飲食店，公務も含めると，その 64% がサービス業における増加であった。次に大きな割合を占めているのは商業(卸売業，小売業)であり，25% を占めている。この 2 つを合わせると，約 90% になる。すなわち，1975 年から 1996 年までの 21 年間に増大した第 3

(単位：千人，％)

		消費部門			
食店	サービス業同業者	公務	一般消費者・その他	計	
			77	77	
79	589	113	179	988	
1,859				＊＊4,037	
		182		2,660	
				＊＊＊545	
1,938	589	295	256	8,307	
12.1)	(3.7)	(1.8)	(1.6)	(52.0)	

．＊＊4,037，＊＊＊545 はそれぞれ飲食店 1,859，公務 182 をそれらを一部に含んでいることを示している。また消費部門の計 8,307 は，縦に合計したものである。

．1,000 人以下切り捨て後の集計等のため，会計が表 6-1 の第 3 次産業計 15,956 と一致していない。

次産業の従業者の大部分は，サービス業，飲食店，商業における増加であった。

　経済の各部門との関わりでみると，生産部門との関わりで増加したのは約 100 万人(約 6％)であり，これは対事業所サービス業の拡張によるものであった。流通・金融部門と関わって増加したのは約 660 万人(約 40％)であったが，その約 7 割は商業における増加であった。残る約 830 万人(約 50％)は何らかの意味で消費過程と関わる増加であった。

おわりに

　日本経済のサービス化について，サービス業における従業者数の増加を中心に考察した。現在の日本におけるサービス業の拡張は，経済の諸過程における社会的分業の進展，家庭外の消費部門(家事サービスや都市化に伴うサービス)の拡張によるところが大きいことを示した。

　しかし，サービス化の実態を明らかにするためには，従業者数だけでなく国民経済におけるその位置づけや特徴を明らかにする他の経済指標とも併せて分析していくことが必要である。また，従業者についても常勤の雇用者とパートタイマー，臨時雇用等の各種の非常勤雇用者に分けてみる必要がある。この章では第3次産業のサービス業以外の産業については検討していないが，これらの産業の分析も重要である。これらの分析は，今後の課題である。

　統計処理にあたっては，一定の仮定を置かざるをえなかった。例えば自動車整備業は対個人サービスをするものとし，対企業サービスは考慮しなかった。運輸業では一定部分が旅行やレジャー用の交通であるが，その詳細が不明であるため，これも考慮していない。これらの問題も含めて統計処理の仕方は，今後改良していく必要がある。

　専門的能力や技術が重視されるサービス産業の発展が社会的な注目を集めているが，日本経済のサービス化を中心的に推進しているのは，諸々の対個人的サービス産業，飲食店，小売業であることが明らかになった。これらの産業には零細な企業，店舗が多い。また，専門サービス業に包摂されている人材派遣業も急成長している。その結果，経済のサービス化の進展とともにパートタイマーや臨時雇用者，派遣業雇用者が増加している。これらの人々の労働条件は劣悪である。これらの実態の解明と問題点の究明は今後の重要な課題である。

注

1) サービスについての経済理論的な展開の概観については，Jean-Claude-Delaunay and Jean-Gadrey (Originally written in French, and translated by Aart Heesman), *Services in Economic Thought. Three Centuries of Debate*, Kulwer Academic Publishers, Boston/Dordrecht/London, 1992(渡辺雅男訳『サービス経済学史——300年にわたる論争』桜

井書店，2000年)を参照。日本の文献については，佐和隆光『サービス化経済入門』中公新書，1990年，飯盛信男『サービス産業論の課題』同文館，1993年，等における参考文献リストを参照。
2) 山田喜志夫「経済のサービス化」『国学院経済学』第36巻第9号，1989年では，経済のサービス化の諸契機が生産，流通，消費の各局面に分けて整理され論じられている。
3) 事業所・企業統計調査における事業所とは，「物の生産又はサービスの提供が事業として行われている一定の場所」であって，「一般には商店，工場，事務所，営業所，学校，病院，寺院，旅館，精練所，鉱山，発電所などと呼ばれ，一区画を占めて経済活動を行なっている場所である」。ただし，農業，林業および漁業に属する事業所で個人の経営に係るもの，家事サービス業，外国公務に属する事業所等は調査の範囲から除かれている。同統計調査では「調査期日現在〔平成8年調査では，10月1日現在〕その事業所で働いているすべての人」が従業者とされている。ただし，「その事業所で働いている人であっても，賃金・給与(現物給与を含む)を支給されていない人は」従業者に含まれていない。従業者には個人業主，有給役員，常用雇用者のほかに，さまざまな形での臨時雇用者(「常用雇用者以外の雇用者で，1ヶ月以内の期間を定めて雇用されている人又は日々雇用されている人」)も含まれている。

なお，この調査は1947年(昭和22年)に始まり1991年(平成3年)の調査までは「事業所統計調査」として実施されてきたが，第16回調査(1996年)からは「近年の社会経済の急速な変化に伴う企業活動の多様化，国際化等の実態を把握するため，企業関連項目の充実を図るとともに」名称を「事業所・企業統計調査」と変えて実施された(総務庁『平成8年 事業所・企業統計調査報告』(第1巻)，「調査の概要」「用語の解説」を参照)。
4) この点についてはR. A. Walker, "Is there a service economy?: The changing capitalist division of labor," *Science and Society*, vol. XLIX, Spring 1985を参照。なお，製造業におけるコンピュータ導入の実際については，松石勝彦『コンピュータ制御と巨大独占企業』青木書店，1998年を参照。
5) 労働省政策調査部『製造業におけるサービス経済化の進展と労働面への影響に関する結果報告書』(昭和59年産業労働事情調査，昭和60年12月，6頁)の直接部門と間接部門に属する業務の一覧表を参照。1984年(昭和59年)の調査は，一定の地域を除く日本全域を対象として，「製造業における部門別労働者構成と変化，業務の外部化，別会社化の状況及び今後の部門別充実・強化の動向と労働面での対応等を把握する」ために，日本標準産業分類で製造業に属する企業で常用労働者100人以上を雇用する民営企業のうちから，約4,000企業を抽出して行われた(同上，「調査の概要」を参照)。
6) この統計調査は1992年(平成4年)に第1回調査，1996年(平成8年)に第2回調査が実施された。日本標準産業分類に掲げられている大分類D―鉱業，F―製造業，I―卸・小売業，飲食店(中分類60――一般飲食店および同61―その他の飲食店を除く)に属する事業所を有する企業のうち，従業者50人以上，かつ資本金または出資金3,000万円以上の会社が調査対象とされている。調査方法は申告者の自計方式によっており，郵送によって調査が実施されている。この調査でいう従業者は「常時従業者」，「パート

従業者」、「その他の従業者」の合計であり、それぞれ次のように規定されている。
　　常時従業者：有給役員、常時雇用者(1カ月を超える雇用者と平成7年度(平成4年調査では平成3年度)末または最寄りの時点の前2カ月においてそれぞれ18日以上働いた雇用者)をいう。
　　パート従業者：正社員、準社員、アルバイト等の名称にかかわらず、常時従業者のうち一般の社員より所定労働時間が短い労働者に該当する者をいう。
　　その他の従業者：臨時・日雇雇用者のことで、1カ月以内の期間を定めて雇用されている者および日々雇い入れられている者をいう。

7) これらについては、田島義博『流通機構の話』日本経済新聞社、1994年(第1版：1965年)、浅野恭右『流通VANの実際』日本経済新聞社、1995年(第1版：1990年)、鈴木保昭・関根孝・矢作敏行編『マテリアル流通と商業』有斐閣、1997年(第1版：1994年)、等を参照。なお、1980年代の日本におけるVANの動向については、渡辺修士「VAN事業の現状と課題」日本開発銀行『調査』第80号、1985年1月を参照。

8)『産業労働事情調査』では、1984年以後、外部委託や別会社化、あるいは委託需要の増加を見込んだ会社の新設については調査されていないが、このような動きが製造業も含む諸産業において、情報サービス、人材派遣業等を中心にその後も進んでいることは、その他の資料からも推察される。通産省機械情報産業局監修・情報サービス産業協会編『情報サービス産業白書1998年』(コンピュータ・エージ社、1998年)では、情報産業では基幹的システム、ネットワークの運用、構築、整備、維持管理業務等の2～3割が外部に委託されていることが示されている。

　派遣労働者の状況については、労働省「労働者派遣事業報告集計結果」(労働省職業安定局・民間需給調整事業室編『図表労働者派遣事業』雇用問題研究会)で報告されている。この報告の平成10年(1998年)版(平成9年度の派遣事業について、一般労働者派遣事業2,632事業所、特定労働者派遣事業6,627事業所を調査)によると、派遣労働者数は約86万人(一般労働者派遣事業：常用雇用労働者93,957人、登録者695,045人、特定労働者派遣事業：常用雇用労働者66,328人)、派遣先件数279,281件であった。そのなかで売上が多い事業分野は、一般派遣労働者・常用雇用労働者では事務用機器操作(40,878)、財務処理(19,353)が、常用雇用以外の労働者では事務用機械操作(88,412)、財務処理(18,13)が1、2位を占めた。また、特定労働者派遣事業・常用雇用労働者ではソフトウェア開発(22,287)、事務用機械操作(16,726)が1、2位を占めた(「一般労働者派遣事業とは特定労働者派遣事業以外の労働者派遣事業(主として、登録型労働者を派遣する事業)であり、許可制となっている」、「特定労働者派遣事業とは、その事業の派遣労働者が常用雇用労働者のみである労働者派遣事業であり、届出制になっている」)。

　『平成10年版 通商白書』には総務庁の2つの統計(「事業所名簿整備調査報告」、「サービス業基本調査」)から作成された表が掲載されているが、この表によると1994年には、情報サービス・調査業の32.8%(ソフトウェア業40.9%、情報処理・提供サービス業31.1%)、広告業の31.4%、専門サービス業事業所の20.8%が新設の事業所であった。

　島田達美編『アウトソーシング戦略』(日科技連、1995年)では、1993年11月にダイ

ヤモンド社のデータベースを利用して，製造業 350 社，非製造業(金融を除く)140 社，金融業 10 社を対象に調査した結果が報告されている．それによると，ソフトウェア開発の 61.6%，ソフトのメインテナンスの 38.8%，データセンター(コンピュータ)オペレーションの 44.2% 等がアウトソーシングされているか，その予定であった(同書，291 頁)．

9)「特定サービス産業実態調査」は 1973 年より，日本標準産業分類小分類項目あるいは細分類項目に分類されている主なサービス産業(物品賃貸業，情報サービス業，広告業，クレジットカード業，エンジニアリング業，機械設計業，等)の従業者数，年間売上高，売上高の契約先別割合等について，指定統計として実施されてきている．調査される業種は，年により変更がある．調査結果は，業種ごとに報告書が冊子として公刊されている．調査対象は業種により市(東京 23 区を含む)の区域に所在する事業所と，業務を営む全国の事業所とするものとがある(各報告書に記載されている「利用上の注意」を参照)．

10) 特定サービス産業実態調査(エンジニアリング業)の調査対象は，「顧客の要に応じ，技術，材料，機器，設備等を有機的に統合することにより高度な機能を果たす施設を完成させることに関連し必要となる事前のコンサルティング，基本設計，詳細設計，調達，据え付け，試運転，操業保全等の一連の業務の全て又はいくつかの組み合わせを，自ら若しくは外部の事業者を利用しながら営んでいる企業で，これらの業務を専業としない企業も含まれる」(『平成 10 年 特定サービス産業実態調査報告書』エンジニアリング業編 3 頁)．

11) 通産省『特定サービス産業実態調査報告書』物品賃貸業編「利用上の注意」，通産省編『サービス産業年鑑』東洋法規出版，リース事業協会『リース・ハンドブック』を参照．実質的に金融機関の融資に代替するリースはファイナンシャル・リースと呼ばれているが，そこでは次のようなプロセスを経てリースが行われる．リース物件を賃借するユーザーがそれを生産するメーカーにリースを申し込み，リース条件を交渉した後で，ユーザーとリース会社とがリース契約を締結し，その後にメーカーからユーザーへの物件の納入，ユーザーからリース会社への物件借受証の交付，保守契約の締結が行われる．リース物件は，実際にはユーザーが専一的に使用することが多い(松岡憲司『賃貸借の産業組織分析』同文館，1994 年，水谷謙治「物品賃貸業資本(レンタル・リース資本)の基礎的・理論的研究」上・下『立教経済学研究』第 49 巻第 4 号，第 50 巻第 1 号，1996 年を参照)．

12) 水谷は『リース・ハンドブック』等を参照して，レンタル，リースの経済的機能，メリットについて次の諸点をあげている．レンタル：労働手段の輸送・保管・保守等，労働手段の共同的で効率的な利用，労働手段の購入資金の節約，資本減価リスクの肩代わりと分散化．リース：効率的な資金運用，リース料の全額経費扱い(節税効果)，容易なコスト把握と事務の合理化(購入手続き，保険や租税の支払い，減価償却費計算その他の事務が不要になる)，陳腐化への対応が可能(前掲論文・上，56 頁，下，82-83 頁)．

13) 消費のサービス化については，本シリーズ第Ⅳ巻『現代の労働・生活と統計』第 8 章「消費のサービス化」を参照．

14) 産業連関表では,耐用年数が1年以上で購入者価格が20万円以上のものが固定資本形成とされているので,そこには実際には消費も含まれている。固定資本形成の定義については,総務庁『平成2年(1990)産業連関表——計数編(2)』の固定資本マトリックスの解説(684頁以下)を参照。建設の92.3%が国内総固定資本形成となっているが,これは固定資本マトリックスによって産業別に分ける必要がある。このことについては別の機会に取り上げてみたい。

第7章　わが国農業における担い手構造の現状と動向

はじめに

　1961年に制定され，農業版憲法とも呼ばれた農業基本法(以下，旧基本法)が1999年7月に，食料・農業・農村基本法(以下，新基本法)として改正・改称された[1]。旧基本法の制定からすでに40年近くが経過しており，同法の理念や目指す方向の非現実性が指摘されだした頃からでも相当の年月が流れていることを考えれば，今回の改正は遅きに失したといわなければならない。

　戦後の農地改革によって形成された610万戸を超す零細自作農は[2]，その後，零細であるがゆえの脆さを露呈するようになり，高度経済成長期を迎える頃には農業と他産業の生産性格差は著しく拡大し，他産業勤労者世帯所得に対する農業所得の相対的低下傾向は顕著なものとなった。旧基本法は，このような他産業に対する農業の比較劣位化に対処するために制定されたのである。

　重化学工業を中心とした成長産業部門は労働力需要を拡大し，農家から多数の労働力を吸引する。それに伴って離農する農家や経営耕地規模を縮小する農家が増加し，そうした農家の農地が残存した農家に集中することによって残存農家の経営耕地規模は拡大する。さらに，高度経済成長期に生じた国民所得の増大と食生活の欧米化による食料需要の高度化は農業における商品生産の展開を促し，農家間の競争を激化させる。これらの要因によって，一部上層農家が資本制企業的農業経営に形態変化する一方で，大部分の農家が事実上の賃労働者世帯へ転化していくという農民層の分解が起こり，この分解を通して農業は

資本主義的に確立し，産業的に自立する。旧基本法が描いたシナリオはおおむね以上のようなものだった[3]。

具体的には，当時としては大規模といえた経営耕地面積 2 ha 平均の専業農家を 250 万戸形成し，これらの農家に農産物生産の大宗を担わせることが一応の目標とされた[4]。しかし，現実はそうならなかった。非農業部門が要請した労働力は基本的に低賃金で就労可能な若年層の労働力であったため，農家世帯主が農業を離れて他産業で就労するケースは多くなかった。世帯主が他産業に就業しても他の世帯員が農業を継続したり，世帯主が他産業勤務の余暇に営農活動を行うなどしたために家をあげての離農は急激には進まず，兼業農家が広範に滞留した。そして，兼業農家と化した農家の多くも経営耕地規模を大幅に縮小し，農地を手放すことはしなかった。また，離農世帯や経営耕地規模を縮小した農家の農地はそのすべてが残存農家に集中したわけではなかった。工業用地や住宅地，道路等に転用された農地，農地価格の高騰への期待から荒れ地状態で保有され続けた農地も少なくなかったため，農地の流動化は順調には進まず，旧基本法が目標として掲げた構造改革は期待した成果をあげなかった。

構造問題以外にもさまざまな問題が生じた。第一に，開放経済体制への移行に伴って農産物の輸入自由化が進み，わが国の食料自給率は供給熱量ベースで 1965 年の 73% から 1998 年の 41% へと急激に低下した。わが国の主食であり基幹作目である米に関しても 1999 年 4 月 1 日をもってミニマムアクセスから輸入関税化方式への移行が決定し，今後の動向が注目されている。そして，輸入農産物の増加は残留農薬問題を表面化させ，食料の安全性に対する危惧を増大させた。第二に，1980 年前後まで続いた米の政府買入価格の上昇にも促されて米の生産量は増大したが，食生活の洋風化によって国民の米消費量が減少した結果，米過剰が顕在化し，生産調整問題――いわゆる減反政策――が生じた。第三に，若年層を中心として他産業就労および都市への移住が進み，農村の高齢化・過疎化が進展し，農業労働力の脆弱化・後継者不足問題が生じた。そして第四に，農業の生産性を上昇させるために土地基盤の整備，機械化，農薬・化学肥料の投入等が積極的に行われたが，農業と非農業部門との生産性格差は基本的に縮まらず[5]，逆に，機械への多額の投資による農家経済の圧迫や農薬・化学肥料の多投入による環境問題等が発生した。

このように，現在，わが国の農業はさまざまな問題に直面している。新基本法が食料・農業・農村基本法と改称のうえ，制定されたのはこうした問題に配慮してのことだとみてよいが，そのなかで本質的かつ最も重要な課題として位置づけられるべき問題はあくまでも農業における構造問題である。なぜなら，社会問題ないしは経済問題としての農業問題は根本的に農業における生産単位の構成によって規定され，特徴づけられると考えられるからである。

そこで本章では，農業統計およびその他関連資料の批判的な加工・組み替えを通してわが国農業における担い手構造の現状分析を行い，その結果を踏まえたうえで，新基本法が描く「望ましい農業構造」とも絡めつつ今後のわが国農業の担い手構造について検討・考察を試みる[6]。なお，農業の担い手構造を把握しようとする際には，農業経営の営農規模ないしは商品農産物生産規模の大小，農家における他産業賃労働の程度，農業経営の経営形態・企業形態，等のさまざまな側面から接近が可能であるが，本章では主な視点を農業経営の営農規模・商品農産物生産規模に置くこととし，その他の側面からみた担い手構造の詳細については別の機会に論じることにする。

1 経営耕地規模別にみたわが国農業の担い手構造

1.1 経営耕地規模別農業経営数と耕地面積の推移

わが国の『農業センサス』では個々の農業経営の営農規模ないしは商品農産物生産規模を示す代理標識として経営耕地面積が伝統的に用いられてきた。わが国の農業においては，米を中心とした土地利用型農業を営む農家が今日においても依然として数多く存在していることから，経営耕地面積は農産物生産における基本的な生産手段の大きさを示し，農業経営の営農規模ないしは商品農産物生産規模をある程度規定する指標だといってよい。そこで，ここでも経営耕地規模別の担い手構造をみることから始めることにしよう。

現在，わが国の『農業センサス』が農業経営ないしは農産物生産主体として把握しているのは農家と農家以外の農業事業体（以下，以外事業体）である[7]。以外事業体の組織形態としては，複数農家の協業経営，有限会社および株式会社

表 7-1 経営耕地規模別農家数の推移（都府県）

(単位：千戸，%)

年	1960	1965	1970	1975	1980	1985	1990	1995
0.5ha未満	2,274.6	2,096.3	1,999.0	1,995.0	1,921.6	1,855.5	1,559.8	1,417.3
	(▲ 1.6)	(▲ 0.9)	(▲ 0.0)	(▲ 0.7)	(▲ 0.7)	(▲ 3.4)	(▲ 1.9)	
0.5～1.0ha	1,906.6	1,762.2	1,603.8	1,436.1	1,304.2	1,181.5	1,048.6	924.9
	(▲ 1.6)	(▲ 1.9)	(▲ 2.2)	(▲ 1.9)	(▲ 2.0)	(▲ 2.4)	(▲ 2.5)	
1.0～1.5ha	1,001.5	945.1	868.1	727.1	652.4	583.4	514.1	448.3
	(▲ 1.2)	(▲ 1.7)	(▲ 3.5)	(▲ 2.1)	(▲ 2.2)	(▲ 2.5)	(▲ 2.7)	
1.5～2.0ha	403.8	406.9	403.6	349.3	328.2	300.1	268.4	233.5
	(0.2)	(▲ 0.2)	(▲ 2.9)	(▲ 1.2)	(▲ 1.8)	(▲ 2.2)	(▲ 2.7)	
2.0～2.5ha	147.1	155.6	170.2	162.0	160.6	154.0	144.1	129.0
	(1.1)	(1.8)	(▲ 1.0)	(▲ 0.2)	(▲ 0.8)	(▲ 1.3)	(▲ 2.2)	
2.5～3.0ha	53.6	58.8	70.8	73.7	79.4	80.2	78.2	72.5
	(1.9)	(3.8)	(0.8)	(1.5)	(0.2)	(▲ 0.5)	(▲ 1.5)	
3.0～5.0ha	34.3	38.4	55.2	67.0	81.9	92.9	99.7	101.4
	(2.3)	(7.5)	(4.0)	(4.1)	(2.6)	(1.4)	(0.3)	
5.0ha以上	1.5	2.4	5.2	8.8	13.4	19.1	26.4	35.7
	(10.1)	(16.2)	(11.0)	(9.1)	(7.4)	(6.7)	(6.2)	
合 計	5,823.0	5,465.8	5,175.9	4,818.8	4,541.7	4,266.7	3,739.3	3,362.6
	(▲ 1.3)	(▲ 1.1)	(▲ 1.4)	(▲ 1.2)	(▲ 1.2)	(▲ 2.6)	(▲ 2.1)	

注）1．括弧内の数値は年率で見た増減率である。
　　2．0.5 ha 未満階層には例外規定農家を含む。また 1990 年以降は 0.5 ha 未満階層に自給的農家を含む。
出所）農林水産省統計情報部『農業センサス』。

を中心とした会社，農協，公共団体，学校，等があり，その経営目的は農産物の販売，牧草地経営，試験研究・教育その他に分類されるが，本章では組織形態を問わず経営目的が農産物販売にあるものを考察対象とする[8]。

　まず，農家に関して経営耕地規模別農家数の推移を示したものが表 7-1 である。この表から，総農家数が一貫して減少傾向にあり，近年，その減少率が高まりつつあること，および，各階層別農家数の増減分界が年々上昇しており，「分解基軸の上昇傾向」と呼ばれる統計的規則性がみられること，等が確認できる[9]。そして，例えば，大規模農家として最近年の分解基軸である 3 ha 以上階層に着目するならば，1995 年の 3 ha 以上階層農家数は 1960 年当時の 4 倍近くにまで増加しており，経営耕地規模別農家構成は方向としては大規模農家

を形成する方向に動いているといってよい。

　一方，1995年『農業センサス』によれば，経営目的が販売である以外事業体の総数は5,506事業体であるが，このうち経営耕地面積3ha以上は1,874事業体，10ha以上は1,011事業体，30ha以上は355事業体，100ha以上は73事業体となっている。また，1990年と1995年の経営耕地規模別以外事業体数を比較すると，その分解基軸は30haであり，極めて大規模な以外事業体が形成されつつあることがうかがえる。

　よって，経営耕地規模別にみた担い手構造は大規模農業経営を形成する方向へ動きつつあると一応いえそうだが，経営耕地規模別構造に関しては農業経営の実数とともに各階層別の耕地面積シェアが重要な意味をもつので，この点も併せてみておくことにしよう。『農業センサス』では農家と以外事業体の経営耕地のほかに，経営耕地面積が5～10aで農産物販売金額が例外規定農家の基準に満たない世帯の経営耕地，および，耕作放棄地[10]の面積が把握されている。そこで，これらの経営耕地，耕作放棄地も含めて農地利用の全体像を示したものが表7-2である[11]。この表に関して以下の諸点を指摘することができる。

　第一に，総経営耕地面積は減少傾向を示しているが，その大部分を農家の経営耕地面積が占めている。そして，そのなかで，1ha未満階層や1～2ha階層，2～3ha階層といった，いわゆる中小規模階層の耕地面積シェアは緩やかに減少しつつも高い値を示し続けており，そのシェアの分厚さは基本的に変わっていない。第二に，『農業センサス』で農家と定義されない世帯の経営耕地面積が少量ながらも存在しており，それは増加傾向にある。第三に，農家の耕作放棄地および土地持ち非農家[12]の耕作放棄地はともに急増しており，農産物生産に利用されない農地が増えている。第四に，総経営耕地面積と総耕作放棄地面積の合計値が一貫して減少しているが，このことは経営耕地として利用可能な農地の減少を意味しているといえる。そして，その主な原因としては住宅や道路，工業用地等への転用による農地かい廃があげられる[13]。

　このように，他用途への農地転用を主な原因として農産物生産に利用可能な農地自体が減少するなかで農産物生産に利用されていない農地が増加し，その結果，経営耕地は減少している。そして，その限られた経営耕地のうち，経営耕地面積が中小規模以下の階層に属する農家や統計上は農業経営と定義されな

表 7-2 経営耕地面積シェア・総経営耕地面積・耕作放棄地面積等の推移(都府県)

(単位:千 ha, %)

年		1975	1980	1985	1990	1995
① 農業センサス上の農家の経営耕地面積		3,874.4 (98.4)	3,736.9 (98.2)	3,562.7 (98.9)	3,330.0 (98.2)	3,097.0 (98.0)
	経営耕地面積1.0ha未満階層の経営耕地面積	1,549.2 (39.4)	1,426.8 (37.5)	1,311.8 (36.4)	1,163.9 (34.3)	1,034.1 (32.7)
	経営耕地面積1.0〜2.0ha階層の経営耕地面積	1,470.7 (37.4)	1,348.3 (35.4)	1,217.0 (33.8)	1,077.4 (31.8)	936.3 (29.6)
	経営耕地面積2.0〜3.0ha階層の経営耕地面積	554.5 (14.1)	568.6 (14.9)	556.5 (15.4)	529.1 (15.6)	479.4 (15.2)
	経営耕地面積3.0〜5.0ha階層の経営耕地面積	238.9 (6.1)	294.8 (7.7)	337.4 (9.4)	364.4 (10.7)	372.9 (11.8)
	経営耕地面積5.0ha以上階層の経営耕地面積	61.2 (1.6)	98.6 (2.6)	139.9 (3.9)	195.3 (5.8)	274.3 (8.7)
② 経営耕地面積が5〜10aで農産物販売金額が例外規定農家の基準に満たない世帯の経営耕地面積		2.3 (0.1)	2.3 (0.1)	3.0 (0.1)	15.6 (0.5)	17.8 (0.6)
③ 農業センサス上の以外事業体の経営耕地面積		58.7 (1.5)	64.6 (1.7)	36.7 (1.0)	44.2 (1.3)	47.0 (1.5)
④ 総経営耕地面積(①+②+③)		3,935.5	3,803.8	3,602.4	3,389.7	3,161.8
⑤ 農業センサス上の農家の耕作放棄地		70.8	70.1	75.9	143.8	153.0
⑥ 土地持ち非農家の耕作放棄地		28.8	28.9	35.7	62.6	78.3
⑦ 農業センサス上の以外事業体の耕作放棄地		—	—	—	—	1.8
⑧ 総耕作放棄地面積(⑤+⑥+⑦)		99.6	99.0	111.5	206.4	233.1
⑨ 合 計(④+⑧)		4,035.1	3,902.8	3,713.9	3,596.1	3,394.8
⑩ 農地拡張面積			101.0	54.8	38.2	18.9
⑪ 農地かい廃面積			332.5	126.4	107.6	127.6
	工場・道路・鉄道・宅地等に転用された面積		225.6	93.5	85.0	107.2

注)
1. 1985年以前の②の値は東日本のみの値。西日本の②の経営耕地面積は①に含まれている。
2. 例外規定農家の下限農産物販売金額は1985年以前が10万円,1990年以降は15万円である。
3. 括弧内の数値は④の総経営耕地面積に占める各階層のシェアである。
4. 1990年以前の以外事業体の耕作放棄地については資料なし。
5. 農地拡張面積は,開墾,干拓・埋め立て,自然災害によるかい廃の復旧によって新たに拡大した田と畑の合計面積である。また,農地かい廃面積は,農地法による転用許可の有無にかかわらず,住宅地,工業用地,公園・学校,道路などに転用された田畑,自然災害によってかい廃した田畑の合計面積である。ただし,拡張面積,かい廃面積ともに田畑転換による分は含んでいない。また,『耕地及び作付面積統計』では一定期間において耕作放棄地である田畑に関しても「その他の人為かい廃」としてかい廃面積に含んでいるため,ここでは「その他の人為かい廃」面積は除外している。なお,表示した値は各々の5年間に拡張・かい廃された面積の累計値である。⑩,⑪は『耕地及び作付面積統計』の値,それ以外は『農業センサス』の値であるが,両統計は耕地面積の調査方法が異なるので,⑪から⑩を引いた値と⑨の減少面積は一致しない。

出所) 農林水産省統計情報部『農業センサス』,同『耕地及び作付面積統計』,同『作物統計』。

い小規模生産主体が経営する耕地の面積が高いシェアを維持し続けているのである。他の用途へ転用された農地が元に戻ることは基本的にないといってよい。また，耕作放棄地と化した農地のなかには実際に耕作可能な状態にするために時間とコストを要するものが少なくない。よって，経営耕地規模別にみた担い手構造が大規模農業経営形成の方向を維持し，その方向への構造変化がさらに進展するためには，分厚く存在し続けている中規模以下階層の農家および世帯の経営耕地が他用途転用や耕作放棄地に向かうのではなく，経営耕地規模拡大を志向する農業経営へ集積する可能性があるか否かが主な鍵になる[14]。

1.2　農地流動化の動向と経営耕地規模別にみた担い手構造の展望

　戦前の地主制度の解体を狙った農地改革の成果である自作農体制を将来的に維持するために制定された農地法(1952年)によって，かつて，農地の賃貸借は厳しい制約を受けていた。よって，農業経営が経営耕地を拡大するための主な手段は農地の購入であった。しかし，その後，表7-3の土地純収益利回り率推計値と市場利子率との乖離が端的に示すように農地価格の高騰が生じた。稲作付面積が比較的大規模な農家の土地純収益利回り率すら市場利子率を下まわる時期もあり，農地の農地としての売買は一貫して減少した。そして，こうした状況に対処するために実施された2度にわたる農地法の改正(1962，1970年)や農用地利用増進法の制定(1980年)，同法の農業経営基盤強化促進法への改称・改正(1993年)によって，わが国の農地制度は農地賃貸借の禁止から容認，促進へと変化した[15]。いわゆる自作農主義から借地農主義への転換である。

　ところが，その成果は十分にはあがっていない。次に，この点を確認しよう。表7-3の②と③は，農家と以外事業体の借入耕地面積の推移を示したものである。ここでは，わが国において法に基づかない農地賃貸借——いわゆるヤミ小作等——が現実に行われていることを考慮して，合法・非合法を問わず各年において実際に賃貸借関係にある農地面積の把握を試みている『農業センサス』の値を表示した。この数字によれば，農家の借入面積は1965年から1995年までに約1.5倍，以外事業体の借入面積は1975年から1995年までに約2.7倍に増加しているが，それでも農家と以外事業体の借入面積合計値は両者の総経営耕地面積(約314万ha)の約13.2%を占めるにすぎないのである。

表 7-3 農地の権利移動面積および農地価格等の推移(都府県)

(単位:千 ha, 千円, %)

年			1965	1970	1975	1980	1985	1990	1995
① 農地売買面積			40.5	36.1	25.2	25.0	24.0	19.6	13.7
② 農家の借入耕地面積			252.4	260.9	211.8	214.8	254.5	325.8	389.6
③ 以外事業体の借入耕地面積			−	−	9.6	15.5	17.8	20.5	25.9
④ 10 a 当たり農地価格(中田)			213	451	925	1,327	1,683	1,901	2,008
⑤	10 a 当たり稲作土地純収益	〔平　均〕	19.6	19.9	53.3	14.0	21.4	9.4	3.9
		〔3ha以上〕	18.1	30.6	90.6	75.8	71.0	60.9	46.1
⑥	土地純収益利回り率	〔平　均〕	9.2	4.4	5.8	1.1	1.3	0.5	0.2
	⑤/④×100	〔3ha以上〕	8.5	6.8	9.8	5.7	4.2	3.2	2.3
⑦ 市場利子率			5.5	5.5	7.8	7.3	5.8	5.8	1.4
⑧ 10 a 当たり実勢地代			4.1	10.5	25.0	30.3	36.7	31.8	27.6
⑨ 小規模農家の 10 a 当たり農業所得			32.1	37.7	79.0	51.1	54.6	41.8	46.4

注) 1. ①は,農地法および農業経営基盤強化促進法(旧農用地利用増進法)による自作地有償所有権移転面積の合計であり,各々の1年間に取引された面積である。
　　2. 1970 年以前の③はデータなし。
　　3. ④には,都市計画法の適用を受けていない市町村の農用地区域内における中田の耕作目的売買価格を用いた。なお,1965 年の④,⑤,⑧,⑨は都府県の値ではなく全国平均の値である。
　　4. ⑤,⑥の上段は『米及び麦類の生産費』定義の稲作販売農家の平均値,下段は稲作付面積 3 ha 以上の同販売農家の値である。なお,⑤は「粗収益−労賃−物財費−資本利子」で求めた。
　　5. ⑦は銀行長期定期預金の平均金利,⑧は『米及び麦類の生産費』の田の小作地実勢地代である。
　　6. ⑨は,1990 年以前が稲作付面積 0.3〜0.5 ha 階層農家の値であり,1995 年は 0.5 ha 未満階層の値である。各々の算定方法は以下の通り。なお,1990 年以前と 1995 年で算定方式が異なるのは資料制約のためである。よって,1990 年以前の農業所得は実際よりも高めに推計されている。
　　　　1990 年以前:農業所得=粗収益−雇用労賃−物財費
　　　　1995 年:農業所得=粗収益−雇用労賃−物財費−支払地代−支払利子
出所) 農林水産省構造改善局農政部『農地の移動と転用』,全国農業会議所『田畑売買価格に関する調査結果』,農林水産省統計情報部『米及び麦類の生産費』,同『農業センサス』,総務庁統計局『日本統計年鑑』,同『日本の統計』。

　ここで,農地賃貸借が成立するための経済的条件の充足状況をみておこう。農地賃貸借が成立するための経済的条件としては,借り手の単位面積当たり地代負担能力すなわち土地純収益が貸し手の単位面積当たり農業所得を上まわること,ないしは,借り手の土地純収益が実勢地代を上まわること,があげられるのが一般的である。表 7-3 の⑧,⑨は,水田の 10 a 当たり実勢地代[16]と稲作付面積 0.5 ha 未満農家の 10 a 当たり農業所得を示したものであるが,この数字と大規模稲作農家の 10 a 当たり土地純収益を比較すれば,農地賃貸借が成立するための経済的な条件は基本的に満たされていたとみてよい。

農地制度が農地賃貸借促進の方向に変化し，農地賃貸借が成立するための経済的条件が満たされているにもかかわらず，実際に賃貸借関係にある農地面積が遅々として増加しないことに関しては，さまざまな側面から解釈が行われているが[17]，農地賃貸借の成立可能性を論じる際に忘れてならないのは農地が輸送や移動ができない生産手段だということである。よって，農地賃貸借が成立するためには農地賃貸希望者と農地賃借希望者が近隣に存在していなければならないが，この条件は実際には確保されがたい[18]。実際，農地賃貸希望者が十分に存在する一方で農地賃借希望者が不足している地域では農地は流動化するのではなく，耕作放棄地や遊休農地などに転化しており，農地の荒廃が進んでいるのである[19]。また，新基本法下の価格政策ではいままで以上に市場原理が活用される見込みだが，その場合には農産物価格の下落が予想されるゆえに，農地賃貸借が成立するための経済的条件がこれまでと同様に満たされ続けるという保証はない[20]。

このようにみてくると，今後，経営耕地規模拡大を志向する農業経営へ農地が急速かつ大幅に流動化することは見込めない。確かに，農家数そのものは減少傾向を示しているので，それを契機として農地流動化が進み大面積経営が一部に形成される可能性はある。しかし，農地が農地として流動化するための各種条件の成立が困難である以上，経営耕地の形であれ，耕作放棄地の形であれ，農地を手放そうとしない農家や離農世帯は残存し続けるだろうし，それらが農地を手放す場合には，そのなかの少なくない部分が他用途へ転用され，農地は今後も減少していくだろう。よって，経営耕地規模の側面からみる限り，わが国農業の担い手構造は大規模農業経営を形成する方向へ変化しつつあるとはいえ，そうした構造変化は漸進的にしか進まず，現在と同様に中小規模以下の農家が相当数滞留するという構造が将来的にも続くと予想せざるをえない。つまり，中小規模以下の農家が緩やかに減少し，大規模農業経営が徐々に増加するという量的な構造変化はもちろん進むだろうが，それが質的な変化として現れるようになるまでには相当な時間を要すると考えられるのである。

なお，今後，株式会社の農地取得が一部解禁になる見込みであるが，その是非はともかくとしても，株式会社という組織形態が土地利用型農業には馴染まないとする指摘もなされており，株式会社が土地利用型農業の担い手たりうる

か否かについては疑問が残る[21]。よって，この点からも経営耕地面積が大規模な農業経営が急速に多数形成される可能性は低いといえる。

2　作目部門別にみたわが国農業の担い手構造

2.1　農産物販売金額規模別にみた担い手構造

　これまで経営耕地面積に着目してわが国農業の担い手構造をみてきたが，経営耕地面積がすべての農業経営の営農規模ないしは商品農産物生産規模を直接的，かつ，正確に示す標識でないことはレーニンの有名な指摘を引用するまでもなく明らかである[22]。現在，わが国の『農業センサス』では農業経営の規模を表す標識として経営耕地面積のほかに農産物販売金額と農業投下労働日数が用意されているが，後者は1990年に初めて導入された標識であり，未だ，十分な集計表示はなされていない。そこで，ここでは農産物販売金額に着目して作目部門別にみたわが国農業の担い手構造を検討する。

　表7-4と表7-5は，1965年と1995年における農産物販売金額規模別にみた農産物販売金額1位の作目部門別農家の構成比率である。1965年と1995年では農産物販売金額の階級幅が異なるが，相対的に農産物販売金額が高額な農家がどのような作目生産を行っているのかをみるには役に立つ。まず，1965年に関しては，農産物販売金額のいずれの階層においても稲作部門を1位とする農家のシェアが高く，最上位層でも稲作部門1位の農家が50％近いシェアを占めていることがわかる。しかし，1995年の部門構成は1965年の部門構成とはまったく異なっている。1965年当時にはすべての階層で最大のシェアを占めていた稲作部門1位の農家は下位階層では依然として高いシェアを占めているものの，上位階層では大幅にシェアを落としている。そして，これに代わって，酪農や養豚および養鶏部門を1位とする農家や，1965年当時には部門設定すらされていなかった施設野菜，花き・花木，肉用牛部門を1位とする農家が農産物販売金額の上位階層で高いシェアを占めているのである。

　この傾向は以外事業体においてとりわけ顕著である。都府県ではなく全国集計の数字だが，1995年『農業センサス』によれば実際に農産物を販売した以

表7-4 1965年の農産物販売金額規模別の農産物販売金額1位部門別農家構成比率(都府県)

(単位:%,千戸)

販売金額1位部門	10万円未満	10～30	30～50	50～70	70～100	100万円以上	合計
稲作	51.3	63.9	61.9	60.3	60.8	48.2	58.3
麦類作	6.4	1.1	0.5	0.3	0.1	0.0	2.7
雑穀・いも類・豆類	13.0	3.4	1.5	0.9	0.4	0.1	6.0
工芸農作物	6.0	8.8	11.7	12.2	10.1	6.3	8.6
施設園芸	0.1	0.4	0.8	1.4	1.9	3.1	0.6
野菜類	5.2	4.5	5.6	6.1	5.3	4.1	5.1
果樹類	4.7	5.7	6.8	8.0	9.1	14.5	6.1
その他作物	1.4	1.0	0.9	0.8	0.7	0.8	1.1
酪農	0.5	1.7	2.9	3.7	4.7	7.5	1.9
養豚	3.7	1.6	1.1	1.3	1.8	4.0	2.3
養鶏	1.4	1.3	1.4	1.8	3.1	10.4	1.7
その他畜産	2.2	0.9	0.3	0.2	0.2	0.3	1.2
養蚕	4.1	5.7	4.7	3.0	1.6	0.6	4.5
農家数合計	1,607.2	1,517.3	752.3	394.1	196.4	117.2	4,584.5

注) 1. 本表で集計対象とした農家はすべての農家のうち,実際に農産物の販売を行った農家である。
2. 各数値は,農産物販売金額各階層の農家数合計に占める各部門を1位とする農家数の比率。
出所) 農林水産省統計情報部『農業センサス』1965年版。

表7-5 1995年の農産物販売金額規模別の農産物販売金額1位部門別農家構成比率(都府県)

(単位:%,千戸)

販売金額1位部門	300万円未満	300～1,000	1,000～2,000	2,000～3,000	3,000～5,000	5,000万円以上	合計
稲作	75.0	37.1	11.7	7.8	7.6	5.2	65.6
麦類作	0.4	0.1	0.1	0.0	0.0	0.1	0.3
雑穀・いも類・豆類	1.6	1.2	1.0	0.9	0.4	0.2	1.5
工芸農作物	3.3	7.2	10.1	5.7	3.4	4.1	4.2
露地野菜	5.3	12.6	14.2	11.4	7.2	4.9	6.8
施設野菜	1.3	12.7	24.6	13.8	7.6	8.2	4.1
果樹類	8.0	16.5	10.6	5.1	4.2	4.5	9.4
花き・花木	1.4	4.8	9.5	12.8	12.7	11.3	2.4
その他作物	0.9	2.0	2.9	3.3	4.2	4.9	1.2
酪農	0.2	2.1	9.0	23.2	23.8	11.6	1.2
肉用牛	2.0	2.6	3.0	6.6	11.2	16.2	2.3
養豚	0.1	0.6	2.2	5.7	10.2	13.6	0.4
養鶏	0.1	0.5	1.3	3.4	7.3	14.8	0.3
その他畜産	0.0	0.1	0.1	0.1	0.2	0.3	0.0
養蚕	0.4	0.1	0.0	0.0	0.0	0.0	0.3
農家数合計	1,907.8	380.6	85.5	21.2	12.3	9.4	2,416.7

注) 1. 本表で集計対象とした農家は販売農家(経営耕地規模30a以上または農産物販売金額50万円以上の農家)のうち,実際に農産物の販売を行った農家である。
2. 各数値は,農産物販売金額各階層の農家数合計に占める各部門を1位とする農家数の比率。
出所) 農林水産省統計情報部『農業センサス』1995年版。

外事業体総数のうち，肉用牛，養豚，養鶏を1位部門とする以外事業体の比率は約38％である。ここで，1995年『農業センサス』において農産物販売金額規模別に以外事業体を分類する際の最上位階層は販売金額5億円以上階層だが，肉用牛，養豚，養鶏部門を1位とする以外事業体がその階層に属する総以外事業体数の85％以上を占めているのである。

こうした作目部門構成の変化は商品生産の発展が農業をさまざまに分化させた結果だといえるが，ここで着目したいのは農産物販売金額上位階層でシェアを伸ばしてきた作目部門の特性である。すなわち，広大な採草地を必要とする酪農部門以外はいずれの作目部門も土地利用型農業部門ではないのである。

このように，経営耕地面積は狭くとも資本・労働集約的な生産を行うことによって農産物販売金額の高額化が可能な作目を生産する農業経営が農産物販売金額の上位階層で高いシェアを占めているのであり，経営耕地面積がすべての農業経営の営農規模ないしは商品農産物生産規模を直接的，かつ，正確に示す標識ではないということの所以の一つはここにある。

2.2 農業所得の側面からみた担い手構造

農産物販売金額は文字通り農産物を商品として販売した売上高のことだから農業経営の営農規模を評価するための絶好の標識であるように見受けられるかもしれない。しかし，この標識は農業経営の規模をグロスの産出面から捉えようとするものであり，作目ごとに異なる所得率や純収益率を考慮していないため，ネットとしての経営規模指標としては利用できない[23]。

そこで，次に農業所得の側面から担い手構造をみておくことにしよう。1995年において農家が農業のみで他産業勤労者世帯なみの生計を維持するために必要とされる下限農業所得は約577万円であるが[24]，この額を所得形成力の一定の基準とみなし，この額と同等の農業所得を獲得するために必要となる経営規模を主要部門に関して示すと表7-6のようになる。ここでは，土地利用型部門の代表である稲作部門と，農産物販売金額が高額な農家が多く土地利用型部門とは作目特性が異なる畜産部門・施設園芸部門に着目した。なお，この数値は農家内における各作目部門の規模と当該作目部門のみから得られる農業所得の値である。したがって，同表に示した規模以上の農家は当該作目部門のみを営

第7章　わが国農業における担い手構造の現状と動向　247

表7-6　主要部門における下限農業所得獲得可能規模(都府県, 1995年)

	稲作	酪農	肉用牛	養豚	採卵鶏	施設園芸
経営規模	稲作付面積 7ha以上	搾乳牛 飼養頭数 20頭以上	飼養頭数 50頭以上	飼養頭数 500頭以上	飼養羽数 10000羽以上	施設面積 30a以上
農業所得 (万円)	628.4	575.3	669.5	675.5	661.9	517.6

注)　1. 稲作, 養豚, 採卵鶏に関しては下限農業所得約577万円よりも, かなり高い所得であるが, 表記した規模以下ではこの額を大幅に下まわるため, この規模を採用した。また, 施設園芸の農業所得は施設野菜と施設花きの平均値であるが, 施設面積50a以上の場合, 農業所得が高額になり過ぎるため, 30a以上を採用した。
　　2. ここで示した農業所得は, 経営全体の農業所得ではなく, 当該作目部門のみから得られる農業所得である。また, 表記した規模以上の農家は表記した額以上の農業所得を当該作目部門のみから得ている。
出所)　農林水産省統計情報部『農業経営部門別統計』1995年版。

表7-7　下限農業所得を獲得可能な農家の比率とその生産シェア(都府県, 1995年)

(単位：千戸, 百ha, 千頭, 万羽, %)

		稲作	酪農	肉用牛	養豚	採卵鶏	施設園芸
①	作付・飼養・設置総農家数	2,825.4	32.1	38.0	10.9	25.7	238.3
②	表7-6の経営規模以上の農家数	14.7	16.9	6.3	3.5	1.7	41.2
③	総農家に占める比率	0.5	52.5	16.6	31.9	6.5	17.3
④	総作付面積・飼養頭羽数・施設面積	19,109.9	753.2	1,125.2	4,790.0	5,827.1	442.6
⑤	②の作付面積・飼養頭羽数・設置面積	1,094.9	614.4	818.7	3,704.1	5,503.9	216.2
⑥	④に占める⑤の比率	5.7	81.6	72.8	77.3	94.5	48.9

注)　1. 肉牛の②の値は, 肥育専門経営で肥育頭数30頭以上の農家数と一貫経営で子取り用めす牛20頭以上の農家数の合計値。また, 養豚の②は肥育専門経営で肥育頭数500頭以上の農家数と一貫経営で肥育頭数500頭以上の農家数の合計値である。
　　2. 乳用牛飼養頭数は2歳以上の値, 肉牛飼養頭数は肉用種肥育牛と肉用として飼養されている乳用種肥育牛の合計値, 豚は肥育豚飼養頭数, 採卵鶏は6カ月以上の採卵鶏, 施設面積はハウス室とガラス室の床面積の合計値である。
　　3. 稲作に関しては, 資料制約のため, 作付面積5ha以上階層の値を記入している。
出所)　表7-5に同じ。

むことで他産業なみの生計維持が可能だと一応みなせる。そして, この規模以上の農家比率とそれら農家への生産集中度は表7-7のように試算される[25]。

　この表から, 酪農や養豚では, 当該農業部門のみで他産業なみの生計維持可能な農家の比率が高く, それら農家への生産集中も進んでいることがわかる。また, 肉用牛や養鶏, 施設園芸では農業所得の高い農家の数そのものは少ないが, それら少数農家への生産集中度は高い値を示している。これに対し, 稲作

表 7-8 以外事業体の規模および生産シェア(都府県, 1995年)

(単位:戸, 事業体, 頭, 千羽, ha, %)

	農家			以外事業体			
	飼養戸数・出荷戸数・設置戸数・作付戸数 ①	総飼養頭羽数・総出荷羽数・総設置面積・総作付面積 ②	平均規模 ②/①	飼養事業体数・出荷事業体数・設置事業体数・作付事業体数 ③	総飼養頭羽数・総出荷羽数・総設置面積・総作付面積 ④	平均規模 ④/③	以外事業体のシェア ④/(②+④)
乳用牛	32,071	753,206	23.5	265	23,792	89.8	3.1
肥育牛	37,956	1,125,226	29.6	681	212,113	311.5	15.9
肥育豚	10,879	4,790,041	440.3	617	2,849,970	4,619.1	37.3
採卵鶏	26,794	58,271	2.2	783	77,119	98.5	57.0
ブロイラー	3,497	316,775	90.6	265	279,928	1,056.3	46.9
施設設置面積	238,312	44,260	0.2	812	550	0.7	1.2
水稲作付面積	2,826,349	1,910,987	0.7	933	10,594	11.4	0.6

注) 1. ブロイラーは飼養羽数ではなく, 出荷羽数である。
    2. 乳用牛は2歳以上の乳用牛, 肥育牛は肉用種牛と肉用として飼養されている乳用種牛の合計値, 採卵鶏は6カ月以上の採卵鶏, 施設面積はハウス室とガラス室の床面積の合計値である。
出所) 表 7-5 に同じ。

ではほとんどすべての農家が稲作で生計を維持できていない。そして, 他産業賃労働収入や他作目から得られる農業所得に依存して生計を維持している農家に主要生産手段である水田のほとんどが集中しているのが現状である。

以上, 表 7-5 より, 農家の圧倒的大多数を占める稲作等の土地利用型農業を主に営む農家が農産物販売金額下位階層に集中的に分布しており, 施設型農業ないしは畜産を主に営む農家は総数こそ少ないが農産物販売金額上位階層に厚く分布していることがわかった。そして, 農産物販売金額上位階層で高いシェアを占めている施設型農業および畜産部門では, 農業所得形成力の高い農家への生産集中が進んでいることも表 7-7 より明らかとなった。次に, これらの作目部門における以外事業体の位置についてみておくことにしよう。

2.3 以外事業体の規模と生産シェア

表 7-8 は, 農家と以外事業体の平均家畜飼養頭羽数・出荷羽数, 平均施設設置面積, 平均水稲作付面積, および, 農家と以外事業体を合わせた総家畜飼養頭羽数・出荷羽数, 総施設設置面積, 総水稲作付面積に占める以外事業体の

シェアを示したものである．この表から，①以外事業体は各作目とも農家に比べてかなり大規模であること，②肥育牛，肥育豚，採卵鶏，ブロイラーに関しては以外事業体の生産シェアが極めて高いこと，が確認できる．よって，酪農を除く畜産部門では大規模以外事業体への生産集中が進んでおり，そこでは以外事業体が主要な農産物生産の担い手であるとみてよい．

また，乳用牛や施設設置面積に関しては水稲作付面積と同様に農家のシェアが圧倒的であり，以外事業体への生産集中は遅れている．ただし，すでにみたように酪農や施設型農業部門では農業所得形成力の高い農家への生産集中は相当程度進んでいるのであって，以外事業体の生産シェアが低く，大規模農家の形成も進んでいない稲作部門とは担い手構造が異なるとみるべきだろう．

このように，施設型農業や畜産部門では，土地利用型部門とりわけ稲作農業部門と比べれば大規模農業経営を形成する方向への担い手構造の変革が相対的に進んでいるとみてよい．しかし，その一方で，稲作農業部門では大規模な担い手の形成，および大規模稲作経営への生産集中は遅れている．よって，これらの事柄と本章第1節の検討結果，稲作が依然としてわが国農業の基幹部門であること等を考え合わせれば，わが国農業の担い手構造の変革に関する焦眉の課題が稲作部門にあることが明らかとなる．

3 稲作農業部門の担い手構造と農作業受委託

3.1 稲作農業部門の基礎構造と農業経営による農作業の委託

表7-9は，1995年のわが国稲作部門の基礎構造を示したものである．この表から，①水稲作付面積が狭い階層に属する農家が圧倒的に多く，それらの階層が占める作付面積シェアも極めて高い，②水稲作付面積0.5 ha未満階層に関しては稲作を副次部門とし，他作物の生産を主に行う複合経営が半数近く存在しているが，その他の階層では稲作単一経営が大部分を占めている，③よって，稲作付面積が狭いにもかかわらず稲作のみを行っている販売農家も多数存在しているのであり，稲作付面積が狭い階層では当然のことながら副業的農家率も高い，といった点を読みとることができる．また，『農業センサス』によ

表7-9 稲作部門の基礎構造(都府県,1995年)

(単位:戸,事業体,ha,%)

		① 稲作を 行った 経営数	② 水稲作付面積	③ 稲作 単一 経営 比率	④ 稲作が 主位で ない複 合経営 の比率	⑤ 副業的 農家 の比率	⑥ 田を借 入れた 経営の 比率
自給的農家		557,467 (19.7)	89,600 (4.7)	—	—	—	—
水稲作付面積別販売農家	0.5ha未満	1,027,358 (36.3)	308,766 (16.1)	48.9	45.0	61.8	14.4
	0.5〜1.0ha	691,364 (24.5)	473,725 (24.7)	69.1	19.3	51.8	21.9
	1.0〜2.0ha	388,310 (13.7)	522,913 (27.2)	69.9	15.6	35.2	31.8
	2.0〜3.0ha	99,209 (3.5)	234,679 (12.2)	69.2	12.8	17.6	43.0
	3.0〜5.0ha	46,998 (1.7)	171,818 (8.9)	68.2	9.9	7.3	60.1
	5.0ha以上	14,730 (0.5)	109,486 (5.7)	71.6	5.3	2.1	80.4
以外事業体		933 (0.0)	10,594 (0.6)	67.6	22.9	—	77.7
合 計		2,826,369 (100.0)	1,921,581 (100.0)	—	—	—	—

注) 1. ①,②の括弧内は各々,総経営数,総作付面積に占める各階層のシェアである。
  2. ③,④は表側の水稲作付面積規模を水稲収穫面積規模に読み替えた場合の値である。
  3. 副業的農家とは,農家所得の 50% 以上を他産業賃労働等に依存しており,かつ,年間60日以上農業に従事した 65 歳未満の世帯員のいない農家のことである。
  4. 以外事業体の⑥は,経営耕地のなかに田のある以外事業体に占める田を借入れた以外事業体数の比率である。

出所)表 7-7 に同じ。

れば農家と以外事業体の合計借入田面積も 1975 年:約 14 万 3,000 ha,1985年:約 17 万 3,000 ha,1995 年:約 28 万 6,000 ha,と水稲作付総面積に比べれば大幅な増加はみられない。よって,専門的かつ大規模に稲作を営んでおり,規模の経済性によって高い生産性を実現している稲作農業経営は極めて少ないのが現状であり,そうした稲作経営が今後急速に形成される可能性も低いといえる。

ところで,典型的な土地利用型農業である稲作部門では,かつては水稲作付面積によって個々の農業経営の稲作営農規模は十分把握できたといえる。しかし,今日では水稲作付面積は稲作営農規模をつかむための標識としての有用性を失いつつある。それは,稲作部門において機械作業を中心とした農作業の受委託が進展し,一定面積の水田で稲作農業を営んではいるが実際には生産活動を行っていないような農業経営が存在するようになったことに起因する。

農作業受委託とは,農業経営が自らの経営権を保持しつつ,料金を支払って

第7章　わが国農業における担い手構造の現状と動向

表7-10　稲作農作業を委託した農家数と以外事業体数の推移(沖縄を除く都府県)

(単位：戸，事業体，％)

年	1980	1985	1990	1995
稲作を行った農家数	3,782,774	3,505,329	3,134,160	2,824,604
稲作農作業を委託した農家数	1,117,220	1,146,770	1,536,185	1,708,364
委託農家比率	29.5	32.7	49.0	60.5
稲作を行った以外事業体数	—	613	704	932
稲作農作業を委託した以外事業体数	—	68	111	162
委託以外事業体比率	—	11.1	15.8	17.4

注）1．本表で集計したのは，一種類以上の稲作農作業を委託した農家と以外事業体である。
　　2．1985年以前の委託経営数には，乾燥・調製を委託した経営数が含まれていない。
出所）農林水産省統計情報部『農業センサス』。

農作業の代行を委託し，受託者側が自ら調達した農機具を用いてその農作業を行う取引のことである。そこで，次に，こうした側面から稲作部門の担い手構造をみることにしよう。なお，沖縄県の農作業受委託に関するデータが十分でないため，以下では沖縄県を除く都府県を対象として分析を行う(以下，都府県という言葉を沖縄県以外の都府県という意味で使用する)。

表7-10が示すように，1995年に稲作を行った農家は約282万戸，以外事業体は932あるが，このうち，約171万戸の農家と162の以外事業体が少なくとも一種類以上の稲作農作業を委託しており，実数および稲作を行った農業経営数に占めるシェアはともに増加している。ここで，1990年と1995年において農作業を委託した農家数と以外事業体数，農家の委託面積等を主要作業別[26]に示すと表7-11のようになる(以外事業体の委託面積は調査されていない)。

1990年と1995年を比較すると，耕起・代かきの委託農家数，委託面積比率を除いて各数値とも大幅に上昇しており，農業経営による農作業の委託が着実に進展していることがうかがえる[27]。また，1995年の農家の作業別委託面積に着目すると，育苗，稲刈り・脱穀，乾燥・調製の値が大きく，農家の稲作付総面積に占める委託面積のシェアは育苗と稲刈り・脱穀が約20％であり，乾燥・調製では3分の1を超えている。耕起・代かき，田植，防除については上記3作業ほどではないが，それでも都府県農家の稲作付総面積の10％前後に対する各作業は，その水田の経営権を有しており，そこから収穫される農産物の所有権・処分権をもつ農家ではない経済主体によって代行されている。そし

表 7-11 作業別委託経営数と委託面積(沖縄を除く都府県)

(単位:戸, ha, %, 事業体)

		育苗	耕起・代かき	田植	防除	稲刈り・脱殻	乾燥・調製	全作業
1990年	委託農家数	659,751	527,680	519,616	265,296	756,867	1,217,736	138,403
	農家の総委託面積	225,689	176,710	170,701	125,243	272,200	543,927	―
	1戸当たり委託面積	0.34	0.33	0.33	0.47	0.36	0.45	―
	農家の稲作付総面積に対する委託面積の比率	12.3	9.7	9.3	6.8	14.9	29.7	―
	委託以外事業体数	43	43	43	25	54	79	―
1995年	委託農家数	907,974	502,369	588,424	284,335	875,722	1,329,982	141,892
	農家の総委託面積	356,821	182,820	222,182	152,119	364,289	664,454	―
	1戸当たり委託面積	0.39	0.36	0.38	0.53	0.42	0.50	―
	農家の稲作付総面積に対する委託面積の比率	18.7	9.6	11.6	8.0	19.1	34.8	―
	委託以外事業体数	72	55	60	43	74	130	―

注) 1. 各作業の委託面積には全作業委託面積を含む。ただし,農家の全作業委託面積,全作業を委託した以外事業体数,以外事業体の委託面積に関してはデータなし。
 2. 沖縄を除く都府県農家の水稲作付総面積は 1990 年:1,829,787 ha, 1995 年:1,910,353 ha である。
 3. 二期作水田面積および同一水田に対する複数回の作業委託は考慮していない。
 4. 1985 年以前は乾燥・調製に関するデータが欠落しているので,表示期間を 1990 年以降とした。
出所) 表 7-10 に同じ。

て,全稲作農家の約 5% に相当する 14 万戸以上の農家が育苗から乾燥・調製までの稲作主要全作業を委託しているのである[28]。

ここで,委託面積が統計的に把握可能な農家に関して稲作付面積規模別の委託状況を示すと表 7-12 のようになる。各々の作業を委託した農家比率をみると,稲作付面積が小規模な農家が高い値を示している一方で稲作付面積 5 ha 以上の大規模稲作農家のなかにも作業委託を行うものが存在しており,それら農家は各作業ともに 4〜6 ha 前後という広い面積を委託していることがわかる。

また,以外事業体に関しては各作業の委託面積は把握されていないが,表 7-11 でみたように少数ながらも委託を行うものが存在しており,1 経営当たりの平均稲作付面積が 11.4 ha であることからすれば,かなり広い面積に対する作業を委託している以外事業体も存在していると思われる。従来,農作業を委託する農業経営は,労働力不足の兼業農家や資金繰り等の問題から稲作用農機具を備えられない小規模稲作農家,他作目の複合部門として稲作を行っており,

表 7-12 水稲作付規模別にみた農家の作業委託状況(沖縄を除く都府県, 1995 年)

			水稲作付面積規模階層				
			1.0ha未満	1.0〜2.0ha	2.0〜3.0ha	3.0〜5.0ha	5.0ha以上
総稲作農家数		(千戸)	2,275.5	388.2	99.2	47.0	14.7
育苗	委託農家数	(千戸)	838.8	57.9	8.0	2.5	0.7
	委託農家比率	(%)	36.9	14.9	8.1	5.3	5.0
	総委託面積	(千ha)	262.9	67.9	15.6	6.8	3.5
	平均委託面積	(ha)	0.31	1.17	1.95	2.73	4.85
耕起・代かき	委託農家数	(千戸)	471.6	26.4	3.2	0.9	0.2
	委託農家比率	(%)	20.7	6.8	3.2	1.9	1.7
	総委託面積	(千ha)	141.1	31.7	6.4	2.5	1.1
	平均委託面積	(ha)	0.30	1.20	2.01	2.79	4.31
田植	委託農家数	(千戸)	548.4	33.8	4.4	1.2	0.3
	委託農家比率	(%)	24.1	8.7	4.4	2.6	1.9
	総委託面積	(千ha)	167.9	40.6	8.9	3.4	1.4
	平均委託面積	(ha)	0.31	1.20	2.05	2.85	4.79
防除	委託農家数	(千戸)	244.0	29.1	6.9	3.3	1.0
	委託農家比率	(%)	10.7	7.5	7.0	7.0	7.0
	総委託面積	(千ha)	82.3	36.7	15.3	11.1	6.7
	平均委託面積	(ha)	0.34	1.26	2.21	3.37	6.46
稲刈り・脱穀	委託農家数	(千戸)	794.1	69.5	9.1	2.4	0.5
	委託農家比率	(%)	34.9	17.9	9.2	5.2	3.3
	総委託面積	(千ha)	258.0	79.7	17.6	6.8	2.3
	平均委託面積	(ha)	0.32	1.15	1.93	2.80	4.67
乾燥・調製	委託農家数	(千戸)	1160.8	139.1	21.2	7.0	1.8
	委託農家比率	(%)	51.0	35.8	21.4	15.0	12.3
	総委託面積	(千ha)	422.9	166.2	43.2	21.2	11.0
	平均委託面積	(ha)	0.36	1.19	2.04	3.01	6.08

注) 1. 作付面積 1.0 ha 未満層には自給的農家を含む。
  2. 各作業の委託面積には全作業の委託面積を含む。
出所) 農林水産省統計情報部『農業センサス』1995 年版。

複合部門としての小規模稲作部門の農作業を外部に委託することによって経営全体の効率化を図ろうとする農業経営,等であり,個々の委託面積も小規模だと考えられていた。しかし,実際には農作業の委託を行う農業経営は多様化してきており,比較的広い面積が委託されるケースも希ではないのである。

このように,農業経営による農作業の委託は活発化してきている。次に,農作業の受託主体を含めた農作業受委託の全体像をみることにしよう。

表 7-13 農作業を受託した経済主体の存在状況と受託面積(沖縄を除く都府県, 1995 年)

		水稲作付面積規模別農家					その他の農家	以外事業体	水稲作サービス事業体
		1.0ha未満	1.0〜2.0ha	2.0〜3.0ha	3.0〜5.0ha	5.0ha以上			
受託経営数 (戸,事業体)		56,693 (2.5)	40,981 (10.6)	20,312 (20.5)	15,448 (32.9)	7,312 (49.6)	4,530	546	12,160
育苗	受託経営数 (戸,事業体)	17,185 (0.8)	18,196 (4.7)	11,328 (11.4)	10,323 (22.0)	6,185 (42.0)	96	494	3,256
	総受託面積 (千ha)	15.3	17.3	13.6	16.8	21.6	0.4	10.5	266.8
	平均受託面積 (ha)	0.89	0.95	1.20	1.63	3.50	3.90	21.20	81.95
耕起・代搔	受託経営数 (戸,事業体)	33,037 (1.5)	26,975 (6.9)	14,191 (14.3)	11,648 (24.8)	6,453 (43.9)	279	529	4,234
	総受託面積 (千ha)	24.7	25.0	15.5	16.2	16.7	0.4	6.0	44.7
	平均受託面積 (ha)	0.75	0.93	1.10	1.39	2.59	1.32	11.35	10.54
田植	受託経営数 (戸,事業体)	30,284 (1.3)	26,926 (6.9)	14,796 (14.9)	12,515 (26.6)	6,950 (47.0)	131	529	3,324
	総受託面積 (千ha)	22.8	25.3	17.2	18.2	17.3	0.2	5.9	32.1
	平均受託面積(ha)	0.75	0.94	1.16	1.45	2.50	1.16	11.06	9.65
防除	受託経営数 (戸,事業体)	14,569 (0.6)	13,760 (3.5)	7,752 (7.8)	6,594 (14.0)	3,666 (24.9)	91	317	1,451
	総受託面積 (千ha)	13.5	13.4	8.9	9.7	10.5	0.1	4.3	50.6
	平均受託面積 (ha)	0.92	0.98	1.14	1.47	2.87	0.91	13.56	34.85
稲刈・脱穀	受託経営数 (戸,事業体)	38,509 (1.7)	34,819 (9.0)	18,903 (19.1)	15,635 (33.3)	8,330 (56.6)	214	627	5,718
	総受託面積 (千ha)	37.9	47.0	32.1	32.6	30.7	0.4	8.7	80.8
	平均受託面積 (ha)	0.98	1.35	1.70	2.08	3.69	1.74	13.82	14.12
乾燥・調製	受託経営数 (戸,事業体)	24,869 (1.1)	27,143 (7.0)	15,860 (16.0)	13,204 (28.1)	7,188 (48.8)	119	497	5,412
	総受託面積 (千ha)	39.0	44.2	29.2	28.0	27.4	0.9	10.2	461.2
	平均受託面積 (ha)	1.57	1.63	1.84	2.12	3.81	7.52	20.62	85.21

注) 1. 「その他の農家」とは稲作を行っていないにもかかわらず,稲作農作業を受託した農家である。
2. 稲作付面積1ha未満階層には自給的農家を含む。また,稲作農家の括弧内の値は稲作総農家に占める比率である。
3. 各作業の受託作業面積には全作業受委託面積を含む。
4. 受託面積には,『農業センサス』で農業経営と扱われない生産主体から受託した分も含まれている。
5. 受託経営数は,「全作業受託経営数+各作業受託経営数」で求めている。厳密には,この値から「全作業受託と各作業受託を併せて行った経営数」を引く必要があるが,資料制約のため,そのままとした。よって,受託経営数は実際よりも多く,平均受託面積は実際よりも小さい。
6. 『農業センサス』の水稲作付規模別農家統計では,受託農家数,農家の受託面積に「農作業受託組織に受託主体として参加した農家数」,「受託組織の仕事として農作業を請負った面積」が含まれている。よって,個別農家として作業受託した農家数,個別農家として受託した面積は表示した値よりも小さい。とくに受託面積に関しては,農家集団が運営する農業サービス事業体が受託した面積とダブルカウントになっている分があると考えられるが,このことは総作業受託量を把握するという観点からは極めて大きな問題点である。
7. 『農業センサス』に記されているように,農家は受託面積を過少申告する傾向がある。

出所) 表 7-12 に同じ。

3.2　農作業を受託する経済主体の存在状況と農作業受委託の全体像

　従来，農作業の受委託は農家と農家ないしは農家と以外事業体の間で行われるのが一般的であった。しかし，今日では，農作業の受託主体として農業サービス事業体が重要な役割を果たすようになってきている。農業サービス事業体とは，農家集団や農協，会社，地方公共団体等を運営主体とし，農作業の受託は行うが，自らは農産物生産を併せ行わない経済主体のことである[29]。

　表7-13に，農業サービス事業体も含めて，農作業を受託する経済主体がどの程度存在しており，そうした経済主体がいかなる作業をどの程度受託しているのかを示す[30]。なお，資料制約の都合上，ここでいう以外事業体には稲作農業を営んでいない以外事業体も含まれている。

　まず，稲作農家に関しては稲作付面積が広くなるにつれ受託経営比率・平均受託面積ともに増加する傾向にある。とくに，稲作付面積5ha以上農家の受託比率・平均受託面積は他と比べて明らかに高い。そして，以外事業体の平均受託面積はさらに大きく，各作業の平均受託面積は稲作を行っている以外事業体の平均稲作付面積と同等以上である。農業経営の主業務は農産物生産であり，農作業の受託はあくまでも副次的業務にすぎないという見方がなされる場合も多いが，大規模稲作農家や以外事業体においては農作業受託が一つの事業として確立しつつあるとみてよいだろう。また，農業サービス事業体は，都府県に12,160事業体存在しているが，いずれの作業に関しても極めて広大な面積を受託している。例えば，都府県農家の平均稲作付面積は約0.68 haだが，この数字を前提とすれば農業サービス事業体は各作業とも農家十数戸分から100戸分以上の作業量を1事業体が担当している計算になる。農業サービス事業体がわが国稲作において果たしている役割は極めて重要だといえる。

　ここで，農家と農業サービス事業体に関して，各階層の稲作付総面積から総委託面積を引き総受託面積を加えたものを実作業面積とし，各階層ごとの実作業面積比率を算定することによって稲作生産活動の実際をみようとしたのが表7-14である。以外事業体については委託面積が統計的に把握できず，稲作を営む以外事業体がどの程度の農作業受託を行っているかも把握できないため割愛した。各階層の実作業面積比率と作付面積シェアを比較すると，稲作付面積1ha未満階層の実作業面積比率が一律に減少しており，育苗や乾燥・調製で

表 7-14　稲作付規模別農家の実作業面積シェア(沖縄を除く都府県，1995年)

(単位：％, ha)

	稲作付面積規模別農家					その他農家	水稲作サービス事業体	合計面積
	1.0ha未満	1.0～2.0ha	2.0～3.0ha	3.0～5.0ha	5.0ha以上			
稲作付面積シェア	45.6	27.4	12.3	9.0	5.7	0.00	0.0	1,910,987
育苗	32.8	24.8	12.2	9.5	6.7	0.02	14.0	1,905,968
耕起・代かき	40.4	27.6	13.0	9.9	6.7	0.02	2.4	1,871,389
田植	39.9	27.9	13.3	10.2	6.9	0.01	1.8	1,821,932
防除	43.1	26.8	12.2	9.1	6.1	0.00	2.7	1,865,437
稲刈・脱穀	36.1	27.1	13.8	10.9	7.6	0.00	4.5	1,808,196
乾燥・調製	26.0	21.4	11.8	9.5	6.7	0.05	24.6	1,876,365

注)　1．作付面積 1.0 ha 未満層には自給的農家を含む。
　　2．受託面積に関する農家の過少申告，センサス定義以外の農家などからの受託面積の存在，以外事業体の割愛，等の理由から作付面積合計値と実作業面積合計値は一致しない。
　　3．表 7-9, 7-12, 7-13 に基づいて作成。

は稲作付面積 2～3 ha 階層の実作業面積比率すらも減少している。そして，これとは逆に稲作付面積 3 ha 以上階層の実作業面積比率は一律に増加している。

　農作業を委託した農業経営は受託主体に料金を支払う必要があるが，自ら作業を行わない分だけ労働・資本投下量は減少する。そして，後者の貨幣評価額は後述するように前者よりも一般に大きい。一方，受託主体の労働・資本投下量は受託主体自体の稲作部門に関しては不変ないしは減少するかもしれないが，農作業単位でみれば受託による作業量の拡大に伴って増加するだろう。実際の稲作生産活動規模・稲作生産活動への投入規模の側面からみた担い手構造は稲作付面積規模別にみた場合よりも大規模経営形成の方向に動いているのである。そして，以外事業体の農作業受委託に関する統計整備が進めば，この傾向は一層明確になるだろう。

　さて，以上の分析から各作業別にみた農作業受委託の進展は明らかとなったが，このままでは総量としての農作業受委託の進展をつかむことはできない。そこで，次に，農業経営が稲作生産に費やした費用総計に占める作業料金支払額総計の比率を算定することによって価額単位でみた総量としての農作業受委託の把握を試みる。以下では，資料制約の関係から分析対象を農家に限定するが，稲作付面積の大半が農家の作付面積であるゆえに，農家に関して分析を行えば価額単位でみた受委託の趨勢をつかむことはできよう。具体的には，『米

表 7-15 農家の米生産費に占める委託料金支払額の比率(都府県)

(単位:円/10 a, %)

年	1985	1990	1995	1998
10a当たり米生産費	140,351	140,064	135,565	138,147
委託料金支払額	9,188	10,835	12,868	13,557
委託料金支払額比率	6.5	7.7	9.5	9.8
1985年の委託料金支払額を100とした指数	100.0	117.9	140.1	147.6
1985年を100とした委託料金単価の指数	100.0	103.4	109.7	112.8

注)1.ここでは沖縄県を含む都府県における『米及び麦類の生産費』定義の販売農家の平均値を用いた。10 a当たり米生産費は資本利子・地代を含まない副産物差引生産費である。
　 2.委託料金支払額は、育苗(苗購入代金)、航空防除、賃耕、は種・機械田植、収穫作業、もみすり脱穀、乾燥・調製作業(ライスセンターおよびカントリーエレベータ使用料)、その他、に対する支払額の総計である。また、料金単価の指数は『農村物価統計』における「賃借料及び料金の価格指数」の全国平均の値である。
出所)農林水産省統計情報部『米及び麦類の生産費』、同『農村物価統計』。

及び麦類の生産費』の「原単位量及び評価額」を用いて都府県農家の10 a当たり米生産費(資本利子・地代を含まない副産物差引生産費)に占める委託料金支払額の平均比率を推計した(表7-15を参照)[31]。

試算の結果、都府県農家の10 a当たり米生産費に占める委託料金支払額の比率は最近年では約9.8%にも上り、その比率は年々上昇してきている。そして、委託料金支払額そのものも——料金単価の変動を考慮したとしても——確実に増大しているとみてよい。また、『米及び麦類の生産費』の調査対象農家は基本的に『農業センサス』が定義する販売農家である。よって、自給的農家やセンサス定義上は農家でない稲作生産主体を含めれば、この比率はさらに高まるものと考えられる。農作業受委託が着実に進展しており、農作業を受託する経済主体が稲作生産担当層としての重要性を増しつつあることが価額面からも裏付けられたとしていいだろう。

3.3 農作業受委託の経済効果

以上でみてきたように、稲作部門では農作業受委託主体が生産担当層として重要な役割を担っており、その重要性は増しつつある。そこで、次に、農作業の受委託が及ぼす経済効果を稲作のコスト面からみることにしよう。

表7-16は、部分作業受託組織に参加している農家と個別農家の10 a当たり米生産費を比較したものである。部分作業受託組織とは、組織内の一部の農家

表 7-16 部分作業受託組織参加農家と個別農家の 10 a 当たり米生産費の比較(1998 年)

(単位:戸, ha, 円/10 a)

		東北	北陸	関東東山	東海	近畿	中国	四国	九州
水稲作付規模別組織参加農家数	0.3ha未満	1.4	4.1	3.9	13.7	4.0	6.0	4.7	5.3
	0.3〜0.5ha	1.5	3.5	2.3	7.8	5.2	4.9	4.5	4.6
	0.5〜1.0ha	2.3	6.6	2.1	5.8	6.6	5.6	10.5	4.3
	1.0〜2.0ha	2.4	4.2	2.0	1.2	2.8	1.1	3.8	3.8
	2.0〜3.0ha	1.0	0.6	0.9	0.9	0.6	0.1	0.8	1.0
	3.0〜5.0ha	0.8	0.1	0.8	0.5	—	0.1	0.5	0.2
	5.0ha以上	0.3	0.3	0.3	0.7	—	—	—	—
組織の作付総面積		13.4	16.9	12.6	20.0	12.4	8.9	19.0	14.6
委託農家数		5.9	11.8	7.0	26.3	15.4	12.2	16.3	11.5
受託農家数		3.8	7.6	5.3	4.3	3.8	5.6	8.5	7.7
委託農家平均規模		0.6	0.4	0.3	0.3	0.5	0.3	0.5	0.3
受託農家平均規模		2.6	1.5	2.0	2.6	1.3	0.9	1.3	1.4
委託農家の生産費		120,363	135,102	135,931	139,376	159,877	137,072	116,341	116,248
受託農家の生産費		104,385	127,678	94,820	112,196	148,933	106,098	117,346	100,864
個別農家の稲作付面積規模別生産費	0.5〜1.0ha	152,446	157,570	152,096	157,703	168,822	157,539	153,181	142,116
	1.0〜1.5ha	129,907	152,877	129,376	153,316	152,272	136,837	107,443	122,351
	1.5〜2.0ha	124,939	138,208	113,157	—	156,614	130,487	125,967	104,383
	2.0〜3.0ha	118,234	126,602	113,836	133,576	141,007	110,417	—	87,029
	3.0〜4.0ha	102,250	117,281	93,559	<u>115,369</u>	<u>103,892</u>	—	—	93,972
	4.0〜5.0ha	97,943	100,022	96,539	—	—	—	—	—
	5.0ha以上	94,711	103,881	81,622	102,293	96,088	—	—	78,255

注) 1. 個別農家の生産費は『米及び麦類の生産費』定義の販売農家の値である。また、アンダーラインが付けられた数字は、作付面積 3 ha 以上農家の平均値である。
2. 生産費は物財費と労働費から副産物価額を差し引いた生産費であり、資本利子と地代は含まない。なお、いうまでもないが、委託農家の生産費には受託農家に支払った作業料金を含み、受託農家の生産費は受託農家の稲作部門のみの値であり、農作業受託部門のコストは含まない。
3. 委託農家、受託農家の平均規模はいずれも以下の手順で算出した推計値である。ここでは、組織参加農家のうち、稲作付面積が狭い農家が委託農家、広い農家が受託農家と仮定している。委託農家に関しては、まず、作付面積が狭い方から農家数を累計していき、各地域の委託農家数に達する階級を確認する。次いで、各階級の中央値にその階級に属する農家数を乗じる。そして、委託農家数に相当する分の作付面積を作付面積が狭い方から足し合わせ、その合計を委託農家数で除して平均規模を求める。受託農家に関しては、組織の総作付面積から先の委託農家分の作付面積を引き、その値を受託農家数で除する。なお、水稲作付規模別組織参加農家数と委託農家数+受託農家数の値が一致しない地域もあるが、ここでは考慮しなかった。

出所) 農林水産省統計情報部『農業組織経営体経営調査報告』1998 年版、同『米及び麦類の生産費』1998 年版。

が他の組織内農家および組織外農業経営から主要機械作業の一部を受託し，その他の作業については個々の農家が各自で作業を行う形態の生産組織であり，そこでの生産物は個々の構成農家に帰属している——つまり，経営は個別である——ものをいう。よって，すべての形態の農作業受委託がもたらす米生産費の変化をこの表からつかめるわけではないが，農作業受委託によって生産費が低減することを示すための一例にはなろう[32]。同表に示した委託農家，受託農家の平均作付面積は推計値であるゆえ，目安にすぎないし，『農業組織経営体経営調査報告』では受委託作業の種類や組織外農業経営からの受託面積は示されていない。よって，厳密な比較はできないが，委託農家，受託農家の生産費は各地域とも個別農家の生産費よりも大幅に低下しているとみてよい。

　農作業を受託した農家は農機具の稼動規模を広げ，農機具の減価償却費等を自己の経営外部にも負担させることができるようになる。その結果，大型農機具の利用が可能となり，大型農機具と大稼動面積による作業ごとのスケールメリットを実現できる。一方，委託農家は農作業の委託によって高額な農機具を自前で装備し，適正稼動規模以下の面積で利用するという非効率が排除され，受託主体が駆使する大型農機具のスケールメリットが享受可能になる。同表において委託農家，受託農家の米生産費が個別農家に比べて各々低下している要因はこうした点にあると考えられる（受託主体が農業サービス事業体であっても同様の理由で委託農家の生産費は低下するだろう）。

　なお，付言しておくと，農作業を委託することによって生産費の低減が期待できるのは稲作付面積が狭い小規模稲作経営のみではない。ある農業経営が農作業を外部に委託した際に受託主体によって実行される農作業は，数多くの農業経営が作業を委託した稲作付総面積の一部に対する農作業だとみなせる。よって，受託主体の作業総面積よりも自己の稲作付面積の方が狭い農業経営の場合，それが一般的な意味での大規模稲作経営であっても作業委託した方がその作業に関しては低コストになる可能性があるといえる[33]。とくに，稲作の場合，主要作業別に異なる専用機械が必要であり，自己完結的な生産を行う場合には固定資本投資が巨額となることに加えて，作業行程ごとの適正規模格差が大きいので[34]，選択可能な農機具の適正稼動規模と自己の稲作付面積が一致しない作業に関しては外部に委託した方が効率的な場合もありうる。表7-11や

表7-12でみたように，稲作付面積が大規模な農家や以外事業体のなかにも作業委託を行うものが実在していることの一因はここにあるといえよう。

　また，受託側にとっても農作業を受託することには稲作付面積を拡大することとは別の利点がある。第一に，作業料金は作況に左右されることがないので安定的な現金収入を得ることができる。第二に，稲作付面積を拡大した場合，スケールメリットが発揮されにくい手作業・管理作業の量も増加するが，農作業を受託する場合には基本的にスケールメリットが発揮されやすい機械作業の量のみが増加する。第三に，受託主体が農業経営である場合には，先にみたように自己の稲作部門の生産性向上が可能である。よって，農業経営が稲作付面積を拡大した場合の稲作収入から費用を差し引いた額よりも，作業受託をした場合の作業料金収入と稲作収入の合計値から稲作費用と作業受託費用を差し引いた額の方が──作業受託量の程度にもよるが──高い場合もありうる。

　例えば，1998年『農業経営動向統計』によれば，都府県において経営耕地面積が10 ha以上で，かつ，農作業受託を行っている農家の農作業受託収入はすべての作業(全作業受託0.07 ha＋育苗0.85 ha＋耕起・代かき0.47 ha＋田植0.63 ha＋防除0.11 ha＋稲刈り・脱穀2.61 ha＋乾燥・調製2.53 ha＋その他作目生産に要する作業)一括で120万8,800円，うち，稲作農作業受託収入は112万6,900円，農作業受託支出はすべての作業一括で52万1,000円，うち機械・施設の減価償却費が25万5,300円となっている。よって，稲作農作業受託の所得率はおおむね56.9％だとみてよい。また，仮に手持ちの機械・施設を用いて農作業受託を行う場合を想定すれば，稲作農作業受託の所得率は，減価償却費が経営費を構成しないことになるから，ほぼ78％だとみてよいだろう。この値は，『米及び麦類の生産費』から算出される稲作付面積10 ha以上農家の稲作所得率46.3％，手持ちの機械・施設の利用を前提として借地を拡大した場合の追加耕地の稲作所得率58.9％よりも高い。10 a当たりの農作業受託料金は仮に全作業を受託したとしても稲作粗収益よりも低い。また，ここで算定した稲作農作業受託の所得率は多様な作業を異なる面積で受託した場合のものである。よって，絶対額として同程度の所得を獲得するためには借地を行う場合よりも広い面積に対する作業受託をしなければならないだろう。しかし，農地流動化の困難性や農作業受委託の進展を考慮した場合，受託作業の組み合わ

せ方によっては稲作付面積の借地による拡大よりも作業受託量の拡大に力点を置いた方が高所得につながる可能性があるといえる。

　農家のなかで農作業受託を活発に行っている稲作付面積5 ha以上層は，同時に田の借入層でもあることが多くの研究で指摘されている[35]。この点は以外事業体についても同様だとみてよい。よって，農作業受託を行っている農業経営のなかには，農作業受託した農地を将来的に賃貸に移行させることを狙いとしたものや[36]，農地流動化の諸条件が悪化した昨今において稲作付面積拡大に代替する所得獲得手段として――いわば消極的な意味で――農作業受託を行うものも多分に含まれているだろう。しかし，借地によって一定の規模に到達した後，上述したような利点を意識したうえで，さらなる借地ではなく，農作業受託を積極的に選択している農業経営も少なくないと考えられる。

　このように，農作業の受委託によって委託農家の生産費は低下し，受託主体が稲作農業経営である場合には受託主体の生産費も引き下げられる。そして，農作業受委託がこれまで以上に進展し，個々の受託主体の受託面積が拡大すれば，より一層のコスト低減効果がおそらく期待できるだろう。一般に，稲作部門においてコストダウンを達成するための手段としては個々の農業経営の稲作付面積拡大があげられるが，それ以外にも低コスト稲作を可能とする方法は存在しているのである。

4　わが国農業における担い手構造の展望

　以上各節の検討結果を踏まえ，本節では，新基本法が描く「望ましい農業構造」とも絡めつつ，今後の担い手構造について検討することにしよう。

　旧基本法が農業と他産業の生産性・所得格差の是正を第一の目標とし，効率性追求を前面に押し出した内容であったのに対し，新基本法では実現を目指すべき基本理念として，「食料の安定供給の確保」，「農業・農村の多面的機能[37]の発揮」，「農業の持続的な発展」，「農村の振興」が掲げられており，その性格は旧基本法とは大きく異なるようにみえる。しかし，新基本法第21条「望ましい農業構造の確立」の条文「国は，効率的かつ安定的な農業経営を育成し，

これらの農業経営が農業生産の相当部分を担う農業構造を確立するため……」を読む限り，そこで描かれている担い手構造は，高生産性・高収益性の実現が可能な一部の大規模農業経営——土地利用型部門では経営耕地面積が大規模な農業経営が相当する[38)]——が農産物生産の大宗を担うような担い手構造であって，それは旧基本法の路線を基本的に継承するものだといってよいし，その意味で旧基本法の失敗が踏まえられていないとみることもできる。

　施設型農業や畜産といった労働・資本集約型農業部門では，すでにこうした形の担い手構造が実現しつつあるゆえに，この路線を推し進めることは可能であるし，それは望ましいのかもしれない。しかし，稲作をはじめとする土地利用型農業部門ではこうした方向への構造変革には限界がある。これまでの分析結果から明らかなように農地流動化の急速な進展は見込めず，経営耕地面積が中小規模以下階層に属する農家の残留が当分の間予想されることに加えて，そうした農家を農業の担い手・農地の保有者として確保しておかなければ，離農に際した農地転用等によって土地利用型農業の生産基盤である農地が減少し，産業としての土地利用型農業が逆に内部から崩壊しかねないからである。

　しかも，この方向への担い手構造変革は新基本法が自ら掲げている理念と必ずしも整合的ではない。例えば，市場原理の導入による農産物価格の下落に伴って生産条件が不利な地域の農家が離農したとして，効率的生産を目指す大規模経営がこうした農地を耕作するだろうか。仮に，そうでない場合には，国内農業の縮小によって先に示した4つの基本理念の達成は阻害されてしまうのではないか。また，新基本法の第3節「農業の持続的な発展に関する施策」の第32条には「国は，農業の自然循環機能の維持増進を図るため，農薬及び肥料の適正な使用の確保，家畜排せつ物等の有効利用による地力の増進その他必要な施策を講ずるものとする」と記されているが，そこで意識されているのが環境への負荷軽減のために農薬・化学肥料の使用量を抑えた農法であることはいうまでもなかろう。化学肥料や農薬の使用量を減らした場合，害虫駆除や施肥，除草等に対してきめ細やかな手作業が要求されることになるが，そうした手作業は梶井功がいうように家族経営だからこそ実践できるのであって，効率的生産を目指す大規模経営には適合しないとみるべきではないか[39)]。

　また，そもそも，生産性・効率性という側面のみに着目したとしても稲作付

表 7-17　稲作付面積規模別にみた米生産費の比較(都府県，1998年)

(単位：円)

		水稲作付規模別農家(『米及び麦類の生産費』定義の販売農家)						協業経営体
		3〜4ha	4〜5ha	5〜7ha	7〜10ha	10〜15ha	15ha以上	
①	10a当たり	104,281	99,846	99,583	93,819	85,727	92,957	102,926
	60kg当たり	11,938	11,351	11,590	10,603	9,572	12,016	12,555
②	10a当たり	143,490	134,306	136,386	130,446	123,855	119,170	133,064
	60kg当たり	16,427	15,269	15,874	14,742	13,829	15,405	16,232

注) 1. ①は「物財費＋労働費－副産物価額」で算出される生産費(副産物価額差引)であり，②は，資本利子・地代全額算入生産費である。
　　2. 協業経営体とは，複数の世帯が一定の協定に基づき組織化し，生産，販売および収支決算を共同で行い，収益を分配しているものをいう。なお，1998年の都府県協業経営体の平均稲作付面積は 18.7 ha である。
出所) 表 7-16 に同じ。

面積が大規模な経営が必ずしも優れているわけではない。例えば，高橋正郎や御園喜博は，農業生産行程を労働の集約化による綿密な管理を要する「生物生産的行程」と資本が労働に代替することを通じて省力化・労働生産性の向上が図れる「機械・工学的行程」に分けて捉え，前者に関しては大規模であることが必ずしも有利ではなく，むしろ非効率的な場合すらあると指摘しているが[40]，そうであるならば大規模経営＝生産効率が高い経営という図式は単純には成立しないことになる。表 7-17 はこの点をみるために作成したものだが，確かに最も大規模な稲作経営が最も効率的な稲作生産を行っているわけではない。もちろん，稲作付面積が 15 ha 以上や 20 ha 以上の大規模経営のなかに驚異的な低コスト稲作を実行している経営が現在することは否定しないが[41]，平均像として捉える限り，やみくもに稲作付面積が大規模な経営を育成し，すべての経営者にただ者ではない経営者能力・企業者職能を期待することは得策ではないと思われる。

このようにみてくると，産業としての土地利用型農業とりわけ稲作農業を維持・発展させるための有効な手立ての一つは農作業受委託の一層の推進であると判断される(いわゆる集落営農もその一形態として位置づけてよい[42])。農作業の受委託は個々の農家を農地の保有・管理者，施肥・防除等きめ細やかな手作業の担当者として確保しつつ，機械作業は受託主体が大規模に行うことによって低コスト稲作を実現可能にすると考えられるからである。また，生きが

い農業や農地への執着心といった農業者的感情から農地を手放さない農家も根強く残存しているが，こうした農家にとっても農作業を委託することへの心理的抵抗は比較的小さいように思われる。つまり，現実問題としてみても農作業受委託は農地流動化に比べて円滑に進む可能性が高いのである。さらに，自己完結的な生産活動の困難性を理由に離農し，農地を転用や耕作放棄地へ向かわせる農家も少なくないが，農作業受委託が進展すれば，そうした農家の離農を防ぎ，農地の減少に歯止めをかける効果も期待できよう。

　新基本法の基本理念は，わが国農業を取り巻く現状や今日的課題を的確に把握したものであり，それ自体は決して否定することはできないし，むしろ，積極的に評価していい。しかし，新基本法が描く担い手構造は少なくとも稲作部門においては，その基本理念と必ずしも整合的ではないし，現状からみても実現は困難だと考えられる。もちろん，稲作部門においても稲作付面積が大規模な農業経営を育成し，それが成長・発展していくための条件整備が不必要だというわけではない。しかし，わが国農業を取り巻く今日的な状況，農地流動化の困難性，農作業受委託の意義および実現可能性，等を考慮するならば，農作業受委託の推進は大規模稲作経営育成と並ぶ，ないしは，それ以上の意義をもつ構造施策として重視されるべきだと考えられる。新基本法でも，第28条「農業生産組織の活動の促進」において，農作業の受託主体や集落を基礎とした農業者組織の活動を促進する旨の記述があるが，それは構造施策に関する最後の条文である。施策の位置づけが条文の序列通りでないことを期待したい[43]。

おわりに

　以上，わが国農業における担い手構造の現状分析を行い，今後の担い手構造を展望してきた。その結果，第一に，わが国農業の担い手構造変革に関する焦眉の課題が稲作部門にあること，第二に，稲作部門において農作業受委託が進展していること，第三に，農作業受託主体は稲作生産において単に量的・価額的に大きなシェアを占めているだけでなく，稲作部門の生産性向上にも寄与していること，第四に，新基本法が描く担い手構造は少なくとも稲作部門に関しては適切なものではなく，農作業受委託の一層の推進が同部門の維持・発展に

とって極めて有効な手立てであると判断されること，等がわかった。

　通常，「農業の担い手＝農産物を生産する経済主体」という見方がなされるのが一般的である。しかし，以上で述べてきたことから明らかなように，今後，少なくとも稲作部門に関しては，農作業受託主体を──例えば「農作業単位の担い手」といった形で──農業の担い手構造のなかに明確に位置づける必要がある。また，『農業センサス』や『米及び麦類の生産費』をはじめとするわが国農業統計では稲作部門の基本分類標識が依然として水稲収穫面積，水稲作付面積であり，その意味で農作業受委託の統計的な把握は十分であるとはいいがたい。農作業受委託の統計的な把握方法や農作業受託主体を視野に入れたわが国農業の担い手構造の分析方法について，さらに研究を行う必要があろう。

注

1）旧基本法，新基本法はともに今後のわが国農業が目指す姿を示した宣言法である。各々の詳細については，農林水産省のホームページ(http://www.maff.go.jp/)等を参照。
2）全農家の75％以上が経営耕地面積1 ha未満であり，1戸当たり平均経営耕地面積は約73 aだった。各数値は1950年の値であり，今村奈良臣「土地問題の展開」梶井功監修『現代日本農業論』筑波書房，1988年，186頁に掲載されている表から算出した。
3）同様の指摘は数多い。斎藤仁『農業問題の論理』日本経済評論社，1999年，64頁，梶井功『基本法農政下の農業問題(梶井功著作集　第2巻)』筑波書房，1987年，2-4頁，暉峻衆三編『日本農業100年のあゆみ』有斐閣，1996年，243-251頁，等を参照。
4）農林漁業基本問題調査会事務局監修『農業の基本問題と基本対策』農林統計協会，1960年，178頁を参照。
5）例えば，農林統計協会『農業白書附属統計表』によれば，各年の非農業部門の就業者1人当たり純生産額を100とした場合の農業部門就業者1人当たり純生産額は，1960年：25.9，1998年：26.2であり，格差はほとんど埋まっていない。
6）以下，本章の分析は都府県を対象とする。ここで北海道を除くのは，北海道の農業が都府県と比べて極端に大規模であるゆえに，北海道を加えて分析した場合にはわが国農業の実態に大きな偏りが生じると考えられるからである。
7）1995年『農業センサス』では，10 a以上の経営耕地で農業を営むか経営耕地面積が10 aに満たなくとも農産物販売金額が15万円以上である世帯および事業所を「農業事業体」と定義し，このうち世帯である農業事業体を「農家」，それ以外を「農家以外の農業事業体」と定義している。そして，経営耕地面積が10 a未満で農産物販売金額が15万円以上である世帯と世帯以外の事業所を各々「例外規定農家」，「例外規定の農家以外の農業事業体」，経営耕地面積30 a以上または農産物販売金額50万円以上の農家

を「販売農家」，経営耕地面積30a未満かつ農産物販売金額50万円未満の農家を「自給的農家」と定義している。なお，『農業センサス』では「農業事業体」として扱うための基準となる経営耕地面積や農産物販売金額が徐々に上昇してきているが，このことは，物価の上昇等を考慮すれば，実質的な定義の変更を意味するものではないと考えられる。また，以下では，「農家」と「農家以外の農業事業体」の総称として「農業事業体」ではなく「農業経営」という用語を使用することをここで断っておく。

8) 経営目的が試験研究や教育等である以外事業体に関しては，その目的が商品農産物生産でないため除外した。また，経営目的が牧草地経営である以外事業体(牧草地経営体)は農業経営からの委託に基づいて家畜を一定段階まで育成する，ないしは，畜産物生産に要する生産資材を栽培するものであって，本章第3節で取り上げる農作業受託主体としての性格が強いためここでは省いた。牧草地経営体の性格については，香川文庸「農業サービス事業体調査報告書の問題点と展開方向」『統計学』第73号，1997年，吉田忠『農業統計の作成と利用』農山漁村文化協会，1987年，121頁，等を参照。

9) このような統計的事実の解釈をめぐって，わが国では数多くの論争が繰り返されてきた。この論争に関しては，小池恒男「農業の構造と組織」中安定子・荏開津典生編『農業経済研究の動向と展望』富民協会，1996年，宇佐美繁「農民層分解論の概括と担い手問題」『農業経済研究』第65巻第2号，1993年，小田滋晃・田中力「農業統計」経済統計学会編『社会科学としての統計学 第2集』産業統計研究所，1986年，梶井功「〔解題〕農民層分解論」梶井功編『農民層分解論Ⅱ』農山漁村文化協会，1985年，等を参照。

10) 『農業センサス』によれば，耕作放棄地とは「過去1年間以上作物を栽培せず，しかも，この数年間に再び耕作する意思のない耕地」のことであり，経営耕地を縮小した農業経営や離農世帯が荒れ地状態で放置している農地である。耕作放棄地の発生要因に関しては，仙田徹志「農家の耕作放棄行動に関する計量分析」『統計学』第75号，1998年が参考になる。なお，以下では実際に農産物生産に利用されている土地を経営耕地ないしは耕地と呼び，これに耕作放棄地を加えた農産物生産に利用可能な土地全体のことを農地と呼ぶことにする。また，『農業センサス』の経営耕地のなかには，ここ数年の間に再び耕作する意思はあるものの調査日前1年間作付しなかった田・畑が含まれているが，本章では「耕作する意思がある」ことを重視して経営耕地のなかに含めたままとした。

11) 農地面積を調査した統計としては『農業センサス』のほかに農林水産省統計情報部『耕地及び作付面積統計』があるが，同統計では階層別の経営耕地面積・耕作放棄地面積が把握できないため，ここでは『農業センサス』の値を用いた。なお，『農業センサス』が農業経営の耕作放棄地調査を開始したのが1975年(以外事業体に関しては1995年)であるため，表7-2の表示期間を1975年以降とした。

12) 土地持ち非農家とは「耕地及び耕作放棄地を5a以上保有しており，耕作放棄地以外の耕地の全部又は大部分を他の農業経営に貸し，自らは経営を行っていない世帯」のことである。よって，土地持ち非農家が所有する耕作放棄地以外の農地は基本的に他の農業経営の経営耕地に含まれると考えられるので表7-2には表示しなかった。

13）『農業センサス』では「表7-2の③の世帯の耕作放棄地」,「経営耕地面積が5a未満で例外規定農家の基準に満たない世帯の経営耕地，耕作放棄地」,「土地持ち非農家の基準に満たない世帯の耕作放棄地」,「世帯以外で定義上は農業経営でない農産物生産主体の経営耕地，耕作放棄地」等の面積は把握されていないが，これらの経営耕地・耕作放棄地面積を加算したとしても，ここで指摘した傾向自体に大きな変化はないだろう。
14）都府県レベルの正確な数値は把握できないが中小規模以下階層に属する以外事業体の経営耕地ももちろん一定量存在している。しかし，例えば，経営耕地規模3ha以下階層に属する以外事業体の総経営耕地面積は1995年の全国集計値ですら1,594haにすぎない。また，この階層に属する以外事業体の多くは資本・労働集約型作目を生産するものであり，経営耕地面積が狭いことが，直接，経営の零細性・小規模性を意味しない。よって，これらの以外事業体に農地の出し手として多くを期待することはできないだろう。
15）戦後のわが国における農地制度の変遷については，暉峻編，前掲書，増田萬孝『現代農業政策論』農林統計協会，1998年，等を参照のこと。
16）ここでは，農林水産省統計情報部『米及び麦類の生産費』記載の実勢地代を用いた。実勢地代を調査している統計としては，この他に，全国農業会議所『水田小作料の実態に関する調査』，日本不動産研究所『田畑価格及び小作料調』があるが，『米及び麦類の生産費』に記載されている実勢地代の水準は他の2つの統計よりも若干高い。
17）詳しくは，頼平『農業経営学』明文書房，1991年，第6章，等を参照。
18）この点については，武部隆「農用地利用増進事業の現状と問題点」『農林業問題研究』第16巻第4号，1980年，藤谷築次「日本農業の転換点と農政の課題」『農業経済研究』第53巻第2号，1981年，等を参照。
19）この点に関しては，例えば，宇佐美繁「農業の生産力構造　稲作」磯辺俊彦・常盤政治・保志恂編『日本農業論〔新版〕』有斐閣，1993年，95頁，等を参照。
20）これとは逆に，農産物価格が下がった方が農地賃貸借は進むとする指摘もある。例えば，速水佑次郎『農業経済論』岩波書店，1986年，第8章，等を参照。
21）例えば，武部隆「株式会社は農業の担い手たりうるか」『農業と経済』第58巻第10号，1992年，梶井功「新農基法かくあるべし」農林行政を考える会編『21世紀日本農政の課題』農林統計協会，1998年，341頁，等を参照。また，株式会社の農地取得問題の詳細については，例えば，農政ジャーナリストの会編『「株式会社の農地取得」の是非（日本農業の動き122）』農林統計協会，1997年，等を参照。
22）『レーニン全集　第22巻』大月書店，1957年，24頁および38頁を参照。
23）吉田，前掲書，140頁を参照。
24）農林統計協会『農業白書附属統計表』を参照。
25）一般的には，各作目部門における統計分類上の最上位階層や任意の比率をカバーする上層農家への生産集中度が算出されているが，この種の推計値がもつ意味は不明確だといわざるをえない。そこで，ここでは同程度の所得形成力をもつ農家の存在状況とそこへの生産集中度を作目間で比較することを試みた。なお，表7-6で示した数値はあくまでも平均値であり，各部門に対して表示した規模以上のすべての農家が当該作目部門の

みで同表に示した農業所得を獲得可能というわけではない。また，作目間で所得形成力の基準とした農業所得にはバラツキがあるため，表7-7の試算結果には疑問も残るが，各作目部門において農業所得形成力が比較的高い農家がどの程度存在しており，そこへの生産集中がどの程度かをおおむねつかむことはできる。

26）育苗作業の受委託は，受託者が種籾を購入して育苗作業を行い，委託者に苗を販売するというスタイルのものが多い。ゆえに，厳密には農産物生産資材の売買と捉え，迂回生産が一歩進んだとみるべきかもしれないが，ここでは一応，農作業の受委託として扱った。育苗作業受委託の性格に関しては，香川，前掲論文を参照。

27）耕起・代かきに関しては，1990年時点で同作業を委託していた農家のうち9万8,820戸が1995年には統計上の農家ではなくなっている（それら農家の同作業委託面積は2万6,508ha）。したがって，同作業を委託した実農家数，同作業の委託面積が稲作付総面積に占める実質的な比率は1990年よりも1995年の方が多いとみるべきだろう。

28）かつて，小倉武一は全面的な作業委託によって農作業から離脱しているにもかかわらず離農には至っていない農家を「農民のいない農家」と呼んだ（小倉武一『農政への社会学的接近 上（小倉武一著作集 第4巻）』農山漁村文化協会，1981年，381頁）。稲作全作業委託農家のなかには稲以外の作目を主部門としており，副次部門である稲作部門の作業を委託した農家も含まれているだろうが，『農業センサス』が定義している農家のなかにも「農民のいない農家」が少なからず含まれているとみるのが妥当だろう。

29）農家集団が運営する農業サービス事業体に関しては，事業体を構成する個々の農家は農産物生産を行っているが事業体としては農産物生産を行っていないとみる。

30）『農業センサス』では航空防除を行う会社等は調査対象とされていない。それらは農林水産航空協会『農林水産航空年報』で把握されているが，同年報は現時点で1993年版までしか発行されておらず，また，『農業センサス』とのリンクが困難であることから本章では割愛した。したがって，表7-13に示す農業サービス事業体の防除受託面積は実際にはさらに大きいと考えられる。

31）『農業センサス』では作業受委託扱いされている育苗に関する支払いは『米及び麦類の生産費』では「種苗費」，すなわち農産物生産資材の購入代金として計上されており，統計間で認識の相違がみられる。統計体系として大きな問題であるとともに，ここでの試算にあたって留意すべき点である。

32）表7-16の個別農家の10a当たり生産費は『米及び麦類の生産費』から得た値だが，同統計では実際に作業を委託した農家の生産費と作業委託のない自己完結的な生産を行った農家の生産費の平均値を表示している。よって，自己完結的な生産を行っている農家のみの平均生産費は表7-16に示した値よりも高く，農作業受委託による生産費低減効果は実際にはさらに大きいものと考えられる。

33）農作業を委託した場合に受託者に支払う料金は，理論的には「受託者の作業費用＋受託者の利潤」であろうが，受託者側の作業面積が委託側農業経営の水稲作付面積よりも十分に大きい場合には委託者が作業を内製するための費用が「受託者の作業費用＋利潤」より高くなる可能性がある。この点に関しては，「農業サービスのもっとも基本的な技術的，経済的性格はその分割可能性にあり，本来，それは規模に関して中立的であ

る」という稲本志良の指摘から大きな示唆を得ている。稲本志良「日本農業の新段階と農業経営の基本課題」『農林業問題研究』第 24 巻第 4 号，1988 年，12 頁を参照。

34) 藤谷築次「稲作農業の担い手育成に果たすべき農協の役割とそれを可能にする条件の検討」『農業計算学研究』第 27 号，1994 年，5-6 頁，梶井功『小企業農の存立条件（梶井功著作集 第 3 巻）』筑波書房，1987 年，213-214 頁，等を参照。

35) 例えば，神山安雄「農業構造変動下の農地流動化の動向」宇佐美繁編著『1995 年農業センサス分析 日本農業──その構造変動──』農林統計協会，1997 年，192-193 頁，田畑保「農業構造の変化と農地利用・農地貸借」『農業総合研究』第 46 巻第 2 号，1992 年，68-69 頁，等を参照。また，本章，表 7-9 の⑥に示した数値も併せて参照のこと。

36) 例えば，笛木昭「新しい担い手層の形成」『農業経済研究』第 65 巻第 2 号，1993 年，97 頁，中嶋千尋「《大面積借地農》と《土地持ち自家菜園・非農家》とへの両極分解を促進せよ」『農業経済研究』第 53 巻第 2 号，1981 年，84 頁，等を参照。

37) 国土の保全，水資源のかん養，自然環境の保全，良好な景観の形成，文化の伝承といった農産物供給以外の機能のことをいう。

38) 同様の指摘として，例えば，大内力「食料・農業・農村基本法をどうみるか」大内力編集代表『新基本法──その方向と課題──』農林統計協会，2000 年，10 頁を参照。

39) 梶井功「新農業基本法の課題」大内力編『新農基法への視座』農林統計協会，1997 年，27 頁，梶井功『国際化農政期の農業問題』家の光協会，1997 年，144-145 頁，等を参照。また，農林水産省統計情報部『環境保全型農業(稲作)推進農家の経営分析調査結果の概要──平成 10 年調査──』によれば，1997 年における環境保全型農業──慣行農法に比べて農薬・化学肥料の使用量を 50% 以上減らした農法──を行っている農家の 10 a 当たり農業所得は慣行農法を営む農家よりも 8,743 円高く，10 a 当たり家族労働時間は 7.1 時間長くなっている。ここで，1997 年の米生産費調査によれば 1 時間当たり家族労賃は 1,525 円だから，農業所得から家族労賃を差し引いた値(自己資本利子＋自作地地代＋経営利潤)は，環境保全型農業の方が 10 a 当たり 2,085 円ほど低くなる。よって，環境保全型農業は企業的な経営にとって必ずしも魅力あるものとはいえないだろう。

40) 高橋正郎「規模問題と構造政策の視点」『農業経済研究』第 55 巻第 3 号，1983 年，121 頁，御園喜博編著『兼業農業の再編』御茶の水書房，1986 年，34-35 頁，を参照。

41) 例えば，稲本志良『農業の技術進歩と家族経営』大明堂，1987 年，等を参照。

42) ここで主に想定している集落営農は農家・経営単位の全面的な協業化ではなく，既述の「機械・工学的行程」のみを集落内のオペレータが担当し，「生物生産的行程」は個々の農家が担当し，経営は個別であって生産物は個々の農家に帰属する形態のものである。

43) 施策の位置づけと条文の序列の関係については梶井功が数多くの主張を展開しており，ここでもそこから示唆を得ている。梶井功「農政論的アプローチ」『農業と経済』第 65 巻第 6 号，1999 年，11-13 頁，梶井功「日本農業の歴史的課題と 21 世紀農政」山崎農業研究所編『21 世紀農政の課題』農山漁村文化協会，1998 年，28-31 頁，等を参照。

第8章　日本支配階層の再生産構造
――三菱系企業役員子弟の学歴・就職・婚姻――

はじめに

　「二世の時代」が叫ばれて久しい。実際，二世の活躍は，政界・財界・芸能界・スポーツ界等あらゆる分野において指摘されている。しかし，ややもすれば，それらの家系は，平等社会・ニッポンにとって極めて特異な存在と語られることが多かったように思われる。経済界においても，二世化現象の実例が週刊誌等で記事にされているが，それらも創業者一族や財界の大物という「特別な家系」紹介の域を脱していない。しかし，いまや経済界の二世化現象は，創業者一族のみならず，サラリーマン役員にも広がりつつある[1]。

　この章では，サラリーマン役員の子弟にスポットを当て，かれらがどのような学歴をおさめ，いかなる企業に就職し，だれと婚姻を結び，どのように昇進していったのかを分析していく。平等社会といわれるニッポンの典型といわれるサラリーマン社会は，本当に平等なのか。その実態を明らかにしていきたい。具体的には，三菱系企業の1934年，1954年，1984年の役員子弟を対象に，『人事興信録』（人事興信所編）等で履歴を調べ，集計したデータを使用する[2]。

1　なぜ三菱なのか？

　この章で三菱系企業を分析対象に選んだ理由は以下の2点からである。

第一に，三菱系企業がもつ日本経済への影響力の大きさである。"ミツビシ"は日本を代表し，世界的にも著名な企業集団である。中核企業28社だけで，売上高は日本の全法人企業の1.9％に上り，同様に経常利益2.1％，資本金2.3％，総資産1.8％を占めている[3]。これに中核企業の子会社・孫会社，あるいは東京三菱銀行の融資系列企業を加えれば，数値はこの倍にも相当すると考えられる[4]。さらに，この数値は金融機関を除いたものである。東京三菱銀行・三菱信託銀行・東京海上火災保険はそれぞれ業界トップであり，明治生命保険も上位8社の一角を担っている。これらを勘案すれば，日本経済に占める三菱系企業集団の影響力がいかに大きいものか，うかがい知れよう。

　第二に，創業者一族・個人大株主からの影響力がほとんどないという点である。富をもたざるサラリーマン役員の二世化の分析に，オーナー色の濃い企業は適切でない。いうまでもなく，三菱系企業集団の前身は戦前の三菱財閥である。しかし，戦後，三菱財閥は財閥解体政策で持株会社が解体させられ，創業者一族・岩崎家の株式も放出させられた。各社は安定株主工作のため，互いに数％ずつの株式を持ち合う方策をとった。こうした経緯により，三菱系企業の大株主はほとんどが法人であり，かつ，単独で支配権をもちうる株主が存在しない。三菱系企業の経営者は，所属企業の株式を所有しているものの，企業支配に達する株数にははるか及ばず，株式所有を基盤に役員に選任されているわけではない。生え抜きの従業員が，年功序列・学歴重視の官僚的人事を経て，役員に選抜されたものである。そして，かれらが，さらに後輩の従業員から後継者を選んでいくという自律的な人事を展開している。

2　先行の研究について

　この章に関する先行研究としては以下の2つがある。志水宏吉の「学歴・結婚・階層再生産」[5]，および竹内洋の「学歴移動の構造——ビジネス・エリートの家族にみる——」[6]である。

2.1 階層再生産の視点からみた教育の役割

志水は，1985年に実施された「社会階層と社会移動全国調査」(SSM調査)に基づき，階層再生産の視点から教育の役割について考察した。志水はその結果から，階層移動における教育の重要性を説き，結婚を媒介とする階層結合においても，各階層は同じか，つり合った教育レベルの男女が結びつくことを通じて，自己を再生産する傾向にあると指摘した。また，各階層の動向の特徴をまとめ，「専門・管理職について，内婚傾向がかなり強く，男女ともに世代間継承傾向が比較的強い。ただいずれも，このところの傾向はやや弱まりつつある。階層的な結合力は高いが，階層再生産のためには高等教育が必要なため，再生産率はそれほど高い水準にはない」と記している。

2.2 学歴階層の再生産状況調査

竹内は，『1982年版会社役員録』から等間隔無作為抽出法によって，ビジネスエリートの子弟データをピックアップし，「学歴階層は再生産されているのか？」という研究課題に沿って分析した。そして，学校ごとの集計を行った結果から，父（ビジネスエリート）と長男の学歴の相関が高く，なかでも父が東大卒の場合の継承率が高いと指摘している。また子弟の学歴については父の学歴よりも母の学歴の影響が強いという説もあるが，長男の東大進学においては，父が東大卒である影響が大きく，母の学歴はあまり影響力がないと指摘している。また，竹内は子の就職状況にも筆を進め，ビジネスエリートの子弟の就職が大企業に傾斜していること，それがブルジョア的な学校への進学を経由して実現されているのではないかと結んでいる。

この章は，竹内よりさらに分析対象を特定企業グループ（三菱系）に絞り，より具体的な把握を狙っているものと位置づけられよう。

3 子どもの学歴

三菱系企業役員の子どもの学歴は，特定の大学卒（慶大・東大・早大・成蹊大）に集中している。

表 8-1　三菱系企業の学歴別採用人数(1991年)

大学＼就職先	卒業生の人数	三菱銀行	三菱信託	東京海上	明治生命	三菱商事	麒麟麦酒	三菱レイヨン	三菱化成	三菱石油	旭硝子	三菱電機	三菱重工業	三菱地所	合計	(%)	全卒業生に占める割合
東大	2,000	34	13	25	7	20	2	2	8		10	2	4	7	127	(3.4)	(6.4)
京大	1,639	23	4	7	5	7	1		2		7	7	8	2	71	(1.9)	(4.3)
名大	1,061	6	2	3	2	2	1	4	1		2	10	5		38	(1.0)	(3.6)
阪大	1,294	15	8	2	2	5	4	2	2		3	16	6	1	67	(1.8)	(5.2)
九大	1,384	1		1		1		4	4	2	2	11	7	1	33	(0.9)	(2.4)
一橋大	930	26	16	22	10	16	5				3	2	3	5	106	(2.8)	(11.4)
慶大	4,391	39	46	56	16	46	9	1	7	5	13	27	14	6	279	(7.4)	(6.4)
早大	7,546	24	24	33	10	27	11	2	10	2	14	29	11	5	197	(5.2)	(2.6)
上智大	2,034	16	14	11	3	19	3	1	2		3	8	6	1	86	(2.3)	(4.2)
成蹊大	1,337	4	6	5		8	1	3	4		4	20	4	4	64	(1.7)	(4.8)
日大	12,554	10	1	5	4	1	2				1	17	3		45	(1.2)	(0.4)
駒沢大	2,023	2	1	1		1									5	(0.1)	(0.2)
専修大	3,785	1	1	4	2		1								9	(0.2)	(0.2)
東海大	6,228	4			2		1	2	1			12	2		23	(0.6)	(0.4)
小計	48,206	205	136	178	71	150	41	20	44	9	62	161	73	32	1,150	(30.4)	(2.4)
(%)		48.8	46.4	40.5	39.4	49.0	30.8	33.3	20.3	21.4	52.1	14.1	16.8	91.4	30.4	—	(30.4)
採用人数		420	293	440	180	306	133	60	217	42	119	1,140	435	35	3,785	(100.0)	(7.9)

注）三菱地所の採用人数，あるいは各大学卒の内訳が明らかに間違っていると思われるが，そのまま転記した。
出所）『サンデー毎日臨時増刊　就職に勝つ！』1992年3月21日号より作成。

3.1　一部大学への集中

　日本の根強い学歴信仰は，「よい大学に入って，よい企業に就職する」という「就職」を前提とした側面が強い。事実，三菱系企業の新規採用者を出身大学別に一覧してみると，特定の大学卒に集中していることが明瞭である(表8-1)。とくに東大・慶大・早大・一橋大等のいわゆる有名大学と，「日東駒専(日大・東海大・駒沢大・専修大)」の差は著しい。三菱系13社の合計をみれば，「日東駒専」の4校の合計(82人)が，一橋大1校(106人)にも及ばないのである。これほど三菱企業の採用状況が偏っていれば，そこに所属する役員(あるいはその予備軍)は，自ずと子弟の学歴に意を砕くことになるだろう。では，かれらの学歴はどのようなものだったのだろうか。

そこで，三菱系役員の子どもの学歴を一覧したものが表8-2である。表より，役員子弟の学歴が，一貫して一部の大学に集中していることがわかる。1934年から1984年まで，上位4校(慶大・東大・早大・成蹊大，あるいは京大)のメンバーはほとんど変わらず，上位4校で常に50％以上の割合を占めている。これら上位の大学は，世間的な評価も高く，表8-1にみるように三菱系企業の採用人数も多い大学である。

また，三菱系の特徴として，成蹊大の比重が高いことがあげられる[7]。成蹊大は1934年の役員子弟こそ1人しかいないものの，1954年にはいきなり3位にまでランク・インし，爾来，上位4校のなかに名を連ねている。同校が1949年に設立された戦後派大学であることを考慮すると，その成長力はまさに驚異的といえる。ただし，戦前でも旧制成蹊高校から東大に進学，三菱系企業に就職するパターンが多く，1934年の役員子弟でも成蹊高校の出身者は15人を数え，実質的には京大以上の勢力を誇っていた。

成蹊高校の例を引くまでもなく，有名大学への進学には，大学に至る中学・高校の進路がキー・ポイントになる。慶大・成蹊大へ進学する者の多くは，附属校出身者であり，とくに慶大の場合はその傾向が強い。著者が確認しただけでも，三菱系企業就職者における，慶大の系列校出身者は，1934年で10人，1954年で26人，1984年で30人に上る。成蹊大の系列校出身者は，1934年で15人，1954年で53人，1984年で24人にも達している[8]。また，東大合格者ランキングの上位を占め，中高一貫校で著名な麻布・開成や東京教育大附属高校の出身者も散見される。1954年のデータでは，麻布高が17人，東京教育大附属高が11人を数える。高校の場合はデータの精度が低いため，集計することは控えるが，子どもを有名大学に進学させるために，中学・高校進学時から，三菱系役員が布石を打っていたことがよくわかる。いうまでもなく，そこには子弟の教育に対する強い関心とそれを支えるだけの資力が要求される。

3.2 学歴と就職先の相関関係

この章では，三菱系企業が有名大学卒を多く採用し，また，三菱系企業役員の子弟の多くが有名大学に進学していると述べた。この2つの事象から，有名大学に進学した役員子弟が，父と同じく三菱系企業に就職していると想定する

表 8-2 三菱系役員子弟の学歴ランキング (1934, 1954, 1984年)

1934年					1954年					1984年				
順位	大学	区分	人数	(%)	順位	大学	区分	人数	(%)	順位	大学	国私	人数	(%)
1	東大	旧帝大	38	23.8	1	慶大	私立	94	23.8	1	慶大	私立	82	18.9
2	慶大	私立	37	23.1	2	東大	旧帝大	68	17.2	2	東大	旧帝大	53	12.2
3	京大	旧帝大	12	7.5	3	成蹊大	私立	48	12.2	3	早大	私立	51	11.8
4	早大	私立	9	5.6	4	早大	私立	34	8.6	4	成蹊大	私立	37	8.5
5	立教大	私立	6	3.8	5	京大	旧帝大	21	5.3	5	日大	私立	14	3.2
5	日大	私立	6	3.8	6	一橋大	国立	15	3.8	6	一橋大	国立	10	2.3
7	阪大	旧帝大	5	3.1	7	東工大	国立	14	3.5	7	上智大	私立	9	2.1
8	一橋大	国立	4	2.5	8	日大	私立	13	3.3	8	東北大	旧帝大	8	1.8
8	東北大	旧帝大	4	2.5	9	立教大	私立	9	2.3	8	東理大	私立	8	1.8
8	九大	旧帝大	4	2.5	10	東北大	旧帝大	8	2.0	8	学習院	私立	8	1.8
8	東農大	私立	4	2.5						8	東海大	私立	8	1.8
トップ			38	23.8	トップ			94	23.8	トップ			82	18.9
上位4枚			96	60.0	上位4枚			244	61.8	上位4枚			223	51.4
上位10枚			129	80.6	上位10枚			324	82.0	上位10枚			288	66.4
その他合計(判明分)			160	100.0	その他合計(判明分)			395	100.0	その他合計(判明分)			434	100.0
不詳			26		不詳			63		不詳			103	
合計			186		合計			458		合計			537	

注) 「トップ」は上位1位校の数値を示し, 「上位4」, 「上位10」は, それぞれ4位, 10位までの累積値を示す。ただし, 1934年および1984年の「上位10」は, 上位11大学までで計算した。
出所) 人事興信所編『人事興信録』各年版等より作成。

第 8 章　日本支配階層の再生産構造

表 8-3　三菱系役員子弟の学歴と就職先(1954 年)

学　歴	三菱系企業に就職		準三菱系企業に就職		三菱系以外の企業に就職		合　計(判明分)	
	役員に昇進							
東大	7	(14.3)	34	(69.4)	1	(2.0)	14	(28.6)	49	(100.0)
旧帝大	13	(21.3)	46	(75.4)	2	(3.3)	13	(21.3)	61	(100.0)
国公立	1	(4.3)	8	(34.8)	3	(13.0)	8	(34.8)	23	(100.0)
慶大	4	(4.7)	47	(54.7)	13	(15.1)	26	(30.2)	86	(100.0)
早大	3	(10.0)	12	(40.0)	4	(13.3)	14	(46.7)	30	(100.0)
成蹊大	2	(4.3)	31	(67.4)	4	(8.7)	11	(23.9)	46	(100.0)
私大	1	(2.4)	15	(36.6)	6	(14.6)	20	(48.8)	41	(100.0)
合　計	31	(9.2)	193	(57.4)	33	(9.8)	106	(31.5)	336	

注）1．「旧帝大」は，旧帝国大学から東大を除き，一橋大・東工大を加えた数値。具体的には，以下の 8 大学を指す。
　　　一橋大・東工大・北大・東北大・名大・京大・阪大・九大
　　2．「国公立」は，国公立大学から上記「東大」・「旧帝大」を除いたもの。
　　3．「私大」は，慶大・早大・成蹊大を除く。
出所）表 8-2 に同じ。

ことは，さほど困難なことではあるまい。そこで，役員子弟の学歴と就職先をマトリックスに表してみたものが表 8-3 である[9]。

　表では役員子弟のうち，企業に就職した者の件数しか集計していないが，想像通り，役員子弟の多くが，有名大学を経由して三菱系企業に就職していることが確認できる。ここで，学歴と就職先の相関関係に焦点を当て，より具体的に分析していこう。重要な点は以下の 2 点である。

　まず第一に，表 8-2 で上位を占めるような有名大学(慶大・東大・早大・成蹊大等)と，それ以外の大学卒では，三菱系企業に就職した比率(以下，「系列内就職比率」と呼ぶ)に大きな差異が認められる。表 8-3 にみる通り，例えば，1954 年のデータでは，旧帝大系のおよそ 7 割前後(東大が 69.4％，その他の旧帝大が 75.4％)が三菱系企業に就職しているのに比べ，旧帝大系以外の国立大卒は 3 割強(34.8％)でしかない。また，私大においても，成蹊大の 2/3 (67.4％)，慶大の 1/2 以上(54.7％)が三菱系企業に就職しているのに比べ，早大，あるいはそれ以外の私大卒では 3 割強(早大が 40.0％，その他の私大が36.6％)にしかすぎない。同じ役員子弟であっても，厳然とした学校間格差が存在している。この傾向は 1954 年より 1984 年の方が顕著であり，近年に至る

表 8-4　三菱系役員の学歴ランキング(1954，1984 年)

		1954年					1984年		
順位	大学	区分	人数	(%)	順位	大学	区分	人数	(%)
1	東大	旧帝大	132	40.9	1	東大	旧帝大	247	42.2
2	一橋大	国立	67	20.7	2	一橋大	国立	69	11.8
3	慶大	私立	26	8.0	3	京大	旧帝大	49	8.4
4	神戸大	国立	16	5.0	4	慶大	私立	42	7.2
5	早大	私立	11	3.4	5	九大	旧帝大	25	4.3
6	京大	旧帝大	9	2.8	6	早大	私立	20	3.4
7	東工大	国立	8	2.5	7	東工大	国立	18	3.1
8	九大	旧帝大	7	2.2	8	東北大	旧帝大	16	2.7
9	商船大	国立	5	1.5	9	名大	旧帝大	8	1.4
10	東北大	旧帝大	3	0.9	10	北大	旧帝大	7	1.2
10	中央大	私立	3	0.9	10	阪大	旧帝大	7	1.2
10	小樽商	国立	3	0.9	10	成蹊大	私立	7	1.2
トップ			132	40.9	トップ			247	42.2
上位3校			225	69.7	上位3校			365	62.4
上位10校			290	89.8	上位10校			515	88.0
その他合計(判明分)			323	100.0	その他合計(判明分)			585	100.0

出所）東洋経済新報社編『会社四季報臨時増刊 役員四季報』1985 年版，および各社社史，人事興信所編『人事興信録』各年版等より作成。

ほど，学校間格差が大きいことを物語っている。

　第二に，上位4校でも「系列内就職比率」に差異がみられ，上位グループ内も均質でないことが指摘できる。上述の通り，東大・成蹊大の「系列内就職比率」は6割強，慶大が5割強で，早大が4割である。これらの格差は，世間一般の評価と三菱系の評価との相違から生じたものと考えられる。すなわち，1950年代，早大に対する三菱系企業の評価は，世間一般のそれより低かったと想定される。そのことを顕著に示すものが，当時の三菱系企業の役員構成である。表8-4に一覧した通り，1950年代の三菱系企業のトップは，東大・一橋大卒が圧倒的に多く，慶大がこれに次ぎ，早大は慶大の半分にも満たない。こうした事情から，早大出身の役員子弟は，三菱系企業を敬遠しがちになったのではないか。しかし，早大に入学した役員子弟の多くが，就職先までを考慮して入学したとは思われない。たまたま早大に入学したため，三菱系企業と縁遠くなってしまった方が多いように思われる。父親の属性がほぼ同一にもか

かわらず，早大に進学するか，慶大・成蹊大に進学するかで，三菱系企業に就職するか否かの比率に大きな差異が生じている。つまり，役員子弟の就職には，「学歴による矯正作用」が働いていると思われる[10]。

　早大と慶大・成蹊大のような有名大学間でも「系列内就職比率」に1～3割の違いがある。それでは，有名大学と中堅私大卒の学校間格差はどうだろうか。そこで，1984年の役員子弟のうち，出身大学から主なものを抜粋し，就職先との関連を表したものが表8-5である。同じ役員子弟であっても，日大卒と一橋卒ではその就職先が大いに異なっている。とくに三菱系企業に就職した数には大きな差がある。一橋卒は8人中6人と，ほとんどが三菱系の有力企業に就職しているのに比べ，日大卒は11人中2人しか三菱系企業に就職していない。

　当然，兄弟であっても，学歴が違えば就職先は自ずと異なってくる。表では，兄・一橋大，弟・日大というケースがあり，兄(一橋大卒)の就職先は信越化学工業，弟(日大卒)は双葉電子工業である。また，この他にも，兄(阪大卒)が三菱重工業，弟(日大卒)が日機装勤務。兄(筑波大卒)が三菱鉱業セメント，弟(日大卒)は日本自動車エンジニア勤務という事例がある。

　さらに表からは，父の役職と子の就職先の相関関係が見て取れる。すなわち，父の役職が高いほど三菱系企業に就職している(上智大を除く)。父が副社長以上でなければ，三菱系企業に就職していない日大卒はその典型である。このことは，「系列」という視点でみた場合，相応の大学を出ていなければ，縁故採用すら難しいことを如実に物語っている。

3.3　制　度　化

　役員子弟といえどもそれ相応の学歴がなければ，系列企業では採用されない。それゆえ，企業戦士は子どもの教育に熱心にならざるをえない。そこで，企業が従業員子弟の高学歴化を手助けし，自社(に就職するだろう)エリートを再生産するためのシステムが構築されているケースもある。三菱系の事例ではないが，次にあげるケースはその典型であろう。

　「新日本製鉄・君津製鉄所の企業城下町。そこに新日本進学会という学習塾がある。地元では「新日鉄進学院」とも呼ばれる。経営しているのは新日鉄の孫会社。労働組合の要求に応じて七八年に設立された「歴史」を持つ塾である。

表 8-5 役員子弟の学歴別就職先(1984年)

		父の役職		
		会長・社長・副社長	専務・常務	取締役・監査役
子の出身大学	一橋大		○三菱銀行 ○東京海上火災保険 ○三菱重工業（2人） ○三菱電機 ○三菱地所	○旭硝子 ×東京銀行 ×信越化学工業
	上智大	○三菱商事	×大成建設	○三菱商事(2人) ○三菱電機 ○三菱自動車工業 ×日本石油 ×リコー ×持田製薬
	学習院	○三菱油化 ×全日空	○三菱化成工業	×富士銀行 ×電通 ×富士通流通S.E.
	日大	○三菱自動車工業 ○三菱建設	×戸田建設 ×日機装	×大成建設 ×凸版印刷 ×ダイエー ×双葉電子工業 ×ヤマハ発動機 ×電通 ×日本自動車エンジニア
	東京理科大	×日本電子計算	×日産自動車 ×凸版印刷	×大成建設 ×鹿島建設 ×日産自動車
	東海大	×山下新日本汽船	×ソニー ×新日本証券 ×東芝メディカル	

注) 1. ○が付く企業は三菱系，×が付く企業は非三菱系であることを示す。
　　2. 括弧付きの数字は，複数の人数であることを示す。
出所) 表8-2に同じ。

……塾生のほとんどは社宅に住む社員の子供たち。社員割引もある。……「新日鉄進学院」のOB名簿には，新日鉄に就職した子供たちの名が並ぶ。社宅に生まれ育ち，また社宅の中で受験戦争を戦い，自らも新日鉄の社員となり，結婚し，社宅で子供を育てる——日本の会社を支える「人本主義」が社宅の中で無限に再生産されていくようにみえる」[11]。

表 8-6　子どもの就職先の推移(1934,　1954,　1984 年)

内　訳		1934年		±(%)	1954年		±(%)	1984年	
		人数	(%)		人数	(%)		人数	(%)
企業	うち自社	28	(28.3)	-9.8	64	(18.5)	11.0	27	(7.5)
	三菱系企業	68	(68.7)	-10.6	201	(58.1)	15.7	153	(42.4)
	準三菱系企業	5	(5.1)	4.5	33	(9.5)	5.4	15	(4.2)
	その他企業	26	(26.3)	6.1	112	(32.4)	-21.1	193	(53.5)
	(小計)	99	(100.0)		346	(100.0)		361	(100.0)
企業以外		24			41			45	
不　詳		63			98			131	
合　計		186			485			537	

注)　1．数字は子ども(男子)の数を示す。例えば，ある役員に 2 人の男子がいた場合は，2 件と数えている。
　　2．「うち自社」欄は，父の所属企業に子どもが就職した件数。
出所)　表 8-2 に同じ。

4　子どもの就職

　三菱系企業役員の子どもの就職先は，その半数が三菱系企業である。

4.1　子どももサラリーマン

　前節では，「学歴」という視点から，三菱系企業役員の子どもが有名大学を経て，父と同じく三菱系企業に就職しているようすを分析してきた。この節では，三菱系企業役員の子どもがどこに就職しているのか，「就職」そのものに焦点を当てて詳しく分析を進めていきたい。
　そこで，三菱系企業役員の子どもの就職先を一覧したものが表 8-6 である[12]。表より，役員の子どもの圧倒的多数が企業に就職していることがわかる。有効データ(「不詳」を除いた件数)に占める企業就職者の割合は，1934 年が 8 割以上(81.9％)，1954 年および 1984 年になるとほぼ 9 割に達している(1954 年が 89.1％，1984 年が 88.9％)。

4.2 子弟入社・系列入社

では，三菱系企業役員の子どもは，具体的にどのような企業に就職しているのだろうか。そこで，かれらの就職先の上位5社を一覧したものが表8-7である。この表は三菱系であるか否かにかかわらず作成したものであるが，結果的に，各年次とも上位5社がすべて三菱系企業になった[13]。再び表8-6に視点を戻すと，各年次を通じて，企業に就職した三菱系役員子弟のおよそ半数が，三菱系企業に就職していることがわかる。つまり，役員子弟の就職には，「系列」が重要なキーになっている[14]。この章では，子どもが父の勤務先と同じ系列の企業に就職することを「系列入社」，父の勤務先と同じ企業に就職することを「子弟入社」と呼び，系列という観点から分析を試みたい。

表8-7をみれば，「子弟入社」，「系列入社」の対象が，三菱系企業のなかでも重工・銀行・商事・電機といった有力企業に集中していることがわかる。漫画や小説の類では，「できそこないの役員子弟が子会社に天下ってきて」といった設定がままあるが，そうした事例はむしろ少数派だった。つまり，同じ三菱系企業といっても，社会的なステータスが高くなければ，父の勤務先(あるいは同じ系列の企業)に就職しようというインセンティブが働かないことを物語っている[15]。1934年のデータで3位に位置している三菱鉱業が，戦後の低迷と軌を一にしてランキング外に落ちているのは，その現れであろう。

また，表8-6に再び目を転じると，「子弟入社」，「系列入社」は近年に至るほど減少していることがわかる。1934年のデータでは企業就職組のほぼ2/3(68.7%)が「系列入社」であるが，1984年には半分以下(42.4%)に減っている。また，「子弟入社」の方は1934年に1/3近く(28.3%)あったものが，1954年には2割弱(18.5%)に落ち込み，1984年には1割未満(7.5%)になっている。1934年から1954年，1984年の間に「子弟入社」はほぼ10%ずつダウンし，これが「系列入社」の減少につながっていると思われる。

「子弟入社」の激減は，戦後，役職員の子弟入社を禁止する企業が増えてきたことによる。例えば，三菱商事が人事規定で「わが社現役役職員の子女または兄弟姉妹の採用は見合わせる」と決めたのは1956年だという[16]。ただし，三菱系企業でも，三菱重工業，三菱電機のように，現在も役員子弟の入社を容認している企業もある。

第 8 章　日本支配階層の再生産構造　283

表 8-7　子どもの就職先上位 5 社の推移（1934, 1954, 1984 年）

順位	1934年				1954年				1984年			
	社　名	人数	(%)	自社 (%)	社　名	人数	(%)	自社 (%)	社　名	人数	(%)	自社 (%)
1	三菱重工業	11	(16.2)	6 (21.4)	三菱重工業	35	(17.4)	22 (34.4)	三菱商事	26	(17.0)	2 (7.4)
2	三菱銀行	9	(13.2)	5 (17.9)	三菱商事	29	(14.4)	9 (14.1)	三菱電機	17	(11.1)	7 (25.9)
3	三菱鉱業	7	(10.3)	3 (10.7)	三菱銀行	21	(10.4)	7 (10.9)	三菱重工業	15	(9.8)	8 (29.6)
4	三菱石油	6	(8.8)	3 (10.7)	三菱電機	15	(7.5)	3 (4.7)	三菱信託銀行	11	(7.2)	0 (0.0)
5	三菱商事	6	(8.8)	2 (7.1)	三菱油化	13	(6.5)	7 (10.9)	旭硝子	10	(6.5)	0 (0.0)
小計		39	(57.4)	19 (67.9)		113	(56.2)	48 (75.0)		79	(51.6)	17 (63.0)
合計（その他を含む）		68	(100.0)	28 (100.0)		201	(100.0)	64 (100.0)		153	(100.0)	27 (100.0)

注）1. 数字は子ども（男子）の数を示す。例えば、ある役員に 2 人の男子がいた場合は、2 件と数えている。
　　2.「自社」欄は、父の所属企業に子どもが就職した件数。
出所）表 8-2 に同じ。

三菱系企業に限らず，役員子弟の入社を是認している企業の共通点は，①企業城下町を抱える地域のビッグ・ビジネスであること，②他に有力な系列企業をもたないこと，である。長崎において官庁より格式が高い三菱重工業は，まさに前者の典型に当たる[17]。また，新日本製鉄，日本興業銀行，東京銀行(現東京三菱銀行)などの独立系企業は，後者の理由から子弟の入社が多い。換言するなら，「系列入社」は，「子弟入社」を禁じられた企業の代謝手段であるともいえる。そして，そうした逃げ道がない企業は，「子弟入社」を容認せざるをえないと思われる[18]。

4.3 業界入社

　「子弟入社」ができない場合，同じ系列の企業ではなく，同じ業界の企業に就職するケースもある。いわば「業界入社」である。そこで，1984年における，主な総合商社の役員子弟の就職先を一覧したのが，表8-8である。上述の通り，三菱商事の役職員の子どもは，三菱商事に入社することができない。そこで，ある者は父と同じ三菱系企業(三菱銀行や三菱重工業等)への就職を志し，ある者は父と同じ「商社マン」を目指してライバルの三井物産に入社していく。表にみるように，「業界入社」は三菱商事に限ったことではなく，住友商事・丸紅・伊藤忠商事等，他の総合商社に共通した現象になっている。このような現象は，都市銀行や大手製鉄メーカー等にも起こっている。概して「業界入社」が盛んな業界は，①世間的なステータスが高く，②他業界との線引きが明確な業界，である。例えば，それは「都市銀行」であり，「総合商社」である。

　ここで重要なことは，総合商社の役員子弟が就職先として選ぶのは，あくまで「総合商社」であって，単なる商社ではないことである。表8-8にみるように，総合商社の役員子弟は，他の「総合商社」に就職することはあっても，格下の専門商社に就職することはない。これと同様に，都市銀行の役員子弟が就職するのは，あくまで「都市銀行」であって，地方銀行や相互銀行(現第二地銀)等を含む銀行全般ではないのである。

　また，個々の企業に目を転じてみると，同じ総合商社の役員子弟であっても，就職先の傾向は各社まちまちであることがわかる。役員子弟の入社を禁止していない三井物産は，その半数が父と同じく三井物産に就職している。一方，役

第8章 日本支配階層の再生産構造 285

表 8-8 総合商社役員の子弟の就職先(1984年)

		父の所属企業									
		三井物産		三菱商事		住友商事		丸 紅		伊藤忠商事	
			人 (%)		人 (%)		人 (%)		人 (%)		人 (%)
子の就職先	自社	三井物産(4)	14 (56.0)		0 (0.0)		0 (0.0)	丸紅(5)	5 (17.9)	伊藤忠商事(3)	3 (16.7)
	同業他社		0 (0.0)	三井物産(2)	2 (11.8)	三菱商事 三井物産 丸紅	3 (15.8)	三井物産 三菱商事(3) 伊藤忠商事 トーメン 兼松江商	7 (25.0)	三菱商事 住友商事(2)	3 (16.7)
	同系列企業	三井生命保険 三越	2 (8.0)	三菱銀行(2) 東京海上火災保険(2) 三菱重工業(2) 三菱石油 三菱油化 旭硝子	9 (52.9)	住友銀行(3) 住友信託銀行 住海上火災保険	5 (26.3)	富士銀行(2) 安田信託銀行(2) 安田火災海上保険(2) 大成建設 日清製粉	8 (28.6)	第一勧業銀行(2) 川崎重工業	3 (16.7)
	準系列企業	オリエンタルランド	1 (4.0)	沖縄三菱開発 千代田化工建設	2 (11.8)	住友精密工業 住商コンピューター サミット	3 (15.8)	山一証券 昭和産業	2 (7.1)		0 (0.0)
	その他	東京銀行(2) 日鍛バルブ 清水建設 三菱電機 味の素 明治製菓 西友	8 (32.0)	東京銀行 大成建設 大丸 帝国ホテル	4 (23.5)	日本興業銀行 日本長期信用銀行 東海上火災保険 富士写真フィルム 日本IBM NTT 電通 新潮社	8 (42.1)	三和銀行 富士通 日本郵船 大阪瓦斯 CBSソニー ヤクルト本社	6 (21.4)	太陽神戸銀行 同和火災海上保険 野村證券 大阪生命保険 東急建設 ソニー 東芝 沖電気工業 三菱鉱業セメント デサント	9 (50.0)
合計			25 (100)		17 (100)		19 (100)		28 (100)		18 (100)

注) 対象は、企業に就職した役員子弟に限定している。なお、括弧付きの数字は、複数の人数であることを示す。
出所) 表8-2に同じ。

表 8-9 三菱系役員子弟の昇進状況(1954年)

区分		父の最終的な役職																合計	
		財閥本社役員		社長		会長		副社長		専務		常務		取締役		監査役			
		就職	役員	就職	役員	就職	役員	就職	役員	就職	役員	就職	役員	就職	役員	就職	役員	就職	役員
子どもの出身大学	東大	2	1	15	6			3		2		5		2		5		34	7
	京大	1		7	3					2		3		2		1		16	3
	東工大			6	4			1	1	1		1		1				10	5
	一橋大	1	1	2				1		1		3	1			1		10	2
	他帝大			4	1							3		1	1	1		10	2
	国公大			2								6	1			1		10	1
	慶応大			17	1			2		3		12		12	2	1		47	3
	成蹊大	1		12				5	1	1	1	4		4	1	1		31	2
	早大			2				1	1			3	2	3		3		12	3
	他私大			4	4	1		1				3				3		12	1
	不明			2														9	
合計		5	2	73	19	1	0	17	3	12	0	43	4	26	4	17	0	201	29
(%)		(2.5)		(36.3)		(0.5)		(8.5)		(6.0)		(21.4)		(12.9)		(8.5)		(100.0)	

注) 1.「就職」欄の数字は三菱系企業に就職した人数を示す。「役員」欄の数字は，そのうち，役員に昇進した数。
2．役職は最終的に一番高い役職を表記した。ただし，社長から会長に昇格したものは，社長扱いとした。
3．社長・副社長は，「三菱金曜会」加盟の全企業を含めた。したがって，本章では"三菱系企業"と規定していない下記の企業も含めた。
・三菱アルミニウム
・三菱セメント
・三菱モンサント化成

出所）表 8-2 に同じ。

職員子弟の入社を禁止している三菱商事は，その半数が三菱系企業に就職している。さらに，伊藤忠商事になると，役員子弟の半数は，自社でも系列企業でもない，その他の企業に就職している。これらは，各社の置かれた環境がそのまま反映されている。三井系企業のなかで圧倒的な格式を誇る三井物産。優良企業を多数抱えた三菱系に属する三菱商事。第一勧業銀行系の中核商社になって日の浅い伊藤忠商事。なお，伊藤忠商事の場合は，伊藤忠商事に就職した役員子弟が 1957 年以降の生まれで，同業他社(三菱商事・住友商事)に就職した子弟が 1955 年以前の生まれと，二分されている。このことから，一時期，子弟の入社が禁止されていたか，ある時期から解禁になったかのいずれかである

4.4　子どもの就職・昇進への影響

　役員子弟が父と同じ企業(あるいは関連の強い企業)に就職することで，着目すべき点は，父の役職が子どもの就職・昇進にいかなる影響を及ぼしているかにある。表8-9は，三菱系企業に就職した役員子弟における，父の役職と子どもの学歴および昇進の相関を示したものである[19]。表から，三菱系企業に就職した役員子弟の圧倒的多数が，上級役員(社長等)の子どもであると指摘できる。「系列入社」は，その1/3以上(36.3%)が社長の子どもであり，およそ半数(47.8%)までが副社長以上の上級役員の子どもによるものだった。役員子弟のうちで，役員まで出世した割合をみれば，その傾向はより顕著である。三菱系企業役員の子が役員になった場合，その半数以上(55.2%)は社長の子どもであり，2/3弱(72.4%)が副社長以上の子なのである。これにより，父親の職階が，子供の就職・昇進に大きく影響を及ぼしていると指摘できる[20]。

　看過しえないのは，こうした傾向が近年に至るほど顕著になっていることである。例えば表8-10は，1984年のデータにおいて，子弟を年齢順に列挙したものである(1943年生まれ以降は省略)。父の方はほとんどすべて(13人中，11人)が社長経験者であり，子どもの方はほぼ半数(13人中，6人)が役員に昇進している[21]。

　興味深いのは，役員に昇進した6人のうち，4人が父と同じ企業で役員になっていることである。1984年のデータで「子弟入社」は1割未満にすぎず，非常に珍しい部類に入る。では，かれらはどのようにして「子弟入社」を実現したのか。実は，表のケースのほとんどは，父の勤務先に子どもが就職した事例ではない。子どもは父と違う企業に就職したのだが，役員になるかならないかという頃になって，その企業に父が役員として派遣されてきたのである。これは，当初，「子弟入社」でなかったものが，結果として「子弟入社」になってしまった，いわば，「子弟入社」の変形である。しかし，このことは，「子弟入社」がいかに子どもの昇進に有利になっているかの反証になっている。

　また，表にあげられた役員子弟は，2/3(61.5%)が附属高校出身者で，およそ1/3(30.8%)が附属の小中学校出身である。表8-10のケースでは1件を除き，

表 8-10　役員子弟の就職先と役員昇進(1984年)

子			子 の 学 歴		
所　　属		生年	大学	高校	小中学校
三菱化成		1926	東農大		
三菱瓦斯化学	常務	1930	東工大		
三菱石油	常務	1936	慶大	成蹊高	
三菱油化	常務	1936	成蹊大	成蹊高	成蹊小
三菱油化	常務	1938	米MIT		
大成建設		1939	早大	早稲田学院	
三菱商事		1940	慶大	慶応高	慶応幼稚舎
三菱自動車工業		1940	早大		
日本分光工		1940	千葉工大		
三菱地所	常務	1941	慶大	慶応高	慶応普通部
三菱商事		1941	慶大	慶応高	
三菱信託銀行		1941	成蹊大	成蹊高	
三菱商事	取締役	1942	慶大	慶応高	慶応普通部

注）1．父の「兼任・派遣先」は，子の所属企業と関連のあるものに限った。また，1984年以降に着任したものも含んだ。

　附属校出身者は，すべて『人事興信録』に祖父(母方の祖父を含む)の記述を見つけることができる。例えば，祖父の代から資産家として名を連ねるもの，あるいは祖父が，男爵，三菱グループの長老と謳われた実力者，等である。役員子弟の生年から，就学した年代を考えると，およそ1950年代に附属校に通っていたことになる。その当時，そうした教育投資ができたのは，役員自身の家系に原因を求めた方が妥当だと思われる。今回，この章では三世代間の分析を行っていないが，学歴についていえば，そうした視点が必要なのかもしれない[22]。

5　子どもの結婚

　三菱系企業役員の子どもの結婚相手は，エリート，とくに専門経営者の子どもが多い。

父			
所　属	生年	兼任・派遣先	備　考
三菱地所　取締相談	1894		
旭硝子　取締相談	1901		
三菱商事　副会長	1909	三菱石油　会長	
三菱油化　会長	1911		元 三菱銀行 専務
三菱商事　会長	1907	三菱油化　監査役	
三菱地所　会長	1910		
三菱製紙　会長	1908		元 三菱銀行 副頭取
旭硝子　監査役	1912		
三菱化工機　取締相談	1908		元 三菱重工 常務
明治生命　会長	1913	三菱地所　監査役	
三菱銀行　会長	1910		
三菱地所　会長	1910		
三菱金属　会長	1911		

2．子の学歴「高校」，「小中学校」の記載は，附属校に限った。
出所）表 8-2 に同じ。

5.1　全体的な特徴

　三菱系役員が子女同士を婚姻させた相手の内訳を一覧したものが，表 8-11 である。さらにこの表では，1934 年と 1954 年を並べ，その推移をみることができる。

　全体的な特徴をみてみよう。まず，子女同士の婚姻(以下，子女婚姻と称す)は，エリート層内部で行われている。この章では，『人事興信録』(およびそれに類するもの)の記載をもって，エリートと認識している。そこで，子女婚姻の相手におけるエリートの割合を調べたところ，およそ 8 割近くを占めていた（1934 年のデータでは 77.3％，1954 年では 83.3％）。子女同士の婚姻は，役員自身をエリート層に取り込む重要な手段であったことをうかがわせる。

　子女婚姻の相手の内訳をみるに，経営者の占める割合が増え，軍人・華族の割合が減っている。両者の増減はほぼ一致するから，軍人・華族といった戦前の特権階層が消滅したため，その分が経営者層(とくに三菱系)に流れていったとみることができる。

　また，子女婚姻の相手は，1934 年および 1954 年とも経営者を相手にしたものがおよそ半分を占めており，経営者層内部で子女同士を婚姻させている状況

表 8-11　子女の婚姻を通じた相手の傾向(1934, 1954年)

子女婚姻の相手	1934年			±(%)	1954年		
	人数	(%)	小計		人数	(%)	小計
経営者(三菱系)	17	(12.5)	62	6.4	36	(18.9)	98
（三井・住友）	20	(14.7)	(45.6)	-5.8	17	(8.9)	(51.6)
（その他）	25	(18.4)		5.3	45	(23.7)	
資本家・資産家	28	(20.6)	74	0.5	40	(21.1)	92
軍人・華族	18	(13.2)	(54.4)	-7.4	11	(5.8)	(48.4)
学者・官僚・その他	28	(20.6)		1.0	41	(21.6)	
中計	136	(100.0)			190	(100.0)	
職業不詳	40				98		
氏名不明	158				443		
合計	334				731		

注)　"子女" は, 娘を含む。
出所) 表 8-2 に同じ。

がうかがわれる。ただし，両年次における，経営者同士の子女婚姻の内訳は，大きく様相を異にしている。1934年のデータでは，子女婚姻の相手は三井・住友系のトップが多く，三菱系内部の子女婚姻よりも多い。1954年では，三井・住友系のトップとの子女婚姻が著しく減っており，これに対し，三菱系，あるいはそれ以外の経営者層との子女婚姻が増加している。

5.2　1934年の特徴

1934年の三菱系企業役員が，三菱系役員同士で子女を婚姻させたケースを一覧したものが表 8-12 である[23]。1934年のケースの特徴は，三菱系内部の子女婚姻が少なく，しかも，三菱財閥の直系企業の役員による子女の婚姻はほとんどない。1934年の三菱系内部の子女婚姻はほとんど，傍系の企業(麒麟麦酒・東京海上火災保険・明治生命保険)を舞台にしたものである。そして，サラリーマン経営者同士の子女婚姻は少数にすぎず，内部昇進型の専門経営者と社外重役(資産家層)の組み合わせが多い。つまり，三菱系では，まず，傍系の企業で社外重役を中心に子女婚姻が進み，それが専門経営者にも波及していったのではないかと思われる。いずれにせよ1934年のデータでは，純粋な内部昇進型の専門経営者同士の子女婚姻がまだ進んでいなかったと指摘できる。

第 8 章 日本支配階層の再生産構造　291

表 8-12　子女婚姻・三菱系内部 & 三井・住友系（1934 年）

区分	父			子女婚姻の相手				子（婿）		
	所属	属	分系	備考	所属	属	分系	備考	所属	属	学歴
三菱内部	三菱銀行	常務	○		麒麟麦酒	取締役		岩崎家姻戚	東京海上	支店長	慶大（慶応高）
	三菱信託	取締役	○		旭硝子	所長		社外重役	麒麟麦酒	取締役	一橋大
	三菱鉱業	常務	○		三菱製紙	監査役		岩崎一族	東京海上	副社長	東大
	三菱重工	常務	○		三菱航空機	会長	○		東大	教授	立教大
	三菱海上	常務	○	東京海上 常務	三菱航空機	技師	○		東京海上		
	東京海上	取締役	△	取締役	三菱鉱業	監査役	○		諸戸林業	社長	神商大
	東京海上	常務			明治海上	専務	○		東京海上	会長	東大
	三菱製紙	常務		岩崎一族	三菱金属	常務	○		三菱重工業	社長	成蹊大
	三菱重工	取締役		岩崎一族	三菱商事	部長	○		三菱商事	副社長	ハーバード
	日本郵船	監査役		社外重役	三菱合資	技師長	○		三菱計器	技師長	慶大
	明治生命	監査役			三菱商事	社長	○		内務省→総理府		東大
	麒麟麦酒	社長			日本火災	船員		社外重役	明治生命	取締	慶大
	麒麟麦酒	取締役			明治海上	取締役	○		千代田生命	取締	慶大
	麒麟麦酒	取締役			麒麟麦酒	取締役	○		明治生命	副社長	慶大
					麒麟麦酒	取締役	○		明治屋		慶大
									横浜市	秘書役	東農大
三菱以外	三井銀行	常務	○		三井銀行	常務			慶大	教授	慶大
	三菱銀行	常務	○		三井信託	理事			三井信託	取締役	東大
	三菱重工	取締役	○	男爵家当主	三井物産	副社長			三井生命	副社長	慶大
	三菱重工	取締役	○	岩崎家親族	三井合名	社長			三井物産		九大
	三菱鉱業	会長			三井合名	重役待遇		三井家当主	三井鉱山	取締役	慶大
	三菱鉱業	会長			三井鉱山	支店長			トヨタ自工	取締役	阪南大
	三菱石油	取締役	△	元 本社常務理事	三井本社	常務		三井分当家	東レ		一橋大
	旭硝子	社長		岩崎一族	住友銀行	理事			東工大	教授	東大
	三菱製紙	常務			住友合資	常務			日銀	理事	東大
	麒麟麦酒	専務			三井生命	技師長			三菱自動車	常務	青学大
	麒麟麦酒	参事			三井鉱山	理事			三井銀行		青学大
					三井鉱山	参事			大正海上		早大
									新潟鉄工所		

注：1．「子女婚姻の相手」の肩書き・所属は、代表的なものをあげたため、1934 年のものとは限らない。
　　2．「分系」が○のものは、所属企業が三菱財閥の分系会社（直系企業）であることを示す。
　　　△のものは、旧職あるいは兼任先が三菱財閥の分系会社（直系企業）であることを示す。
出所）表 8-2 に同じ。

292

表 8-13　子女婚姻・三菱系内部 (1954 年)

区分	父 所属	父 備考	子女婚姻の相手 所属	相手 属	子(婿) 所属	子(婿) 属	子(婿) 学歴	備考
三菱内部	三菱銀行	副頭取	三菱化工機	常務	三菱製紙	副社長	早大	
	三菱銀行	常務	三菱銀行	取締役	興銀	常務	東北大	後に保土合化学社長
	三菱銀行	取締役	三菱重工	技師	三菱電機		慶大	
	三菱商事	副社長	三菱商事	常務	三菱銀行		東大	後に市田常務
	新三菱重工	常務	三菱重工	副社長	三菱重工レイヨン		京工大	
	三菱造船	副社長	三菱日本重工	副社長	三菱重工レイヨン		東工大	
	三菱造船	常務	三菱化成		味の素		慶大	
	三菱造船	常務	三菱日本重工	取締役	三菱重工業		東大	
	三菱重工	社長	三菱レイヨン	専務	三菱重工業		慶大	
	三菱電機	監査役	三菱鉱業	部長	三菱化成		東大	
	三菱化成	取締役	三菱銀行	取締役	都立大		一橋大	
	三菱金属	常務	三菱地所	取締役	東京海上		東大	
	三菱金属	取締役	三菱信託	会長	慶大	部長	成蹊大	
	三菱石油	常務	三菱信託	社長	三菱商事	取締役	慶大	後に三菱液化ガス社長
	三菱石油	社長	三菱地所	取締役	金商又一	取締役	慶大	
	三菱石油	常務	三菱製鋼	常務	日本郵船	常務	九大	
	三菱製鋼	専務	三菱製紙	取締役	三菱重工業	社長	成蹊大	後に西武化学取締役
	三菱製紙	常務	三菱製紙	社長	三菱商事	社長	ハーバード	
	三菱製紙	常務	三菱商事	部長	三菱商事	社長	東大	
	三菱製紙	常務	三菱重工	社長	東大	教授	成蹊大	
	三菱製紙	常務	三菱金属	常務	三菱重工業	副社長	東大	
	旭硝子	社長	三菱商事	常務	三菱化成	副社長	東大	後に三菱モンサント社長
	旭硝子	社長	三菱化成	社長	三菱鉱業セメント	取締役	一橋大	
	旭硝子	社長	明和産業	社長	麒麟麦酒	取締役	東大	
	東京海上	取締役	三菱倉庫	専務	東京海上		東大	
	東京海上	取締役	三菱銀行	支店長	播磨造船		東大	

第 8 章　日本支配階層の再生産構造　293

本人所属	肩書	備考	配偶者父 所属	肩書	関連 所属	肩書	学歴	備考
麒麟麦酒	常務	後に社長	三菱製紙		三菱製紙	常務		後に東海パルプ役員
江戸川化学	常務	後に社長	三菱製紙	監査役	三菱瓦斯化	監査役	東工大	
日本光学	監査役	元 三菱銀行支店長	三菱銀行	支店長	三菱銀行		慶大	
三菱銀行	常務		三井物産	支店長	商船三井	常務	東大	
三菱日本重	専務		三井合名	嘱託	三井銀行	常務	東大	
三菱地所	取締役		住友倉庫	社長	住友倉庫	取締役	慶大	
三菱鉱セメント	社長	後に社長	三井銀行	支店長	三菱化成	取締役	東大	
三菱石油	常務		大正海上	社長	三菱重工業		慶大	
三菱製紙	取締役	後に社長	三井本社	取締役	三井銀行		青学大	
明治生命	常務		三井生命	社長	明治生命	常務	慶大	
明治生命	常務	後に社長	三井銀行	取締役	東レ	常務	慶大	
日本郵船	社長	後に社長	住友銀行	頭取	日銀	支店長	東大	後にロイヤルホテル社長

注）「子女婚姻の相手」の肩書・所属は，代表的なものをあげたため，1954 年のものとは限らない。
出所）表 8-2 に同じ。

次いで，三菱系企業役員と三井・住友系経営者の子女婚姻をみてみよう。表にみるように，三菱銀行・重工業等の直系企業役員と，三井系企業役員との組み合わせが多い。三菱財閥では，財閥内部で姻戚関係を結ぶより，他財閥のトップと姻戚関係を結ぶ方を志向していたように思われる。しかも，本社の理事クラスほどその傾向が強い。つまり，財閥期の専門経営者は，系列を主体とした血縁的結合ではなく，理事クラス同士といったランクを主体とした視点から婚姻関係を形成していったのである。三菱系内部の子女婚姻が資産家層の社外役員を相手にしたものであったこと，理事クラスの子女婚姻が有爵者(華族)や軍部のトップにも広がっていることは，これとまったく同じ原理に基づいたものだと指摘できる。財閥期の専門経営者は，他財閥の理事・軍部のエリート・華族階級と血縁的結合を形成することによって，エスタブリッシュメントたらんとしていたのである。

5.3 1954年の特徴

1954年の三菱系企業役員が，三菱系役員同士で子女を婚姻させたケースを一覧したものが，表8-13である。1954年のデータの特徴は，三菱系経営者の子女同士の婚姻が大幅に増加していることである。なかでも，同一企業の役員同士の子女婚姻が目を引く[24]。その担い手の多くは，上級役員である社長・副社長，あるいは1954年以降に社長に昇格している上級役員である。さらに系列内で展開される子女婚姻は，子どもの昇進に好影響を及ぼしている。それはやはり三菱系企業での役員昇進という形になって表れる。

その他の特徴として，階級志向型の子女婚姻(三井・住友系トップや，軍人・華族とのケース)が減少していることがあげられる。戦前に階級・身分的な上昇を志向した子女婚姻が，なぜ戦後になって系列化へシフトしたのか，おおよそ以下の2通りが考えられる。

第一に，敗戦によって，軍人・華族が否定されてしまったことである。同様に財閥本社が解散，トップが追放され，財閥を統轄する理事クラスがいなくなってしまった。これらのことが，子女婚姻によるエスタブリッシュメントの形成を困難にしてしまったのである。

第二に，専門経営者自身の地位が高くなってきたことである。しかしその地

位は，経済的な基盤(＝株式所有)をもたない脆弱なものであった。それを強化するためにも，人的結合が効果的だと思われたのではなかろうか。

5.4 制度化

三菱では，系列企業が共同運営する結婚相談所「ダイヤモンド・ファミリークラブ」がある。しかも，こうした組織は，三菱系のみならず，他の企業集団にも存在する。例えば，三井グループ結婚相談所，芙蓉ファミリークラブ，ハート・ファミリークラブ(一勧系)，みどり会ブライダルセンター(三和系)である[25]。ただし，これらの活動は停滞の傾向にあるという。

「かつて二千人近かった年間の新入会員数が約千人にまで減少。今，会員の伸び悩みという課題を抱える。……エリート社員が「白馬に乗った王子様」の時代はもう終わったんです。とても医者という響きにはかなわない」[26]と。

おわりに

この章では，三菱系役員子弟の学歴・就職・婚姻を考察し，それらに偏った特徴があることを指摘してきた。

①特定の有名大学(慶大・東大・早大・成蹊大)に進学し，②父と同じ会社(あるいは関係の深い会社，つまりは三菱系企業)に就職し，③有力者の娘(戦前は三井財閥のトップ・マネジメントや華族・高級軍人，戦後は三菱系経営者)を娶る。そして，かれらのなかから，三菱系企業の役員が再生産されていった。

これらの特徴は戦前すでに萌芽し，高度成長期に普遍化・制度化していったと思われる。ここで重要なことは，父の役職と子どもの就職・昇進に相関関係があり，同じ役員子弟であっても，上級役員(社長等)の子どもの方が有利な点である。しかも，その傾向は近年に至るほど顕著である。子弟の役員昇進は，もはや同族会社の創業者一族の専権事項ではなくなった。専門経営者は企業経営のみならず，地位の継承をも手に入れたのである。

注

1) 菊地浩之「三菱系企業役員の出身階層——専門経営者の世襲——」『政経研究』第67号，1996年．
2) 対象とした三菱系企業は以下の23社である．1984年時点の社長会(三菱金曜会)メンバー29社のうち，他企業に単独で20％以上の株式を所有されていない企業を基準とした(ただし外資系の三菱石油を除く)．この選択基準が示す通り，三菱系企業集団は特定の親会社をもたず，形式的には対等な独立企業の連合体である．なお，下記以外の企業で，三菱色の濃い企業，例えば下記企業の子会社・関連会社，あるいは三菱系金融機関の融資系列企業等は，"準三菱系企業"と規定した．

  三菱銀行(現東京三菱銀行)，三菱信託銀行，東京海上火災保険，明治生命保険，三菱商事，麒麟麦酒，三菱レイヨン，三菱製紙，三菱化成，三菱油化(化成と油化が合併し，三菱化学)，三菱瓦斯化学，三菱石油(現日石三菱)，旭硝子，三菱金属，三菱鉱業セメント(金属と鉱業セメントが合併し，三菱マテリアル)，三菱製鋼，三菱化工機，三菱電機，三菱重工業，日本光学工業(現ニコン)，三菱地所，日本郵船，三菱倉庫

3) 1996年度の数値．東洋経済新報社編『週刊東洋経済臨時増刊 DATA BANK 企業系列総覧』1998年版，25頁．
4) 奥村宏『三菱——日本を動かす企業集団——』ダイヤモンド社，1981年，15-18頁．
5) 菊池城司編『現代日本の階層構造3 教育と社会移動』東京大学出版会，1990年．
6) 関西大学経済・政治研究所研究双書第49冊『価値変容の社会学的研究』1982年．
7) 成蹊大は三菱系にとって特別な学校である．三菱家四代・岩崎小弥太が，同校の創業者・中村春二の親友であった縁で，成蹊学園は小弥太から資金面その他でさまざまな援助を受けた．小弥太は三菱財閥の中興の祖と称され，かれの薫陶を受けた経営者が続々と成蹊学園に子弟を通わせた．そのため，成蹊学園には三菱の役員子弟が多く，その多くが三菱系企業に就職した．
8) 慶大の系列校とは慶応幼稚舎・慶応普通部・慶応中等部・慶応高校・慶応志木高校を指し，成蹊大の系列校とは成蹊小学校・成蹊中学校・成蹊高校を指す(成蹊高校は旧制時代を含む)．本文で掲げた数字は，これら系列校から他の大学に進学した者も含んでおり，必ずしも表8-2とリンクしていない．
9) 1934年のデータは子弟の学歴の記述が少ないため除き，1954年および1984年のデータについて分析を行った．ただし，1984年分の掲載は割愛した．
10) 大槻文平の甥の述懐によれば，「就職がせまると，「三菱系なら紹介出来るぞ」と声をかけて下さった．印象的だったのは，その時のやりとりだ．「伯父さん，僕は私大です．三菱は，東大出でないと悔しい思いをするのでしょ」と聞くと，「うーん」とうなって黙ってしまった」(「追想 大槻文平」編集委員会編『追想 大槻文平』三菱マテリアル編，1993年，481頁)という．かれがいずれの大学を卒業しているか定かではないが，結局，三菱系企業に就職しなかったという．
11) 日本経済新聞社編『されど会社人』1992年，74-77頁．

12) この章でいう「子ども」,「子弟」とは男子のみで,女子を除いている。これは,対象とする子女のほとんどが,雇用機会均等法の実施以前に就職しているため,同列に扱うべきではないと判断したためである。また,養子は対象外とした。理由は,養子にはいろいろな事例(幼年期の養子,婿養子,承祖(孫を養子にするケース),名跡のみの継承)が想定でき,分析が複雑になるからである。なお,就職のデータは学卒直後の就職先とし,原則的に転職は考慮していない。
13)「三菱系企業では「役職者の二世は採用しない」ことになっているが,役職者のなかには就職期の子どもをかかえて苦労している人もいる。そんな人に頼まれて,グループ内の他企業や関連会社と折衝するといった仕事が増えた。グループ内の他社の人事課長から同様のケースで頼まれることもあるから,このあたりが「課長独自の業務」の一つでしょう」(大野明男『二世社会の考現学』同友館,1989年,108頁)。
14)「系列」という概念は,厳密にいうと「ヨコの系列」と「タテの系列」に区別される。前者は三井・三菱・住友系に代表される企業集団,後者は日立・松下グループ等である。この章では前者の意で使用する。
15) 前掲の竹内は,「東大というのは,日本できわめて特殊な象徴的価値をもっている」(88頁)と指摘しているが,"三菱"はその企業版といえるかもしれない。
16) 大野,前掲書,107頁。これとは逆に,戦前,「子弟入社」を促進していた一因として,役員が採用にある程度の裁量をもっていたことがあげられる。例えば,三菱銀行頭取・宇佐美洵の入社(1924年)が,叔父の三菱銀行常務・加藤武男の裁量であったことをうかがわせる証言がある(日本経済新聞社編『私の履歴書』経済人編14,1971年,25頁)。
17) 1954年の役員の子どもで,三菱重工業に就職した35人のうち,同社の役員に昇進できたのはわずか3人しかいない。かれらには父親が三菱重工業の前身の企業で社長を務めていたという共通点がある。父の役職がもたらす影響が自ずと明らかになろう。
18) 必ずしもそうした理由だけではないが,「子弟入社」を奨励している企業も少なくない。「社員の子どもを採る社は,「信用できる」という理由が大きい。特に学生運動華やかなりしころは重要視された。要するに,採る側も入る側も安心,ということだろう」(『週刊朝日』1992年7月31日号,23-24頁)。他にもダイセル化学(『朝日新聞』1989年7月4日付)や,日本アイ・ビー・エム(『日経産業新聞』1990年10月25日付)等の記事がある。
19) なお,表中の役職は,1954年時点のものではなく,最終的な職階を示している。1954年時点に取締役であっても,常務…社長へのステップであるのか,単にヒラ取締役どまりかでは,その意味が異なるからである。
20) 有力者子弟のコネクションは,本人のみならず,かれを抱える企業のビジネス・チャンスの契機になりうる。なかには三菱商事のように,人事データベースに「社員が自己申告した政界・官界・財界の親戚や知人まで記録されている」(『週刊現代』1996年12月21日号,156頁)企業まであるという。
21) 表にあげた13人のほとんどは社長の子どもであるが,それ自体は何ら不思議なことではない。子どもの年齢は,父親の年齢にほぼ比例する。当時は年功序列がまだ磐石

だったから，高齢の役員は社長(あるいはその経験者)ということになる。
22) 数値化したわけではなく，あくまで感想の域を出ないが，父子間で「子弟入社」が禁じられているため，祖父―孫間で実現しているケースが散見された。
23) ここにあげた事例は，1934年時点のものではなく，戦後に成立したものも含んでいることを，あらかじめ御了承いただきたい。
24) 1954年当時に別会社の役員であっても，元々は同一企業の所属であるケースが少なくない。例えば，①企業が分割されて別会社の所属になってしまったもの，②同一企業に所属していたものが，役員派遣で別会社に移ったもの等。
25) 中村孝俊「日本金融寡頭制の成立と金融再編成」『講座今日の日本資本主義6 日本資本主義と金融・証券』大月書店，1982年，117頁。
26) 日本経済新聞社編『されど会社人』1992年，94頁。

第9章　世界の貧困に関する統計・統計指標
――世界銀行と国連開発計画(UNDP)の統計を中心に――

は じ め に

　本章では，世界銀行と国連開発計画(UNDP：United Nations Development Programme)が提供している世界の貧困に関する主要な統計・統計指標を紹介・検討する。

　20世紀末1990年代から2000年にかけての国際統計活動における特徴は，国連主催の一連の世界会議において取り上げられた地球規模の重要問題，すなわち，環境，人権，人口，貧困，ジェンダー問題に対して，統計が対応することを求められ，国連関連統計機関を中心に，主要地域あるいは主要国統計機関の活動が活発になったことである。

　ここではとりわけ貧困の問題が，21世紀にまで持ち越される深刻な問題の一つとして，1995年のコペンハーゲンの社会開発サミット，続くOECD(Organization for Economic Co-operation and Development，経済協力開発機構)のDAC(Development Assistance Committee，開発援助委員会)で，そして2000年7月のジュネーブの社会開発サミットで取り上げられた。1995年の社会開発サミット以降，本章第5節で触れるが，最貧困層12億人を，2015年までに半減させることが目標とされた。これらの論議の過程では，世界規模の統計の編集・加工を行っている国連等国際機関の統計が使われている。

　この時点で国際規模の問題が活発に取り上げられているのは，とくに国際的な結びつきが深まるなかで，社会進歩の一方で取り残され，あるいは新たに登

場したこれらの問題自体が深刻だからである。そして，問題の中心にいる開発途上国や，女性や貧困撲滅を目指すグループの世界規模の主張や運動の圧力もあり，国連や先進主要国はこれらの問題を無視できない。とくに国連は積極的な取り組みを問われた。とはいえ，国際機関は，依然としてアメリカ合衆国を中心とする主要先進国の影響下にある。したがって，上述した環境，貧困などの諸問題の解決策も，先進国主導の枠内あるいは影響の下で，妥協的なものにならざるをえない。また，国際舞台での途上国の主張も，途上国の支配的層の利害——援助獲得目的や特定層への利益・資金の還流——を反映している側面がある。さらにいうならば，国際会議や国際的活動において影響力を増したといわれるNGOにおいても，政府寄りであるか，政府を代弁しながら，資金配分を享受する「NGO」(実体はGO，せいぜいがGONGO〈Governmental NGO〉とでもいうべき)が増え，真に民衆に直結したNGOはこのなかで片隅に追いやられかねないという場面も現れている。

　問題の深刻さと，草の根のNGO(そこでの民衆の要求に沿う研究者の貢献)の主張を，GOやGNGOが一定程度は取り入れざるをえないという基本的傾向と，実際場面での錯綜した諸要因の絡み合いのなかで，深刻な諸問題への国際的取り組みは推移してきている。これら重要問題に対応する統計活動もまた，統計活動であるための特徴をもちながら，基本的にはこういった国際的枠組みのなかにある。

　日本における社会統計学的流れは，一国レベルにおいて統計利用者の立場から政府統計の真実性を検討して，労働運動や市民運動との連携をもち，一定の理論的・社会的影響力を発揮したことがあった。この統計利用者の立場の重視と統計の真実性論議として語られたうちの多くは，今日，国際的および各国統計活動においても浸透してきている。それは，IT活用が一段と進む今日的条件を踏まえて，より多面的な視角をもつ「統計の品質」論議として，とくに1990年代に入って前進している。この論議のなかでは，当然のことながら国際統計も検討対象になっている[1]。

　貧困等について使われる統計の品質に関しては，国際機関が前提している概念や尺度——とくに階級・階層分析視角の弱さなどで問われる——の妥当性，さらに貧困や女性の地位や環境悪化をもたらした主因・関係要因を追求する点

での弱さ等が大きく問われる。本章には，統計の品質論議——社会統計学的検討視角——を，国際統計に広げて検討するという問題意識も織り込まれている。

以下では，予備的に，貧困概念と国際統計について簡単に触れた後で，世界銀行の貧困関連統計を紹介・特徴づけ，総合指数を提唱している UNDP の HPI (Human Poverty Index, 人間貧困指数) を批判的に検討し，今後の研究・検討方向についていくつかの点を指摘する。本書は，統計に基づく実証分析を本来の目標としているが，本章の検討は，国際機関の統計を本格的に活用・分析して実態に迫るところまでは進んでいない。

1 貧困概念とその測定についての予備的整理

1.1 貧困把握をめぐる経過

一国あるいは国際的地域，そして世界の貧困は，長く経済学を中心とする社会科学の検討対象であり続けてきた。さまざまな時代にさまざまな理論が，貧困を定義し，その発生原因とその影響を論じ，また測定に努めてきた。しかし，貧困を統計で把握するには，統計が入手可能でなければならない。貧困の測定は，先進国で行われ，世界規模での貧困者数の推計作業は，あくまで 20 世紀に入ってからである。本格的には，かなりの国において基本統計の生産が進み，国連関連機関での統計の収集が進んだ第二次世界大戦以後のことである。

ここでは，予備的に，貧困概念に関して一定の整理を与えておこう。

貧困発生の根源や規定要因に立ち入らないで，貧困状態の規定に限るなら，現代経済学であれ，マルクス経済学であれ，最近では類似の把握に収斂しているようにみえる。マルクス経済学は，いわゆる貧困化法則をめぐる実証の過程で，国際的には，ヴァルガやクチンスキーをはじめとして諸指標を提起した。戦後日本の論議においては，賃金，剰余価値率，労働諸条件から労働環境，そして生活過程論を媒介して生活諸領域にまで視野を広げ，公害による被害を取り上げ，さらには，経済基礎研究所グループは，人間らしさと人間成長・発達・人格形成までを問うまでに至った。マルクス経済学は，貧困「状態」に関する議論に限るなら，一国内での貧困状態を主にしてであったが，他の経済学

派を凌駕する論議を展開したといってよい[2]。

1.2　貧困をめぐる論点と概念

貧困状態をめぐる概念を図9-1によって整理・説明しよう。これは，日本における上述の豊富な貧困化論議を念頭に置きながら，1980～90年代の開発経済学を中心とする貧困把握の経過，とくに主としてセンの近著を参考にして，筆者なりに描いてみたものである。センにおける貧困把握は，マルクスと同じように，人間自身の状態そのものに基本を置いている。そのうえで，所得・経済的要因等を，貧困をもたらす要因や貧困撲滅の重要ではあるがすべてとはいえない手段であるとみる。上記の日本における経済基礎研究所グループの論議と似ているが，センの功績は，この人間の状況をエンタイトルメント(権原)，ケィパビリティ(潜在能力)などに概念化し，貧困そのもの(したがって改善目標)と手段を明示的に区分した点にある[3]。

1.2.1　貧困に関わる問題群

まず，貧困問題の検討にあたっては，A：貧困状態とは何か，B：この貧困状態をもたらしている原因・背景——国際的，国内的な政治・経済，社会環境，自然環境，国内地域さらに世帯・個人の関係——は何か，C：この貧困状態を解決する(貧困撲滅)政策・戦略——国際的，国内的制度・政策，主体，政策立案および実施過程への参加・決定者——は何か，という大きな3つの問題群がある。本章では，主としてこのうち第一の貧困状態の把握に検討を限定する。

1.2.2　貧困の原因・背景

あらかじめ，B，Cにも少々触れる。B：今日の世界における貧困の原因や背景のかなりは，①貧困者の圧倒的部分を抱える開発途上国における，過去の長期の植民地支配，②独立以降，原料調達，製品市場あるいは安価な労働源として途上国を収奪してきた先進国との関係，③世界銀行を中心とする国際機関の政策の誤り(そういった政策の基礎となった開発経済理論)，④東西冷戦体制下でのとくに超大国による途上国の独裁制の支援，にまずは帰せられる。強力な国際的体制の枠内で，後発の開発途上国が社会的・経済的発展を図り貧困を撲滅するのは容易ではない。途上国は，国際金融機関・世界銀行の指導の下に，選択幅をもたないまま，国際的政策に翻弄されてきた。そして，⑤開発途上国

第9章 世界の貧困に関する統計・統計指標　303

次元	生活諸領域
	狭 ←――――――――――→ 広

本質・基本
↑
↓
手段

自律性, 自信, 心理的・肉体的健康の喪失・欠如

潜在的能力の剥奪
本質的自由の剥奪

欠乏(生存：飢餓・栄養失調,　　　疎外
　　　病気, 若死)　　　　　　　市民的自由の欠如
教育(識字, 計算能力)　　　　　政治的自由の欠如

媒介関係・転換関係の多様性(個人, 自然環境, 社会環境,
　　　　　　　家族内関係の異質性・変化性)

経済的貧困(手段的自由：　　　　(手段的自由)
　　　経済的便宜の欠如)　　　　社会的機会
　　　　　　　　　　　　　　　　透明性の保証
所得貧困, 生活必需の欠乏,　　　保護の保障等の欠如
経済的支援体制の不足,
失業

貧困をもたらしている　　　　　貧困撲滅戦略・政策
基礎的原因・背景

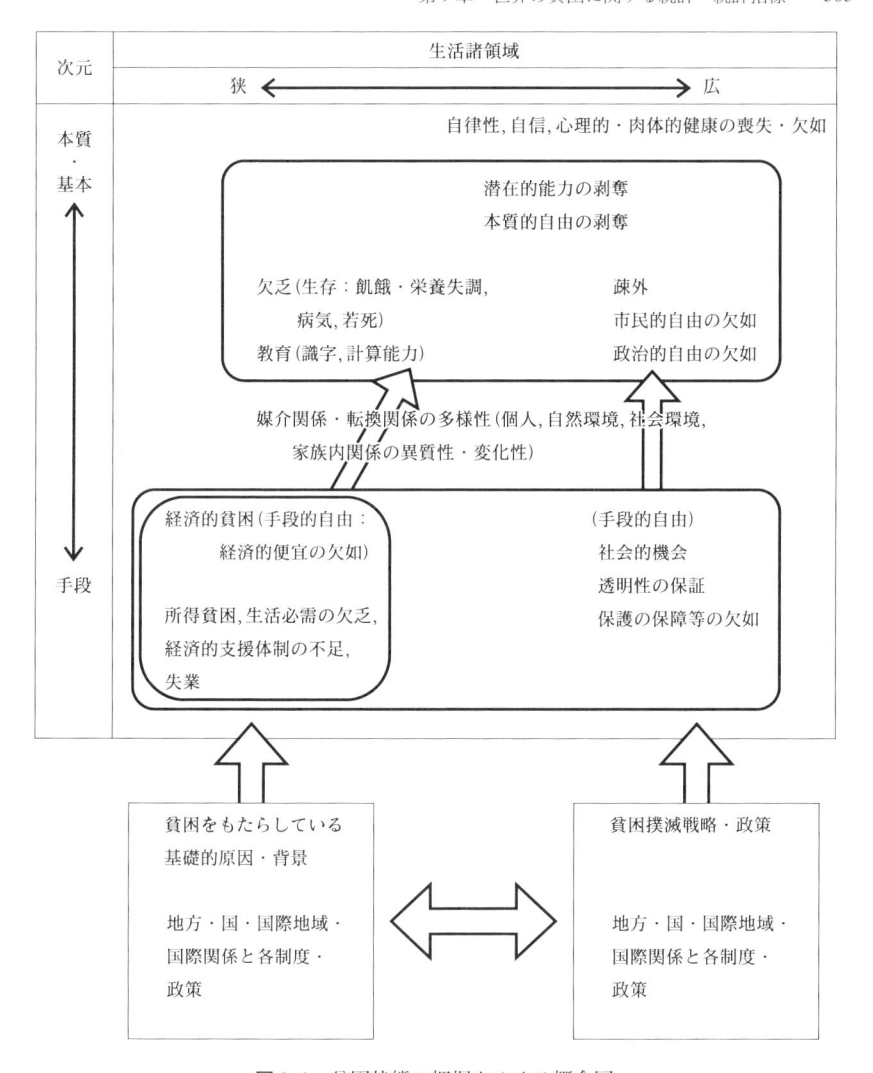

地方・国・国際地域・　　　　　地方・国・国際地域・
国際関係と各制度・　　　　　　国際関係と各制度・
政策　　　　　　　　　　　　　政策

図9-1　貧困状態の把握をめぐる概念図

自体にも，その指導層・権力者・支配層が大土地所有者であるなど富を独占してきたという支配・被支配の関係がある。先進国からの援助，また融資・投資を獲得しながら，それが一部指導層の利益のために使われ，広く大衆の貧困解決には向けられない。そして途上国あるいは移行国の全体的貧困状況にもかかわらず，一握りの支配層は大きな富を蓄えている。⑥これら途上国の指導層と，軍事や開発援助に関わる先進国多国籍企業とが癒着して，先進国の一部も利益を得ているという関係も，貧困状況の撲滅を遅らせている要因である。

　C：貧困撲滅政策は，これらの原因や背景を考慮に入れて，それらを除去・改革するところまで及ばなければならない。20世紀における科学技術・生産力の拡大によって，先進国が得た物質的豊かさの高いレベルにもかかわらず，一方で12億人，すなわち，世界人口の5人に1人が貧困のなかにいるという先進国主導の世界体制自体が問題である。しかし，貧困の原因等に関しては，こういった世界体制・国際機関の政策の誤りや責任を当事者たる国際機関が語ることはない。このため，またその解決策もまた根本には迫らず，貧困撲滅の歩みも極めて遅いのである。

　貧困をめぐる統計の生産と分析にも，貧困の原因に遡った大きなフレームが要求されるが，当事者である国際機関が行うところではない。

1.2.3　貧困状態の把握——次元と範囲

　さて，A：貧困状態そのものに立ち入ろう。第一に，図の縦軸は，人間の貧困状態の根本・本質を何とみるかに関して，上方から，より根本である人間自身の状態という次元と，この状態を規定する要因，解決のための手段の次元とを区分している。

　第二に，横軸は，貧困状態を，人間状態あるいは生活過程のどの範囲で，貧困状態，あるいは規定要因をみるかに関する。左側が，食糧の確保という最も狭いレベルである。そして，より広く衣食住を中心とする生活必需品の欠如・充足に注目する捉え方があり，これに教育等のサービスの有無をも加えるレベルがある。さらに失業・不安定就業までをみるレベル，そして各種の社会参加の機会の欠如や剥奪までをみるレベルがある。ここまでは，財やサービスの享受あるいは剥奪である。そしてさらに，これらを含みあるいは抜きにして，人間が人間らしい生活・活動を行いうる状態あるいは力をもちえているかまでを

含めて注目するという，より広い把握のレベルがある。把握はさらに広く，教育経験さらには人権，市民的自由にまで及ぶ。横軸は，経済領域に限るところから，より広く生活諸過程を取り上げ，精神生活を含むより人間生活の全側面をみるところにまで及ぶ。

歴史的には，GDPを中心とする成長主義的開発への反省から，すでに1950年代から生活水準把握，生活指標・社会指標によって生活の多様な側面を捉える動きがあった。これを背景にして，国際機関を中心とする実際の開発政策，それを支える開発理論や貧困論議は，貧困をより広く捉えはじめ，重点の置き方が変化してきた。このうち，より狭く財とサービスの享受，あるいはこれらを総括する消費水準や所得において貧困を把握するアプローチに対しては，経済主義的であり，人間の福利のための手段に注目するにとどまり，脱貧困の目標とされる「状態そのもの」に注目していないとする批判がある。開発経済学でのアプローチに即してみれば，人的資本アプローチそして人間の基本的ニーズ（BHN：Basic Human Needs）アプローチが前者に近く，後者が本章第4節で取り上げるいわゆる「人間貧困」の捉え方である。これは，寿命，教育経験とともに，政治的自由，人権の保障があるその状態自体をみるべきとする。この指摘は妥当であり，狭く偏った経済主義的把握を戒めるものである。

以上，図9-1が，貧困状況を横軸の狭い・広いだけでみるものではなく，人間状態そのものをみているか，この状態を規定する要因・手段の次元でみるかという縦軸を織り込んだ平面になっている点に注意を喚起したい。人間発達，あるいはA. センの段階での貧困の捉え方は，基本である人間状態（潜在能力）そのものにおける剥奪・欠落の状態に注目している。この把握に照らすなら，所得とか諸手段に焦点を当てるのは，目的と手段を混同したものである。筆者も，人間状態そのものに注目する捉え方に賛同する。

第三に，図では，貧困に関わる諸要因を大きくまとめているが，グループ間あるいはグループ内で，これら要因は相互規定関係にある。例えば，所得の大きさが教育機会を得る一つの手段である。教育の獲得は逆に，所得の拡大に貢献する。また，所得以外にも欠乏から脱却する機会への見通しを拡大する。

第四に，所得等の経済的諸要因や社会的・政治的・文化的諸要因が，人間の貧困状態を質的・量的にどう規定するかは，貧困の具体的な姿を媒介する地

方・国・国際関係とその歴史的条件やそこでの制度・政策の特殊性によって，多様である。ということは，貧困撲滅の政策や制度も地方や国の特殊性に即したものであるべきことを意味する。これはまた，貧困の国際比較の際に一定の困難をもたらす。国際的に，その国の気候，自然環境と生活の関係，文化・習慣等によって，最低限の生活必需や，より広げた生活維持に必要な財やサービスには違いがある。この違いを超えて，国際的な貧困を絶対的あるいは相対的にどう規定するかには一定の難しさが伴うからである。

1.2.4　絶対的貧困と相対的貧困

概念の定義では，貧困の絶対的把握と相対的把握も問題になる。絶対的貧困は，主として横軸に示した貧困の側面において，収入額，栄養水準，消費水準あるいは物財あるいはサービスの有無に関して，金額やカロリーの絶対水準あるいは特定の財・サービスの有無および大きさを絶対的にみるものである。絶対的貧困に関して注意すべき点は，社会発展のなかで，その社会で人並みの衣食住を維持し社会に対応するために必要とされる絶対水準を担うこれらの財・サービスは変化すること，さらに水準や規模は一般には上昇・拡大するという点で，時代的・歴史的に変化することである。

これに対して，相対的貧困とは，マルクス経済学では賃金を資本サイドの蓄積との対比においてみるものであった。この対比は貧困現象の分析において有効である。他方で，資本蓄積との対比には立ち入らないとすると，相対的貧困は，当該階層が社会全体あるいは平均水準との相対関係で「より貧困である」こととして捉えられる。ここでは，社会全体の所得や消費の平均水準，あるいは下位あるいは底辺層の水準が上昇しても，社会全体の上昇する基準と比較して低ければ，それらの層を貧困層とみなすのである。したがって，相対的貧困においては，社会的水準が非常に高い場合には，いわゆる相対的貧困にある者の絶対的水準が高くても，なお貧困として把握されることになる。第4節で触れるUNDPの人間貧困指数（HPI-2）における所得での貧困を，その国の所得分布での中位数の50％線以下とみるのは，一種の相対的な貧困把握である。

1.2.5　平均的把握と内的格差

これまでは主として一国レベルでの全体的平均，全体的分布に基づいた貧困について考えているが，現実の貧困には，国内地方間あるいは階層・グループ

（民族・人種，性，宗教，多数派とマイノリティ）間，さらに世帯内の性別等による個人間の格差がある。「貧困の女性化」といった問題を含めて，一国全体に関する統計指標は，とかく平均的把握に流れることによって，貧困の深さを皮相的にしか捉えず，局地的な深刻性を見過ごす傾向がある。平均的指標の扱いにおいては，格差や不平等を念頭に置くこと，さらには，格差・平等度の分析と関連づけることが必要である。

1.2.6 統計資料

一般に，国際統計表は，各国政府が提出した統計を単に列挙している場合がほとんどである。このため，国によって空白があり，また古い統計のみである場合が多い。また各国統計の基礎概念が異なり，比較可能性をもたない場合もある。貿易，国際収支，貨幣・金融等の経済統計に関しては，その必要性が優先されたため一定のガイドラインに沿って，比較可能性をもつようになっている。またOECDは先進国に関して概念を調整した統計表を一部編集している。しかし，人口構成や労働力，所得・賃金，そしてとくに，生活・社会統計に関しては，途上国での統計の空白が多い。この問題は，国際的に貧困統計・指標を所得から生活諸側面に広げて把握しようとすると突き当たる問題である。FAO(Food and Agriculture Organization of the United Nations, 国連食糧農業機関），UNESCO(United Nations Educational, Scientific and Cultural Organization, 国連教育科学文化機関），WHO(World Health Organization, 世界保健機関)等国連専門機関が担当分野の統計についての責任機関であるが，統計を充実させる歩みは遅い。とくに世界の貧困を測定する際には，理論的には多様な指標を志向しながら，利用可能なデータの欠如・不足のため，貧困の指標を単純化したり，代替的指標で間に合わせたりすることが当然ながら生じる。また各国ごとに異なるはずの貧困の絶対的水準を規定することは，作業的にも困難である。このため，各国ですでに把握されている貧困概念や統計を借用し，あるいは非常に大雑把な尺度で一律に割り切ってしまうこともしばしばある。

したがって，統計利用者は，その資料源泉，使用している概念，分類等に遡って，比較可能性を吟味しなければならない。とくに，統計が何らかの指標・指数に加工されて示されている場合には，それら指標・指数の妥当性が十分に検討されるべきである。各国と国際統計機関は，詳細な統計をより単純な

少数の指数にまとめあげて表現しようとするのに性急である。ここには，現実の問題を単純化し，あるいは一面化する危険がある。目下のところ貧困統計として注目され，引用される統計は，その第一次の出所を検討して調整を加えた，国際比較可能で信頼できる統計に基づいているものではなく，あくまで基礎にある貧困概念における独自性をセールスポイントにしている。基礎データにおける弱点を克服していない今日の世界の貧困に関する統計は，まだまだ大きな弱さをもっている。概念の正しさあるいは新しさのみを「売り」にして，数値のわずかの違いに注目して，各国間の差異や順位等を計算したりすることは，この国際統計作成の実情を無視したものといわざるをえない。

2　世界の貧困に関する統計書とウエッブサイト

　前節での貧困をめぐる概念を前提しながら，世界的な貧困状態に関する統計・統計指標をみると，主要な統計は，国連機関のいくつかが個別に作成・検討しており，これに大学などの研究機関・団体が小規模に作成するという配置になっていた。しかしとくに1990年代から2000年にかけて，最も大規模に貧困関連統計を編集していた世界銀行・IMF(International Monetary Fund, 国際通貨基金)など国際金融機関，UNDP，国連持続的発展委員会，そして経済協力開発機構・開発援助委員会(OECD-DAC)の間で，取り上げる統計指標には，かなり共通性がでてきた。そして2000年半ば過ぎの時点では，収斂しつつあるとすらみることができる。すなわち，一方では，所得における貧困に絞って経済的貧困が取り上げられる。他方で，経済面だけでの貧困の把握は狭いという批判に応えて，教育・文化などより広い関連指標を取り上げるのである。国際機関の間では，相互のデータベースをリンクしあい，所得の貧困に関しては，世界銀行の統計を共通して使って，貧困者数を示し，国連専門機関が分野ごとに提供する教育や乳児死亡等を列挙している。専門機関は，自らの担当問題分野別の統計を，貧困関連指標として連結させていくことを意識してきている。以下，世界の貧困に関わる最近の継続的あるいは臨時的な出版物ないしはウエッブサイトを紹介しよう。

2.1　世界銀行グループ・IMF『世界貧困報告書(Global Poverty Report)』

　1999年のケルン・サミットで，貧困削減に関する途上国の状況を毎年報告することが求められて，2000年7月の九州・沖縄サミット直前に公表された世銀・IMF・アフリカ開発銀行・アジア開発銀行・欧州復興開発銀行・米州開発銀行の共同作成によるものである。貧困の状況を「所得貧困」と「社会指標」で取り上げ，社会指標では4分野，すなわち，初等教育，初等・中等教育でのジェンダー不平等，乳幼児死亡・妊産婦死亡，リプロダクティブ・ヘルスケアへのアクセスを選択している。これを，アフリカ，アジア・太平洋，ラテンアメリカ・カリブ海諸国，旧ソ連地域での傾向について叙述し，課題への取り組みの諸手段を論じている。この報告書は，1990年を基準にして2015年までに最貧困者を半減し，初等教育を全員が受ける，初等・中等教育でのジェンダー差をなくし，5歳以下の乳幼児死亡を3分の1にし，妊産婦死亡を4分の1にする，該当年齢のすべての人にリプロダクティブ・ヘルスサービスへのアクセスを提供する，ことを目標として掲げている。この報告書において統計の角度から注目されるのは，将来動向に関して，楽観的シナリオと悲観的シナリオを提示していることである。国連等の人口予測等では高位，中位，低位等のシナリオが描かれ，中位推定値が代表される。貧困削減に関してのシナリオ別予測は，筆者の知る限り新しい試みである。

2.2　IMF・OECD・国連・世界銀行グループ『すべての人により良い世界を，2000年——世界開発目標に向けての前進(A Better World for All 2000—Progress towards the International Development Goals)』

　2000年6月にジュネーブの社会開発サミットにおいて発行された。内容は，上にみた『世界貧困報告書』とほぼ同じである。実際，2.1と2.2はそれぞれ並行出版物である。経済的福利と社会開発のタイトルの下に，同じ指標を取り上げ，国際地域別に数値の推移を図示している。全体を通じてカラフルな出版物であり，ウエッブサイトにも示されている。後に第5節でこの文書に立ち入る。

2.3 世界銀行『世界開発指標(*World Development Indicators*)』(邦訳『世界経済・社会統計』)

当初は世界開発報告書に掲載されていた。1980年代はじめには，基礎指標から始めて，生産，消費・投資，重要，工業化，商業エネルギー，貿易，国際収支，資金の貸借関係，政府開発援助，人口・出産，労働力，都市化の項目とともに，平均寿命関連指標，保健関連指標，教育，国防費と教育・保健支出，所得分配を掲げていた。所得分配に関しては，家計所得5分位ごと，および上位10%の家計所得シェアを取り上げていた。1990年代に入ると，これまでの項目をほぼ継承し，貧困に関する項目は，「人的資源」というタイトルの下に，人口増加，人口・出産関係，保健および栄養，教育，所得分配，都市化，開発における女性(平均寿命，産婦死亡率，第4年まで持続するコーホートの比率，小学校・中学校生徒の男女比)を取り上げた。1990年代の半ばから，天然資源が加わり，「開発における女性」が「性別による比較」という見出しに変更され，労働力に占める女性のシェアも加わる。

1997年から統計指標集として新たに独立の出版物となり，世界開発報告書への掲載指標項目は全体として少なくなった。世界銀行はこの新しい出版物を，1990年代の諸会議で打ち出された目標に向けた前進を激励するための世界銀行グループの新たな貢献であるといい，関連国際機関や団体の協力によるところが大きいとしてその名前を列挙している。

内容的には，まず，「世界を観る」として概括統計表と図を示す。最近ではその冒頭に，貧困者数を示し，乳児死亡率，幼児死亡率，就学率等にも触れている。そして，経済規模，生活の質，開発の発展，経済発展の長期的傾向，長期的構造変化，他の主要な指標を途上国について取り上げる。その上で，人的資源，環境，経済，国家と市場，グローバルリンクの各分野についての12から18の項目ごとにいくつかの具体的指標が選択されている。人的資源では，国の貧困線以下の者を都市と地方に分けて割合で，また国際的貧困線である1日1ドルと2ドル以下の者について人口割合と貧困ギャップで，示している。

所得に関しては，続いてジニ係数と所得あるいは消費の分布を取り上げる。それぞれについて最近の世帯調査年も示している。所得以外の指標として，教育政策とインフラストラクチュア(教育支出割合，生徒当たり支出，教材への

第 9 章　世界の貧困に関する統計・統計指標　311

支出，初等教育の教員当たり生徒数，初等教育期間），教育へのアクセス（初等教育前，初等，中等，高等教育就学率），教育達成（4年生に達した割合，中等教育への進学率，平均就学年数），ジェンダーと教育（初等教育，中等一般教育，中等職業訓練教育の各々での女性教員と女生徒の割合），保健医療支出・サービス・利用，保健医療サービスへのアクセス，リプロダクティブ・ヘルス，健康阻害要因，死亡率，等を取り上げている。

2.4　世界銀行『開発の社会指標（*Social Indicators of Development*）』

1987年から発行されたこの書物は，印刷出版物としては，1996年版をもって停止された。国別に，人口，所得，貧困，社会指標，寿命，等の大項目の下に，多くの指標を取り上げていた。全体として前項で触れた『世界開発指標』に吸収されたとみることができる。

2.5　世界銀行『世界開発報告書（*World Development Report*）』

1978年から出版されており，年ごとに重点的トピックスを変えている。第1冊の序言で，当時の総裁 R. マクナマラは，「世界の開発問題の総括的な評価を提供する年次報告」であるとし，8億人が自分のいう「絶対的貧困」下にいるのは，時代錯誤のことであるという。そして，途上国の開発を加速しなければ，今世紀の終わりに，貧困者の数は受け入れがたいレベルのままであること，開発の双子の目標は，経済成長の促進と貧困撲滅であるという。この書物は当初から世界開発指標を掲載してきた。その間，とくに1990年版が貧困を特集した。この前後に世界銀行が提示した所得貧困者統計が，今日に至るまで，多方面で最も頻繁に利用されている代表的貧困統計である。さらに，2000/2001年報告が，貧困問題を特集している。ここには，貧困測定の方法等についての一定の説明がある。報告書は，世界開発指標から選択した指標を，要約，人的資源，環境の持続可能性，経済パフォーマンス，の区分の下に示している。この版の編集にあたっては，1999年末に，その原稿をウエッブで公にして，世界からコメントを求めるという非常にオープンな形をとった。2000/2001年版は，2000年9月に出版が予定されている。後に第3節で取り上げる最新の所得貧困統計は，この公開原稿から引用したものである。

2.6 貧困ネット（PovertyNet）（www.worldbank.org/poverty/）

世界銀行は，貧困統計を文献的には『世界開発指標』，『世界開発報告書』で取り上げてきている。しかし最近，貧困ウエッブサイト PovertyNet で関連文献を含めて包括的に提供するに至った。

貧困を理解し軽減するために動いている人々を支える資源と支援という副題をつけたこのウエッブサイトは，世界銀行の貧困削減・経済的管理ネットワークの貧困グループが構築したもので，貧困に関する膨大な情報を貯蔵し，世界に向けて英，スペイン，フランス，イタリア語で公開している。トップページにおいてすでに，貧困の理解，貧困への対応，世界銀行の使命，ニューズレターという大項目と諸項目，さらに「検索」ボックスなど多くの項目をもつこのサイトは，サイトの案内ツアーをもち，貧困に関する世界銀行と国際機関，アカデミーや NGO のウエッブ，貧困関連の文献の案内もしている。

貧困の理解に関しては，不平等，健康，文化，セーフティネットや所得移転の項目が立てられているが，統計・統計指標について注目するべきは，「貧困についてのデータ」，「貧困における諸傾向」，「貧困監視データベース」である。ここでの多くのデータは国際地域と国別レベルで用意されている。内容的には，①所得貧困関係指標として，1 日 1 ドル，1 日 2 ドル以下貧困者数とその割合，この貧困削減の見通し，②不平等の傾向，③社会指標として，健康関係（寿命，乳児死亡，妊産婦死亡，栄養失調），教育（初等教育就学率，少女の就学率，貧困者の就学率），安全な水・下水設備，を取り上げている。

貧困監視データベースは，現時点では，世帯調査，貧困関与者によるアセスメント，貧困アセスメントの要約，社会指標，および新しい調査と他のサイトへのリンクを掲載している。このうち，世帯調査は，途上国約 140 カ国の世帯調査について，調査と調査内容の概略を伝えている。世界の世帯調査についてのおそらく最初のこの包括的データベースは，統計関係者にとって貴重である。次の 2 つのアセスメント・データベースは，それぞれに関わっている機関や報告書のリストと概要である。しかし目下のところ，その数は多くはない。社会指標は 32 の統計指標を各国について掲げており，国を指定すれば特定国の表を取り出すことができる。2000 年半ばの時点では，最近行われた調査のリストもあるが，国の数は少ない。他へのリンクも数は多くない。

2.7 国連開発計画(UNDP)『人間開発報告書(*Human Development Report*)』

1990年から出版が開始された。この報告書は，毎回，今日の地球規模での課題について，経済分析の及ばなかった論点を意欲的に取り上げて刺激的である。1999年には発刊10周年を迎えての出版物もあった[4]。国連関係の出版物において，そして今日の開発経済学分野で最重要文献の一つであり続けている。ここで提起された人間開発指数(HDI：Human Development Index)を中心とする一連の指標(ジェンダー関連指標，貧困関連指標)による世界各国の順位づけもまた話題を呼び，この報告書への関心を高めるものであった。

この報告書は，その出発以来，とくに途上国での貧困に一貫して最大の注目を置いている。そのなかで，ジェンダー問題，人間貧困をさらに掘り下げようともしてきた。この書物は，世界規模で，貧困や社会的不平等の現状を把握する際の有力な出版物の一つである。日本では，英語版の出版から間をおかずに日本語版が発刊されることもあって，注目の書である。人間貧困指数等の指標とともに計算の基礎になる統計系列表を掲載している。後に第4節で取り上げる。

2.8 国連持続的開発委員会(Commission on Sustainable Development)『持続的開発指標(ISD：*Indicators of Sustainable Development*)』(www.un.org/esa/sustdev/isd.htm)

1995年の委員会の決定によって開始した。社会，経済，環境，制度の4分野で134の指標を作成している。社会分野の「貧困との戦い」では，主要指標として失業率，状態指標として貧困者数，貧困ギャップ指数，貧困ギャップ指数の2乗，所得のジニ係数，女性平均賃金の男性に対する比率を選択している。

2.9 経済協力開発機構・開発支援委員会(OECD-DAC)『開発指標(*Development Indicators*)』(www.oecd.org/dac/indicators/index.htm)

OECDの*Development Cooperation Report*に掲載されている。経済的福利，社会開発，環境の持続と再生，の3分野の24の指標とその他に一般的指標を収集している。3分野については，2015年の目標数値と出発点(1980～96年の

うちの特定年あるいは期間)数値を掲載している。経済的福利では，極度の貧困(1日1ドル以下)，貧困ギャップ比率，不平等(国民消費に占める第5分位の割合)，児童の栄養失調を選択している。その他のサイトと，貧困一般のサイトは注にゆずる[5],[6]。

これら世界の全体的貧困に関しての逐次的文献やウエッブサイト，そして臨時的な出版物における貧困指標をみていくと，一つには，世界銀行の作成している所得貧困概念が，ほぼすべての文献において基本的なものとして掲げられている。他方で，所得に限定せずに，より広く，生活の各分野の貧困をみるという考えに立って，諸指標が掲げられている。しかし，世界銀行の所得貧困指標についての詳しい紹介や検討はあまりみられない。他方で所得貧困に限定しない貧困関連統計の代表は，UNDPの人間貧困指数である。以下，節を改めて，各々を紹介・検討する。

3 世界銀行の所得貧困統計

ここでは，世界的な貧困者数を所得額で算定する代表として世界銀行の所得貧困統計について，掲載表，計算方法を示し，特徴と問題点を指摘する。

3.1 所得貧困の実情と見込み

世界銀行の所得貧困統計で注目すべきは，貧困問題の特集を編んだ1990年版『世界開発報告書』に示された1985年現在での貧困者数と2000年の見込み，同じく貧困問題を特集しようとしている2000/2001年版『世界開発報告書』の原稿に示された1998年の貧困者統計，そして2000年の『世界貧困報告書』で広く公開された2015年に向けての2つのシナリオによる見込みである。

3.1.1 消費水準に対応する年所得による貧困線

1990年『世界開発報告書』で示された貧困者統計をまとめると表9-1の通りである。ここでの貧困の把握からみていく。

まず，世界銀行の所得貧困は，途上国についてだけ計算されており，先進国

表 9-1　開発途上国にどれだけの貧困者がいるか？ 1985年の状態と2000年の見込み

地　域	最貧困			貧困(最貧困を含む)				社会指標			2000年の貧困見込み	
	人数 (100万人)	人数割合 (%)	貧困ギャップ	人数 (100万人)	人数割合 (%)	貧困ギャップ	5歳未満死亡率(1000人当たり)	寿命 (歳)	小学校純就学率 (%)		人数 (100万人)	人数割合 (%)
サハラ以南アフリカ	120	30	4.0	180	47	11.0	196	50	56		265	43.1
東アジア	120	9	0.4	280	20	1.0	96	67	96		70	4.0
中　国	80	8	1.0	210	20	3.0	58	69	93		35	2.9
南アジア	300	29	3.0	520	51	10.0	172	56	74		365	26.0
インド	250	33	4.0	420	55	12.0	199	57	81		255	25.4
東ヨーロッパ	3	4	0.2	6	8	0.5	23	71	90		5	7.9
中東と北アフリカ	40	21	1.0	60	31	2.0	148	61	75		60	22.6
ラテン・アメリカとカリブ海諸国	50	12	1.0	70	19	1.0	75	66	92		60	11.4
途上国全体	633	18	1.0	1,116	33	3.0	121	62	83		825	18.0

原注) 1985年 PPP ドルでの貧困線は，最貧困について1人当たり年額で275ドル，貧困について1人当たり年370ドルである。人数割合は貧困線以下人口のパーセンテージとして定義される。人数割合についての点推定値をめぐる95%信頼区間は，サハラ以南アフリカで19.76，東アジアで21.22，南アジアで50.53，東ヨーロッパで7.10，中東と北アフリカで13.51，ラテンアメリカとカリブ海諸国で14.30，途上国全体で28.39である。
貧困ギャップは，総消費に対する貧困者の所得の不足総額のパーセンテージとして定義される。5歳以下の死亡率は，1980〜85年のもの。中国と南アジアは1975〜80年。

原出所) Hill and Pebley 1988, Ravallion and others (参考論文) および United Nations と World Bank の 1989年データ。
注) 原出所の論文名は省略した。
出所) World Bank, *World Development Report 1990*, 1990, p. 29, 139 から伊藤が合成した。

における貧困については除外されている。要点をみていくと，①貧困とは，最低の生活水準に達することができない状態であると定義する。②最低生活把握のために，消費水準に基づく貧困の計測を，栄養，平均寿命，5歳未満の幼児死亡率，就学率などの指標で補完する。その理由として報告書は，次のようにいう。すなわち，家計収入および1人当たり支出は，生活水準の適切な尺度であるが，どちらも，保健，平均寿命，識字状況，公共財または共有財産へのアクセスなどの福祉の側面を捉えることができない。清潔な水の入手可能性は消費や所得に反映されないし，無料の公共サービスにアクセス可能な家計は，収入が同じでもアクセス不可能な家計よりも生活水準が高いからである。③消費水準に基づく貧困ラインは，最小限の栄養および他の基礎必需品の購入に必要な支出と，日常の社会生活に参加するコストとを反映した，国ごとのそれ以外の支出からなる。第一の部分は，貧困層の食事を構成する食料品の価格によって比較的容易に把握できるが，第二の部分は，より微妙な判断を要する。他の必需部分は，歴史的・文化的に変化し，また国によって異なるからである。④国別に貧困を論じる場合には，各国の貧困ラインを利用している。しかし，国際比較および集計を可能とするため，普遍的な貧困ラインが必要である。この世界的な貧困ラインはいくらか恣意的にならざるをえない。そこで単一の数値を決めることはせず2つの数値，年1人当たり275ドルおよび370ドル(消費購買力平価(PPP：Purchasing Power Parity)による1985年固定価格表示)を使う，という。

このように，世界銀行の「所得貧困」における所得とは，基本的には，世帯での1人当たり消費支出額をみている。しかし他方で，世界銀行がこの時点で，所得貧困以外の社会指標を貧困に関わる重要指標としていた点も留意しよう。

さて，表9-1の数値を示しながら，報告書は，第一に，1985年に途上国における11億1,600万人が貧困にあり，6億3,300万人が極度の貧困状態にあること，第二に，貧困ギャップは途上国の総消費額の3%であり，極度の貧困層の貧困ギャップは1%であること，第三に，極度の貧困者の半分は南アジアにみられること，第四に，サハラ以南アフリカで貧困者が多く割合が高いこと，を指摘していた。

さらに1990年報告書は，最後の部分で表9-1の終わりの欄に収録した2000

年の貧困の見込みを示していた。ここでは，サハラ以南アフリカでの貧困者数の増加と貧困者率の減少のほかは，すべての地域で人数と率の両方での減少，そして途上国全体について，11億人から8.25億人へ，率では33%から18%への減少が見込まれていた。

3.1.2 人数による指数と貧困ギャップ

世界銀行の報告書は，この貧困ライン以下の貧困層の全人口に対する割合を指標として取り上げる。他方で，「貧困ギャップ」という指標を計算している。貧困者割合は「貧困層が貧困ラインをどの程度下まわっているかを無視しているので，批判されることが多い。これに対して所得の不足──貧困ギャップと呼ばれる──は，この欠点を避けることができる。これは，すべての貧しい人の所得を貧困ラインにまで引き上げることによって，貧困を解消するのに必要な所得移転の金額を測定している」[7]という。この貧困ギャップ値は，正しく推計されているなら，貧困削減政策とつながりをもつ有効な尺度であるといえるが，所得貧困統計においては，提示されることは少ない。

3.1.3 1998年の所得貧困

世界銀行が最も新しい貧困者数等の推計把握を，公開している2000/2001年『世界開発報告書』原稿から表9-2として引用しよう。この表での1998年の数値は暫定値とされている。この統計表を示したウエッブサイトには，1990年代半ばに，1日1ドル以下の貧困者数と率との両方において，大きな減少があったこと，同じことが，1日2ドル以下でもいえること，しかし，世界金融危機の後，この数が再び増加していると説明する。そして，1990年代半ばのこの減少は，東アジアとくに中国における減少によるところが大きかったが経済危機の後に増大をみている，南アジアでは，貧困者率は減少しているが絶対数では一貫して増加してきている，アフリカもまた，割合は低下したが絶対数は増加しており，貧困者率は最大である，ラテンアメリカでは，率はほぼ変わらず，絶対数で増加している，旧ソ連地区では，人数と率の両方で増加がある，等を指摘している。

ウエッブでの説明を離れて表9-2を筆者なりに読むと，第一に，1日1ドル以下で生活する貧困者数は，1998年についての推定値で約12億人である。第二に，この10年間に増大の後，幾分かの減少があって，1987年水準と変わら

表 9-2 開発途上国および移行国で1日1ドルあるいは2ドル以下で生活している人数と割合

	地域	少なくとも1調査でカバーされている人口割合	人口数 (100万人)					人数割合 (%)				
			1987	1990	1993	1996	1998	1987	1990	1993	1996	1998
A 1日1ドル以下	東アジア・太平洋	90.8	417.5	452.4	431.9	265.1	278.3	26.6	27.6	25.2	14.9	15.3
	(中国を除く)	71.1	114.1	92.0	83.5	55.1	65.1	23.9	18.5	15.9	10.0	11.3
	東欧と中央アジア	81.7	1.1	7.1	18.3	23.8	24.0	0.2	1.6	4.0	5.1	5.1
	ラテンアメリカとカリブ海諸国	88.0	63.7	73.8	70.8	76.0	78.2	15.3	16.8	15.3	15.6	15.6
	中東と北アフリカ	52.5	9.3	5.7	5.0	5.0	5.5	4.3	2.4	1.9	1.8	1.9
	南アジア	97.9	474.4	495.1	505.1	531.7	522.0	44.9	44.0	42.4	42.3	40.0
	サハラ以南アフリカ	72.9	217.2	242.3	273.3	289.0	290.9	46.6	47.7	49.7	48.5	46.3
	合計	88.1	1183.2	1276.4	1304.3	1191.0	1198.9	28.3	29.0	28.1	24.5	24.0
	合計(中国を除く)	84.2	879.8	915.9	955.9	980.5	985.7	28.5	28.1	27.7	27.0	26.2
B 1日2ドル以下	東アジア・太平洋	90.8	1052.3	1084.4	1035.8	863.9	892.2	67	66.1	60.5	48.6	49.1
	(中国を除く)	71.1	299.9	284.9	271.6	236.3	260.1	62.9	57.3	51.6	42.8	45.0
	東欧と中央アジア	81.7	16.3	43.8	79.4	92.7	92.9	3.6	9.6	17.2	19.9	19.9
	ラテンアメリカとカリブ海諸国	88.0	147.6	167.2	162.2	179.8	182.9	35.5	38.1	35.1	37.0	36.4
	中東と北アフリカ	52.5	65.1	58.7	61.7	60.6	62.4	30.0	24.8	24.1	22.2	21.9
	南アジア	97.9	911.0	976.0	1017.8	1069.5	1095.9	86.3	86.8	85.4	85.0	84.0
	サハラ以南アフリカ	72.9	356.6	388.2	427.8	457.7	474.8	76.5	76.4	77.8	76.9	75.6
	合計	88.1	2549.0	2718.4	2784.8	2724.1	2801.0	61.0	61.7	60.1	56.1	56.0
	合計(中国を除く)	84.2	1796.6	1918.8	2020.5	2096.5	2168.9	58.2	58.8	58.6	57.7	57.6

原注) 数値は，各地域で1985～98年期間に少なくとも一つの調査が入手可能な諸国から推定した。そういった調査でカバーされた人口割合は欄1に示されている。調査の日付は，上の表の日付としばしば一致しないことがある。上の日付と揃えるために，調査の推定値を各国について最も新しい入手可能なデータを使い，国民勘定の消費伸び率を適用して調整した。調査でカバーされた国の標本は，全体としてその地域を代表しているという仮定をおいて，その地域の貧困者数が推定されている。この仮定は，調査のカバー率が最低の地域については，頑健度が小さいことは明らかである。人数割合は貧困線以下の人口のパーセンテージである。データと方法の詳細は，World Bank(近刊)とChen and Ravallion(近刊)"Global Poverty Measures 1987-1998 and Projection for the Future," Washington, D. C: World Bank を参照。
出所) http://www.worldbank.org/poverty/data/trends/income.htm(2000年6月16日にアクセス)

ない。第三に，総人口の増大があるので，人口割合では幾分か減少している。第四に，地域別にみると，人数では，南アジア，サハラ以南アフリカ，人口中の貧困者割合では，サハラ以南アフリカが46%強，南アジアでは40%である。1日2ドル以下でみると，約2.5倍弱にまで増加して，世界全体で28億人，そして貧困者率を56%とみなしている。この数は，この10年間で増大の一途を

たどっている。貧困者割合では，61％から56％に低下したことになる。地域的には，人数では，南アジア，東アジア・太平洋，サハラ以南アフリカ，割合では，南アジア，サハラ以南アフリカ，東アジア・太平洋の順である，等を付け加えることができる。

この表は1998年の数値を示しており，2000年にはまだ2年前であるが，表9-1での2000年の貧困の見込みと比較してみよう。貧困者が2億9,100万人減少して8億2,500万人へ，貧困者率が15％減少して18％へ，という見込みとはまったく異なって，貧困者数は逆に増大して12億人であり，3億7,400万人のズレ，貧困者率も24％であり，6％のズレが生じている。すなわち，1990年報告書は貧困撲滅の進行を過大に見込んでいたことが明らかである。

3.1.4　推計方法

この所得貧困者数の推定方法に関してウエッブサイトに示されている説明をみよう。まず世帯調査によって消費ないしは所得データが獲得される。所得データのみの場合には，国民勘定の民間消費の割合を所得に乗じて消費額を推定する。この世帯調査は，1990年には22カ国しか入手できなかったが，1998年の推定では，96カ国，世界人口の88％について，とくにアフリカではカバーした人口割合は66％から73％にまで増加したという。

次に，各国通貨でのこの1人当たり消費額を国際比較するために，ドルへ換算する。このために消費購買力平価(PPP)が必要である。1990年報告書ではPenn World Tablesの購買力平価が使われたが，1998年に関しては，1993年平価がまだ入手できないため，国連の国際比較プロジェクト(ICP：International Comparison Programme)の新データに基づいて世界銀行が作成した1993年PPPを使った。この推計は1999年『世界開発指標』とは違い，1999/2000年『世界開発報告書』で使ったものと同じだという。

続いて，貧困線をドル換算された消費額のどこに置くか，である。1985年には，最貧困線は1人当たり年275ドルから年370ドルの範囲とされた。この範囲のうち，275ドル以下を最貧困，370ドル以下を貧困と捉えている。この範囲は，多くの平均所得の低い国(バングラディシュ，エジプト，アラブ共和国，インド，インドネシア，ケニア，モロッコ，タンザニア)についての，当時の新しい研究での貧困ラインの推定値を含み，低い方の限度は，インドにつ

いて使われている貧困ラインと同じであった,という。世界銀行は,1985年の貧困線を1日1ドルと解釈した。これを1993年のPPPで再計算すると,1.08ドルになった。貧困の上方線としては,この2倍を採用した。

1988年については,少数の調査しか使えなかったが,中国,インド,ソ連などの大国について調査結果を入手できた。1997〜98年の調査データが使えない場合は,国民勘定の1人当たり民間消費の推定増大率を使った。ここでは,消費額の分布は変わらないと仮定して,消費水準を推定している。

この貧困線以下の人口数が,各国について,消費額分布に基づいて推計され,さらに国際地域について集計され,世界合計が算出される。家計データがなく,分布も得られない国については,国際地域のなかでのデータを入手できた代表的国の数値を使って,代替推計を広げている。

3.1.5 2008年の所得貧困削減予測

沖縄サミットに向けて2000年7月に世界銀行グループ・IMFが用意した『世界貧困報告書』は,2008年までの所得貧困の削減の予測を提示した。表9-3の通りである[8]。これは,1998年から2008年までの6つの国際地域別人口の増加率と,消費の増加に関しては,高いケースと低いケースを前提にして,2008年について,シナリオA「楽観的」とシナリオB「より楽観的ではない＝非観的」を描いている。

シナリオAは,金融危機からの回復とスムーズな成長(1〜5%)という世界銀行の成長に関する基本予想と,消費額の分布は不変であるという仮定に依拠している。シナリオBは,低成長と消費分布の不平等の拡大を仮定している。この2つのシナリオのうち,楽観的なAの予想結果では,2008年に1日1ドル以下の貧困者は合計で1990年の12.8億人から約7億人に減少する。合計と3地域では,2015年目標を2008年に達成すらする。しかし,ここでも,ラテンアメリカでの進展はなく,サハラ以南アフリカではとくに事態は劣悪になっている。

悲観的シナリオBでは,貧困者の数は2008年においても,1990年から減少していない。東アジアと南アジア以外では,貧困者数は,サハラ以南アフリカの2.4億人から約4億人(貧困者割合で48%から52%へ)など増加することになる。

表9-3 貧困撲滅予測

	地域	前提1998〜2008年			貧困生活者の割合			1日1ドル以下の生活者数		
		消費増加率(%)	人口増加率(%)	不平等の変化(%)	出発点1990年(%)	現在1998年(%)	予測2008年(%)	目標2015年(%)	出発点1990年(百万人)	予測2008年(百万人)	目標2015年(百万人)
A 楽天的シナリオ	EA	4.9	0.9	0	28	15	4	14	452.4	72.1	290
	EECA	3.7	0.2	0	2	5	2	1	7.1	7.4	4
	LAC	1.7	1.3	0	17	16	13	8	73.8	74.7	52
	MENA	1.5	1.9	0	2	2	1	1	5.7	4.7	5
	SA	4.0	1.4	0	44	40	14	22	495.1	205.9	369
	SSA	1.0	2.3	0	48	46	42	24	242.3	329.8	218
	合計		1.3	0	29	24	12	14.5	1276.4	694.7	897
B 悲観的シナリオ	EA	4.0	0.9	+10	28	15	9	14	452.4	182.8	290
	EECA	2.7	0.2	+20	2	5	10	1	7.1	45.7	4
	LAC	0.6	1.3	+10	17	16	23	8	73.8	130.8	52
	MENA	0.4	1.9	+10	2	2	3	1	5.7	11.4	5
	SA	2.4	1.4	+20	44	40	31	22	495.1	465.0	369
	SSA	-0.1	2.3	+10	48	46	52	24	242.3	406.2	218
	合計		1.3		29	24	22	14.5	1276.4	1241.8	897

原注) EA＝東アジア，EECA＝東ヨーロッパ・中央アジア，LAC＝ラテンアメリカ・カリブ海諸国，MENA＝中東・北アフリカ，SA＝南アジア，SSA＝サハラ以南アフリカ。
消費増加率は，1人当たり実質増加率
出所) MDBs/IMF (2000), *Global Poverty Report,* Appendix.

世界銀行は，2つのシナリオでの数値の大きな差は，将来の実際経過には不確実性があることを示し，南アジア，東アジアでの構造的社会問題への取り組みに効果がなければ，「悲観的」予想さえ達成されないこともあるという。

3.2 世界銀行の所得貧困統計の問題点

世界銀行の所得貧困統計は，貧困人口数と率，およびしばしば示される貧困ギャップとからなる。この所得貧困者は，いくつかの低所得国の貧困の実態から導き出した1日1ドル以下での生活者という，国際的な統一的貧困線と消費額の分布に基づいて計算されている。貧困ギャップ指標は，貧困を所得の問題とみる場合には有効な指標である。問題は貧困を所得貧困で捉えることの是非と，所得貧困統計そのものの真実性である。最近値までの推計に関しては，その詳細を示しているという書物が未刊なので[9]，以下，ウェッブサイト文書での概略の説明によって注意点・問題点を示すにとどめる。

3.2.1 所得指標の限界

まず，概念的には，貧困状況そのものではなく，貧困状況を規定する大きな要因である所得——より具体的には消費額——に注目し，貧困線以下の人口をみている。しかし，消費額は，貧困状態のすべてを代表しているわけではない。そこでの各国の貧困線が，物財的・生活的に，生活内容の貧困に対応しているのかが問われる。自給的生活，あるいは自然との交換によって，市場価格のない物財を入手して生活している場合に，貨幣的貧困線の設定が妥当なのかは問題である。したがって，この所得貧困による貧困者数・貧困率のみが，世界の貧困についての代表的統計として，一般には突出して引用されていることは，一面的把握につながりかねない点で十分に注意を要する。

3.2.2 所得計算における弱点

所得貧困指標を概念的には有効なものと受け取ることにしても，現在の計算方法については，いくつかの留意点がある。①まず，この推計は，世界銀行独自のものであり，世帯調査による消費額から出発している。すでにみたように，世界銀行は関係国の世帯調査について最も敏感に追跡している国際機関といえる。その努力にもかかわらず，世帯調査でカバーできている国の割合は大きくはない。データを得たいくつかの国の結果を，その地域全体に広げるという操作で代替している。②そしておそらく最も根本的な問題なのだが，各国家計調査の数値の真実性・代表性の問題がある。家計調査結果が真実性をもつためには，その国の国民の調査への回答能力を基礎にして統計制度がそれなりに発展していることが必要である。家族構成の多様性や地域的特性の違いを超えて，1人当たり消費額と分布を算出することも容易ではない。この一次データの質に関しては，割り引いて考えなければならない。③そして，世帯調査が行われた諸国がその地域で代表的なのかが問われる。④次に，各国の貧困線をドル換算するにあたっての，消費購買力平価の妥当性の問題がある。1998年の貧困者数の計算にあたっては，世界銀行の1993年消費購買力平価を使った後で，その後の年次に関しては，国民勘定の民間消費の伸び率を乗じて最近時の推定値としている。ここには詳細な説明がない。世界銀行の購買力平価が，世帯調査によるカバー率が低いなかで，どう計算されているかを詳細に検討してみる必要がある。⑤さらに，消費伸び率で延長推計する場合，推計期間が長くなる

表 9-4　各国貧困線と国際貧困線のズレ

国名	国の貧困線以下人口割合	1日1ドルPPP以下人口割合	国名	国の貧困線以下人口割合	1日1ドルPPP以下人口割合
ブラジル	(1990) 17.4	(1995) 23.6	メキシコ	(1988) 10.1	(1992) 14.9
チ リ	(1994) 20.5	(1992) 15.0	ネパール	(1995-96) 42.0	(1995) 50.3
中 国	(1996) 6.0	(1995) 22.2	ニカラグア	(1993) 50.3	(1993) 43.8
コロンビア	(1992) 17.7	(1991) 7.4	ナイジェリア	(1992-93) 34.1	(1992-93) 31.1
ドミニカ共和国	(1992) 20.6	(1989) 19.9	パキスタン	(1991) 34.0	(1991) 11.6
エクアドル	(1994) 35.0	(1994) 30.4	フィリッピン	(1997) 37.5	(1994) 26.9
エストニア	(1994) 8.9	(1993) 6.0	ポーランド	(1993) 23.8	(1993) 6.8
ホンジュラス	(1992) 50.0	(1992) 46.9	ルーマニア	(1994) 21.5	(1992) 17.7
インド	(1994) 35.0	(1994) 47.0	ルワンダ	(1993) 51.2	(1983-85) 45.7
インドネシア	(1990) 15.1	(1996) 7.7	セネガル	(1991) 33.4	(1991-92) 54.0
ジャマイカ	(1992) 34.2	(1993) 4.3	スリランカ	(1990-91) 35.3	(1990) 4.0
ヨルダン	(1991) 15.0	(1992) 2.5	チュニジア	(1990) 14.1	(1990) 3.9
ケニヤ	(1992) 42.0	(1992) 50.2	ウガンダ	(1993) 55.0	(1989-90) 69.3
キルギス共和国	(1993) 40.0	(1993) 18.9	ヴェネズエラ	(1989) 31.3	(1991) 11.8
レソト	(1993) 49.2	(1986-87) 48.8	ザンビア	(1993) 86.0	(1993) 84.6
マレーシア	(1989) 15.5	(1995) 4.3	ジンバブエ	(1990-91) 25.5	(1990-91) 41.0
モリタニア	(1990) 57.0	(1988) 31.4			

出所）World Bank, *World Development Report, 1999/2000*, 1999, pp. 236-37.

と精度が低下するという問題がある。

　ここで，各国貧困線と国際貧困線とのズレを一覧した表9-4に注目してみよう。1999/2000年版『世界開発報告書』から，国別の貧困線以下と，1日1ドル以下という国際貧困線以下の貧困者割合が示されている国のすべてを抜粋したものである。対象年次の違いはあるが，33カ国のうち，中国，インド，メキシコ等を含む9カ国で，国際貧困線の方が，国内貧困線よりも低いので，国際貧困線によってみると貧困者割合が多い。他方で，24カ国では，国内貧困線の方が国際貧困線より高く設定されているので，国際貧困線によってみると，貧困者割合は少ない。実は，世界銀行は貧困撲滅支援のための貸し出し業務との関わりで，各国に対して貧困状況の把握や貧困撲滅戦略を含む国別貧困アセスメント報告書の作成を求めており，国別報告は一定程度作成されてきている。各国の貧困線は，各国の歴史・文化を含む具体的状況の把握と政策との関連で設定されている。世界銀行の国際貧困線は，各国の貧困撲滅を目指しての貧困線＝貧困者把握とは別個に，外部で設定されたものである。これに基づいて，それぞれの国の貧困者はもっと多いとか少ないとかを云々していることになる。

もとより各国が，対外的には，国の威信のために貧困者数を少なめに示し，あるいは国際的援助の獲得のために貧困者を多めに示すことがありうる。他方で，国際比較のためには，各国の思惑を超えて，一定の基準が必要にもなる。問題は，国際的貧困線が各国それぞれの歴史・文化や自然・社会環境(公共インフラ等の充実の度合い次第で個人の必要消費額は違ってくる)を踏まえて，妥当なものとなっているかであり，この点では，世界銀行の計算はかなりラフなものではないかと疑いうる。

3.2.3　先進国の貧困の除外

さらに，先進国の貧困を除外している問題がある。これは，上述の各国の貧困線と国際貧困線の違いにも関わるので，例としてアメリカ合衆国の貧困線を取り上げてみよう[10]。市場化の徹底している先進国においては，社会保障を含む公共的支援の強弱を考慮に入れたうえで，可処分所得額の高低によって貧困者を認定することは，かなりの説得力をもつだろう。アメリカ合衆国では，1960年代前半にM.オーシャンスキーの提案による貧困線を社会保障庁が採用して以来，いくつかの変遷を経ながら『現在人口調査―3月調査―』の結果によって，貧困者数と割合を計算してきた。これは，種々の家族タイプごとに，最低限の食料費の3倍に当たる上限を設定したもので，1993年には，子ども2人と大人2人からなる4人家族について，3,100ドルであった。以後，この値を年次的に物価上昇率で調整し，例えば，1992年には，同じ4人家族について1万4,228ドル，1998年には1万6,660ドルとされた。

ここでセンサス局の報告書は，1998年に貧困者数は3,450万人で1997年の3,560万人から減少し，貧困者率は12.7%で，1997年の13.3%から減少したこと，子どもの貧困率が18.9%と平均より高いこと，人種別には白人が8.2%であるのに対して，スペイン系住民では25.6%，黒人では26.1%であること，貧困者の貧困線に対する平均不足金額は6,620ドルであること，などを伝えている[11]。

いうまでもなく，4人家族について1万6,660ドル(粗く単純平均で1人当たり4,165ドル)はどう計算しても1日1ドルという国際貧困線の10倍はあると推定できる。さしあたり，高所得国であるアメリカ合衆国を例として取り上げているが，中所得国や低所得国でも，その国の貧困線と国際貧困線のズレは，

倍率は違うが，多かれ少なかれ生じる。国際貧困線の妥当性が問われるのである。センサス局は，この貧困線を，必要栄養摂取のための最小費用を基準にし，3人以上の家族は，税引き後収入の3分の1をこの食料費に使うと捉え，最低食料費の3倍のレベルを貧困線にした。したがって，貧困は，最低の食料を欠いている状態とみているわけである。高所得国であっても，最低の食料費を欠いている貧困者を，世界の貧困の計算から除くわけにはいかない。

3.2.4　2つのシナリオによる予測の問題点

2つのシナリオによる2008年の貧困者数と割合の予測についてはどうか。すでにみたように，世界銀行が1990年の時点で2000年に向けて示した貧困削減の見込みは，大きくはずれて，貧困者は逆に増加すらした。世界銀行は，なぜ1990年の予想が楽観的すぎたかと振り返って次のようにみた。すなわち，大きなウエイトをもつ中国とインドにおいて，経済成長は予想より大きかったにもかかわらず，貧困削減のペースが予想よりも遅かったこと，その主たる理由は中国における不平等の拡大とインドにおける消費の増加の遅れがあった。他の地域でも，中・東欧と旧ソ連地域でのマイナス成長と不平等の拡大，ラテンアメリカ・カリブ海諸国，中東・北アフリカ，サハラ以南アフリカでの予想外の経済成長の低さによる貧困削減の遅れがあった。またインドを例にとって，国民勘定における民間消費の増大と家計調査による1人当たり消費支出の増大との差に注目して，これは現実を反映していること，したがってデータの問題，すなわち，家計調査が高所得層の消費の伸びを捕捉できないで，例えば平均支出と不平等の両方を過小推計しているといった問題，によるところがより大きい。

世界銀行は，これらの経過を経て2つのシナリオによる予想を提出した。そこでは，1990年における予想の方法を継承しながら過去の経験に学んだといい，この推定(projections)は，予報(forecasts)ではなく，成長と不平等についての選択的仮定に基づいた，貧困の結果に関するもっともらしい幅を示すものであるという。そして「不平等の数量的動態についての我々の理解は不完全であり，生産の成長の推定には多くの本来的不確実性がある。その上，成長と不平等の間の関係については大きな不確実性がある」[12]ともいう。そこで2つのシナリオが提起されたというわけである。

貧困削減について，ただ一つの予想だけを示すのは，世界の環境，人口等々の社会問題の将来を描くうえでは単純に過ぎる。とくに，これまでの国際機関による多くの予測の失敗やズレを省みるとき，誤った方向へ誘導する危険すらある。したがって，前提諸条件の組み合わせに対応したいくつかのシナリオで将来図を描くのが妥当であり，2つのシナリオによって予測を示したのは前進といえるかもしれない。しかし，これは世界銀行のこれまでの大きな見込み違いへの反応として，将来について予防線をはったものともいえる。特徴的なのは，構造調整政策の強制による不平等拡大等々の世界銀行の基本政策自体への反省がみられないことである。

3.2.5 所得以外の指標による補足の必要

以上，所得貧困統計に限定してコメントしてきたが，前項で説明した通り，世界銀行は，他方で貧困と関連するものとして，自らの編集による開発の社会指標，そして世界開発指標を早くから提供してきている。これはもちろん，所得指標のみでは限界があることの表明である。そこでは，寿命，初等教育就学率，安全な水にアクセスできる人口割合，等を掲げている。人口と所得貧困以外の指標は，基本的に他の国連機関が発行している国際統計を持ち込んで，編成したものである。先にも指摘したが，多様な社会指標をも併せて掲載している点も留意しておくことにしよう。世界銀行においてメインストリーム化したとは受け取りがたいが，ジェンダー問題のセクションをもっており，最近ではジェンダー関連の統計もいくつか掲載するようになってきた。今後，促進されるべき動きであり，また世界銀行を中心とする国際機関のデータを活用する際に留意すべき点といえる。

4　UNDP 人間貧困指数

4.1　『人間開発報告書』と諸指標

UNDP が 1990 年から出版を始めた『人間開発報告書』は，途上国での貧困に一貫して最大の注目を置いており，ここで提起された人間開発指数(HDI：Human Development Index)を中心とする一連の指標(人間開発指標，ジェンダー

関連指標，貧困関連指標)による世界各国の順位づけもまた，『人間開発報告書』への関心を高めるものであった。これらの指数は，所得貧困以外の関連諸指標に広く注目するという点で，今日の世界銀行による貧困関連統計の提示にも影響を与えた。しかし，この書物からの統計の多くの引用は，筆者のみるところ，国際的にも国内的にも，ほぼ無批判的引用にとどまっている[13]。この指数を国際的貧困指標のもう一つの代表として以下で検討する理由の一つである。

人間貧困指数(HPI：Human Poverty Index)は，『人間開発報告書』の 1997 年版で提起され，1998 年版で一部修正を行っている。これら指標の出発点にある人間開発指数の研究は，1970 年代から始まり，1980 年代とこれが報告書に採用されて国際的にアピールされた 1990 年代の前半に多くの論議があった。論議はその後も継続しており，関連文献は膨大である[14]。また，論議の中心人物の一人が A. センであることもあって論議の奥行きには深いものがある。本節では，人間貧困指数そのものの紹介・検討に絞る。

4.2 人間貧困指数
4.2.1 基本的着想

UNDP において，貧困問題は人間開発指数の作成過程とそれ以前から常に意識されていた。所得以外の選択やケイパビリティの「剝奪状態」に注目し，1997 年に提起された HPI は，HDI における 3 分野，すなわち，寿命，知識，人並みの生活水準，からの指標選択と指数計算法を継承している。しかし，この計算は，HDI にみられる諸指標の 0〜1 への相対化・還元はなく，当初は，所得を排除したことで，所得増加を逓減的に評価するという HDI の問題点を含まず，かなり単純なものであった。しかし，これらの扱いがまた独自の問題点にもなる。

4.2.2 作成の一般式と具体的手続き

この指標が提案された 1997 年報告書においては，指数の作成方法は以下のようであった。

$$\text{HPI の一般式}：p(\alpha) = (\Sigma w_i p_i{}^\alpha / \Sigma w_i)^{1/\alpha}$$

ここで，p_i は，剝奪状態 p の構成要素 i 項，w はウエイト。α は，要素間の置

換性(substitutability)に関する係数で，置換性の大小について加重する意味をもつ。例解すれば，$\alpha=1$ の場合は，算術平均を意味し，どの要素の変化(小さくなる)も，結果に直接的に作用する(小さくなる)。$\alpha \to \infty$ の場合，数値の大きな要素の変化のみが結果に決定的に作用する，すなわち，特定要素のみの動きが重要になる(代置性がない)と考えるのである。

実際には，$i=3$，$\alpha=3$ が選択され，式は次のようになる。

$$p(\alpha) = [(w_1 p_1^3 + w_2 p_2^3 + w_3 p_3^3)/(w_1 + w_2 + w_3)]^{1/3}$$

そして，1997年の HPI で各要素は，HDI での考えを受け継いで，p_1 は寿命，p_2 は知識，p_3 は「人並みの生活」とされる。具体的指標としては，p_1 は 40 歳未満死亡割合，p_2 は，読書や意思伝達ができない状態として，成人の非識字率，p_3 は，保健医療サービスを利用できる人の割合，安全な水が利用できる人の割合，5 歳未満栄養失調児の割合という 3 つからなるとされた。そのうえで，これら 3 つの要素を合成して単一の指数とするのである。

貧困を取り上げながら，ここには，所得要素が一切含まれていない。1997 年報告書は，所得指標を除外した理由として，異なる国に同一貧困線を使用するのは，生活必需品が異なるために誤解を生みやすいこと，異なる国ごとに貧困線を引くことは困難なので，所得は取り上げず，代わりに飢えや栄養失調を採用した，と説明していた。この見解は，世界銀行の所得貧困把握における貧困線の考えを批判し，対抗したものとみることもできる。

これを 1997 年報告でのエジプトを例にとった説明でみると，以下の通りである(1997 年報告，Technical Note：p. 273)。

① 寿命：40 歳未満で死亡する人の割合(p_1)：16.6%
② 成人非識字率(p_2)：49.5%
③ 安全な水を利用できない人の割合(p_{31})：21.0%，保健医療サービスを利用できない人の割合(p_{32})：1.0%，5 歳未満の栄養失調児の割合(p_{33})：9.0%。したがって，

$$p_3 = (21+1+9)/3 = 31/3 = 10.33$$

④ 3 要素を総合すると，

$$[1/3(16.6^3+49.5^3+10.33^3)]^{1/3}$$
$$=[1/3(4574.30+121287.38+1102.30)]^{1/3}$$
$$=[1/3(126963.98)]^{1/3}=(42321.33)^{1/3}=34.8$$

　各構成要素に注目すれば，値が大きいほど望ましくない，すなわち剥奪＝人間貧困状態が大きい。したがって，この結果数値が小さいほど貧困の度合いは小さいとみなされる。1997年報告書で，結果数値が小さな国から順位づけた一覧の一部を示すと表9-5の通りである。本文では，トリニダード・トバコ，キューバ，チリ，シンガポール，コスタリカが上位でHPIを10％未満に抑えていること，ニジェール，シエラレオネ，ブルキナファソ，エチオピア，マリ，カンボジア，モザンビークではHPIが50％を超えていること，推計した78カ国のほぼ半分においてHPIが34％を超えていること，すなわち，人口の約3分の1が人間貧困にあることを指摘し，このHPIとHDIとには大きな格差があると述べている。ちなみに，この報告書は，先進国についてのHPI値あるいは順位表を示していない。

4.2.3　1998年人間開発報告書におけるHPI-2の登場

　1998年報告書において，HPIは，開発途上国向けのHPI-1と先進国向けのHPI-2の2種類になった。HPI-1はこれまでのHPIであり，HPI-2は，これまでの第三分野の指標を所得関係指標と入れかえ，第四に「参加できないか，あるいは阻害されている状態」を加えた。第一の「長命の剥奪」は，60歳まで生きられない人の割合，第二の「知識の剥奪」は，OECDの定義による機能的非識字(薬ビンに書かれた指示を読むとか，子どもに物語を読み聞かせるなど，現代社会で求められる最も基本的な要求を満たすことのできる識字能力)者の割合，第三の「人並みの生活水準の剥奪」は，個人可処分所得の中位数の50％とした所得貧困線に満たない人の割合，第四に，労働力人口の12カ月以上の長期失業率，を採用したのである。

　報告書のテクニカル・ノートには，HPI-2の次のような説明がある。

$$\text{HPI-2}=[1/4(p_1^3+p_2^3+p_3^3+p_4^3)]^{1/3}$$

　アメリカ合衆国を例にとると，合衆国では，$p_1=13.0$，$p_2=20.7$，$p_3=19.1$，

表 9-5 開発途上国の HPI 順位

国名	HPI値	HPI順位	HPI順位マイナスHDI準位	HDI準位マイナス1日1ドル貧困準位	国名	HPI値	HPI順位	HPI順位マイナスHDI準位	HDI準位マイナス1日1ドル貧困準位
トリニダード・トバゴ	4.1	1	-4	—	ミャンマー	31.2	40	-3	—
キューバ	5.1	2	-18	—	カメルーン	31.4	41	-4	—
チリ	5.4	3	1	-13	パプアニューギニア	32.0	42	2	—
シンガポール	6.6	4	—	—	ガーナ	32.6	43	-1	—
コスタリカ	6.6	5	2	-15	エジプト	34.8	44		15
コロンビア	10.7	6	-3	-6	ザンビア	35.1	45	-8	-14
メキシコ	10.9	7	-1	-9	グアテマラ	35.5	46	12	-9
ヨルダン	10.9	8	-11	1	インド	36.7	47	-2	—
パナマ	11.2	9	2	-13	ルワンダ	37.9	48	-29	-2
ウルグアイ	11.7	10	6	—	トーゴ	39.3	49	-7	—
タイ	11.7	11	1	6	タンザニア	39.7	50	-8	14
ジャマイカ	12.1	12	-6	1	ラオス	40.1	51	4	—
モーリシャス	12.5	13	2	—	ザイール*	41.2	52	0	—
アラブ首長国連邦	14.9	14	8	—	ウガンダ	41.3	53	-13	-3
エクアドル	15.2	15	1	-15	ナイジェリア	41.6	54	3	9
モンゴル	15.7	16	-12	—	モロッコ	41.7	55	19	30
ジンバブエ	17.3	17	-24	-18	中央アフリカ	41.7	56	-4	—
中国	17.5	18	-11	-12	スーダン	42.2	57	-8	—
フィリッピン	17.7	19	-7	-9	ギニアビサウ	43.6	58	-11	-8
ドミニカ共和国	18.3	20	-1	-5	ナミビア	45.1	59	24	—
リビア	18.8	21	9	—	マラウイ	45.8	60	-8	—
スリランカ	20.7	22	-1	8	ハイチ	46.2	61	-3	—
インドネシア	20.8	23	-4	3	ブータン	46.3	62	-1	—
シリア	21.7	24	9	—	コートジボワール	46.3	63	8	18
ホンジュラス	22.0	25	-8	-15	パキスタン	46.8	64	14	24
ボリビア	22.5	26	-6	9	モーリタニア	47.1	65	6	11
イラン	22.6	27	14	—	イエメン	47.6	66	9	—
ペルー	22.8	28	6	-14	バングラデシュ	48.3	67	13	—
ボツワナ	22.9	29	4	-8	セネガル	48.7	68	1	0
パラグアイ	23.2	30	6	—	ブルンジ	49.0	69	-3	—
チュニジア	24.4	31	15	15	マダガスカル	49.5	70	9	-1
ケニア	26.1	32	-14	-13	ギニア	50.0	71	0	19
ベトナム	26.2	33	-4	—	モザンビーク	50.1	72	2	—
ニカラグア	27.2	34	-5	-7	カンボジア	52.5	73	11	—
レソト	27.5	35	-13	-12	マリ	54.7	74	0	—
エルサルバドル	28.0	36	5	—	エチオピア	56.2	75	2	14
アルジェリア	28.6	37	20	21	ブルキナファソ	58.3	76	1	—
コンゴ	29.1	38	-4	—	シエラレオネ	59.2	77	-1	—
イラク	30.7	39	1	—	ニジェール	66.0	78	2	3

原注) HDI および 1 日 1 ドル貧困の順位は 78 カ国について計算し直した。負の値は，その国が HDI または 1 日 1 ドル貧困の順位よりも HPI の順位が高いことを示している。正の値はその反対を表している。*は現在のコンゴ民主共和国。

原出典) 人間開発報告書事務局，世界銀行：*Global Economic Prospects and the Developing Countries* 1996.

出所) UNDP, *Human Development Report 1997*, p. 21(邦訳，国連開発計画『貧困と人間開発』国際協力出版会，1997 年，p. 27)。

第9章 世界の貧困に関する統計・統計指標 331

表 9-6 人間貧困指数(HPI-2)による国別ランキング

HPI順位	国名	値	60歳まで生存できない人の割合 1997	機能的に非識字者率 (16-65歳) 1995	長期失業 1997	所得中間値の50%以下 1980-94	HDI順位	HPI順位マイナスHDI順位	1人当たり実質GDP(PPPドル) 金額	順位
1	スウェーデン	7.0	8.7	7.5	1.4	6.7	6	−5	19,297	13
2	オランダ	8.3	9.3	10.5	3.3	11.7	8	−6	19,876	10
3	ドイツ	10.4	10.7	14.4	4.3	6.2	14	−11	20,370	8
4	ノルウェー	11.3	9.1	16.8	0.8	6.6	2	2	22,427	2
5	イタリア	11.6	9.0	16.8	8.1	6.5	19	−14	20,174	9
6	フィンランド	11.9	11.3	16.8	6.4	6.2	13	−7	18,547	14
7	フランス	11.9	11.3	16.8	4.8	7.5	11	−4	21,176	7
8	日本	12.0	8.2	16.8	0.7	11.8	4	4	21,930	4
9	カナダ	12.0	9.3	16.6	1.3	11.7	1	8	21,926	3
10	デンマーク	12.2	12.8	18.4	1.8	7.5	15	−5	21,983	5
11	ベルギー	12.4	10.1	18.4	5.8	5.5	5	6	21,548	6
12	オーストラリア	12.5	8.9	17.0	2.4	5.5	7	5	19,632	11
13	ニュージーランド	12.8	11.1	18.4	1.3	12.9	18	−5	17,267	16
14	スペイン	13.0	10.1	16.8	12.5	6.5	21	−7	14,789	17
15	イギリス	15.1	9.8	21.8	0.5	10.4	10	5	19,302	12
16	アイルランド	15.3	10.0	22.6	7.1	11.1	20	−4	17,590	15
17	アメリカ合衆国	16.5	12.6	20.7	0.5	19.1	3	14	26,977	1

注)原表の一部を抜粋している。原表には、いくつかの注があるが略した。
出所)UNDP, *Human Development Report 1999*, p.149, 180(邦訳、国連開発計画『グローバリゼーションと人間開発』国際協力出版会、1999年、191, 222頁から伊藤が合成・加工した。

$p_4 = 0.5$ なので、

$$\text{HPI-2} = [1/4(13.0^3 + 20.7^3 + 19.1^3 + 0.5^3)]^{1/3} = 16.5$$

と計算される。

HPI-2 が算出されている HDI 上位国の一覧が表9-6である。1998年報告書はこの表に基づいて、アメリカ合衆国は購買力平価でみた1人当たり所得で最高であり、HDI も3位であるが、HPI 値は16.5%で17カ国中の最下位であること、1人当たり所得でみて13位、HDI で6位のスウェーデンが HPI 値7.0%であること、HPI と平均所得水準、HDI 順位とは異なっていること、を指摘している。日本は、所得水準と HDI で4位、HPI 値は12.0%で8位であった。

4.3 HPIの問題点

このHPIについて困難・問題点を指摘しよう。筆者の意見をあらかじめ要約すると、この指数は全体として脆弱な実質理論と指数計算法に基づいており、また原資料自体が、真実性の点から疑問の多いものであるので、とくにこの指標による現行の各国についての順位づけは停止すべきであるというものである。

4.3.1 基礎の実質理論の魅力と指標の困難

この指標が、基礎の考えにおいて、所得貧困による把握に対抗して、人間主体の能動性に注目し、人間生活の広い分野での能力発揮の機会や条件の剥奪状態を対象にした点は、人間生活の広い観察をより強く推し進める点で積極的に評価できる。しかし、根拠がかなり脆弱な現行HPIをもって、この理論の具体化とするのは、非常に乱暴であり、結果的には誤った判断を導くと思われる。関連基礎データの収集は強化するべきであるが、現行HPI、さらには関連するUNDPのジェンダー関連指標を含む総合指数の作成とそれによる順位づけは、以下の問題点を考えると誤解を与えるものである。

4.3.2 指標構成項目選択の妥当性への疑問

人間の生活諸分野における選択幅の拡大の重要性を強調することは妥当であるが、このためには、人間生活の多面にわたる分野について、選択可能性と選択幅、それをもたらす要因や背景を分野別に検討しなければならない。ここには、どの分野が基本的か、分野をどう細分化するか、背景要因、原因および副次的要因と、要因間の相互関係、結果との関係を捉え、政策との関連を踏まえて、どの要因を取り上げるか、を検討することが必要である。そこで、この指数をみると、第一に、なぜ3分野あるいは4分野なのかが依然として不明である。政治的・市民的自由要素の欠落はすでに再三指摘されてきている(この自由をどう捉え、どう指標化するかは、イデオロギー的偏りを避けることを含めて、一定の困難があることは確かであるが)。第二に、選択された3ないし4の構成要因、あるいはさらに、それぞれを構成する要因相互の独立性はどうなのかが不明である。第三に、貧困に関わって、1997年のHPIで所得要因を捨象してよいかは疑問であった。第四に、1997年のHPIについて、先進国では、高得点になる識字率(1997 HDI, HPI)や、水・保健サービス・栄養失調を取り上げてみても、それらはかなり満たされていて、諸国間にほとんど差がなく

なっていた。これへの批判を受けて，1998 HDI-2 では，所得の中位数の半分以下にある者の割合と，第四の構成要素としての 12 カ月以上の長期失業率とを新たに持ち出した。しかし，所得については後に触れるとして，長期失業率と所得が関連することは明らかだろう。長期失業という指標は，それ自体としては重要な指標である。しかし，HPI-1 では取り上げていない阻害の要因として長期失業を突然取り入れることは，同じ HPI といいながら，HPI-1 と HPI-2 とは次元を異にする別の指標にすることともいえる。指数構成が，その場しのぎであるとの感は免れない。

4.3.3 総合化とウエイト選択の恣意性批判

分野ごとに，人間の選択可能性を示す指標およびそれを規定する要因指標を理論的に確定でき，基礎統計データが入手できたとしても，さらに，単一の指数に合成・総合化することは疑問である。第一に，エジプトの例でみるなら，非識字率の大きさが最終数値を大きく規定している。HPI の低下（貧困撲滅の改善）という点だけで考えてみると，非識字率が急激に低下する一方で，40 歳未満死亡者率が増加する場合でも，HPI が低下（貧困克服での前進）することがありうる。ここでは識字率の改善と死亡率の上昇とが等置されていることになる。このようなことが許される根拠は明らかでない。第二に，さらに総合化することを許容したとしても，ウエイト均等の根拠が不明である。実は，ウエイト均等としながらも，相対化といった手続きなしに項目ごとの比率値（大小さまざま）がそのまま 3 乗されている。これは，比率値が大きな構成要因に，より大きなウエイトを置いていることを意味する。この $\alpha(=3)$ の導入を，報告書は「明確な手続き」として誇っているのだが，α の導入および 3 にする根拠も明確とはいえない。第三に，意味が不明な単一の総合指数にまとめあげることによって，分野別の構成要素がもつ現実とのつながりが失われてしまう。実は，UNDP の一連の指標の提起に手を貸した A. セン は HDI についてではあるが次のように述べている。「私はまた潜在能力の欠如のさまざまな側面の「ウエイトづけ」に基づいて欠乏の「集合的な」測定をしようとは試みなかった。政策の分析にあたっては，そのようにして構築された集合像は多様な変化に富む実際の状況の重要なパターンに比べてはるかに重要性の低いものである」，さらにセンは，総合指数が，数表やその他の経験的数値から得られる詳

細で多様な経験的説明よりも大きな一般の関心を集める傾向があり，HDIがGDPに対抗する狙いをもつことを説明し，自らがこれを技術的に助けたといいながら，「事実として残るのは，Human Development Reportからの方が，HDIやHPIのような集合的な指数に全面的に集中することからよりもずっと豊富な関連情報を得ることができる」ともいう[15]。センのこれらの述懐は，一つには，HDIはGDPへの対抗と大衆的関心をひきつけることを急いで提起されたことと，このため客観性や説得力が不足なままであることをうかがわせ，もう一つには，総合指数化によって具体的で豊富な情報を失っていることを自ら吐露しているとみうる。

4.3.4 ランキング批判

この指数に沿って諸国を順位づけすることも，話題性を追ったものとみうる。これは，空しい計算を続けた日本での経済企画庁によるいわゆる「豊かさ指標」と類似であり，順位崇拝思考に立ち，いたずらに興味本位のものといえる。指数の大小の意義，指数間の数値的相違の大小を無視して，直ちに順位づけするのは疑問である。各種の条件が満たされたうえのことであるが，代案としては，せいぜい，相対値ではなく，絶対的なミニマム・ライン，ミドル・ラインを設定してこれを超えたかどうかをみること，あるいはA，B，C等の大きなグループに分けて評価するという方向はあるだろう。

4.3.5 指数論視角からの評価・批判

実際の指標においては未だ生かされていないが，UNDPの一連の指数・尺度は，指数活用の可能性としていくつか技術的に評価できる点を備えている。すなわち，理論的には，指数の分解・細分化による分野の拡大，格差の算入，国別から国内地域別・グループ別への細分化，個別指標の拡大の可能性が開かれていることが想定されている。しかし，これによっても指数の具体化過程での単純化や強引さを救済できまい。

HDIの問題点として指摘されている点，すなわち，0〜1への相対化によって，年次(時系列比較)的な絶対的前進や後退が無視される点に関しては，HPIは，0〜1への相対化を避けており，年次的改善とともに指数値は上昇するものになっている。しかし，HPI-1でなぜ死亡率を「40歳まで」でみるのかの根拠は不明である。やがて45歳，50歳をとることによって指数値は変わって

いくだろう。これは HPI-2 の 60 歳についてもいえる。

4.3.6 原データの真実性[16]

現行指数に関する基礎データは，国別にひとまず一定程度は揃っている。しかしその真実性については，決して保証されてはいない。UNDP は，指数の構成部分を拡大し，指数を分解する方向を追求する論議の過程で，各国の基礎データの整備を促進することが諸指数の狙いだと述べている。このこと自体が基礎データの弱さを自認していることになる。原データの真実性は，国際統計の大きな問題点である。

4.3.7 現行指標がもたらしているもの

この指数では，第一に，経済指標を捨象することによって，先進国による途上国支配が過小評価されている。第二に，国別格差の過小評価をもたらしている。これは GDP ランキングに比べると，GDP の小さな諸国において，HDI 値がかなりの大きさをもち，格差が小さく算出されることによる。1998 HPI-2 は，途上国と先進国とを区分することで，相互間の関係性を断つことになった。第三に，平均化によって，先進国および途上国内部での分野別格差拡大や貧困の過小評価をもたらしている。HDI をめぐる論議では格差要因を指数に加味する方向が示唆されているが，実際に作成されている HDI では含み込まれていない。HPI-2 は，貧困者割合に注目することで格差を配慮している。しかし，その格差はあくまで相対的格差である。第四に，すでに指摘したが，単一の総合指数にしてしまうことによって，政策形成との結びつきが弱められている。

4.3.8 所得の除外(HPI-1)と所得の導入(HPI-2)

HPI を提起した 1997 年報告書の本文での分析は，この指数に必ずしもこだわらずに，とくに開発途上国の貧困に焦点を当て(先進国の貧困に触れるところは少ない)，初めてといってよい多面的な分析を提供している。統計に関しても，指数には取り上げられていない多くの指標を提供している。また指数が排斥した所得指標をあげ，世界銀行の指標による所得貧困と人間貧困との二元論的な叙述が全体を貫いている。報告書自体は，これによって HDI の弱さを補っていた。このこと自体が，1997 年の HPI の弱さを自認していたともみえる。この点は，1998 年報告書で HPI-2 に所得が導入されたことによって，

HPI-2 について解決されたといいうるであろうか。

　なぜ，その国の平均所得ではなくて，個人可処分所得の中位数の 50% というラインなのか。可処分所得の絶対的大きさは，国によって違う。その絶対額の実質値を問うのが，所得数値を取り上げる際の常道である。しかし，この方法を選ぶと指数は HDI に限りなく近づくことになる。これを避けるためであろうか，HPI-2 は，所得分布の不平等度の一表現である中位数の 50% 以下人口を採用した。すなわち，国ごとの所得の高さは無視して，国内の所得分布の広がりに注目したのである。ここで，他の構成要因に関しては，いわば平均値を取り上げながら，所得に関しては不平等度を使うという恣意的な扱いをすることで，HPI-2 は奇妙なゴタマゼになってしまっている。ドロナワ的な扱いといわざるをえない。

5　より多面的な貧困統計指標へ
――OECD 等の貧困撲滅目標に寄せて――

5.1　貧困統計整備・充実の方向

5.1.1　諸機関による貧困指標の収斂傾向

　HDI の批判の個所で述べたのであるが，筆者の貧困状況に関する統計のあり方についての基本的見地は，貧困の重要な側面をそれ自体として，客観的に把握し，各側面の貧困状況を解消・撲滅する政策・制度と結びつけ，これによって政策の実施過程を具体的に監視するべき，というものである。このためには，所得貧困統計は単一の側面を取り上げているために，また HPI は各分野の具体的状況を曖昧にしてしまうために，不十分なのである。

　とはいえ，世界銀行と UNDP の貧困統計の扱いの経過をみると，ある意味では類似の統計を用意して，接近してきている。またごく最近では，これに OECD が加わって，筆者が上に述べた見地からみると望ましい方向で作業が進行するようになっている。

　まず，世界銀行は所得貧困統計によって貧困者を数えている。現在，この統計が唯一的に貧困者数統計として使われているが，世界銀行は，第 2 節で見た通り，所得貧困以外の指標を，社会指標として取り上げ，充実させてきている。

他方で，UNDP の HPI は，総合指数としては意味が曖昧であるが，所得以外の側面に注目することを当初はアピールしていた。しかし，1997 年版の『人間開発報告書』では，所得貧困統計をもう一つの柱として論じていたし，1998 年版の HPI-2 では，所得関連指標を導入するに至った。貧困を多面的に把握しようとするのが UNDP の本来的主張だったのである。さらにまた，UNDP の HPI を支える背後での論議では，総合指数である HPI を分解して，貧困の多面的な側面や，地域別，不平等性，ジェンダーの見地をも含み込む方向を目指していることも指摘し，部分的に弁護をしておかなければ，不公平である。

以上の経過のなかで，世界銀行と UNDP の報告書における附属統計部分，そして世界銀行の一連の統計書，そしてウエッブは，所得および貧困状況の多くの側面についての統計を，各分野の国連専門機関の協力を得て，多様に用意するようになってきている。

5.1.2 求められる方向

ここで重要な検討作業，あるいは求められる方向は以下のようになろう。

1) 貧困状態に関して，所得貧困に限定しないこと，他方で，諸分野での貧困状態をそれぞれ相対化して総合化してしまうことはやめて，分野ごとに，最低限ライン，中位のラインなどの絶対的水準を設定し，貧困撲滅の具体的・絶対的目標と結びつけ，監視することを目指すべきである。特定分野の良好な状態をもって，ミニマムに達していない分野があることを，帳消しあるいは免罪するべきでない。特定要因で突出しているよりも，必要な要因のすべてにおいて，最低限水準を超えていることがより重要であることを確認すべきである。そのうえでさらにまた絶対的な中位レベル，あるいはさらに高いレベルを設定し，目指せばよいのである。この絶対レベルの設定においては，諸国を実情に応じてグループ化することが望ましいかもしれない。最小限レベルに達しない国，あるいはこれを超えた国，さらには上位のクラスの国について，真実性の点で極めて不十分な原統計に依拠して，計算した結果数値のわずかな相違によって順位づけをするといった誤解を与える処理は行うべきでない。せいぜいがいくつかのレベルのクラスに属していることが示されるなら，それでよいのである。

2) 貧困状態に関して，所得とともに必要指標を理論的に確定し，さらに，統計として把握可能な単数あるいは複数の具体的指標を想定する。

3） これら理論的指標の入手可能性を検討し，入手できたなら原データの質を検討する。今日，世界規模の統計の多くは完全には入手できない。先進国についてはかなり入手できるが，統計制度と統計活動に当てる資源をもたない途上国ではデータの欠落が多い。とくに社会統計関係に空白が多い。次いで，入手できたデータにおいても，その真実性＝品質は，多くの問題をもつ。国連機関による世界規模の統計や統計指標が論議・分析の対象になり，マスコミで広くにぎやかに取り上げられているが，その統計や指標の真実性について掘り下げてみると，疑わしい場合がかなりある。統計の品質論議が国際的に進行するなかで，国際機関も，発表する統計の品質判定につながる情報を一部的にではあるが，公表しはじめている。地球規模の重要問題に関わる国際統計の品質の検討は，今日の統計界における最重要の課題の一つである[17]。

4） 貧困「分析」に関わっては，貧困の重要な側面に関しての統計指標による分析例がセン等によってすでに提出されている。そこでは，指数化とかテクニック的に高度な統計的手法を使うことなく，死亡率と栄養不良に注目して南アジアとサハラ以南アフリカの貧困パターンを対照し，男女の出生比率や寿命，人口比率から，女性人口が「失われている」ことを指摘し，経済成長，教育・保険サービス等の政策・制度の整備と所得水準との関係の検討によって，開発の方向への示唆を与える等が行われている[18]。これらの分析方向を大切にし拡大することが必要であろう。また，UNDPが数多く用意している指数・指標と所得貧困ランキング間の関係に注目して，そのズレを検討して，各国の開発の特徴，また指数の特徴を論じることは，UNDP指数が発表されて以来活発に行われている。本章の表9-5, 9-6もこれに関わる。この点の検討も一定限度内で意味をもつかと思う。

5） 以上のうち，1）から3）は，貧困状態そのものの検討についての指摘である。貧困の把握は，本章の第1節で論じたのだが，貧困状態をもたらしている背景諸要因，諸原因，規定諸要因，結果諸状況，等をも掘り下げ，具体的指標として分野別にまた総合的に確定することを重視しなければならない。多くの投資や資金供与にもかかわらず，格差を拡大し，貧困撲滅に遅れをとっている世界銀行を中心とする先進国本位の国際的勢力の行動の批判的検討をはじめとして，途上国の社会構造をも取り上げる方向を目指すべきである[19]。

5.2　分野別の状況と目標の対比

　上に示した問題点と研究方向を推し進めるには，この方向を国際統計・統計指標の編集・作成機関に求め，多方面の研究機関や研究者・関心グループが何らかの形で関与をし，あるいは監視していくべきことが必要である。

　上の1)で指摘した方向，すなわち，貧困状態に関わる個別分野ごとに統計を示し，貧困撲滅の目標と併せて表示する方向は，1990年代半ば以降に始まり，とくに2000年にかけて強まってきた。世界規模での貧困に関する統計・統計指標の今後の検討は，この動きとの対応で進むことになろう。そこで，本章の最後に，この動向のいくつかを紹介し，簡単にコメントすることにしたい。

　個別領域での貧困の状況と目標とを併せて提示する動きは，社会開発に関わる1995年コペンハーゲン・サミットと2000年ジュネーブ・サミット，そしてこの間の主要国首脳会議でも取り上げられ，世界銀行グループ・IMF・国連・OECD等の出版物に現れてきている。そのうちの最近の2つの代表的文書・ウエッブを紹介し，貧困統計に関して5.1で述べた諸点に照らして，コメントする。

5.2.1　IMF・OECD・国連・世界銀行グループ文書『すべての人により良い世界を，2000年』

　先に2.2で触れたこの小冊子での目標内容は，1996年5月のOECD-DACの報告書で示され，『世界貧困報告書』その他にも受け継がれている。そこでの具体的分野と現状把握および目標は以下の通りである。

① 1990年から2015年の間に，極度の貧困者の割合を半分にする。
② 2015年までにすべての子どもを初等教育に就学させる。
③ 2005年までに初等および中等教育でのジェンダー不均衡を除くことによって，ジェンダー平等と女性のエンパワーメントに向けて前進を図る。
④ 1990年から2015年の間に，乳幼児死亡率を3分の2減らす。
⑤ 1990年から2015年の間に，妊産婦死亡率を4分の3減らす。
⑥ 2015年までに，リプロダクティブ・ヘルスサービスを必要とするすべての者に対して，そのアクセスを保証する。
⑦ 2015年までに環境資源の損失を回復するために，2005年までに国別の持続的開発戦略を実施する。

表 9-7　OECD-DAC の開発指標目標

目　標	指　標	出発点数値と年	目標数値と年
経済的福利	経済的福利	世界計	世界計
極度の貧困の削減 途上国における極度の貧困者の割合を，少なくとも2015年までに2分の1にする。	1．極度の貧困者数：1日1ドル以下の人口 2．貧困ギャップ比率：貧困の深さの倍数 3．不平等：国民消費の第5分位層の分け前 4．子どもの栄養失調：5歳以下の体重不足児の割合	20％(1990年) 3％(1981～95年) 7％(1990年) 32％(1990年)	世界10％ 　　(2015年) 1.5％ なし(2015年) 16％(2015年)
社会的開発	社会的開発		
初等教育の普遍化 2015年までにすべての国で初等教育を普遍的にすべきである。（ジョムテイーエン，北京，コペンハーゲン）	5．教育への純入学者 6．初等教育4年次の修了 7．15～24歳における識字率	南アジア数値なく世界計なし(1990年) 2地域のみ(1995年) 71％(1990年)	99％（2015年） 95％（2015年） 99％（2015年）
ジェンダー平等 ジェンダー平等と女性のエンパワーメントに向けての前進は，2005年までに初等・中等教育におけるジェンダー不均衡をなくすことによって示されるべきである。（カイロ，北京，コペンハーゲン）	8．初等・中等教育における男児に対する女児の比率 9．（15～24歳における）識字率の男性に対する女性の比率	89％(1990年) 79％(1990年)	100％(2005年) 100％(2015年)
乳幼児死亡 5歳以下の乳幼児の死亡率を，2015年までに各途上国において，1990年レベルの3分の2まで減少させるべきである。（カイロ）	10．乳児死亡率 11．5歳以下の死亡率	61‰(1995年) 100‰(1995年)	20‰(2015年) 33‰(2015年)
妊産婦死亡 妊産婦死亡率は，1990年から2015年の間に4分の3減少させるべきである。（カイロ，北京）	12．妊産婦死亡率 13．専門的保健士の介添えがある出産	303(10万出産当たり)(1990～96年) 57％(1990～96年)	76(2015年) 80％(2015年)
リプロダクティブ・ヘルス 2015年以前に適当な年齢のすべての個人に対して，リプロダクティブ・ヘルスについての基本的保健システムを通じて，アクセス可能にするべきである。（カイロ）	14．産児制限実施率 15．15～24歳の妊婦におけるHIV感染率[(1)]	36％(1990～96年) 3.1(1995年)	なし(2015年) なし(2015年)
環境の持続可能性と再生産	環境の持続可能性と再生産		
環境[(2)] 2015年以前に世界と各国レベルの両方で，環境資源の損失という現在の傾向を有効に逆転させるために，2005年までに各国が，その実施過程	16．持続可能な開発のための有効な過程をもつ国[(3)] 17．安全な水への(持続可能な)アクセスをもつ人口[(4)]	31％(1992年) 70％(1990年)	100％(2005年) 100％(2015年)

で持続可能な開発のための現在の国家戦略をもつべきである。(リオ)	18. 新しい水利用の強度 19. 多様性：保護されている土地(5) 20. エネルギー効率：エネルギー利用単位当たりGDP 21. 二酸化炭素排出量	22%(1990年) 5.6%(1990年) 2地域についての数値のみ(1990年) 3.3(1991〜92年)1人当たりメリックトン	なし(2015年) なし(2015年) なし(2015年) なし
一般的指標 開発の他の主要指標 参考：人口 　　　GNP	一般的指標 1人当たりGDP, 成人識字率, 合計特殊出生率, 寿命, 援助のGDPにおける％, 対外債務のGDPにおける％, 投資のGDPにおける％, 貿易のGDPにおける％		

原注）（訳者注：第1, 2欄についての注である）このリストは，絶対的なものではないし，包括的でもない。これは，1990年代の一連の国連諸会議から，国際開発目標として知られている主要な目標を取り上げている。この選択は国際会議その他で国際社会が受け入れた他の目標への関わりを低めることを意味しない。

　目標と同じように，指標は相互に関連しており，全体としてみられるべきものである。これらは，経済的・社会的福利と環境の持続性に関する重要な側面を反映する中心的セットをなしている。このように，いくつかの指標は1つ以上の目標に向けられているが，簡潔にするために，1回だけ示されている。例えば，水は環境資源であるが，それは直接的に女性の生活や子どもの健康に影響を与える。目標に関連する諸指標に加えて，このセットは，開発のいくつかの指標も含んでいる。

　この指標は，ジェンダー不平等の大きさを測定するのが適切なところでは，性別に区分される。この世界的セットは，世界の各国に関連する問題を取り上げている。それは，いくつかの地域やエコロジカルな地域にだけ影響する問題は取り上げていない。それらの問題は国別指標において取り上げられるべきである。可能であり，適切な場合には，各国は指標を，都市と農村，所得グループ，行政区域といった国以下のグループを取り上げるよう区分するべきである。

(1) この指標について十分なデータのカバレッジが得られるまでは，すべての成人におけるHIVの感染が使われる。
(2) 各国についての6つの指標に加えて，世界的資源の2つの指標——オゾンの枯渇と大気中の世界温暖化ガスの蓄積——が，世界合計を示す際に含められる。
(3) 環境と開発についてのDACの作業グループは，現在，持続的開発のための国別の過程をどう作り出すかに関するガイドラインを開発中である。この作業はこの過程の包括性と実施の活力を評価するために，この指標の改善をもたらすだろう。戦略は，大気汚染，砂漠化，海洋の質(マングローブ地帯，珊瑚礁の喪失)，下水設備，水資源の利用の持続性，といった地域化された環境問題への言及を含む必要があろう。
(4) この尺度をさらに改善するためには，アクセスの持続性の尺度を開発することが提案されている。
(5) 生物多様性は世界的問題である。保護されている地域と法的保護のレベルの重要性を評価する指標を改善することが意図されている。

注）1. この表の第1欄と第2欄と原注が，指標一覧表に掲載されているものである。第3欄，第4欄は，本章執筆者が，一覧表についての「方法論ノート」から抜粋して，この表に付け加えた。
　　2. 原資料の数値は国際地域別に示されている。

出所）OECD-DAC, *Measuring Development Progress: A Working Set of Core Indicators*(www.oecd.org/dac/Indicators/index.htm)2000年7月13日にアクセス。

この文書は，以上の諸点が，1990年代前半の国連諸会議での合意や決議によるものであり，それぞれが貧困の多くの側面のいくつかに当たるとする。そして目標が明確な表現，数で示されることは，責任を確実にするものだともいう。この文書が，人的，社会的，経済的開発にとっての障害としてあげるのは，弱い管理力，誤った政治，人権の侵害，紛争，自然災害，HIV/AIDS の拡大，所得，教育，保健サービスへのアクセスの不平等，男女間の不平等，途上国の世界市場へのアクセスの制約，債務負担，援助の減少，支援政策の一貫性のなさ，である。進められるべきこととされているのは，貧困者のエンパワーメント（女性への機会提供，貧困者が政治的に組織化できる政治的余地，民主主義等），貧困者に所得獲得の機会を提供する成長，すべての人への基本的な社会的サービス，貿易，技術，アイディアのための開かれた市場，開発に向けての資源の効率的で平等な利用，であり，それぞれについて関連指標を少し添えている。

以上について論評すれば，ここでは貧困状態の指標は，寿命に関わる死亡率関係と教育および環境戦略の策定というごく少数に限られている点での弱さがある。他方で，5つの指標については2015年，初等教育のジェンダー平等と環境戦略の2つについては，2005年の目標が掲げられている点は，何もないよりは評価できる。しかし，前者の5指標についても中間年目標が設定されるべきだろう。そして，開発を妨げるもの，および開発方向の説明では，先進国の対応における問題点が指摘されている点は評価できる。しかし，この冊子は，一方で，先進国市場の途上国への開放とともに，途上国市場の開放を求め，途上国の貧困な政策やパーフォーマンスを指摘している。先進国主導で途上国に要求されたこの手放しの市場開放政策が，この数十年にわたって，途上国の貧困者の数を増大させた大きな理由の一つだった点への反省はみられない。貧困の原因，背景，媒介する諸要因，貧困撲滅政策に関しての立ち入った再検討と統計指標化が求められる。

5.2.2 OECD-DAC：戦略的21の目標

OECD の DAC は1996年に『21世紀を形作る』という報告によって，具体的目標の設定を提起したが，それは1998年に具体化され，今日，ウエッブサイトで「開発の進展を測定する：中核的指標の実用セット」に示されている。

まず，掲げられている目標と21の指標は，表9-7の通りである。

　この表の指標に関しては，かなり詳細な「方法論ノート」が添えられている。それは，まず，世界各国を，6地域の途上国，高所得OECD加盟国，他の高所得国に分類する。そして，21の各指標について，定義(取り組みの目標，数値目標，把握すべき局面，定義)，出発点と目標(6地域の途上国と世界合計)，データ源泉(指導機関，国別データの提供者，入手の遅れ〔年数〕，ジェンダー区分の有無，使われたデータセット)，データのカバレッジ(6地域と世界合計での国の数，カバーしている人口割合)，そしてコメント(指標の限界)を示している。

　OECDの，IMFさらに世界銀行に共通する貧困の原因や貧困削減政策の認識とその問題点は前項で触れた。このウエッブの特徴についてだけコメントする。ここでは目標分野が21に広げられ，数値目標と現状把握のためのデータ源泉と方法論的注記が，詳細ではないとはいえ，最小限必要な点について明示されている。これら21分野も貧困の多面的現れの把握にとっては十分ではない。しかし，これら指標に関してすら，国際地域別にみていくと，データの不足に大きく制約されていることがわかる。データ源泉と方法論がウエッブサイトで公表されたのは，統計データの公開を含めて統計の品質向上を目指す国際的な論議と動きの一つの現れと受け取ることができる。

　本章の第2節で触れた諸文献・ウエッブ，第3節で触れた世界銀行の『世界開発報告書』，第4節で触れたUNDPの『人間開発報告書』も，関連する多様な指標を掲載している。統計源泉とその品質に関わる方法的注釈を示したこのウエッブサイトを中心に，CD-ROM版をも提供している上記2報告書を含めた諸文献・ウエッブを批判的な視角をももって利用していくことが，今後強く求められる。

注

1）①伊藤陽一「「統計の品質」をめぐって」法政大学日本統計研究所『統計研究参考資料』No. 61, 1999年，②開発に関する統計生産の能力を高めるための共同作業として1999年11月にParis21(PARtnership In Statistics for Development in the 21st Century: www.paris21.org)が出発した。世界銀行やOECD等の呼びかけによって，国際機関と

支援諸国の統計担当者が集まって，11月18〜19日に会議を開いた。国際統計の欠落を埋め，比較可能性を増大することを目的に活動を継続していくことにしている。貧困や飢餓を中心とする生活・文化関連統計の国際的充実にとって注目される動向である。

2）関連文献は膨大にあるが，人間発達を唱えた経済基礎研究所グループのものとして，また前後の論議を概観するものとして，①成瀬龍夫「現代貧困論争」島恭彦監修『講座・現代経済学 V 現代経済論争』青木書店，1981年，第6章，②土居英二『同上Ⅵ 現代日本経済論』青木書店，1982年，第6章。

3）① Alcock, Pete, *Understanding Poverty*, 2nd ed. Macmillan, 1997，② Gordon, D. & Spicker, P., ed., *the International Glossary on Poverty*. Zed, 1999，③ Sen, A., *Development as Freedom*, Alfred. A. Knof, 1999，石塚雅彦訳『自由と経済開発』日本経済新聞社，2000年，とくに第4章。A. センの著作は1980年代から数多くあるが，この最近著が貧困問題についてより包括的な説明を与えている。

4）UNDP, *The Human Development Report 2000*, 2000(CD-ROM).

5）本文中に示した恒常的に貧困統計を掲載している文献・ウエッブサイトのほかに，臨時的に出版されている関連文献として筆者が把握しているものには，以下のものがある。① ILO, *Statistics on Poverty and Income distribution: An ILO compendium of data*, 1999——1994年から貧困問題に取り組みはじめたILOがコペンハーゲン・サミットを受け，1996年「国際貧困撲滅年」に際して，貧困線と所得分布について統計とその出所等を詳細に示した臨時的出版物。②ヨーロッパ連合統計局(Eurostat)，*Indicators of Sustainable Development*, 1997——2.8で示した国連持続的開発委員会の方法を継承した試験研究であり，臨時的出版物。③ Camp, Sharon and Speidel, J. Joseph, *The International human suffering index*, Population Crises Committee Washington, DC., 1987. ④ Jazairy, I. and others, *The State of World Rural Poverty – An Inquiry into Its Causes and Consequences*, IFAD (International Fund for Agricultural Development), 1992. ⑤ Summers, Robert and Heston, Alan, "The Penn World Table (Mark 5): An Expanded Set of International Comparison, 1950〜1988." *Quarterly Journal of Economics*, 1999, May, pp. 327-68.

6）統計を含む貧困問題全体に関するウエッブサイトとして以下がある。①世界銀行のPovertyNet，②ウィスコンシン大学マディソン校の貧困研究所のPoverty-Related Links (www.ssc.wisc.edu/irp/povlinks.htm)，③サセックス大学開発研究所とデンマーク外務省の資金によるEldis(nt1.ids.ac.uk/eldis/eldis.htm)，④世界資源問題研究所(WRI：World Resources Institute)のウエッブサイトと出版物，とくにUNEP(United Nations Environment Programme，国連環境計画)，UNDP，世界銀行との共同編集のWorld Resources(邦訳『世界の資源と環境』)，⑤ブラウン大学の世界飢餓救済計画のHunger-Web(www.brown.edu/Departments/World Hunger Program/hungerweb)。

7）World Bank, *World Development Report 1990*, 1990, pp. 27-28.

8）『世界貧困報告書』で広く訴えられたが，表自体の詳細を説明した背景論文 *Poverty Trends and Voices of the Poor* は世界銀行グループの人間開発経済部の貧困撲滅・経済管理担当によってすでに1999年12月2日に示されていた。そこでは，楽観的シナリ

オをB，悲観的シナリオをAと名づけており，1日2ドル線以下についての予想表もある。

9）Shaohua, Chen and Ravillion, Martin (forthcoming), "Global Poverty Measures 1987-88 and Projection for the Future," World Bank, Development Research Group とされている。

10）Citro, C. F. and Michael, R. T., ed., *Measuring Poverty—A New Approach*, National Academy Press, 1995.

11）US. Census Bureau, *Povety in the United States 1998*, Current Population Reports—Consumer Income, 1999, pp. 60-207. センサス局ウエッブの貧困サイトで公表されている。以上は，pp. viii-ix, A-2, A-3。

12）前掲8)の文献のpp. 13-15，引用はp. 14.

13）日本では例えば，①総理府編『平成10年版男女共同参画白書』1998年，国際的には，② Kaul, Chandrika and Tomaselli-Moschovitis, Valerie, *Statistical Handbook on Poverty in the Development World*, Oryx, 1999.

14）UNDPによる人間開発指数の提起以降，一連の指標に対する論争はかなり大がかりに行われてきた。(1) UNDPは，報告書そのもののほか，Background Paper, Occasional Paperで，指数の背景の説明また批判への回答の説明を行っている。① Anand, S. and Sen, A., "Human Development Index: Methodology and Measurement," *Human Development Office Occasional Papers*, No. 12, 1994, ② Streeten, P., "Human development: the debate about the index," *International Social Science Journal*, 47(1), March, 1995, ③ Haq, Mahbubul, *Reflections on Human Development*, Oxford Univ. Press, 1995, 植村和子他訳，マブーブル・ハク『人間開発戦略 共生への挑戦』日本評論社，1997年。(2) HDIに関する経過は，④ Luchters, G. & Menkhoff, L., "Human Development as Statistical Artifact," *World Development*, 24(8), 1996. (3) HDIを中心とするUNDPの統計指標への批判は，批判的文献をごく絞って列挙すると，⑤ Trabold-Nübler, "The Human Development Index—A new development indicator?" *Intereconomics*, 26(5), Sept/Oct 1991, ⑥ Desai, M., "Human development, concepts and measurement," *European Economic Review*, 35, 1991, ⑦ Srinivasan, T. N., "Human development: A new paradigm or reinvention of the wheel?" *American Economic Review*, 84(2), May 1994, ⑧ Ravallion, M., "Good and bad growth: The Human Development Reports," *World Development*, 15(5), 1997, ⑨ Dasgupta, P. and Wale, M., "On measuring the quality of life," *World Development*, 20(1), 1997, ⑩ Bardhan, Kalpana and Klasen, Stephan, "UNDP's Gender-Related Indices: A Critical Review," *World Development*, 27(6), 1999. (4)関連指標の修正提案もあるが省略する。(5)日本語文献では，『人間開発報告書』の翻訳版以外に，UNDPの指標を扱った文献は少ない。そのなかで，⑪絵所秀紀・山崎幸治『開発と貧困——貧困の経済分析に向けて——』アジア経済研究所研究双書 No. 487, 1998年，とくに，第3章が丁寧である。しかし，批判的視角は弱い。

15）Sen, A., *Development as Freedom,* Alfred A. Knof, 1999, 石塚雅彦訳『自由と経済開発』日本経済新聞社，2000年，第4章の注41，引用部分はそれぞれ，邦訳116-117頁

と 384-385 頁。
16) 注目されるのは，サーベイを行った Srinivasan, Y. N., "Data Base for Development Analysis: An Overview," *Journal of Development Economics*, 44, 1994. この号は各分野データベース検討の特集である。
17) 同上
18) 前掲 15) の Sen, A.(1999)，邦訳のとくに第 3，4 章。
19) 世界銀行の動きの批判的検討は，例えば，① Chossudovsky, Michel, *The Globalisation of Poverty—Impacts of IMF and World Bank Reforms*, 1998, ②鷲見一夫『世界銀行——開発金融と環境・人権問題——』有斐閣，1994 年。

補論　UNDP の HDI およびジェンダー関連指標の問題点

1　人間開発指数

本論で取り上げた HPI を含む UNDP の一連の統計指標は，HDI に基礎を置いている。

1.1　基本的考え

HDI は 1990 年に開始された『人間開発報告書』で提起された。国連機関や先進国が主導した途上国における経済開発が貧困を削減しないことに対して，従来の開発理論への疑義に発して，人間の基本的ニーズ(BHN)アプローチ，これを批判しながら A. センが強調し，提起した権原(entitlement)理論とケィパビリティ(capability)概念を基礎に置いている。それは，所得の増大ではなく，人間が基本的な権利，選択の機会，そして可能性をどれだけ獲得しているか，という開発の最終目的そのものへの到達レベルに直接的に注目する。

1.2　HDI の構成

1997 年報告書の Technical Note によると，人間開発指数は次のように一般式で示される。

$$\text{HDI} = 1/3 \Sigma [\{X_{ij} - \min X_{ij}\} / \{\max X_{ij} - \min X_{ij}\}]$$

ここで j は国，i は第 i 変数，現行指数では i = 3
そして，現行の実際指数では i = 1 = 平均寿命(min：25 歳，max：85 歳)
i = 2 = 教育達成指数(成人識字率＋就学率)(min：0％，max：100％)

i＝3＝修正1人当たり GDP(min：＄100，max：＄40,000)

とされる。これを，ギリシャを例にとってみれば，ギリシャの平均寿命は，77.8歳，成人識字率は77.8%，教育達成率82.0%，1人当たり GDP 値は＄11,265 である。すると，各構成要素の指数値と，全体を合成した単一指数の HDI は以下のよう計算される。

① 平均余命 $(77.8-25)/(85-25)=52.8/60=0.880$
② 教育達成指数 (i)成人識字率：$(96.7-0)/(100-0)=96.7/100=0.967$，(ii)1次・2次・3次教育就学率：$(82.0-0)/(100-0)=0.820$，(i)と(ii)のウエイトを1：2として，教育達成指数は，

$$[2(0.967)+1(0.820)]/3=0.918$$

③ 1人当たり実質 GDP の調整値：1994年世界平均所得＄5,835(PPP＄)を，境界レベル値$(y*)$とし，

$$\begin{aligned}
W(y) &= y & & 0<y<y* \text{のとき}\\
&= y*+2(y-y*)^{1/2} & & y*\leq y\leq 2y* \text{のとき}\\
&= y*+2(y*)^{1/2}+3(y*-2y*)^{1/3} & & 2y*\leq y\leq 3y* \text{のとき}\\
&= y*+2(y*)^{1/2}+3(y*-2y*)^{1/3}+n\{[1-(n-1)y*]\}^{1/n}\\
& & & (n-1)y*\leq y\leq ny* \text{のとき}
\end{aligned}$$

上式によって最大値＄40,000 を修正すると，修正値は＄6,154 である。この調整は，アトキンソンの提起した式を利用して，いくつかの閾値を超えた額をより大きく逓減評価するものである。

ギリシャの GDP 値＄11,265 を上の修正にかけると＄5,982，そこで，$(5,982-100)/(6,154-100)=5,882/6,054=0.972$

④ したがって，HDI＝$(0.880+0.918+0.972)21/3=0.923$

1.3　HDI の問題点

人間の開発状態そのものに注目しようとする基礎理論に関しては，所得中心の考えから，人間発達に注目して選択，機会，ケィパビリテイを基本にした思考に転換し，多面的な把握になった点を大きな貢献として評価できる。しかし，HDI に関する論議に対しては，多くの批判そして修正提案がある。これに対

するUNDPの一定の回答は、なお十分ではない。

　ここでは、主としてDesai, M.(1991)と、Trabold-Nüber, H.(1991)を参考にして、筆者の判断を加えて最小限の問題点を指摘する。

1)　指数構成要素と扱い。第一は、寿命、教育的達成、所得という3要因(変数)に限って取り上げた根拠が不明確である。これに関連して、ケィパビリティ概念に基づくなら、政治的権利・市民的権利が入るべきにもかかわらず、欠落している。第二に、所得が指数構成において、3分の1のウエイトしか与えられていないことは所得の軽視である。第三に、所得を算入する際に、GDPが境界値を超えたときには割り引かれている。この根拠が不明である。第四に、ジェンダー差、一国内での不平等度が取り入れられておらず、一国レベルの平均計算に終始している点は問題である。この批判に関してUNDPは、その後、1995年にジェンダー関連指標、1997年に貧困関連指標をそれぞれ提示して、批判に対応した。しかし、HDI自体に変更はなく、また新たな関連指標もこの批判点を全面的に克服したものでは決してない。

2)　指数としての妥当性。第一に、指数の計算処理において随所に根拠が不明確で恣意的な扱いがある。すなわち、(i)3変数のウエイトを3分の1と等しくしている、(ii)現実の数値をすべて0〜1の範囲の数値に転換しているのであるが、0と1に対応する実際値の設定の根拠が不明である、(iii)所得の割引評価に採用される境界値選択の根拠が不明である、(iv)同じくこの割引評価に使われる数式は、線形と非線形を接合したものである点に恣意性がある。第二に、0〜1間の相対値に転換することによって指数の有効性が大きく失われている。すなわち、(i)毎年度異なった境界値で相対数に換算しているので、年次比較が不可能になっている。(ii)特定国に絶対的な進展があった場合でも他国に前進がある場合には、評価されないことになり、とくに、特定国に著しい前進があった場合には数値(したがって順位)が低下すらする。一般に、一国の変化が他国の指数に影響し、他国の影響が一国の指数に影響してしまい、対象国における絶対的な変化が把握できない。

　もちろん、これらの問題点の指摘は、人間開発状況を0〜1間の単一の合成指数にまとめることへの疑義を基礎にしている。単一の合成指数とすることを前提してしまえば、上の第二で指摘した点は、問題点とはされないし、第一で

指摘した諸点の是非のみが問題点となる。

2　ジェンダー開発指数(GDI：Gender Development Index)とジェンダー・エンパワーメント尺度(GEM：Gender Empowerment Measure)

ジェンダー関連指数は，第4回国連世界女性会議に向けた1995年の『人間開発報告書』で提起された。以下では，GDIとGEMの手続きの説明や例解は省略して，主として問題点の指摘のみにとどめる。注14)の文献⑩ Bardhan, K. and Klasen, S. を参考にした。

2.1　GDIの問題点

GDIは，HDIに対してそのジェンダー差の大きさによってペナルティを課した値である。選択されている指数の構成要素は，①平均寿命，②教育達成度(成人識字率2/3，初・中・高等教育就学率1/3)，③所得，であり，①〜③に1/3という等しいウエイトを付して，合計するものである。GDIは，これら各要素を男女差によって割り引いている。第一に，算式の理論の上では，このペナルティをどれだけ重視するかを計算者の選択(パラメータ ε 値の選択)に委ねているが，この値は2とされる。この根拠は不明である。第二に，GDIとは，概念的に，開発の程度の指標なのか，ジェンダー差についての指標なのか，両者を折衷して与えられる数値が意味するものは必ずしもはっきりしない。第三に，構成要素として寿命，教育，所得が選択されている。しかし，これら3つの構成要素へのウエイト，構成要素ごとのジェンダー差の扱いや相対数値への還元の仕方次第で，最終の総合指数値はどうにでもなる。実際に，広く3つの構成要素が選択されているように受け止められがちであるが，HDIにペナルティを課す際に貢献しているのは，諸国を通じて圧倒的に所得であると指摘されている。とくに，教育達成度にジェンダー差がなければ，ペナルティ度はゼロになる。先進国なのか途上国なのか，さらにそのなかでどの発展段階なのかに応じて，要素とペナルティの選択が改めて検討されるべきだろう。第四に，構成要素別にみれば，(i)寿命に関しては，このギャップは本来的に小さい。A. センが明るみに出したいわゆる「失われた女性」(男児選好によって命を絶たれた女児)や中絶等はこの指数では考慮外とされている。指数は，男女差をつけながら寿命の上限と下限を設定し，60歳幅(女性：82.8歳〜27.5歳)のな

かでの獲得率を性別に計算したうえで，人口差を加味して合算しているが，この上限，下限にほとんど意味はない。下限を30歳あるいは35歳にしても勝手である。そのうえでの獲得率の意味も曖昧である。そしてデータの真実性が非常に疑わしい。(ii)教育達成度(識字率)は途上国では国によってジェンダー差があり，一定の意味をもつが，先進国ではジェンダー差がない。ここでは，識字率は通常の通り，0～1の幅で計算している。寿命要素のように，下限を例えば20％あるいは30％とすることにしたとしても，反論の根拠が明確にあるわけではなかろう。(iii)所得についてみれば，HDIでは，所得は消費・生活水準を示す要素であった。しかし，女性の所得(賃金)は，生活が世帯・家族単位で営まれていることを考えれば，女性の生活水準を示すわけではない。また，無償労働が無視されている。次に，非農業部門の性別賃金格差比率を使って，男女の所得を求めている点が問題である。まず，この比率を，農業部門を含む経済活動人口全体に及ぼす手続きは，粗っぽい類推である。とくに農業従事人口の多い国においては，この比率が結果数値を左右する。さらに，非農業部門のこの数値は入手できない74カ国の途上国について，比率を入手できた56カ国での比率75％を適用している。これも粗っぽい扱いである。さらに，HDIの計算の場合と同じように，基礎になる国際最高所得を，逓減計算で調整して分母に使い，ジェンダー差でのペナルティを課した(割り引いた)後の所得を分子にして，所得構成要素の最終値を導いている。賃金格差によって男女の所得割合を計算する際には逓減計算をせず，最終値を導く際の最高所得と，ペナルティを課す対象であるその国の所得とについては逓減計算を施すという扱いは整合性をもたない。このことは，賃金格差が高所得国により強く働くことを意味する。

　最後に，本論でHPIについて指摘した点，すなわち，3要素のウエイトが平等であることの根拠の不明，異なる計算処理した3要素の総合指数化，これによるランキングづけの不毛，等はGDIについてもいえることである。

2.2　GEMの問題点

　ここでも，本論とこれまで述べた総合化，ランキングの問題性以外の点についてだけ述べる。GEMの構成要素は，①所得，②女性国会議員比率，③行政職・管理職と専門職・技術職の女性比率であり，行政職・管理職1/2，専

職・技術職 1/2 で合計し，①〜③に 1/3 という等しいウエイトを与えて単純に総合する，ものである。この尺度は，福利の前進度ではなく，活動領域における男女のエンパワーメント（能力と機会の拡大の程度）を比較測定するものとされている。

まず，この尺度は何を示そうとしているのか。UNDP は能力と機会の拡大の程度であるといい，政治参加と政策決定，経済参加と政策決定，経済資源に対する 3 つの指数を足し合わせて GEM が求められる，ともいう。能力と機会の拡大の程度を，その裏から逆にみて，能力と機会の剥奪に注目すれば，HPI に近づく。しかし，この尺度にいう「男女の」をどう扱うのか。とくに，第三の要素として所得が選択され，その国際的な賃金の絶対水準が大きく影響する点で，この尺度は，しばしば誤って語られるような男女平等についての尺度ではない。平等の尺度であるなら，賃金についてもその水準を無視して，第一，第二の要素と同じく，単純に男女差を相対値にして，足し込めばよい。しかし第三要素については，第一，第二要素と違った扱いをしている。一貫性のない扱いといえよう。

次に，各要素に立ち入ろう。(i) 国会での議席数についてみれば，議席数の大小が，真に政治的決定力に比例するかの問題がある。女性の議席数が多くても実質的な権力は獲得していないケースがある。また，地方議会や地域社会での草の根運動といった社会の基本における代表の程度は捨象されている。(ii) 行政・管理職と専門・技術職に関しては，水平的職務分離をみていることになる。職業分類は多くの職種を含んでいる。例えば，日本の 1995 年を取り上げると，専門的技術的職業では，男性約 480 万に対して女性は 340 万人と女性の割合が 40% を超えていた。しかし，内訳では，看護婦・看護士で，女性 86 万人対男性 3.4 万人，保母・保父で，女性 29.6 対男性 0.3 万人など極度の職務分離がある（『1995 年国勢調査抽出速報集計』による）。これら職種では労働条件が厳しいし，政治的場であれ，経済活動の場であれ，高いレベルの意思決定への関与は限られている。これらのケースを無視して合計し男女が半数に近い場合について高い値を算出しても意味はあるまい。問われるのは，職業分類による水平的職務分離ではなく，職位・地位による垂直的職務分離である。水平的分離の場合にも，職種を意思決定と労働条件との関係で絞るべきである。(iii)

所得についていえば，経済活動における資源へのアクセス（信用，生産，市場情報，保育施設，燃料・水への）等をすべて捨象している。GDI で指摘したが，非農業賃金を，農業を含む経済活動人口に広げて計算している。この賃金については，そもそも原データの真実性が怪しいし，性別格差のデータはさらに入手が困難なはずである。GDI の場合と違って，逓減計算を施さない所得を使っている点で，形式的には不整合はない。しかし，逓減計算を，前提する所得と格差の両方に適用するのが形式的整合性をもつし，UNDP の他の指数・尺度との間での考え方の一貫性を保つことになるのではないかとも考えられる。逓減計算を行わない値を使うことによって，先進国の所得水準の高さが所得構成要素の指数を高いものにし，先進国の GEM を高い値にしている。

　日本に関していうなら，これまで国会議員比率が国別には 100 位以下であったし，賃金格差は途上国を含めての順位でも最低レベルだろう（この格差のとり方も粗っぽくて問題があるのだが）。そして，垂直的職務分離の大きさも強いものがあった。しかし，第二要素の扱いで職務分離が消え去る仕掛けがあり，国際的に高位な所得（賃金）の水準が作用して，日本は 30 から 40 位につけたりする。この順位をもって，あるいは GDI や HDI の順位と比較して，日本のジェンダー平等が遅れていると論じるケースが目につく。しかし，ジェンダー平等にだけ絞って筆者の直感でいうなら日本は 100 位以下であろう。上のような見当はずれの議論を引き起こすような UNDP の指数・尺度は罪つくりだと思わざるをえない。生活の全場面での男女平等を個々に追求するという立場からは，意味の曖昧な UNDP 指標をめぐる論議で，時間をロスしあるいはミスリードすることは許されまい。

事項索引

ア　行

一般会計借入金　　161
HDI　　327, 334, 335, 346, 347
HPI　　326, 327, 328, 329, 332, 333, 337
HPI-2　　329, 335, 337
エクイティ・ファイナンス　　86, 87, 88, 94, 96, 98
エリート　　288, 289, 294, 295
オブチノミクス　　177, 179

カ　行

海外現地法人の設備投資　　26
『海外進出企業総覧』(東洋経済新報社)　　4
海外生産比率　　29, 30
海外設備投資比率　　27, 28
階層移動　　273
階層結合　　273
階層再生産　　273
開発目標　　345
外部委託　　199, 200, 204, 232
外部委託・外注(アウトソーシング)　　198
学歴による矯正作用　　279
隠れ借金　　149
家計外での消費の増大　　220
貸倒引当金　　105, 120
貸倒引当金繰入額　　124
貸出金　　104
貸出金償却　　124
貸出の抑制　　137
過剰流動性　　75, 95, 98
為替差損　　50, 51, 54
間接償却　　120
間接的部門　　197
間接的労働　　196
間接部門　　196
機械・工学的行程　　263
企業活動基本調査　　231
『企業活動基本調査報告書』(通産省)　　197, 199
企業内貿易　　43
企業の資金調達　　84

逆輸入　　31
逆輸入比率　　34
キャピタルゲイン　　59, 62
旧基準リスク管理債権　　113
旧基本法(農業基本法)　　235, 236, 261
業界入社　　284
共同債権買取機構　　122
業務純益　　109
業務分野規制　　78, 91, 93
金融緩和政策　　95
金融再生法に基づく開示　　113
金融資産　　73
金融資産残高　　80
金融資産の多様化　　75, 84
金融資産の累積　　72, 73, 74, 75, 76, 84, 98
金融自由化　　72, 78, 92, 93
金融自由化の流れ　　80
金融媒介機関　　72, 74
金融不況　　139
金融連関比率　　73
金利自由化　　91, 92, 93
系列内就職比率　　277, 278, 279
系列入社　　282, 284, 287
決算調整資金　　150
兼業農家　　236
原材料・部品の調達(仕入れ)　　21, 43
現地調達　　16
現地販売　　18
現地法人の従業者　　24
『工業統計表』(通産省)　　35, 44
耕作放棄地　　239
工程間国際分業　　43
五勘定尻　　108, 135
「国際収支統計」(日本銀行)　　2, 42
国際通貨国特権　　66
国債の大量発行　　75, 80, 90, 91, 92
国際貧困線　　323
国勢調査　　35, 44
国内産業の空洞化　　40
国内設備投資額　　28
国民資産・負債残高　　59

353

国民的労働の交換比率　48
個人金融資産　78
コールローン　102

サ 行

最後の貸し手　132
財政収支　152
財政投融資　163, 165, 166, 167
財政投融資計画　147
財政の硬直化　187
財投機関債　170
財投債　170
再投資　44
歳入欠陥(赤字)　150
サービス業　193, 228
サービス業の就業者　190
三勘定尻　108, 135
『産業労働事情調査』(労働省)　198, 231, 232
三種の神器　181
残留農薬問題　236
GEM　350, 351
ジェンダー・エンパワーメント尺度　349
ジェンダー開発指数　349
自給的農家　266
事業所・企業統計調査　190, 231
『事業所・企業統計調査報告』(総務庁)　190
資金運用　88
資金循環構造　72, 82, 83, 84
資金調達　84, 85, 86, 87, 98
自己査定　113
自己資本比率規制　64, 109
自作農主義　241
資産・負債管理(ALM)　168
資産インフレ　94
資産価格　95
資産価格の上昇　83, 96, 98
資産決済　66
資産効果　95
資産流動化　123
市場原理　243, 262
子女婚姻　289, 290, 294
システム改革　174
子弟入社　282, 284, 287, 297
社会階層と社会移動全国調査(SSM調査)　273
社会全体の危機　174
社会的サービス業　191, 216, 217, 226
社会的分業　207, 215

社会的分業の深化　193
借地農主義　241
借金増大の持続(sustainable debt)　182
ジャパン・プレミアム　132
集落営農　263
主体別の資金過不足　139
証券投資　8
消費過程　220, 229
情報サービス・調査業　193
情報ネットワーク　201, 203
情報ネットワーク利用　204
食料自給率　236
所得貧困　316, 317
所得貧困削減予測　320
所得貧困統計　314
所得貧困の問題点　321
新外為法　93
新基準リスク管理債権　113
新基本法(食料・農業・農村基本法)　235, 261
人材派遣業　230
『進出企業実態調査』(日本貿易振興会)　3
ストック面での赤字　155
ストック面の財政危機　182
政・官・業の癒着構造　180
税効果会計　111
生産過程　220
生産集中(度)　247, 249
生産調整　236
生産物・製品の販路　21
製造業就業者数の減少　35
製造業設備投資額　44
製造補助部門　196
政府　147
政府機能の硬直化　187
政府債務　159
生物生産的行程　263
『世界開発指標』(世界銀行)　310
『世界開発報告書』(世界銀行)　311
『世界貧困報告書』(世界銀行グループ・IMF)　309
絶対的貧困　306
設備投資を代替　215
ゼロ金利　65
ゼロ金利政策　133
専門サービス業　193, 207
早期是正措置　113
相対的貧困　306

事項索引　355

総直接償却額　125
総与信　104
その他の専門サービス業　193
ソフト部門　196

タ　行

対外純債務国　54
対外純資産　51, 54
『対外直接投資届出実績』(大蔵省)　2, 42
対外直接投資の産業分布　14
対外直接投資の地域的分布　9
対個人サービス業　191, 216, 217, 226
第3次産業　190, 193, 228
対事業サービス業　222
対事業所サービス業　191, 192, 207, 210, 226, 229
第二の予算　147
短期金融市場　102
地方交付税特別会計借入(金)　162, 179
地方債依存度　173
地方財政危機　171
地方分権　178
長期債務　158
直接償却　122
直接製造部門　196
直接投資　2, 8, 42
直接投資の残高　12
通産省　3, 197
低金利政策　63, 65, 131
等間隔無作為抽出法　273
特定サービス産業実態調査　233
『特定サービス産業実態調査報告書』(通産省)　204
特別会計　149
特別会計借入金　161
土地再評価　111
土地持ち非農家　239
ドル体制　50
ドル建て　56

ナ　行

内国債　158
日系企業のプレゼンス　41
日本と東アジア諸国の名目賃金　43
日本の国際収支の動向　6
日本の対外直接投資の急増　5
日本貿易振興会　3

人間開発指数　→ HDI
『人間開発報告書』　313
人間貧困　305
人間貧困指数　→ HPI
農家以外の農業事業体　237
農業経営　237
農業経営基盤強化促進法　241
農業サービス事業体　255
『農業センサス』(農林水産省)　237
農作業受委託　250
農地転用　239
農地法　241
農用地利用増進法　241

ハ　行

派遣労働者　232
発生主義　104
バブル経済　71, 85
バブルの形成と崩壊　59
バブル崩壊　98
パンドラの箱　180
販売農家　266
ビジネスエリート　273
貧困概念　301
貧困監視データベース　312
貧困ギャップ　317
貧困者数(割合)　315
貧困状態　302, 304, 305
貧困状態に関する統計・統計指標　308
貧困線　319, 322, 323
貧困統計・指標　307
貧困ネット　312
貧困の原因や背景　302
貧困撲滅目標　336
複合不況　71
複合不況論　138
含み益　63, 64, 65
含み損　64
普通国債　157
物品賃貸業　193
部分作業受託組織　257
部門別の土地純購入額　131
プラザ合意　83, 94
別会社化　232
別会社所有　199
法人企業統計調査　44

マ 行

未収収益　104
未収利息　104
ミッシング・リンク　174, 179
3つの過剰　181
3つの不安　181

ヤ 行

ヤミ小作　241

有形資産残高　73
UNDP　299, 313, 326, 334, 337
ユーロ円取引　93

ラ・ワ 行

リース　210, 212
流通過程　220
量的緩和　133
レンタル　210, 215
『我が国企業の海外事業活動』(通産省)　3

執筆者紹介

近　　昭夫　　九州大学経済学研究院教授（第 1, 6 章）
藤 江 昌 嗣　　明治大学経営学部教授（第 5 章）

山田喜志夫　　國學院大学名誉教授（第 2 章）
居 城　　弘　　静岡大学人文学部教授（第 3 章）
伊 藤 国 彦　　徳島大学総合学部助教授（第 4 章）
香 川 文 庸　　帯広畜産大学畜産学部助手（第 7 章）
菊 地 浩 之　　日本総合研究所（第 8 章）
伊 藤 陽 一　　法政大学経済学部教授（第 9 章）

日本経済の分析と統計	統計と社会経済分析 III

2001年7月10日　第1刷発行

　　　　　編著者　　近　　昭　夫
　　　　　　　　　　藤　江　昌　嗣
　　　　　発行者　　菅　野　富　夫

　　　　発行所　北海道大学図書刊行会
　　札幌市北区北9条西8丁目北海道大学構内（〒060-0809）
　　Tel. 011(747)2308・Fax. 011(736)8605・http://www.hup.gr.jp/

㈱アイワード／石田製本　　　　　　© 2001　近　昭夫
ISBN 4-8329-2831-7

――――― 統計と社会経済分析〈全4巻〉―――――

I 統計と統計理論の社会的形成 A5判・300頁
　　長屋政勝・金子治平・上藤一郎編著 定価3800円

II 統計学の思想と方法 A5判・320頁
　　杉森滉一・木村和範編著 定価3800円

III 日本経済の分析と統計 A5判・372頁
　　近　昭夫・藤江昌嗣編著 定価4400円

IV 現代の労働・生活と統計 A5判・394頁
　　岩井　浩・福島利夫・藤岡光夫編著 定価4200円

定価は税別